Contentieux constitutionnel et électoral

Tome 1

Logiques Juridiques
Fondée par Gérard Marcou

Dirigée par Thomas Perroud

Le droit n'est pas seulement un savoir, il est d'abord un ensemble de rapports et pratiques que l'on rencontre dans presque toutes les formes de sociétés. C'est pourquoi il a toujours donné lieu à la fois à une littérature de juristes professionnels, produisant le savoir juridique, et à une littérature sur le droit, produite par des philosophes, des sociologues ou des économistes notamment.

Parce que le domaine du droit s'étend sans cesse et rend de plus en plus souvent nécessaire le recours au savoir juridique spécialisé, même dans des matières où il n'avait jadis qu'une importance secondaire, les ouvrages juridiques à caractère professionnel ou pédagogique dominent l'édition, et ils tendent à réduire la recherche en droit à sa seule dimension positive. À l'inverse de cette tendance, la collection « Logiques juridiques » des éditions L'Harmattan est ouverte à toutes les approches du droit. Tout en publiant aussi des ouvrages à vocation professionnelle ou pédagogique, elle se fixe avant tout pour but de contribuer à la publication et à la diffusion des recherches en droit, ainsi qu'au dialogue scientifique sur le droit. Comme son nom l'indique, elle se veut plurielle.

Dernières parutions

Laurent ONYEMBA DJONGANDEKE, *Les partis politiques et la construction de l'Etat de droit constitutionnel en RDC. Contribution à la théorie du multipartisme rationalisé en droit constitutionnel congolais*, 2026.

Guy Armel TAMKAM SILATCHOM, *Droit et médiation dans l'espace OHADA. Le cadre juridique de l'Acte uniforme relatif à la médiation*, 2026.

Francisco VELASCO CABALLERO, *Administrations publiques et droits administratifs*, 2026.

Patience KINSHIE LENYE, *La discipline et l'application du canon 1399 du Code de droit canonique face aux cas de scandales dans l'Église*, 2026.

Barthélemy TAŸ-PAMART, *Les préjudices émotionnels autonomes, Étude comparée des droits français et anglais*, 2026.

Louis KARCENTY, *Le Conseil constitutionnel, juge de l'impôt, État des lieux de 15 ans*, 2025.

Gilles Badet

Contentieux constitutionnel et électoral

Tome 1
Analyse des fondements, des compétences et des procédures en droits béninois et africains

Préface de Mathieu Disant

Postface d'Abdoulaye Soma

L'Harmattan

Du même auteur

BADET Gilles, *Les attributions originales de la Cour constitutionnelle du Bénin*, Cotonou, Fondation Friedrich EBERT, 2013, 480 pages, disponible sur http://library.fes.de/pdf-files/bueros/benin/10116.pdf

BADET Gilles, Bénin, *Démocratie et participation politique : Une évaluation de 20 ans de « Renouveau démocratique »*, Éditions Afrimap et OSIWA, Johannesburg, 2010, 195 pages,

BADET Gilles, *Cour constitutionnelle et régularité des élections au Bénin*, Cotonou, Fondation Friedrich EBERT, Août 2000, 210p.

5-7, rue de l'École-Polytechnique - 75005 Paris

www.editions-harmattan.fr

ISBN : 978-2-336-59910-6
EAN : 9782336599106

Dépôt légal : avril 2026

LISTE DES SIGLES ET ABRÉVIATIONS

ABDC :	Association Béninoise de Droit Constitutionnel
ABJC :	Annuaire Béninois de Justice Constitutionnelle
ACCPUF, devenue ACCF :	Association des Cours Constitutionnelles ayant en Partage l'Usage du Français, devenue Association des Cours Constitutionnelles Francophones
A.I.J.C. :	Annuaire International de Justice Constitutionnelle
A.P.T :	Administration Publique — trimestriel.
Art. :	Article
Al. :	Alinéa
BJ :	Belgique judiciaire
BIT :	Bureau international du Travail
CADHP :	Charte africaine des droits de l'homme et des peuples
C.C.C :	Cahiers du Conseil Constitutionnel
CDE :	Cahiers de droit européen
CEAN :	Centre d'études d'Afrique noire.
CEDEAO :	Communauté Économique des États d'Afrique de l'Ouest.
CEDH :	Convention européenne des droits de l'homme.
CNRS :	Centre national de la recherche scientifique
CENA :	Commission électorale nationale autonome.
CENI :	Commission électorale nationale indépendante
C.C. ou Cour. const. ou Cons. const :	Cour constitutionnelle ou Conseil constitutionnel
Chr :	Chroniques
CRECO :	Centre de recherches sur l'État et la Constitution.
(CH) CRISP :	(Courrier hebdomadaire du) centre de recherches et d'informations socio-politiques
(dir.)	Sous la direction de :
DUDH :	Déclaration universelle des droits de l'homme
E.D.C.E. :	Études et Documents du Conseil d'État
Edit° :	Édition
FMI :	Fonds monétaire international
FUSL :	Facultés Universitaires Saint Louis
GERJC (Institut Louis FAVOREU) :	Groupe d'études et de recherches sur la Justice constitutionnelle
HCC :	Haute Cour constitutionnelle
Ibidem ou ibid. :	Au même endroit.
I. D. H :	Institut des droits de l'homme et de la démocratie au quotidien
J.T. :	Journal des Tribunaux
L.G.D.J. :	Librairie générale de droit et de jurisprudence.
Loc.cit :	*Loco citato* (source — article cité précédemment)
N.E.A :	Nouvelles Éditions Africaines.
Op. cit.	*opus citatum* (source — ouvrage cité précédemment)
OIF :	Organisation internationale de la Francophonie.
OIT :	Organisation internationale du travail
ONEPI :	Office National d'Édition, de Presse et d'Imprimerie
ONIP :	Office National d'Imprimerie et de Presse
ONU :	Organisation des Nations Unies
p. ou pp. :	page (s)
Penant :	Revue du droit des pays d'Afrique (*Recueil Penant*).

PUF :	Presses Universitaires de France
P.U.A.M :	Presses universitaires d'Aix-Marseille
R.B.D.C :	Revue belge de droit constitutionnel
R.B.S.J.A. :	Revue béninoise des sciences juridiques et administratives.
RCC	Revue Constitution et Consolidation (Revue de contentieux de la Cour constitutionnelle du Bénin)
RCD :	Revue congolaise de droit
RDC :	République Démocratique du Congo
R.D.I.D.C. :	Revue de Droit international et de droit comparé
R.D.P :	Revue de droit public.
Rec. :	Recueil (des arrêts et/ou des décisions de la Cour constitutionnelle)
R.F.D.C. :	Revue française de droit constitutionnel.
RGDIP :	Revue générale de droit international public.
RIDC :	Revue internationale de droit comparé.
RIEJ :	Revue interdisciplinaire d'études juridiques.
RJPIC :	Revue juridique et politique indépendance et coopération (actuellement **R**evue **J**uridique et **P**olitique des **É**tats **F**rancophones)
RJPEF :	**R**evue **J**uridique et **P**olitique des **É**tats **F**rancophones.
R.R.D :	Revue régionale de droit
RTDH :	Revue trimestrielle des droits de l'homme.
RTSJ :	Revue togolaise des sciences juridiques
R.U.D.H :	Revue universelle des droits de l'homme
S ou sv. :	Suivant(e)s (pages suivantes)
T :	Tome
UAC :	Université d'Abomey-Calavi
UCL :	Université catholique de Louvain
UEMOA :	Union Économique et Monétaire Ouest Africaine
Vol. :	Volume

SOMMAIRE

DÉDICACE

Au Tout Puissant et à ma famille (Nadège, Aurel, Gilleta, Ange-Marie, Marie-Gabrielle, Joseph-Marie, Patrick et Rodrigue avec une mention spéciale pour Henriette ALLABI BADET et Pierre BADET.).

IN MEMORIAM

A mes sœurs, Sonia BADET ALLADAYE et Monique CAKPO BYLL CATARIA. Au Professeur Julien Jean CODJOVI et à son épouse Mélonne KOTY CODJOVI. A madame la Professeure Conceptia Liliane DENIS OUINSOU, ancienne présidente de la Cour constitutionnelle du Bénin et à Monsieur Pierre EHOUMI, ancien conseiller à la Cour constitutionnelle du Bénin.

REMERCIEMENTS

Aux professeurs Mathieu DISANT et Abdoulaye SOMA pour leurs conseils et pour avoir accepté de rédiger la préface et la postface du présent ouvrage. A travers eux, que tous les aînés, frères ou gradés dans l'enseignement et la recherche universitaires (CAMES) trouvent ici l'expression de ma profonde gratitude.

Aux présidents de la juridiction constitutionnelle béninoise, anciens et nouveaux, que sont Élisabeth POGNON, Robert DOSSOU, Théodore HOLO, Joseph DJOGBENOU, Razaki AMOUDA-ISSIFOU et Dorothé SOSSA.

Aux (anciens) présidents de l'Association africaine des hautes juridictions francophones (AA-HJF) et de la Cour suprême du Bénin, Abraham ZINZINDOHOUE, Ousmane BATOKO et Victor Dassi ADOSSOU.

Aux aînés, Babacar KANTE, Marc VERDUSSEN, Danielle DARLAN et Tadjoudine ALI-DIABACTE.

Aux anciens présidents de l'Association béninoise de Droit constitutionnel (Frédéric Joël AIVO) et de l'Académie des Sciences constitutionnelles, administratives et politiques (Ibrahim SALAMI) ainsi qu'aux (anciennes) présidentes de la Haute Cour de Justice, Marcelline GBEHA-AFOUDA, Cécile Marie Josée DE DRAVO ZINZINDOHOUE et Dandi GNAMOU.

Aux conseillers, anciens comme actuels, de la Cour constitutionnelle du Bénin, aux présidents et membres (sans oublier les Secrétaires Généraux, Secrétaires Généraux Administratifs, Directeurs Généraux des Élections) des autres institutions de l'État (Assemblée nationale, Sénat, HAAC, CENA, CBDH, Cour suprême, Cour des comptes, Haute Cour de justice, Médiateur…), aux collègues enseignants, aux collègues et collaborateurs à la Cour constitutionnelle du Bénin, aux étudiants ou auditeurs rencontrés – depuis 1998 – dans les facultés de droit et de science politique, à la Chaire UNESCO des droits de la personne humaine et de la démocratie, à l'École nationale supérieure de Police, à l'École nationale d'administration, à l'École de formation des professions judiciaires, à l'Université de Lomé, à l'Université catholique de Louvain, à l'Université Paris Est Créteil et aux membres de la société civile (ABDC, ASCAP, ACAT, WANEP, CSB, WILDAF, RIFONGA, Social Watch, Plateforme des OSC béninoises pour les élections, DHPD, ALCRER, ABDC, CGD, IGD, ASCAP, Réseau des journalistes parlementaires,

NTC, Solution ThinkTank…) rencontrés dans de nombreux séminaires ou colloques.

Aux Associations de Cours Constitutionnelles (ACCF, CJCA, Commission de Venise), aux Nations Unies (MINUSCA, PNUD), à l'Union africaine, à l'Union européenne, à la Communauté Économique des États de l'Afrique de l'Ouest, à l'Organisation internationale de la Francophonie, aux fondations allemandes (Friedrich Ebert, Konrad ADENAUER, Hanns SEIDEL, DRI), françaises (René CASSIN) et américaines (*American Bar Association, Open society Foundations*, IRI, Centre CARTER), aux gouvernements canadien (ACDI), de la Communauté française de Belgique (Conseil interuniversitaire francophone de la Belgique) américain (USAID) et danois (DANIDA) qui m'ont offert l'occasion d'approfondir, de mettre à l'épreuve et/ou d'améliorer mes connaissances en matière, notamment, de contentieux constitutionnel et électoral.

A messieurs Jean-Philippe DANTINNON et Hugues KOUASSI pour leur appui à la mise en page.

PRÉFACE[1]

Le contentieux constitutionnel n'est pas une mécanique froide. Il est le lieu d'interprétation et de régulation des rapports de pouvoir dans l'État. Il est surtout, dans des contextes où la démocratie est fragile, un rempart, une boussole et parfois un levier pour faire advenir l'État de droit. Ce triple rôle, que les juridictions constitutionnelles sont appelées à jouer avec courage et mesure, constitue la toile de fond du présent ouvrage de Gilles Badet, dont la lecture s'impose aujourd'hui à toute personne soucieuse de comprendre les dynamiques profondes du constitutionnalisme africain.

L'auteur, juriste chevronné, praticien expérimenté et universitaire rigoureux, propose une approche très complète du contentieux constitutionnel et électoral, à partir du cas béninois, tout en l'ouvrant à des comparaisons pertinentes avec d'autres pays d'Afrique francophone. Il s'agit donc d'un travail de synthèse et de profondeur, qui restitue autant les fondements conceptuels que les mécanismes institutionnels, les fonctions sociales que les pratiques jurisprudentielles. Cette double exigence – intellectuelle et empirique – donne à cet ouvrage la densité indispensable à l'étude sérieuse du sujet.

Ce livre n'est ni un plaidoyer doctrinal ni une simple chronique de jurisprudence. Il s'agit d'un outil de compréhension, de projection et d'action, auquel le soussigné ne peut qu'être sensible.

Le sous-titre annonce le dessein de l'auteur. Proposer une analyse des normes et des pratiques. C'est l'un de ses apports majeurs : dépasser l'analyse formaliste des normes pour en explorer l'effectivité. Ce choix méthodologique, assumé dès l'introduction générale, repose sur une distinction centrale entre *forme* et *fonction.* C'est à travers cette approche fonctionnelle que l'on perçoit toute la richesse du contentieux constitutionnel africain, à la fois reflet des fragilités institutionnelles et levier de construction démocratique. De manière lucide, mais optimiste, l'auteur souligne les progrès réalisés, tout en insistant sur les défis structurels encore présents : politisation de la justice constitutionnelle, exécution incertaine des décisions, ambiguïtés dans les compétences des juridictions.

Depuis les transitions des années 1990, le rôle des cours constitutionnelles en Afrique s'est profondément transformé. Ce que l'on considérait hier comme un décor institutionnel hérité des modèles occidentaux est désormais un acteur stratégique de la scène politique et

[1] Rédigée pour les deux tomes.

juridique, avec ses forces, ses incertitudes, mais aussi son potentiel d'innovation. Le contentieux électoral, en particulier, est devenu le miroir des tensions démocratiques, où se jouent à la fois la régulation du pouvoir, la confiance citoyenne et la stabilité institutionnelle.

Or, ce rôle central ne peut être assumé qu'à condition de comprendre les défis structurels : l'indépendance des juges, l'exécution des décisions, la légitimité des normes, l'accès au juge pour les citoyens, la compétence des institutions. Ce sont autant de questions que Gilles Badet aborde avec clarté et précision. Il démontre que la juridicisation du politique, loin d'être un phénomène importé, peut devenir une voie de consolidation démocratique, pourvu qu'elle soit pensée dans les termes propres à chaque société.

Ce livre a un autre mérite. Il est un plaidoyer pour une science du droit qui assume sa part de responsabilité sociale. Une science du droit ancrée dans le réel, pourrait-on dire. Loin de tout positivisme desséché, Gilles Badet défend une vision du contentieux constitutionnel comme un instrument au service du contrat démocratique, capable de relier les institutions à la société. Cette posture est d'autant plus essentielle qu'elle donne à la jeunesse juridique africaine – étudiants, jeunes magistrats, chercheurs – les outils conceptuels et critiques pour penser un droit à la fois rigoureux et utile.

L'ouvrage met naturellement en lumière les modèles, concurrents ou hybrides, de justice constitutionnelle (américain, kelsénien, africain), non pour les opposer, mais pour montrer que leur croisement peut produire de nouvelles formes institutionnelles, adaptées aux réalités africaines. Cette attention aux modèles n'est pas purement théorique : elle permet de mieux comprendre les choix faits par les États, les logiques qui sous-tendent les mécanismes de contrôle, et les marges d'évolution possibles.

Ce livre s'adresse à plusieurs publics, et à chacun, il apporte quelque chose de précieux. Aux professionnels du droit, il offre des analyses fines des procédures, des cadres d'interprétation, des outils pour les utiliser, voire pour repenser les pratiques. Il se lit à certains égards comme un guide pour mieux plaider, mieux juger, mieux comprendre. Aux étudiants et chercheurs, il propose une cartographie claire et documentée, avec des pistes de réflexion fécondes. Aux décideurs politiques, il est un rappel des conditions de légitimité de l'action publique : la justice constitutionnelle n'est plus un simple ornement. Elle peut trancher, bloquer, invalider. Elle peut dire non. Et c'est tant mieux.

Plus encore, l'ouvrage appelle à une conscience renouvelée du rôle de chacun dans la construction de l'État de droit. À l'heure où l'Afrique connaît des reculs démocratiques dans certains pays, des crises institutionnelles et des conflits électoraux récurrents, il est salutaire de se rappeler que la vitalité d'un système politique ne repose pas seulement sur les lois, mais sur leur application, sur leur contrôle et sur leur respect.

En somme, l'auteur livre ici bien plus qu'un exposé de théorie juridique. Il nous tend un miroir, à travers lequel nous sommes appelés à examiner la solidité, la cohérence et l'effectivité des systèmes de justice constitutionnelle en Afrique. Il interroge l'autorité des normes, le rôle du juge, la dynamique des institutions, l'expression du suffrage, la protection des droits fondamentaux. Il le fait avec rigueur, sans dogmatisme ; avec engagement, sans militantisme.

Il fallait un regard intérieur, enraciné dans la pratique et ouvert au maniement des concepts, pour écrire ce livre. Gilles Badet le propose en y ajoutant l'élégance du pédagogue. En ces temps de réinvention démocratique, ce travail est une invitation à penser les règles fondamentales, à examiner les jurisprudences, à questionner les certitudes et, surtout, à agir avec responsabilité.

Qu'il me soit permis une dernière image empruntée à la culture populaire béninoise : le contentieux constitutionnel, c'est un peu comme un champ de maïs en saison sèche. Il paraît sec en surface, mais si l'on creuse avec patience et méthode, on y trouve de la vie, des germes, des possibilités. Ce livre est la houe intellectuelle qui permet cette fouille. Il ne promet pas de faire pleuvoir, mais il indique où planter, comment labourer, et pourquoi il faut continuer à croire dans la terre du droit.

Puisse ce livre nourrir les débats, éclairer les décisions et, surtout, inspirer l'action.

Professeur Mathieu DISANT,

Agrégé des Facultés de Droit,
Professeur à l'École de droit de la Sorbonne, Université Paris 1 Panthéon-Sorbonne,
Directeur du Master Systèmes de justice et droit du procès
Expert international

Paris, le 5 juin 2025

INTRODUCTION GÉNÉRALE

Le rôle des juridictions constitutionnelles dans l'édification de l'État de droit n'est plus à démontrer[2]. En Afrique francophone, ces juridictions, dont la mise en place était prévue dans les premières constitutions adoptées au lendemain des indépendances, ont connu, dans la plupart des cas, un déclin dû, aussi bien à des facteurs politiques, qu'à des facteurs techniques[3]. Au nombre des facteurs politiques, on a pu relever les nouveaux choix idéologiques dans certains pays, les coups d'État militaires dans d'autres, ou la combinaison des deux facteurs, ailleurs. Quant aux facteurs techniques, il a été établi qu'ils ont eu trait, d'une part, à l'absence d'indépendance des juridictions, liée aux règles de composition et de désignation de leurs membres, règles entièrement sous contrôle des chefs d'État, d'autre part, à l'amenuisement corrélatif des compétences juridictionnelles et au glissement vers des compétences consultatives[4]. Ces constats faits en 1979 n'avaient guère varié en 1989,[5] puisqu'on relevait encore, en cette année précédant immédiatement les processus de transition démocratique en Afrique noire francophone, qu'à l'option originaire pour l'État de droit, observée dans la plupart de ces États dès les indépendances en 1960, a rapidement succédé, dans un contexte politique où son statut ne le mettait pas à l'abri de l'arbitraire du pouvoir exécutif, une certaine vulnérabilité du juge constitutionnel l'obligeant à se contenter, là où il était (encore) en fonction, d'un rôle de pédagogue plutôt que de celui de censeur normalement attendu de lui[6].

---

2 G. TUSSEAU, *Contentieux constitutionnel comparé*, Paris, LGDJ, 2021 ; M. BÖCKENFÖRDE, B. KANTE, Y. NGENGE, H. K. PREMPEH, *Les juridictions constitutionnelles en Afrique de l'Ouest, Analyse comparée*, Stockholm, Munich, IDEA et Fondation Hans Seidel, 2016 ; O. NAREY (dir.), *La justice constitutionnelle, Actes du colloque international de l'ANDC*, Paris, L'harmattan, 2016 ; M. FROMONT, *Justice constitutionnelle comparée*, Paris, Dalloz, 2013 ; M. VERDUSSEN, *Justice constitutionnelle*, Bruxelles, Larcier, 2012.

3 F. MODERNE, « L'évolution des juridictions constitutionnelles dans les États d'Afrique francophone et la République malgache », in G. CONAC (dir.), *Les institutions constitutionnelles des États d'Afrique francophone et de la République malgache*, Paris, Economica, 1979, pp. 185-209.

4 Ibid., pp. 186-200.

5 F. MODERNE, « Les juridictions constitutionnelles en Afrique », in Gérard CONAC (dir.), *Les Cours suprêmes en Afrique, II, La Jurisprudence : Droit constitutionnel, Droit social, Droit international, Droit financier*, Paris, Economica, 1989.

6 G. CONAC, « Le juge constitutionnel en Afrique, censeur ou pédagogue ? » in Gérard

Les transitions démocratiques entamées en 1990 ont conduit à une nouvelle approche et perception du juge constitutionnel en Afrique francophone, comme en témoigne le nombre relativement important de travaux consacrés à son activité[7]. Aujourd'hui, les griefs de mimétisme et

---

CONAC (dir.), *Les Cours suprêmes en Afrique, II, La Jurisprudence : Droit constitutionnel, Droit social, Droit international, Droit financier*, Paris, Economica, 1989.

[7] S.N TALL, *Droit du contentieux constitutionnel dans les États d'Afrique subsaharienne francophone*, Dakar, L'harmattan-Sénégal, 2025 ; M-M. MBORANTSUO, *Cours constitutionnelles africaines et État de droit*, Thèse pour le doctorat en droit, Faculté de droit et de science politique d'Aix Marseille, janvier 2002 ; M-M. MBORANTSUO, *La contribution des cours constitutionnelles à l'État de droit en Afrique*, Paris, Economica, 2007 ; B. ISSA ABDOURAHMANE, *Les Cours constitutionnelles dans le processus de démocratisation en Afrique*, Thèse soutenue à Bordeaux en octobre 2002, A. NDIAYE, *La nouvelle juridiction constitutionnelle en Afrique noire francophone et la construction de l'État de droit, exemples du Gabon et du Sénégal*, Thèse, Montpellier, décembre 2003 ; A. BOURGI, « L'évolution du constitutionnalisme en Afrique : du formalisme à l'effectivité », *Revue française de droit constitutionnel*, N° 52, 2002, pp. 721-748 ; J. du BOIS de GAUDUSSON, « Le constitutionnalisme en Afrique », in J. du BOIS de GAUDUSSON, G.CONAC et Ch. DESOUCHES, *Les constitutions africaines publiées en langue française*, Tome 2, Bruxelles, Bruylant, 1998, pp. 9-12 ; G. CONAC, « Succès et crises du constitutionnalisme en Afrique » in J. du BOIS de GAUDUSSON, G. CONAC et Christine DESOUCHES, *Les constitutions africaines publiées en langue française*, Tome 2, Bruxelles, Bruylant, 1998, pp. 13-19 ; A.S. OULD BOUBOUT, « Les juridictions constitutionnelles en Afrique, Évolutions et enjeux », *A.I.J.C*, XIII – 1997 ; I. DIALLO, « A la recherche d'un modèle africain de justice constitutionnelle », *A.I.J.C*, XX- 2004, pp. 93-120 ; A. BADARA FALL, « Le juge, le justiciable et les pouvoirs publics : pour une appréciation concrète de la place du juge dans les systèmes politiques en Afrique », in J-Y. MORIN et G. OTIS (sous la direction de), *Les défis des droits fondamentaux*, Actes des deuxièmes journées scientifiques du Réseau Droits fondamentaux de l'Agence Universitaire de la Francophonie, Québec, septembre octobre 1999, Bruxelles, Bruylant, 2000, pp. 309-346 ; A. I. SALAMI, *La protection de l'État de droit par les Cours constitutionnelles africaines, Analyse comparative des cas béninois, ivoirien, sénégalais et togolais*, Thèse pour l'obtention du grade de Docteur en droit public, Université François Rabelais de Tours, 29 janvier 2005 ; J-F. AIVO, *Le juge constitutionnel et l'État de droit en Afrique, L'exemple du modèle béninois*, Paris, L'harmattan, 2006 ; E. AHOUANKA, « Le juge constitutionnel et la protection des droits fondamentaux de la personne humaine », *Revue Béninoise des Sciences Juridiques et Administratives* (*RBSJA)* N° 15, pp. 99-129 ; K. KESSOUGBO, « La Cour constitutionnelle et la régulation de la démocratie au Togo », *RBSJA*, N° 15, pp. 61-98 ; A. KPODAR, « Réflexions sur la justice constitutionnelle à travers le contrôle de constitutionnalité de la loi dans le nouveau constitutionnalisme : les cas du Bénin, du Mali, du Sénégal et du Togo », *RBSJA*, N° 16, pp. 104-146 ; K. D. KOKOROKO, « L'apport de la jurisprudence constitutionnelle africaine à la consolidation des acquis démocratiques (les cas du Bénin, du Mali, du Sénégal et du Togo) », *RBSJA*, N° 18, pp. 85-128, G. BADET, *Cour constitutionnelle et régularité des élections au Bénin*, Cotonou, Fondation Friedrich Ebert, 2000 ; G. BADET, *Contrôle intra normatif et contrôle ultra normatif de constitutionnalité. Contribution à l'identification des sous-catégories du modèle kelsénien de justice constitutionnelle à partir des systèmes belge et béninois*,

d'ineffectivité qui étaient faits aux juridictions constitutionnelles d'Afrique francophone ne sont plus d'actualité, en tous cas, pour plusieurs d'entre elles.

Il faut en effet se rappeler qu'il n'y a pas si longtemps, toute réflexion entrant dans le cadre du constitutionnalisme en Afrique se heurtait à deux grands scepticismes : le mimétisme et l'ineffectivité[8].

Le grief de mimétisme était soulevé par des auteurs qui évoquaient, pêle-mêle, « le mimétisme caricatural de nombre de dispositions constitutionnelles »[9] ou la piste de « l'import-export constitutionnel »[10]. Le professeur Jean du Bois de GAUDUSSON a pu constater ainsi que le constitutionnalisme des États africains a été longtemps négligé, voire ignoré par la plupart des chercheurs, spécialistes de droit comparé. « Selon une présentation répandue, l'étude des droits africains, en ce domaine comme en droit public en général, serait de peu d'intérêt, car ils ne représenteraient que de simples prolongements des droits des pays industrialisés et plus spécialement des anciennes métropoles. »[11]. Sur cette

---

Thèse pour le doctorat en sciences juridiques, Université Catholique de Louvain, 2012 ; G. BADET, *Les attributions originales de la Cour constitutionnelle du Bénin*, Cotonou, Fondation Friedrich Ebert, 2013 ; M. BÖCKENFÖRDE, B. KANTE, Y. NGENGE, H. K. PREMPEH, *Les juridictions constitutionnelles en Afrique de l'ouest, Analyse comparée*, Stockholm, Munich, IDEA et Fondation Hans Seidel, 2016 ; Association béninoise de droit constitutionnel, *Annuaire béninois de justice constitutionnelle*, Cotonou, Presses universitaires du Bénin, 2013 ; J-F. AIVO, « La Cour constitutionnelle du Bénin », *RFDC*, 2014/3 (N° 99), pages 715 à 740 ; G. AIVO, « Le pouvoir d'injonction du juge constitutionnel », in, G.-Aivo-pouvoir-dinjonction-2021.pdf (u-bordeaux.fr), consulté le 27 mars 2024 ; H. AKEREKORO, « La Cour constitutionnelle et le pouvoir judiciaire », in, AKEREKORO_La_Cour_Const_et_le_pouvoir_judiciaire_au_Benin_une_approche_fonctionnelle.pdf (ceja.ch), consulté le 27 mars 2024.

[8] Ces questions et réflexions avaient déjà été menées dans notre thèse et sont actualisées comme certaines autres questions pour les besoins de la présente réflexion. Voir G. BADET, *Contrôle intra normatif et contrôle ultra normatif de constitutionnalité. Contribution à l'identification des sous-catégories du modèle kelsénien de justice constitutionnelle à partir des systèmes belge et béninois*, Thèse pour le doctorat en sciences juridiques, Université Catholique de Louvain, 2012

[9] J.-J. RAYNAL, « Quelques réflexions à propos d'une occasion manquée, Conférence nationale, État de droit et démocratie », in *La création du droit en Afrique*, Paris, Karthala, 1997, p. 157.

[10] S. BOLLE, « Des constitutions « made in » Afrique », Communication au 6ème Congrès français de droit constitutionnel, Association française des constitutionnalistes, Montpellier, 9-11 Juin 2005, p. I. Notons que cet auteur s'évertue à relativiser dans son étude cette piste de l'import-export.

[11] J. du BOIS de GAUDUSSON, « Le constitutionnalisme en Afrique », in J. du BOIS de GAUDUSSON, G. CONAC et Ch. DESOUCHES, Les constitutions africaines publiées en langue française, Tome 2, Bruxelles, Bruylant, 1998, p. 7.

base, certains n'ont pas hésité à prononcer le requiem du constitutionnalisme en Afrique[12]. Et pourtant, il est possible d'être désormais plus optimiste. D'abord, en dehors de ce que « le postulat selon lequel une Constitution pourrait être totalement importée, livrée "*clefs en main*", ou encore, "*clonée*", par, ou grâce à des experts étrangers, en réponse à une commande intérieure, ne peut être retenu »[13], il convient d'observer de prime abord que « toute l'histoire des constitutions, à partir de quelques rares prototypes originaux, est faite d'imitations, d'adaptations et de rejets »[14]. Ensuite, même si l'on ne peut nier que des indépendances à ce jour, la technologie constitutionnelle utilisée dans les pays africains est issue d'un « legs politique et institutionnel mûri ailleurs, produit de l'histoire sociale et économique et du génie d'autres peuples »[15], il ne faut pas confondre hâtivement l'identité des technologies utilisées et l'identité des résultats obtenus. Enfin, il ne faut pas perdre de vue que, depuis 1990, l'Afrique noire francophone est entrée dans une nouvelle phase de son constitutionnalisme rompant ainsi d'une part avec le constitutionnalisme de la première génération (des indépendances de 1960 à 1965-1970) marquée par des structures et institutions directement inspirées ou imposées de la Métropole, d'autre part, avec le constitutionnalisme de la deuxième génération (de 1965-1970 à 1985-1990) marquée par le sceau d'une centralisation et d'une confiscation progressives, mais quasi généralisées du pouvoir[16]. En somme, même si rien n'est définitivement acquis, les choses ont changé depuis 1990[17].

---

[12] C. MILHAT, « Le constitutionnalisme en Afrique francophone, Variations hétérodoxes sur un requiem », Communication au 6ème Congrès français de droit constitutionnel, Association française des constitutionnalistes, Montpellier, 9-11 Juin 2005.

[13] S. BOLLE, ibid.

[14] J. RIVERO, « Les phénomènes d'imitation des modèles étrangers en droit administratif », *in Mélanges W. J. Ganshof Van Der Mersch*, tome III, Bruxelles, Bruylant, Paris, LGDJ, 1972, p. 620, cité par S. BOLLE, « Des constitutions « made in » Afrique », Communication au 6ème Congrès français de droit constitutionnel, Association française des constitutionnalistes, Montpellier, 9-11 Juin 2005, p. I.

[15] M. AHANHANZO GLELE, « La constitution ou loi fondamentale », in *Encyclopédie juridique de l'Afrique*, tome 1, Abidjan – Dakar – Lomé, Nouvelles Éditions Africaines, 1982, p. 31.

[16] Cf. J-M. BRETON, « Trente ans de constitutionnalisme dans les pays d'Afrique noire francophone entre mimétisme et réception critique : Cohérences et incohérences (1960-1990) », Communication au 6ème Congrès français de droit constitutionnel, Association française des constitutionnalistes, Montpellier, 9-11 Juin 2005.

[17] M. KAMTO et J. MATRINGE (dir.), *Droit constitutionnel des États africains*, Paris, Éditions A. Pedone, 2024.

Quant au grief d'ineffectivité, relevons seulement qu'instruits de ce que, « en 1990, il était évident que le monolithisme n'a permis [...] ni le développement économique, ni l'unité nationale, encore moins la stabilité politique, voire la modernisation sociale comme en témoignent la généralisation des programmes d'ajustement structurel, la récurrence des coups d'État ou tentatives de coup d'État, la persistance des tensions sociales qui dégénèrent parfois en affrontements interethniques [...], la plupart des dirigeants africains sous la contrainte des hommes et des événements engagent, soit par conviction, soit par calcul ou par instinct de conservation, leur pays dans une transition démocratique, entendue comme un passage graduel d'un régime autoritaire vers un ordre démocratique »[18]. Ainsi renouvelé, « le constitutionnalisme est devenu un élément important de la politique en Afrique [...] les nouvelles conditions politiques donnent aux mécanismes et aux règles de dévolution, d'exercice, de contrôle et d'abandon du pouvoir la possibilité d'être effectivement mis en œuvre »[19]. Dès lors, si avant 1990, on pouvait encore comprendre, dans une certaine mesure, des critiques hâtives sur le mimétisme et l'ineffectivité du constitutionnalisme en Afrique, le nouveau contexte invite à interpréter avec prudence les textes et mécanismes constitutionnels africains, y compris la reproduction à l'identique d'articles, de règles et de mécanismes occidentaux[20], pour prendre le temps d'approfondir les recherches sur tel ou tel aspect du constitutionnalisme en Afrique afin d'y déceler ce qui relève du mimétisme ou de l'originalité, d'une part, ce qui continue d'être du formalisme et ce qui devient effectivité, d'autre part[21]. Cette approche est d'autant plus intéressante que, même en cas de « transposition plus ou moins conforme à l'original d'un

---

[18] Th. HOLO, « Démocratie revitalisée ou démocratie émasculée ? Les Constitutions du Renouveau démocratique dans les États de l'espace francophone africain : Régimes et systèmes politiques », Communication aux Rencontres sur les pratiques constitutionnelles et politiques en Afrique : Les dynamiques récentes, Organisation internationale de la Francophonie, Institut des droits de l'homme et de la Démocratie, Cotonou, 29, 30 septembre, 1er octobre 2005, p. 1 et 2, ou encore même texte publié dans la *Revue Béninoise des Sciences Juridiques et Administratives (R. B. S. J. A)* N° 16, pp. 17 et 18.

[19] J. du BOIS de GAUDUSSON, « Le constitutionnalisme en Afrique », in J. du BOIS de GAUDUSSON, G. CONAC et Ch. DESOUCHES, *Les constitutions africaines publiées en langue française*, Tome 2, Bruxelles, Bruylant, 1998, p. 11.

[20] Ibid., p.10.

[21] A. BOURGI, « L'évolution du constitutionnalisme en Afrique : du formalisme à l'effectivité », *Revue française de droit constitutionnel*, N° 52, 2002, pp. 721-748 ; Jean du BOIS de GAUDUSSON, « Défense et illustration du constitutionnalisme après quinze ans de pratique du pouvoir », in, *Renouveau du droit constitutionnel, Mélanges en l'honneur de Louis FAVOREU*, Paris, Dalloz, 2007, pp. 609-627.

principe, d'une institution, d'une solution ou d'un mécanisme de provenance étrangère», le «cycle de production constitutionnelle se poursuit [...] [car il n'est pas exclu que] les interprètes nationaux autorisés vont se [...] réapproprier [le texte constitutionnel], le remodeler, le transformer pour lui donner une nouvelle signification»[22]. Il est donc fort instructif que certaines études constatent désormais que le constitutionnalisme en Afrique est passé, dans bien des cas, du formalisme à l'effectivité[23].

C'est de cette effectivité que cette étude entend rendre compte principalement au Bénin et, dans une certaine mesure aussi, dans quelques autres États d'Afrique francophone, notamment la Centrafrique, la Côte d'Ivoire, le Congo démocratique, le Gabon, Madagascar, le Sénégal, sur le terrain spécifique, au sein de l'ensemble des problématiques relatives au droit constitutionnel, du contentieux constitutionnel.

Le contentieux constitutionnel a été défini de multiples façons selon l'approche choisie[24].

En effet, on peut à cet égard adopter une approche matérielle, une approche organique ou une approche fonctionnelle.

L'approche matérielle du contentieux constitutionnel : Cette approche s'occupe de l'objet du contentieux constitutionnel. Plusieurs auteurs ont proposé des définitions allant dans ce sens. Ainsi, Michel FROMONT rapporte une conception du contentieux constitutionnel[25], voyant dans le juge constitutionnel et le contentieux dont il s'occupe, le juge ou le contentieux *des pouvoirs publics constitutionnels, spécialement des*

---

22 S. BOLLE, «Des constitutions «made in» Afrique, Communication au 6ème Congrès français de droit constitutionnel, Association française des constitutionnalistes, Montpellier, 9-11 Juin 2005, p. I et II.

23 Cf. entre autres études, M. KAMTO et J. MATRINGE (dir.), *Droit constitutionnel des États africains*, Paris, Éditions A. Pedone, 2024 ; A. BOURGI, «L'évolution du constitutionnalisme en Afrique : du formalisme à l'effectivité», *Revue française de droit constitutionnel*, N° 52, 2002, pp. 721-748 ; J. du BOIS de GAUDUSSON, «Le constitutionnalisme en Afrique», in J. du BOIS de GAUDUSSON, G. CONAC et Ch. DESOUCHES, *Les constitutions africaines publiées en langue française*, Tome 2, Bruxelles, Bruylant, 1998, pp. 9-12 ; G. CONAC, «Succès et crises du constitutionnalisme en Afrique» in J. du BOIS de GAUDUSSON, G. CONAC et Ch. DESOUCHES, *Les constitutions africaines publiées en langue française*, Tome 2, Bruxelles, Bruylant, 1998, pp. 13-19.

24 Il est repris ici certaines approches déjà présentées dans G. BADET, *Contrôle intra normatif et contrôle ultra normatif de constitutionnalité. Contribution à l'identification des sous-catégories du modèle kelsénien de justice constitutionnelle à partir des systèmes belge et béninois*, Thèse pour le doctorat en sciences juridiques, Université Catholique de Louvain, 2012.

25 M. FROMONT, *La justice constitutionnelle dans le monde*, Paris, Dalloz, 1996, pp.2 et 3.

pouvoirs législatif et exécutif. Dans cette approche conceptuelle, le juge constitutionnel est tout juge qui statue sur les litiges opposant les pouvoirs publics constitutionnels, peu importe que les règles qu'il applique soient de rang constitutionnel ou de rang simplement législatif. C'est la conception du *juge constitutionnel, arbitre ou régulateur*[26].

Parce que cette définition a joué un rôle important dans l'histoire, elle ne saurait être entièrement écartée, même si, du propre point de vue de celui qui l'évoque, elle est en voie d'être dépassée[27].

Une autre variante de cette approche peut être tirée de l'œuvre de Charles EISENMANN. Dans une *variante normativiste* de l'approche matérielle, cet auteur présente le contentieux constitutionnel, ou, plus généralement, la justice constitutionnelle, comme synonyme du contrôle de constitutionnalité des lois. « *Le sens juridique de la justice constitutionnelle est de garantir la répartition de la compétence entre législation ordinaire et législation constitutionnelle, d'assurer le respect de la compétence du système de règles ou de l'organe suprême de l'ordre étatique* »[28]. C'est cette approche qui est reprise par Constance GREWE et Hélène RUIZ-FABRI pour lesquelles le contrôle de constitutionnalité (objet de la justice constitutionnelle ou du contentieux constitutionnel) est « *l'opération intellectuelle qui consiste à confronter une norme à la Constitution quel que soit le juge qui se livre à cette activité et quel que soit le contentieux dans lequel s'insère cette vérification.* »[29]. Michel VERPEAUX propose aussi, dans la même lancée, une définition du contrôle de constitutionnalité qui en fait le « *contrôle du respect par l'ensemble des normes juridiques de la Constitution* »[30]. Cette approche « *normativiste* »[31] du contentieux constitutionnel renvoie évidemment à la définition *« normativiste »* de la Constitution[32].

Mais sur le plan matériel et dans une démarche de droit comparé, il vaut mieux adopter l'approche la plus large possible du contentieux constitutionnel ou de la justice constitutionnelle, autrement dit celle qui couvrirait la possibilité d'un *contrôle du juge constitutionnel sur l'ensemble des contenus possibles d'une Constitution*, à savoir, les aspects relevant de la dimension politique ou régulatrice, ceux touchant à la dimension

---

26 M. VERDUSSEN, « Introduction », in, M. VERDUSSEN (Sous la direction de), *La Constitution belge*, Lignes et entrelignes, Bruxelles, Le Cri Éditions, 2004, p.13.
27 Ibid., p. 3.
28 C. EISENMANN, *La justice constitutionnelle et la Haute Cour constitutionnelle d'Autriche*, Paris, LGDJ, 1928, p. 1et p. 9.
29 C. GREWE et H. RUIZ-FABRI, *Droits constitutionnels européens*, Paris, PUF, 1995, p.68.
30 M. VERPAUX, *La Constitution*, Paris, Dalloz, 2008, p. 40.
31 L. FAVOREU et autres, *Droit constitutionnel*, 5ème édition, Paris, Dalloz, 2002, p. 69
32Ibid.

normative, mais aussi les volets concernant la dimension protectrice (encore appelée, selon d'autres auteurs, dimension sociale de la Constitution, ou, selon d'autres auteurs encore, dimension substantielle de la Constitution), c'est-à-dire, les droits fondamentaux. Pour atteindre cet objectif, il n'y a guère que des définitions larges pour donner satisfaction. Guillaume DRAGO en propose une : « *La justice constitutionnelle est l'activité de contrôle de la conformité à la Constitution des actes qui lui sont subordonnés ainsi que des actions et décisions des pouvoirs publics qui ont une dimension constitutionnelle* »[33]. Cette définition issue de l'approche matérielle a l'avantage d'envisager les règles constitutionnelles dont la surveillance et la sanction sont organisées bien au-delà des simples « *litiges opposant les pouvoirs publics constitutionnels* » ou de la vérification de la conformité à la Constitution des normes qui lui sont subordonnées. Dans cette définition de la justice constitutionnelle, il est question de contrôle de la conformité à la Constitution non seulement « *des actes subordonnés à la Constitution* » – dimension normative –, mais aussi de toutes autres « *actions* et *décisions* des *pouvoirs publics ayant une dimension constitutionnelle* » – dimensions régulatrice et protectrice –. Cette approche permet ainsi d'intégrer des actes ou décisions d'acteurs publics ayant un impact pour les personnes privées, donc, la question des droits fondamentaux (dimension protectrice). Il faut préciser, comme Michel FROMONT, que les litiges constitutionnels peuvent « *revêtir des formes multiples [impliquant] deux autorités publiques, une autorité publique et une personne privée ou deux personnes privées* »[34].

L'approche organique ou formelle du contentieux constitutionnel : *Sur le plan organique ou formel*, le contentieux constitutionnel est le contentieux géré par un organe en charge de la justice constitutionnelle, autrement dit, il se présente comme l'institution chargée d'assurer la suprématie juridique de la Constitution, soit par une juridiction spécialement compétente pour cela[35], soit par le système juridictionnel général dont l'une des compétences est le contrôle de constitutionnalité[36]. Michel FROMONT indique par exemple que tout juge qui applique les règles constitutionnelles pour régler un litige qui lui est soumis fait du

[33] G. DRAGO, *Contentieux constitutionnel français*, 2ème édition refondue, Paris, PUF, 2006, p.30.

[34] M. FROMONT, « La notion de justice constitutionnelle et le droit français », in *Mélanges en l'honneur de Louis FAVOREU*, pp. 155-163.

[35] Si l'on veut rester uniquement dans le modèle européen comme C. GREWE et H. RUIZ-FABRI, *Droits constitutionnels européens*, Paris, PUF, 1995, p.68.

[36] G. DRAGO, *Contentieux constitutionnel français*, 2ème édition refondue, Paris, PUF, 2006, p.30.

contentieux constitutionnel ou exerce la justice constitutionnelle[37]. Selon lui, cette acception a sa préférence, car elle est «*pleinement opératoire pour l'étude comparative de la justice constitutionnelle dans le monde ; en effet, seule elle permet de considérer que le juge d'un pays de common law qui vérifie la constitutionnalité d'un acte public dont la validité commande l'issue du procès dont il est saisi exerce la justice constitutionnelle et est donc un juge constitutionnel tout comme le fait une cour européenne spécialisée dans la solution des questions de droit constitutionnel*»[38]. Donc, l'existence d'une justice constitutionnelle ne signifie pas forcément qu'il y ait une juridiction constitutionnelle détenant un monopole de jugement des questions de constitutionnalité. La justice constitutionnelle peut parfaitement être assurée par les juridictions ordinaires[39]. Même dans les États qui disposent de juridictions spécialisées sur les questions constitutionnelles, il peut exister d'autres juges, statuant, plus ou moins accessoirement, sur telle ou telle question de conformité à la Constitution ou même de contrôle de constitutionnalité. Tel, par exemple, la Cour de cassation française qui invoque l'article 66 de la Constitution française pour déterminer les compétences de l'autorité judiciaire en matière de privation de libertés[40]. En fait, aussi bien le juge administratif en charge du contrôle de légalité des actes administratifs que le juge judiciaire dans son appréciation de la régularité des actes de droit privé peuvent être amenés, dans certaines circonstances, à exercer un contrôle de constitutionnalité[41]. Ils sont aussi, dans ce cas, des juges constitutionnels au sens large. C'est pourquoi aux expressions «*justice constitutionnelle*» ou «*juge constitutionnel*», il faut préférer celle de « *Cour constitutionnelle* » si l'on souhaite évoquer des juridictions spécialisées sur les questions constitutionnelles.

En effet, sans forcément détenir un monopole sur toutes les questions de constitutionnalité, une Cour constitutionnelle a comme caractéristique essentielle de ne connaître exclusivement que des questions constitutionnelles. Ainsi, pour Louis FAVOREU, les cours constitutionnelles sont des «*juridictions créées pour connaître spécialement et exclusivement du contentieux constitutionnel, situées hors de l'appareil juridictionnel ordinaire et indépendantes de celui-ci comme des pouvoirs publics*»[42].

---

37 M. FROMONT, *La justice constitutionnelle dans le monde*, Paris, Dalloz, 1996, p.3.

38 Ibid.

39 M. de VILLIERS, *Dictionnaire de droit constitutionnel*, Paris, Armand Colin, 2003, p. 135.

40 M. FROMONT, La *justice constitutionnelle dans le monde*, Paris, Dalloz, 1996, pp.2 et 3.

41 B. MATHIEU et M. VERPEAUX, *Contentieux constitutionnel des droits fondamentaux*, Paris, LGDJ, 2002, pp. 116 à 146.

42 L. FAVOREU, « Cours constitutionnelles », in, O. DUHAMEL et Y. MENY (sous la direction de), *Dictionnaire constitutionnel*, Paris, PUF, 1992, p. 255.

Elles ne se confondent pas avec les «*juridictions constitutionnelles*», expression plus large, car intégrant tout à la fois les cours constitutionnelles et des juridictions qui, dans certains pays, peuvent connaître, entre autres, des questions constitutionnelles. Il en est ainsi, par exemple, de la Cour suprême des États-Unis[43].

L'approche fonctionnelle ou procédurale du contentieux constitutionnel : Il semble que *l'approche fonctionnelle ou procédurale* de la justice constitutionnelle ou du contentieux constitutionnel offre plus d'aisance conceptuelle et opérationnelle, car elle se focalise sur un processus déclenché en vue d'atteindre un objectif donné. Il s'agit simplement de « *mettre l'accent sur l'existence d'un contentieux constitutionnel bénéficiant d'un traitement spécial*»[44]. A cet égard, il a pu être proposé de retenir qu'il y a contentieux constitutionnel chaque fois qu'il existe une procédure ou une technique assurant la garantie de la Constitution[45]. Ainsi, pour Hans KELSEN, la « justice constitutionnelle » est synonyme de «*garantie juridictionnelle de la Constitution*» et représente « *un élément du système des mesures techniques qui ont pour but d'assurer l'exercice régulier des fonctions étatiques*»[46]. Pour Louis FAVOREU, l'expression «*justice constitutionnelle*» désigne *l'ensemble des institutions et techniques grâce auxquelles est assurée, sans restriction, la suprématie de la Constitution*[47]. Cette conceptualisation doit être approuvée, car elle peut intégrer toutes les activités envisageables du juge constitutionnel, puisque, quelles que soient les nuances et les applications susceptibles d'être rencontrées, la préoccupation commune sera toujours d'assurer, par l'office d'un ou de plusieurs juges, la suprématie de la Constitution. Si l'on est d'accord, d'une part, que la Constitution, non seulement, peut, selon les pays, organiser les seuls rapports entre les pouvoirs publics, ou prévoir l'organisation des modes de création des autres normes, adjoindre à ce qui précède, un catalogue de droits fondamentaux dont il faut assurer le respect, ou même intégrer au texte fondamental, des valeurs économiques, financières, sociales et civiles[48], d'autre part, qu'en tant que règle de droit, toute violation de celle-ci doit

---

43 Ibid.

44 C. GREWE et H. RUIZ-FABRI, *Droits constitutionnels européens*, Paris, PUF, 1995, p. 68.

45 G. DRAGO, *Contentieux constitutionnel français*, 2ème édition refondue, Paris, PUF, 2006, p.31.

46 H. KELSEN, « La garantie juridictionnelle de la Constitution (La justice constitutionnelle) », *R.D.P*, 1928, N° 35, p. 198.

47 L. FAVOREU, « Justice constitutionnelle », in Olivier DUHAMEL, Yves MENY (sous la direction de), *Dictionnaire constitutionnel*, Paris, PUF, 1992, p. 556 et 557.

48 V. CONSTANTINESCO et S. PIERRE-CAPS, *Droit constitutionnel*, 2ème édition mise à jour, Paris, PUF, 2006, pp. 213-217.

être sanctionnée[49], il convient d'adopter des définitions qui, non seulement, retiennent un contenu matériel très large, dans la limite de ce qui est considéré comme fondamental par le pays, mais aussi, envisager *d'autres approches* que l'approche matérielle. La définition du doyen FAVOREU, qui évoque « *des institutions* » et « des *techniques* » destinées à assurer « *la suprématie de la Constitution* », peut également rentrer dans cette approche. Toutes ces définitions se veulent plus téléologiques que les précédentes dans la mesure où le plus important, c'est la recherche de l'effectivité de la suprématie de la Constitution. En fin de compte, le minimum commun d'une définition du contentieux constitutionnel est l'existence d'une *fonction contentieuse au service du règlement des questions constitutionnelles*[50]. Ce minimum commun a eu originellement deux modalités de mise en œuvre.

Les deux modèles initiaux de justice constitutionnelle, dont il faut maintenant présenter les caractéristiques à grands traits, même si l'on sait par avance qu'il est difficile de retrouver ces caractéristiques dans leur intégralité dans les systèmes que l'on rattache à tel ou tel modèle[51], sont, d'une part, le modèle américain, d'autre part, le modèle kelsénien.

Le modèle américain de justice constitutionnelle : A l'origine, il y eut le modèle américain, ou modèle du *judicial review*, création jurisprudentielle du *Chief Justice Marschall* dans sa décision *Marbury*

---

[49] M. FROMONT, *La justice constitutionnelle dans le monde*, Paris, Dalloz, 1996, p.1

[49] Ibid.

[50] G. DRAGO, *Contentieux constitutionnel français*, 2ème édition refondue, Paris, PUF, 2006, p.31.

[51] L. FAVOREU, « Modèle américain et modèle européen de justice constitutionnelle », *A.I.J.C*, Vol IV, 1988, pp. 51-66 ; M. FROMONT, *La justice constitutionnelle dans le monde*, Paris, Dalloz, 1996, pp. 7-40 ; D. ROUSSEAU, *La justice constitutionnelle en Europe*, 3ème édition, Paris, Montchrestien, 1998, pp. 13-29 ; E. ZOLLER, *Droit constitutionnel*, 2ème édition, Paris, PUF, 1999, pp. 13-21 ; F. HAMON et C. WIENER, *La justice constitutionnelle : Présentation générale, France, États-Unis*, Paris, La documentation française, N° 1.15, 2006, pp. 37-60 ; G. DRAGO, *Contentieux constitutionnel français*, 2ème édition refondue, Paris, PUF, 2006, pp. 43-50 ; L. GARLICKI et W. ZAKREWSKI, « La protection juridictionnelle de la Constitution dans le monde contemporain », *AIJC*, 1985, p. 17 ; A. WEBER, « Le contrôle juridictionnel de la constitutionnalité des lois dans les pays d'Europe occidentale », *AIJC*, 1985, p. 39 ; id., « Notes sur la justice constitutionnelle comparée : Convergences et divergences », *AIJC*, 2003, p.29 ; L. AGUIAR DE LUQUE, « Le contrôle de constitutionnalité des normes dans le "modèle européen de justice constitutionnelle" », in, *La Constitution et les valeurs*, Mélanges en l'honneur de D. G. LAVROFF, Paris, Dalloz, 2005, p. 3 ; C. GREWE et H. RUIZ-FABRI, *Droits constitutionnels européens*, Paris, PUF, coll. « droit fondamental », 1995, p. 66 ; D. TURPIN, *Contentieux constitutionnel*, Paris, PUF, coll. « droit fondamental », 2ème édition, 1994, p. 35.

v/Madison de 1803[52], dont les caractéristiques sont, en premier lieu, le ***caractère diffus ou décentralisé*** de la justice constitutionnelle. Tout juge, fédéral ou étatique, est susceptible d'exercer une fonction de contrôle de constitutionnalité. Tout juge saisi en première instance est en effet doté d'une plénitude de juridiction qui l'amène à se prononcer sur l'ensemble des questions soulevées par le litige, qu'elles soient civiles, pénales, administratives ou constitutionnelles[53]. Mais la Cour suprême fédérale, en tant que – seule – plus haute juridiction du système juridictionnel, voit remonter vers elle, l'ensemble des contentieux ou des diverses dimensions des contentieux non définitivement réglés à des niveaux plus bas. C'est de cette manière qu'elle est amenée à régler des questions de contrôles de constitutionnalité[54]. Deuxièmement, le contrôle opéré dans le modèle américain est ***de type concret,*** car il porte sur des litiges avérés et concrets et non éventuels ou abstraits, le demandeur devant être directement touché par la violation de la Constitution, le dommage devant s'être produit ou apparaître suffisamment certain et la controverse toujours en l'état[55]. Cette situation explique le troisième caractère du modèle américain à savoir ***l'autorité relative de la chose jugée,*** puisque la décision du juge américain n'annule pas la règle litigieuse, mais l'écarte dans la recherche de solution au litige qui lui est soumis. La règle n'est pas appliquée au procès, au litige et aux parties en cause en l'espèce[56]. On relèvera un quatrième caractère, moins décisif, qui classe le contrôle opéré par le juge américain

---

52 F. HAMON et C. WIENER, *La justice constitutionnelle : Présentation générale, France, États-Unis*, Paris, La documentation française, N° 1.15, 2006, pp. 37-60 ; E. ZOLLER, « Présentation de la Cour suprême des États-Unis », *Cahiers du Conseil constitutionnel*, N° 5, pp. 40-52.

53 L. FAVOREU et autres, *Droit constitutionnel*, 5ème édition, Paris, Dalloz, 2002, p. 195.

54 E. ZOLLER, *Droit constitutionnel*, 2ème édition, Paris, PUF, 1999, pp. 103-149 ; G. DRAGO, *Contentieux constitutionnel français*, 2ème édition refondue, Paris, PUF, 2006, pp. 44-45.

55 L. FAVOREU et autres, *Droit constitutionnel*, 5ème édition, Paris, Dalloz, 2002, p. 196. Il faut signaler toutefois des possibilités de saisir les juridictions de questions de contrôle de constitutionnalité sans attendre l'occasion d'un procès, soit par la procédure d'*injonction*, soit par *jugement déclaratoire*, cf. D. ROUSSEAU, *La justice constitutionnelle en Europe*, 3ème édition, Paris, Montchrestien, 1998, p. 17, ainsi que, F. HAMON et C. WIENER, *La justice constitutionnelle : Présentation générale, France, États-Unis*, Paris, La documentation française, N° 1.15, 2006, p. 37.

56 Mais la règle du *stare decisis*, donne à la décision du juge suprême – et constitutionnel – américain, lorsqu'il est saisi de l'affaire, une valeur de précédent, de sorte que, même si la loi (ou plus généralement la norme) en cause n'est pas formellement annulée, les effets de la décision de la Cour suprême sont équivalents à une annulation, car les juridictions inférieures se conforment à la décision rendue.

après la promulgation de la loi, puisque c'est dans l'application de la loi, **qu'*a posteriori***, l'inconstitutionnalité est révélée ou découverte[57].

A ce modèle difficilement transposable pour de multiples raisons[58], est venu s'opposer le modèle conçu par Hans KELSEN[59], le modèle kelsénien, autrichien ou européen[60].

Le modèle kelsénien de justice constitutionnelle : Pour Hans KELSEN, « c'est avant tout le manque d'unité des solutions et l'insécurité du droit qui en résulte qui se fait très désagréablement sentir lorsqu'un tribunal s'abstient d'appliquer un règlement ou même une loi comme irréguliers cependant qu'un autre tribunal fait le contraire et qu'il est

---

57 D. ROUSSEAU, *La justice constitutionnelle en Europe*, 3ème édition, Paris, Montchrestien, 1998, p. 17 ; L. FAVOREU et autres, *Droit constitutionnel*, 5ème édition, Paris, Dalloz, 2002, p. 197.

58 E. ZOLLER, *Droit constitutionnel*, 2ème édition, Paris, PUF, 1999, p. 103-149 ; id., « Présentation de la Cour suprême des États-Unis », *Cahiers du Conseil constitutionnel*, N° 5, pp. 40-52.

59 H. KELSEN, « La garantie juridictionnelle de la Constitution (La justice constitutionnelle) », *R.D.P.*, pp. 197-257 ; id. « Le contrôle de constitutionnalité des lois. Une étude comparative des constitutions autrichienne et américaine », *R.F.D.C*, 1990, I, pp. 17-30.

60 C. EISENMANN, *La justice constitutionnelle et la haute cour constitutionnelle d'Autriche*, Paris, LGDJ, 1928, Rééd. Paris, Economica, 1986 ; L. FAVOREU, « Modèle américain et modèle européen de justice constitutionnelle », *A.I.J.C*, Vol IV, 1988, pp. 51-66 ; M. FROMONT, *La justice constitutionnelle dans le monde*, Paris, Dalloz, 1996, pp. 7-40 ; D. ROUSSEAU, *La justice constitutionnelle en Europe*, 3ème édition, Paris, Montchrestien, 1998, pp. 13-29 ; E. ZOLLER, *Droit constitutionnel*, 2ème édition, Paris, PUF, 1999, pp. 13-21 ; F. HAMON et C. WIENER, *La justice constitutionnelle : Présentation générale, France, États-Unis*, Paris, La documentation française, N° 1.15, 2006, pp. 37-60 ; G. DRAGO, *Contentieux constitutionnel français*, 2ème édition refondue, Paris, PUF, 2006, pp. 43-50 ; L. GARLICKI et W. ZAKREWSKI, « La protection juridictionnelle de la Constitution dans le monde contemporain », *AIJC*, 1985, p. 17 ; A. WEBER, « Le contrôle juridictionnel de la constitutionnalité des lois dans les pays d'Europe occidentale », *AIJC*, 1985, p. 39 ; id., « Notes sur la justice constitutionnelle comparée : Convergences et divergences », *AIJC*, 2003, p.29 ; L. AGUIAR DE LUQUE, « Le contrôle de constitutionnalité des normes dans le "modèle européen de justice constitutionnelle" », in *La Constitution et les valeurs, Mélanges en l'honneur de D. G. LAVROFF*, Paris, Dalloz, 2005, p. 3 ; C. GREWE et H. RUIZ-FABRI, *Droits constitutionnels européens*, Paris, PUF, coll. « droit fondamental », 1995, p. 66 ; D. TURPIN, *Contentieux constitutionnel*, Paris, PUF, coll. « droit fondamental », 2ème édition, 1994, p. 35 ; M. FROMONT, « La diversité de la justice constitutionnelle en Europe », in, *Mélanges Philippe ARDANT*, Paris, LGDJ. 1999, p. 47 ; C. GREWE, « A propos de la diversité de la justice constitutionnelle en Europe : L'enchevêtrement des contentieux et des procédures », in *Les droits individuels et le juge en Europe, Mélanges en l'honneur de Michel FROMONT*, Strasbourg, Presses universitaires de Strasbourg, 2001, p. 255.

interdit aux autorités administratives, lorsqu'elles sont, elles aussi, appelées à intervenir, de refuser l'application de la norme. **La *centralisation*** du pouvoir d'examiner la régularité des normes générales se justifie certainement à tous égards. Mais si l'on se résout à confier ce contrôle à une autorité unique, il devient alors possible d'abandonner la limitation de l'annulation au cas concret, pour le système de l'annulation totale, c'est-à-dire pour tous les cas où la norme aurait dû être appliquée. Il va de soi qu'un pouvoir aussi considérable ne peut être confié qu'à une *instance centrale suprême* »[61].

Se trouve ainsi justifiée dans les écrits de KELSEN la préférence tant pour le caractère concentré de la justice constitutionnelle, son caractère abstrait, que pour le système de l'autorité absolue de la chose jugée attachée à la décision de la juridiction constitutionnelle et dont la conséquence est de sortir le texte déclaré contraire à la Constitution de l'ordonnancement juridique. Un quatrième caractère, non décisif, peut encore être cité, la possibilité de contrôle *a priori* de la constitutionnalité des normes.

Détaillant ces caractéristiques, on peut relever que la plus fondamentale d'entre elles est sans doute **le *caractère concentré*** de la justice constitutionnelle, donc l'existence d'un juge constitutionnel spécialisé ayant un monopole dans l'appréciation de la constitutionnalité des lois. En effet, les juges ordinaires sont incompétents pour apprécier, en soi, la conformité d'une norme législative à la Constitution. Leur rôle est d'appliquer la loi. Ils ne peuvent en vérifier, en principe, la constitutionnalité. Il peut arriver aux juges ordinaires d'effectuer un contrôle de constitutionnalité lié au litige qu'ils ont à examiner, mais ils sont incompétents pour un litige exclusivement constitutionnel, donc constitutionnel *ab initio*. La cour constitutionnelle n'est ni un organe, ni une chambre, encore moins une section d'un organe de l'appareil juridictionnel ordinaire. Elle est située hors de cet appareil juridictionnel et est indépendante d'elle[62]. Il s'agit d'une juridiction chargée d'« *une mission purement juridique d'interprétation de la Constitution* »[63], un organe « *indépendant [...] de toute autre autorité étatique* »[64].

Le contrôle exercé par la cour constitutionnelle du modèle kelsénien n'est pas effectué dans le cadre d'un litige opposant deux parties sur une autre question, et impliquant, de manière incidente ou accidentelle, une

---

61 H. KELSEN, « La garantie juridictionnelle de la Constitution... », *RDP,* 1928, p. 218.
62 L. FAVOREU et al., *Droit constitutionnel*, Paris, Dalloz, 2002, p. 204.
63 H. KELSEN, « La garantie juridictionnelle de la constitution... », *R.D.P.* 1928, p. 226.
64 Ibid, p. 223.

question de constitutionnalité qu'il faut élucider avant de trouver une issue au problème non constitutionnel qui a été à l'origine de la saisine du juge-ordinaire. Le problème de constitutionnalité que doit connaître la cour constitutionnelle du modèle kelsénien est principal et existe en lui-même. « Le contrôle de constitutionnalité selon le modèle kelsénien, implique en effet une confrontation entre normes générales, l'une constitutionnelle, l'autre législative, le juge statuant sur la loi en elle-même et non sur son application dans un litige particulier. »[65]. C'est en cela que **le contrôle est dit *abstrait*.** Même dans l'hypothèse où un juge ordinaire soumet, par la voie de la question préjudicielle, un problème de constitutionnalité au juge constitutionnel, l'opération intellectuelle faite par le juge constitutionnel n'en reste pas moins un contrôle abstrait, du moins en ce qui le concerne, puisqu'il ne fait que confronter la norme litigieuse à la constitution pour vérifier la conformité de l'une à l'autre[66]. Il faut néanmoins reconnaître que cette organisation fréquente de procédures de questions préjudicielles dans les systèmes ayant des cours constitutionnelles spécialisées, introduit, à n'en point douter, un contrôle concret qui dénote une coexistence de procédures éloignant un peu lesdits systèmes du modèle kelsénien originel[67].

L'un des autres traits caractéristiques les plus notoires du modèle kelsénien est ***l'autorité absolue de chose jugée attachée aux décisions rendues.*** « Les défauts et l'insuffisance d'une annulation limitée à l'espèce sont évidents… l'insécurité du droit… se fait très désagréablement sentir lorsqu'un tribunal s'abstient d'appliquer un règlement ou même une loi

---

65 L. FAVOREU et al., *Droit constitutionnel*, *op. cit.*, p. 205.

66 Ibid. En fait, il vaut mieux parler de dimension abstraite, à côté d'une dimension concrète qu'on ne saurait nier. En effet, la dimension concrète de ce contrôle ne fait point de doute comme le reconnaît d'ailleurs FAVOREU, ibid., et comme le précise aussi M. FROMONT : « La demande d'un juge tendant à ce qu'un autre juge contrôle la constitutionnalité d'une loi qui est applicable au litige concret dont il est saisi est certes une procédure objective, puisque la demande a pour auteur un organe de l'État agissant au nom de l'État, mais elle n'en demeure pas moins une procédure concrète puisque la question de la constitutionnalité de la loi ne peut être tranchée sans référence au litige concret », *in, La justice constitutionnelle dans le monde*, Paris, Dalloz, 1996, p. 44.

67 L. FAVOREU et *al.*, ibid. En réalité, KELSEN estimait qu'on pouvait « permettre aux parties à une procédure judiciaire ou administrative de […] provoquer [un recours devant le juge constitutionnel] contre les actes des autorités publiques – jugements ou actes administratifs – pour le motif, qu'immédiatement réguliers sans doute, ils ont été faits en exécution d'une norme elle-même irrégulière, loi inconstitutionnelle ou règlement illégal. Il s'agirait […] d'un moyen de fait, indirect, de provoquer l'intervention du tribunal constitutionnel [à condition que] l'autorité judiciaire ou administrative […] se rallie aux vues de la partie et présente en conséquence la requête en annulation », H. KELSEN, « La garantie… », *RDP* 1928, pp. 246-247.

comme irréguliers cependant qu'un autre tribunal fait le contraire et qu'il est interdit aux autorités administratives, lorsqu'elles sont, elles aussi, appelées à intervenir, de refuser l'application de la norme. [...] [Il faut donc opter] pour le système de l'annulation totale, c'est-à-dire pour tous les cas où la norme aurait dû être appliquée. »[68]. Pour le juriste autrichien, « il est nécessaire, si l'on veut que la Constitution soit efficacement garantie, que l'acte soumis au contrôle du tribunal constitutionnel soit directement annulé par son arrêt [...] au cas où il est reconnu irrégulier [...]. L'arrêt doit avoir force *annulatoire*. »[69]. Une fois l'opération de contrôle terminée sur une norme, si son irrégularité, c'est-à-dire sa contrariété à la Constitution, est établie, la seule décision possible est l'annulation de la loi, sa sortie de l'ordonnancement juridique. Et cette décision vaut à l'égard de tous (effet *erga omnes*) (autorités administratives, judiciaires, particuliers...), ce qui garantit une cohérence de l'ordonnancement juridique.

Dernier trait rattaché par certains auteurs au modèle kelsénien, **le contrôle peut être fait *a priori*** et à la demande *des autorités politiques*. Il faut dire que ces possibilités de saisine *a priori*, alors même que la loi n'est pas encore entrée en vigueur ou les recours introduits par des autorités politiques en dehors de tout litige concret, ne peuvent être envisagés que dans le modèle kelsénien compte tenu du caractère abstrait du contrôle qui y est effectué.

Ces deux modèles – américain et européen – se retrouvent difficilement dans un État avec toutes les caractéristiques ci-dessus présentées. Autrement dit, aucun système de justice constitutionnelle n'est une pâle reproduction de l'un quelconque de ces deux modèles. Plusieurs systèmes mixtes ont même été détectés.

Les autres tentatives de modélisation de la justice constitutionnelle : Déjà, en 1928, Charles EISENMANN présentant les deux modèles – américain et kelsénien –, relève qu'il s'agit là de « *deux solutions-types que le droit positif est naturellement libre de combiner à sa guise* »[70]. En 1985, Leszeck GARLICKI et Witold ZAKRZEWSKI se demanderont si au fil des années on n'a pas assisté à une « *convergence des systèmes de contrôle* », des « *tendances convergentes, rapprochant l'image réelle des juridictions constitutionnelles contemporaines* »[71] se notant ci et là. En 1988, Louis

68 H. KELSEN, « La garantie juridictionnelle de la Constitution... », *RDP* 1928, p. 218.
69 Ibid., p. 242.
70 C. EINSENMANN, *La justice constitutionnelle et la haute cour constitutionnelle d'Autriche*, Paris, LGDJ, 1928, p. 104.
71 L. GARLICKI et W. ZAKREWSKI, « La protection juridictionnelle de la Constitution

FAVOREU signale aussi des « *éléments de rapprochement entre les deux systèmes* »[72]. En 1996, Michel FROMONT note que « *la présentation classique selon laquelle le modèle inauguré par la République d'Autriche en 1920 serait le modèle européen n'est admissible que si l'on met l'accent sur l'organe chargé de la justice constitutionnelle* »[73]. Il va plus loin : « *L'analyse traditionnelle a peu de valeur explicative pour une raison majeure : elle porte implicitement sur un seul aspect de la justice constitutionnelle, à savoir le contrôle de la constitutionnalité des règles de droit et même plus spécialement celui des lois : selon que la loi est éliminée de l'ordre juridique par une juridiction ordinaire ou par une cour constitutionnelle, le système étudié relève du "modèle américain" ou du "modèle européen"* ». Il reproche à cette classification de mal rendre compte du ***contrôle de constitutionnalité des jugements et des actes administratifs*** et de passer sous silence tous les systèmes de justice constitutionnelle qui ne répondent pas à l'un des deux modèles, comme ceux de l'Amérique latine ou de pays européens, tels la Suisse ou le Portugal. Se basant à la fois sur la procédure par laquelle le juge est saisi et sur l'objet, et par là même, la nature des décisions de justice rendues, il propose une autre classification répondant aux deux logiques qu'il voit dans l'aménagement de la justice constitutionnelle, la logique *subjective et concrète* et la logique *objective et abstraite*. Il en déduit des *systèmes de justice constitutionnelle aux procédures concrètes* et ceux comportant des *procédures abstraites*[74]. Mais, il est obligé de reconnaître l'existence de procédures mixtes[75] : « *Certains pays ne connaissent que des procédures subjectives et concrètes tels les États-Unis ; d'autres ont principalement des procédures de ce type, tout en ayant également des procédures abstraites et des procédures de caractère mixte, le meilleur exemple étant celui de l'Allemagne ; d'autres ont principalement des procédures de caractère mixte, le meilleur exemple étant l'Italie ; d'autres ont principalement des procédures objectives et abstraites, telles l'Autriche ; d'autres enfin ont exclusivement des procédures objectives et abstraites, l'archétype étant la France* »[76]. En cette même année 1996, Francisco RUBIO LLORENTE, relève que l'opposition entre les deux modèles est « *une méthode de raisonnement ou d'étude qu'il vaudrait*

---

dans le monde contemporain », *AIJC*, 1985, pp. 26-30.

72 L. FAVOREU, « Modèle américain et modèle européen de justice constitutionnelle », *A.I.J.C*, Vol IV, 1988, pp. 61-65.

73 M. FROMONT, *La justice constitutionnelle dans le monde*, Paris, Dalloz, 1996, pp. 17-18.

74 Ibid., pp. 41-44.

75 Ibid., p. 44.

76 Ibid. Il faut noter que la France connaît désormais de la question prioritaire de constitutionnalité sur lequel nous reviendrons plus loin. Voir M. DISANT, *Droit de la question prioritaire de constitutionnalité. Pratiques jurisprudentielles*, Lamy, coll. Axe Droit, 2011 ; ou plus récemment, du même auteur, *La QPC en actions. Usages et stratégies des avocats* (dir.), Rapport de recherche « QPC 2020 », 2020.

mieux abandonner en raison du rapprochement [entre les deux systèmes], mais également et surtout, en raison de la diversité des systèmes européens [...] cette catégorisation en deux modèles contribue également à écarter de l'analyse les différences organiques ainsi que celles de procédure, et à oublier ainsi les réalités fondamentales c'est-à-dire les finalités propres qui donnent à la juridiction constitutionnelle sa raison d'être »[77]. Pour toutes ces raisons, il préfère distinguer le *modèle centré sur la loi* et *le modèle centré sur l'effectivité des droits fondamentaux*[78]. Il reconnaît qu'on pourrait objecter que le modèle de juridiction constitutionnelle axée sur le contrôle de la constitutionnalité de la loi sert aussi d'instrument de protection des droits fondamentaux, mais, précise-t-il, « *le contrôle de la constitutionnalité des lois garantit directement la division constitutionnelle des pouvoirs ; la protection des droits fondamentaux n'intervient qu'à travers la loi qui continue à être considérée en conséquence comme la garantie réelle des droits et d'une certaine manière leur source réelle, dès lors que face à elle, ni le citoyen ni le juge ne peuvent rien. En revanche, dans le modèle qui s'articule autour de la défense des droits fondamentaux, ceux-ci tirent leur effectivité directement de la Constitution et sont invocables par le citoyen comme par le juge ; le contrôle de constitutionnalité de la loi apparaît alors comme un moyen parmi d'autres – quoique le plus important – d'en assurer la pleine effectivité.* »[79]. Constatant que tous les systèmes européens comprennent des éléments appartenant à l'un comme à l'autre des modèles proposés, il avertit que sa modélisation doit s'appuyer tant sur la comparaison des différents systèmes – traditionnels – que sur l'évolution interne de chacun d'eux[80]. En 1999, Michel FROMONT insiste également sur la même diversité interne du modèle européen[81]. En 2001, Constance GREWE revient sur le même thème en évoquant l'enchevêtrement des contentieux et des procédures en Europe[82]. Elle affirme que le mouvement de la justice constitutionnelle du contrôle de la loi vers la protection des droits ne fait que refléter les nouvelles tendances du droit constitutionnel. En relevant qu'aucun des textes constitutionnels élaborés en Europe depuis la fin de la Seconde Guerre mondiale n'échappe à la logique de la protection plus

---

77 F. RUBIO LLORENTE, « Tendances actuelles de la juridiction constitutionnelle en Europe », *A.I.J.C.*, 1996, p. 16.
78 Ibid., pp. 16-17.
79 Ibid., p. 17.
80 Ibid.
81 M. FROMONT, « La diversité de la justice constitutionnelle en Europe », in, *Mélanges Philippe ARDANT*, Paris, LGDJ, 1999, pp. 47-59.
82 C. GREWE, « A propos de la diversité de la justice constitutionnelle en Europe : L'enchevêtrement des contentieux et des procédures », in, *Les droits individuels et le juge en Europe, Mélanges en l'honneur de Michel FROMONT*, Strasbourg, Presses Universitaires de Strasbourg, 2001, pp. 255-266.

accentuée de droits fondamentaux par des juridictions constitutionnelles dotées d'attributions significatives, elle préfère insister sur la procédure pour constater que les juridictions constitutionnelles européennes se divisent en deux groupes : ceux qui ont institué une procédure principale par laquelle tous ou la plupart des vices d'inconstitutionnalité sont sanctionnés et ceux qui au contraire se sont attachés à distinguer et à séparer des contentieux et des procédures variées[83]. Cette approche lui permet de signaler qu'en Suisse, en France ou en Italie, c'est le choix d'une procédure principale qui l'emporte. En Suisse, c'est le règne du recours individuel, en France, celui de la procédure abstraite[84] et, en Italie, le règne de la procédure concrète. Au Portugal, en Autriche, en Allemagne et en Espagne, elle voit plutôt le deuxième groupe de pays, ceux qui ont opté pour une diversité de procédures pour sanctionner les inconstitutionnalités[85]. En 2004, Francisco FERNANDEZ SEGADO, constate tout simplement la faillite de la bipolarité « *modèle américain-modèle européen* » en tant que critère analytique du contrôle de la constitutionnalité et propose de s'adonner à la recherche d'une nouvelle typologie explicative[86]. En s'appuyant sur l'évolution des juridictions constitutionnelles tant en Europe qu'en Amérique latine, il constate « *la centralité du modèle américain dans l'évolution convergente des deux systèmes traditionnels de contrôle de la constitutionnalité* »[87] et relève « *la mixture et l'hybridation des systèmes actuels de contrôle de la constitutionnalité des actes du pouvoir* »[88]. Il aboutit au constat de coexistence dans plusieurs pays européens (Autriche, Allemagne, Italie, Espagne, Belgique) d'un contrôle de la loi, en marge de son application, avec un contrôle effectué à l'occasion de son application à un *litis* concret, suscité par le juge qui en a connaissance et qui doit résoudre la controverse concrète ; contrôle qui, dans certains cas (comme celui de l'Italie) est la procédure la plus importante de contrôle de constitutionnalité[89].

---

83 Ibid., pp. 256-257.

84 Depuis lors, la question prioritaire de constitutionnalité a été instaurée.

85 Ibid., pp. 257-266.

86 F. FERNANDEZ SEGADO, « La faillite de la bipolarité « modèle américain-modèle européen » en tant que critère analytique du contrôle de la constitutionnalité et la recherche d'une nouvelle typologie explicative », in *Mouvements du droit public, Mélanges en l'honneur de Franck MODERNE*, Paris, Dalloz, 2004, p. 1077-1116.

87 Ibid., p. 96.

88 Ibid., p. 100.

89 Ibid., p. 103.

En 2005, Ibrahima DIALLO se met à la recherche d'un modèle africain de justice constitutionnelle[90]. Après avoir fait un détour historique sur ce qu'il a appelé la première génération de justice constitutionnelle dont la passivité n'autorise pas une classification pertinente, il constate qu'à partir de 1990, le modèle africain de justice constitutionnelle est reconstruit. Selon lui, d'une part, « *l'influence du modèle américain n'est pas remarquable dans les pays africains surtout de tradition juridique française où l'on note une tendance à l'adoption d'un système de juridiction constitutionnelle spécialisée et autonome* »[91]. D'autre part, « *le modèle européen est également introuvable en Afrique dans son état pur même si son influence est indiscutable* »[92]. L'auteur s'évertue à rechercher l'originalité du modèle africain dans l'organisation du contrôle concret, mais surtout dans la consécration de la saisine individuelle, soit par voie d'action, soit plus souvent, sous la forme de questions préjudicielles de constitutionnalité[93]. Il constate que le modèle africain est « *dualiste [et] a ses caractéristiques et dynamiques propres* » avant de signaler la contribution du juge constitutionnel africain à la consolidation de l'État de droit, ainsi que les défis qui lui restent à relever et qui sont, d'une part, les rapports nouveaux que ce juge doit avoir vis-à-vis du pouvoir politique duquel il était fortement dépendant avant les années 1990, d'autre part, sa capacité à se transformer en protecteur des droits et libertés[94].

En 2007, Otto PFERSMANN propose à son tour une nouvelle modélisation de la justice constitutionnelle en séparant les classifications *organocentriques* et les classifications *normocentriques*[95]. Il relève que, si la grande distinction entre modèle américain et modèle européen de justice constitutionnelle semble aujourd'hui encore emporter le plus vaste consensus, elle n'en est pas moins problématique en tant qu'elle laisse dans l'ombre la justification des critères sur lesquels elle pense s'appuyer. Selon l'auteur, la justice constitutionnelle comprend trois ensembles de données ; les unes portant sur l'organisation et les compétences de certains organes juridictionnels, les autres concernant l'exercice des compétences (qu'il résume en conflits entre normes constitutionnelles et infra-

---

90 I. DIALLO, « A la recherche d'un modèle africain de justice constitutionnelle », *AIJC 2004*, pp. 93-120.

91 Ibid., p. 111.

92 Ibid., p. 112.

93 Ibid.

94 Ibid., p. 113-119.

95 O. PFERSMANN, « Classifications organocentriques et classifications normocentriques de la justice constitutionnelle en droit comparé », in *En hommage à Francis DELPÉRÉE, Itinéraires d'un constitutionnaliste*, Paris, Bruxelles, Bruylant, LGDJ, 2007, pp. 1153-1167.

constitutionnelles, surtout législatives), les dernières touchant les conséquences des décisions rendues par la justice constitutionnelle[96]. Pour lui, dans la classification traditionnelle, l'orientation principale tourne autour de la juridiction comme institution ; or, une classification de la justice constitutionnelle ne peut être organisée qu'autour de la *conception du conflit de normes* qu'elle est appelée à résoudre. A cet égard, la typologie traditionnelle, fondée sur une approche *organocentrique*, ne livre pas de distinctions juridiquement pertinentes, d'où la proposition d'adopter des classifications *normocentriques*[97]. Il fait observer, dans sa démarche *normocentrique*, qu'il y a un système de *validité stricte des normes,* comme le système kelsénien originaire dans lequel le sort ou la validité du texte est lié au sort ou à la validité de la norme et un système de *validité indéterminée* – à « l'américaine » – dans lequel la validité de la norme sera dissociée de la validité du texte[98]. Mais, comme les figures de raisonnement et les conceptions, culturellement conditionnées, peuvent naturellement être transférées dans des contextes différents, une conception « européenne » peut apparaître aux États-Unis, une conception « américaine » en Europe[99]. Et avec des techniques telles que l'« interprétation conforme », qui introduit une dose d'indétermination dans les systèmes – originairement – de validité stricte, il existe aujourd'hui de moins en moins de systèmes (ou sous-systèmes) de validité stricte et de plus en plus de systèmes (ou sous-systèmes) à validité indéterminée[100]. C'est donc le constat d'un rapprochement du modèle américain de normativité constitutionnelle qui est fait[101].

Appartenance des juridictions constitutionnelles étudiées au modèle kelsénien de justice constitutionnelle :

Qu'il s'agisse du Bénin sur lequel nous reviendrons plus bas, de la Côte d'Ivoire, de la République centrafricaine, de la République démocratique du Congo, du Gabon, de Madagascar ou du Sénégal, toutes les juridictions constitutionnelles qui ont fait l'objet d'études dans cet ouvrage appartiennent au modèle kelsénien de justice constitutionnelle parce qu'elles sont hautes et spécialisées en matière constitutionnelle et que les autres juridictions du pays ne peuvent connaître des questions de constitutionnalité que de manière incidente, notamment dans le cadre de la procédure des questions préjudicielles.

---

96 Ibid., pp. 1154-1155.
97 Ibid.
98 Ibid., p. 1166.
99 Ibid., p. 1165.
100 Ibid., p. 1166.
101 Ibid.

Qu'en est-il spécifiquement du modèle béninois de justice constitutionnelle ?

La réponse à cette question sera plus aisée s'il était d'abord fait référence, d'une part, aux différentes sources du contentieux constitutionnel béninois, d'autre part, à leur effectivité.

Les sources du contentieux constitutionnel béninois : C'est d'abord **la Constitution du 11 décembre 1990** telle que révisée en 2019, puis en 2025, qui a réservé un de ses onze titres à la Cour constitutionnelle. Ce titre, le titre V, qui est uniquement consacré à la Cour constitutionnelle, comporte douze articles.

L'article 114 définit les attributions de la Cour.

L'article 115 est consacré à la composition et au mandat des membres de la Cour. Il indique aussi les droits et devoirs des membres de la haute juridiction.

L'article 116 de la Constitution indique les conditions de désignation du Président de la Cour et les articles 117 et 118 reviennent, de manière détaillée, sur les attributions de la Cour.

L'article 119 s'intéresse aux attributions personnelles du Président de la Cour, pendant que l'article 120 évoque les délais dans lesquels la Cour doit statuer dans ses différents domaines de compétence.

Les articles 121,121-1, 121-2, 122, 123 et 124 de la Constitution présentent les éléments de compétence et de procédure ainsi que l'autorité attachée aux décisions de la Cour.

En dehors de ce titre V, qui consacre constitutionnellement l'essentiel des règles de fonctionnement de la Cour, plusieurs autres dispositions du texte fondamental béninois touchent à la Cour constitutionnelle.

Ce sont d'abord les deux derniers alinéas de l'article 3 qui disposent :

« *La souveraineté s'exerce conformément à la présente Constitution qui est la Loi suprême de l'État.*

Toute loi, tout texte réglementaire et tout acte administratif contraires à ces dispositions sont nuls et non avenus. En conséquence, tout citoyen a le droit de se pourvoir devant la Cour Constitutionnelle contre les lois, textes et actes présumés inconstitutionnels. »

Plus loin, plusieurs autres articles de la Constitution (50, 52, 57, 77, 86, 100, 102, 104, 146) renvoient à la compétence de la Cour.

Au total, pas moins de vingt et un des cent soixante articles de la Constitution sont consacrés à la Cour constitutionnelle.

Il faut signaler ensuite **la Loi organique sur la Cour constitutionnelle**. Il y a eu dans un premier temps la **loi N° 91-009 du 31 mai 2001**. Une telle différence entre l'adoption du texte – 1991 – et sa promulgation – 2001 – ne peut être comprise sans la lecture des décisions DCC 96-010 des 23 et 24 janvier 1996, DCC 98-015 du 6 février 1998 et DCC 98-058 du 2 juin 1998. Mais un nouveau texte organique a été pris en 2022 sur le même objet et remplace le premier. Il s'agit de la **loi N° 2022-09 du 27 juin 2022** portant loi organique sur la Cour constitutionnelle. En 2025, cette loi a été modifiée[102]. Compte tenu de la révision de la Constitution intervenue en 2025[103], une nouvelle révision de la loi organique est prévue.

L'article 85 de la loi organique sur la Cour constitutionnelle existant avant la révision de la Constitution intervenue en 2025 prévoit que :

« *La Cour constitutionnelle complète par son* ***Règlement intérieur*** *les règles de procédure édictées par la présente loi organique.*

Elle précise notamment les principes, les conditions et la procédure d'instruction et d'examen des recours, ainsi que la surveillance des opérations du référendum… ».

Ainsi, les différentes versions du Règlement intérieur de 1993 à 2022, comme ceux qui suivront, donnent des précisions complémentaires sur la présidence de la Cour constitutionnelle, son secrétariat général, le fonctionnement de la Cour, y compris l'ensemble des procédures. Certaines règles de procédure apparaissent ainsi pour la première fois dans le Règlement intérieur de la Cour.

Il existe enfin **deux décrets** portant, l'un, sur les attributions, organisation et fonctionnement du secrétariat général de la Cour constitutionnelle[104], l'autre, sur les attributions, organisation et fonctionnement du Greffe de la Cour constitutionnelle[105].

L'effectivité du droit applicable (et appliqué) au contentieux constitutionnel : Cas du Bénin : Entre 1960, année de l'indépendance et

---

[102] Loi N° 2025-18 du 25 juillet 2025 modifiant et complétant la loi N° 2022-09 du 27 juin 2022 portant loi organique sur la Cour constitutionnelle.

[103] Loi N° 2025-20 du 17 décembre 2025 modifiant et complétant la loi N° 90-32 du 11 décembre 1990 portant Constitution de la République du Bénin telle que révisée par la loi N° 2019-40 du 7 novembre 2019.

[104] Décret N° 2022-383 du 8 juillet 2022 portant attributions, organisation et fonctionnement du secrétariat général de la Cour constitutionnelle ;

Textes antérieurs : Décret N° 2014-118 du 17 février 2014 portant attributions, organisation et fonctionnement du secrétariat général de la Cour constitutionnelle ; Décret N° 94-012 du 26 janvier portant attributions, organisation et fonctionnement du Secrétariat Général de la Cour Constitutionnelle ; *Décret N°* 1997-274 du *9 juin 1997* portant modification du *Décret N°* 94-012 du 26 janvier 1994 portant attributions, organisation et fonctionnement du Secrétariat Général de la Cour Constitutionnelle ; *Décret N° 1996*-34 du *5 février 1996* portant création, organisation, fonctionnement et attritions du Greffe de la Cour Constitutionnelle.

[105] Décret N° 2022-384 du 8 juillet 2022 portant attributions, organisation et fonctionnement du Greffe de la Cour constitutionnelle.

1972, le Bénin, qui s'appelait encore Dahomey, a connu plusieurs coups d'État, dont six ont réussi. Le pays a connu de 1960 à 1972 sept présidents de la République, dont certains ont occupé à plusieurs reprises, donc à des périodes différentes, le poste tant convoité. Et chaque coup d'État organisé était provoqué par des manifestations de rue, des grèves ou des crises politiques au sommet de l'État. A chacune des interventions de l'armée, la promesse était faite, et généralement tenue, de revenir à une vie constitutionnelle normale. En attendant l'élaboration d'une véritable Constitution, une Charte constitutionnelle était souvent élaborée. Et le projet constitutionnel, une fois achevé, était soumis au peuple. Et à chaque occasion, par une forte participation et une acceptation franche, le peuple approuvait la Constitution. Mais pour les raisons évoquées plus haut, tout le processus était mis à l'eau et le cycle de genèse d'une nouvelle Constitution recommençait – crises au sommet de l'État ou manifestations et grèves des syndicats, prise en main du pouvoir par l'armée, élaboration d'une nouvelle Constitution, organisation de nouvelles élections, remise du pouvoir aux civils. L'instabilité politique qu'a connue le Dahomey de 1960 à 1972 s'accompagnait donc d'une instabilité constitutionnelle[106]. Mais, malgré cette double instabilité, la fidélité à la proclamation des droits de l'homme n'a jamais été démentie. Toutes les Constitutions (1960, 1964, 1968, ainsi que les diverses chartes constitutionnelles) dahoméennes ont toujours affirmé l'attachement du peuple dahoméen aux valeurs démocratiques et aux droits de l'homme, tels qu'ils ont été consacrés en 1789 en France (pays de l'ex-colonisateur) et en 1948 par la Déclaration universelle des droits de l'homme. Le corps de la Constitution contenait même systématiquement une liste impressionnante de droits et devoirs constitutionnellement garantis. Et allant même au-delà de la simple proclamation des droits, des mécanismes de garantie étaient prévus.

Un problème restait cependant posé : celui de l'écart entre la théorie et la réalité. Bien souvent au Dahomey d'hier, Bénin d'aujourd'hui, les promesses constitutionnelles n'étaient pas tenues par les dirigeants, en particulier ceux de l'Exécutif. Ces derniers ont toujours étouffé toute résistance parlementaire et ignoré royalement les décisions judiciaires, même celles provenant du juge suprême. C'est ainsi qu'en 1968, l'armée dahoméenne, qui avait organisé le référendum qui a abouti à l'adoption à 99,20 % de la nouvelle Constitution, décide d'organiser les élections législatives et présidentielles. Pour éviter des troubles sanglants entre les électeurs respectifs des trois leaders politiques qui avaient animé la vie

---

106 Th. HOLO, « Constitution et nouvel ordre politique au Bénin », *R. B. S. J. A*, N° 13, pp. 4 et 5.

politique du pays jusque-là sur des bases qualifiées d'« ethniques », l'armée prononça leur inéligibilité. Elle prit à cet effet deux ordonnances[107]. Ces ordonnances déclaraient « *inéligibles aux fonctions du Président de la République les anciens Présidents de la République, vice-présidents de la République, chefs de gouvernement, Présidents de l'Assemblée nationale* », ainsi que les « *anciens ministres des précédents régimes constitutionnels* ». Se sentant visés, et sur la base des droits qui leur sont reconnus dans la nouvelle Constitution, deux anciens Présidents de la République, MM. APITHY et MAGA, ont saisi la Cour Suprême d'un recours en annulation de l'ordonnance. La Cour Suprême déclara inconstitutionnel l'article 6 de l'ordonnance N° 23/PR du 4 avril 1968 concernant les règles particulières pour l'élection du Président de la République. Mais l'armée ne trouva rien d'autre à faire que de décider, le 16 avril 1968, au cours d'un Conseil extraordinaire des ministres : 1- « *La Constitution du 8 avril 1968 entrera en vigueur après l'installation du futur régime constitutionnel* » *(Ord. N° 26/PR du 16 avril 1968) ; 2- « En cas de refus d'enregistrement d'une déclaration ou en cas de contestation, les candidats peuvent saisir le comité militaire révolutionnaire qui tranche définitivement la question » (Ord. N° 29/PR du 16 avril 1968*). Cette attitude n'est que l'illustration des rapports entre le pouvoir exécutif et le juge, en ce compris le juge suprême (et constitutionnel) entre 1960 et 1972, et même plus tard, entre 1972 et 1990.

On peut donc comprendre le scepticisme de ceux qui estimaient, qu'en 1990, une fois encore, le Bénin venait de s'illustrer dans l'une des proclamations généreuses et gratuites, donc sans suites concrètes, de principes démocratiques dont il avait le secret.

Pour ceux-là, dès que le juge suprême, ou, en particulier, le juge constitutionnel, désormais détaché de la Cour suprême, fera face à sa première tentative de contrôle du pouvoir exécutif, on risquait d'assister au retour des vieux démons qui, pendant longtemps, ont empêché les béninois de passer de la magie des principes constitutionnellement consacrés au vécu effectif d'un État de droit où les violations des droits fondamentaux sont sanctionnées par des juges indépendants. Pour les sceptiques donc, le véritable point de départ d'une ère démocratique et de respect des droits fondamentaux n'était point l'adoption d'une Constitution moderne intégrant un catalogue important de droits et devoirs de la personne humaine et des mécanismes de garantie originaux. Le point de départ de la démocratie et de l'État de droit, c'était bel et bien

---

[107] Ordonnances N° 23/PR et N° 24/PR du 4 avril 1968.

le respect par les nouveaux gouvernants des décisions des juges, en particulier celles du juge constitutionnel. Le rendez-vous était donc pris. Et il arriva. Timidement d'abord, puisque le fait d'un organe transitoire jouant le rôle de Cour constitutionnelle.

En effet, le Haut Conseil de la République, chargé par l'article 159 de la Constitution du 11 décembre 1990 d'exercer les attributions de la Cour constitutionnelle avant son installation par les nouveaux dirigeants, approuve les résultats de l'élection présidentielle des 10 et 24 mars 1991. Le Président KEKEKOU, arrivé au pouvoir dix-neuf ans plutôt par un coup d'État, accepte les résultats par lesquels le peuple lui préfère Nicéphore SOGLO. Cinq ans plus tard, alors que c'est Nicéphore SOGLO qui était au pouvoir, la Cour constitutionnelle elle-même (et non plus l'organe transitoire qui était le Haut Conseil de la République) confirme les résultats de l'élection présidentielle du 18 mars 1996. Nicéphore SOGLO, battu par son prédécesseur Mathieu KEREKOU, accepte également de quitter le pouvoir.

Entre ces deux moments forts où la Cour constitutionnelle a confirmé l'alternance au pouvoir sans refus ou résistance de la part du titulaire du fauteuil présidentiel, il y a eu d'autres manifestations de l'indépendance de la haute juridiction, et surtout – fait nouveau – l'on a assisté à chaque fois à la soumission des autorités politiques, en particulier, du Chef de l'État, aux décisions de la Cour constitutionnelle. C'est à partir de là que les sceptiques ont commencé à croire à la fin du règne de l'ineffectivité constitutionnelle au Bénin ainsi qu'à l'avènement de la juridictionnalisation de la politique, élément important de l'État de droit.

De nombreuses études témoignent du rôle crucial qu'a joué la Cour constitutionnelle béninoise dans la mise en place d'un État de droit et de démocratie pluraliste dans ce pays qui a servi de laboratoire pour la démocratie et l'État de droit en Afrique[108]. Quoi qu'on ne puisse pas jurer

---

108 G. BADET, *Cour constitutionnelle et régularité des élections au Bénin*, Cotonou, Fondation Friedrich Ebert, 2000 ; A.I. SALAMI, *La protection de l'État de droit par les Cours constitutionnelles africaines, Analyse comparative des cas béninois, ivoirien, sénégalais et togolais*, Thèse pour l'obtention du grade de Docteur en droit public, Université François Rabelais de Tours, 29 janvier 2005, J. AÏVO, *Le juge constitutionnel et l'État de droit en Afrique, L'exemple du modèle béninois*, Paris, L'harmattan, 2006 ; E. AHOUANKA, « Le juge constitutionnel et la protection des droits fondamentaux de la personne humaine », *Revue Béninoise des Sciences Juridiques et Administratives (RBSJA)* N° 15, pp. 99-129 ; A. KPODAR, « Réflexions sur la justice constitutionnelle à travers le contrôle de constitutionnalité de la loi dans le nouveau constitutionnalisme : les cas du Bénin, du Mali, du Sénégal et du Togo », *RBSJA*, N° 16, pp. 104-146 ; K. D. KOKOROKO, « L'apport de la jurisprudence constitutionnelle africaine à la consolidation des acquis démocratiques (les cas du Bénin, du Mali, du Sénégal et du Togo) », *RBSJA*, N° 18, pp. 85-128 ; S.H. ADJOLOHOUN,

de l'irréversibilité du processus de l'État de droit en cours dans le pays, des signes sont néanmoins perceptibles de l'évolution des mentalités et de la croyance aux mécanismes mis en place en 1990.

Au regard des sources du droit béninois de contentieux constitutionnel et à son effectivité, il est maintenant possible de s'interroger sur l'originalité de ce modèle au regard des catégorisations existantes ou proposées en droit comparé. Il a été constaté, en effet, que la modélisation de la justice constitutionnelle est devenue un sujet de première importance pour les constitutionnalistes et les analyses faites jusqu'ici relèvent surtout la diversité interne au modèle kelsénien, et/ou le rapprochement des deux modèles traditionnels. Ainsi, les modèles de justice constitutionnelle ont fait l'objet de plusieurs catégorisations ou typologies aux termes desquelles il s'avère que le modèle kelsénien est celui dont la cohérence interne a souvent été remise en cause, d'où les différentes propositions de sous-catégories au sein de ce modèle, et finalement, des démonstrations de rapprochements de plus en plus nets entre les deux systèmes traditionnellement opposés.

Au Bénin, les articles 114 et 117 de la Constitution disposaient, dans leur version de 1990, respectivement :

« *La Cour constitutionnelle est la plus haute juridiction de l'État en matière constitutionnelle. Elle est juge de la constitutionnalité de la loi et elle garantit les droits fondamentaux de la personne humaine et les libertés publiques. Elle est l'organe régulateur du fonctionnement des institutions et de l'activité des pouvoirs publics* » ;

« *La Cour constitutionnelle*

- *statue obligatoirement sur :*
    - *la constitutionnalité des lois organiques avant leur promulgation ;*

Justice constitutionnelle et droits de l'homme en Afrique, Paris, Le harmattan, 2011 ; D. GNAMOU-PETAUTON, « La Cour constitutionnelle du Bénin en fait-elle trop ? » *RBSJA*, N° Spécial, Année 2013, pp. 05-41 ; G. BADET, *Les attributions originales de la Cour constitutionnelle*, Cotonou, Fondation Friedrich Ebert, 2013 ; voir aussi les contributions de F. J. AIVO, H. AKEREKORO, A. SOMA, A. KPODAR, I. M. FALL, A. J. ADELOUI, J.-L. ATANGANA, G. BADET, A. ESSONO-OVONO, J. DJOGBENOU, S. DAKO et D. KOKOROKO, in Association béninoise de droit constitutionnel et autres, *Annuaire béninois de justice constitutionnelle, Dossier spécial, 21 ans de jurisprudence de la Cour constitutionnelle du Bénin (1991-2012)*, Cotonou, Presses universitaires du Bénin, 2013 ; E. NGANGO YOUMBI, *La justice constitutionnelle au Bénin*, Paris, L'harmattan, 2016 ; N. MEDE, *Les grandes décisions de la Cour constitutionnelle du Bénin*, Dakar, L'harmattan, 2020 ; A.C.DASSI, *La Constitution interprétée par le juge constitutionnel*, Cotonou, Les Éditions universitaires (Uniéditions), 2022 ; voir enfin, les nombreux articles scientifiques publiés dans la revue RCC de la Cour constitutionnelle du Bénin, https://courconstitutionnelle.bj/fr/integral-journals.

- *les règlements intérieurs de l'Assemblée nationale, de la Haute Autorité de l'Audiovisuel et de la Communication et du Conseil économique et social avant leur mise en application, quant à leur conformité à la Constitution ;*
- *la constitutionnalité des lois et des actes réglementaires censés porter atteinte aux droits fondamentaux de la personne humaine et aux libertés publiques en général, sur la violation des droits de la personne humaine ;*
- *les conflits d'attributions entre les institutions de l'État ;*
- *le contentieux de l'élection du duo Président de la République et vice-président de la République et des membres de l'Assemblée nationale ;*

- *veille à la régularité de l'élection du duo Président de la République et vice-président de la république ; examine les réclamations, statue sur les irrégularités qu'elle aurait pu, par elle-même, relever et proclame les résultats du scrutin ; statue sur la régularité du référendum et en proclame les résultats ;*
- *statue, en cas de contestation, sur la régularité des élections législatives ;*
- *fait de droit partie de la Haute Cour de justice à l'exception de son président.* »

L'article 120 de la Constitution précise, quant à lui, que la Cour statue sur des «*plainte[s] en violation des droits de la personne humaine et des libertés publiques.* »

Ces attributions ont permis de considérer que la Cour constitutionnelle béninoise d'avant la réforme constitutionnelle de 2025 est compétente dans quatre grands domaines principaux :

- Le contrôle de constitutionnalité des normes
- L'examen des plaintes en violation des droits fondamentaux
- La régulation du fonctionnement des institutions
- Le contrôle des votations politiques nationales (élections présidentielles et législatives, d'une part, référendum, d'autre part.)

Quelle modélisation ont appelé, par le passé, les attributions originelles du juge constitutionnel béninois ? : S'agissant de la Cour constitutionnelle béninoise et du contentieux dont elle connaît, nous avons démontré[109] que, si l'on prend comme minimum commun à la justice constitutionnelle de type kelsénien le critère organique de concentration – centralisation – et de spécialisation de la justice constitutionnelle entre les mains d'un juge dont la mission unique ou primordiale est le contrôle de constitutionnalité, *la différenciation à faire*, pour

---

109 S. G. BADET, *Contrôle intra normatif et contrôle ultra normatif de constitutionnalité. Contribution à l'identification des sous-catégories du modèle kelsénien de justice constitutionnelle à partir des systèmes belge et béninois*, Thèse pour le doctorat en sciences juridiques, Université Catholique de Louvain, 2012.

tenir compte de la variété des juridictions de ce type, ne doit plus être seulement entre les systèmes de justice constitutionnelle aux procédures concrètes et ceux comportant des procédures abstraites[110], entre le modèle centré sur la loi et le modèle centré sur l'effectivité des droits fondamentaux[111], entre les modèles de validité stricte des normes et ceux à validité indéterminée[112]. Il faudrait plutôt, dans le prolongement de la distinction entre les juridictions constitutionnelles qui ont institué une procédure principale par laquelle tous ou la plupart des vices d'inconstitutionnalité sont sanctionnés et ceux qui, au contraire, se sont attachés à distinguer et à séparer des contentieux et des procédures variées[113], opérer une distinction entre les cours constitutionnelles dont les attributions, correspondent, d'une manière ou d'une autre, à un exercice de confrontation de normes infra-constitutionnelles à la norme constitutionnelle – en d'autres termes, un **contrôle intra normatif** –, et les cours constitutionnelles, qui, en dehors de l'exercice de ces différentes formes de contrôle basées sur la confrontation d'une norme à une autre norme, exercent, *en plus,* d'autres compétences de contrôle de constitutionnalité qui n'impliquent pas une confrontation d'une norme par rapport à une autre, mais plutôt une confrontation de comportements ou de circonstances à la norme constitutionnelle, donc un contrôle ayant une norme de référence comme étalon du contrôle, mais autre chose qu'une norme comme objet de contrôle, – autrement dit, un **contrôle ultra-normatif** –. Il a été affirmé que « *de toutes façons le juge, lorsqu'il existe [...] n'aura pas l'autorité suffisante pour faire autre chose que de rapprocher les actes de la lettre du texte et vérifier leur conformité [à la Constitution]...* »[114], car « *le droit constitutionnel est avant tout un droit de la lettre, le juge ne contrôle pas le respect de l'esprit dans lequel le constituant avait conçu ses dispositions* »[115]. Le travail du juge constitutionnel ne consisterait donc qu'à rapprocher des normes, à les

---

110 M. FROMONT, *La justice constitutionnelle dans le monde*, op. cit., pp. 41-44.

111 F. RUBIO LLORENTE, « Tendances actuelles de la juridiction constitutionnelle en Europe », *A.I.J.C.*, 1996, pp. 16-17.

112 O. PFERSMANN, « Classifications organocentriques et classifications normocentriques de la justice constitutionnelle en droit comparé », in, *En hommage à Francis DELPÉRÉE, Itinéraires d'un constitutionnaliste*, Paris, Bruxelles, Bruylant, LGDJ, 2007, p. 1166.

113 C. GREWE, « A propos de la diversité de la justice constitutionnelle en Europe : L'enchevêtrement des contentieux et des procédures », in, *Les droits individuels et le juge en Europe, Mélanges en l'honneur de Michel FROMONT*, Strasbourg, Presses Universitaires de Strasbourg, 2001, pp. 256-257.

114 Ph. ARDANT, *Institutions politiques et droit constitutionnel*, Paris, L.G.D.J., 1998, p. 10.

115 Ph. ARDANT, *Institutions politiques et droit constitutionnel*, Paris, L.G.D.J., 1998, p. 10.

confronter les unes aux autres, et, se basant sur la lettre de la Constitution, à constater si les actes normatifs infra- constitutionnels sont ou non conformes à la Constitution. Il a aussi été considéré que « *le contrôle de constitutionnalité selon le modèle kelsénien, implique en effet une confrontation entre normes générales, l'une constitutionnelle, l'autre législative, le juge statuant sur la loi en elle-même et non sur son application dans un litige particulier.* »[116]. Et le professeur Otto PFERSMANN a pu résumer : « *Peu importe la marge des variantes possibles, l'examen auquel procède le juge (constitutionnel) concerne par hypothèse la conformité entre plusieurs catégories de normes d'un même ordre juridique, dont l'une est considérée en ce sens comme "supérieure" à l'autre qu'une contradiction avec ses prescriptions permet et exige la destruction de ce qui apparaît ainsi comme fautif.* »[117].

Mais, nous avons établi que ces approches normativistes de la justice constitutionnelle sont aujourd'hui dépassées, car elles ne sont conformes qu'à une partie de la justice constitutionnelle en œuvre dans plusieurs pays, notamment le Bénin, mais aussi la France, l'Allemagne et de nombreux pays africains et d'Europe centrale. Les illustrations faites dans nos travaux montrent qu'il s'est développé une forme de justice constitutionnelle parallèle au contrôle intra normatif, donc, un **contrôle ultra-normatif de constitutionnalité**.

Une première variante de ce contrôle ultra-normatif de constitutionnalité consiste en l'exercice par la Cour constitutionnelle de la fonction de *régulation du fonctionnement des institutions et de l'activité des pouvoirs publics*. Une telle fonction revient, pour la Cour constitutionnelle béninoise – mais les solutions sont extensibles à de nombreuses autres juridictions constitutionnelles africaines compte tenu de la similitude des dispositions constitutionnelles qui l'ont fondée au Bénin –, lorsqu'elle est saisie à cet effet, et le juge nécessaire, et sans passer par la voie du contrôle de conformité de normes par rapport à la Constitution, soit, à faire en sorte que le fonctionnement des institutions soit remis en marche lorsque certaines circonstances ou comportements en viennent à les paralyser, menacer leur équilibre ou leur continuité, soit, à modérer les ardeurs et discipliner les acteurs publics dans la manière dont ils exercent leurs attributions, de façon à ce que le fonctionnement des institutions et l'accomplissement des activités soient conformes à l'intérêt général et à l'ordre constitutionnel – c'est-à-dire aux exigences constitutionnelles –. Il devient ainsi possible de distinguer deux

---

116 L. FAVOREU et *al.*, *Droit constitutionnel*, op. cit., p. 205.

117 O. PFERSMANN, « Le recours direct entre protection juridique et constitutionnalité objective », *Cahiers du Conseil Constitutionnel*, N° 10, 2001, p. 112.

formes de régulation du fonctionnement des institutions et de l'activité des pouvoirs publics :

- d'une part, **la régulation « *lubrifiant institutionnel* »** qui consiste pour la juridiction constitutionnelle, à intervenir, sur demande, pour, par sa décision et les injonctions qu'elle comporte, faire échec à une situation de paralysie imminente ou réelle d'une institution de la République,
- d'autre part, la **régulation « *discipline des acteurs publics* »** qui consiste, pour la haute juridiction, sur demande, et alors même qu'aucune paralysie effective ou imminente n'est à déplorer dans le fonctionnement d'une institution de la République, à sanctionner – si elle l'estime nécessaire –, par déclaration d'inconstitutionnalité, le comportement d'un acteur public considéré comme contraire aux prescriptions de la Constitution ou du bloc de constitutionnalité, et à faire – en cas de besoin – des injonctions correctives qui paraissent devoir s'imposer en vue d'un nouveau comportement conforme aux prescriptions constitutionnelles[118].

Par sa nature, la fonction de régulation relève du *contrôle ultra-normatif* en ce sens qu'elle s'exerce en opérant un contrôle de constitutionnalité, non pas d'actes normatifs, mais de circonstances, de comportements ou de conduites d'acteurs publics, personne morale ou personne physique. Cette fonction, quand on se réfère, d'une part, à l'histoire politique agitée du pays qu'est le Bénin, d'autre part, au risque que fait courir au même pays une situation d'impasse liée à des prises de positions divergentes d'organes ou d'acteurs publics qu'aucun juge ou arbitre, tiers neutre et impartial, n'a compétence ou ne parvient à régler, doit être considérée comme l'une des plus importantes pour la stabilité et la continuité de l'ordre constitutionnel, donc de la démocratie et de l'État de droit au Bénin. Vu les nombreuses sollicitations du juge constitutionnel au titre de ses pouvoirs de régulation – quand on sait qu'il est alors appelé chaque fois à gérer une crise –, on ne saurait imaginer, de sitôt, la disparition de cette fonction dans l'aménagement des rapports à l'intérieur ou entre les pouvoirs publics au Bénin.

Quand on sait que la plupart des constitutions de la décennie 90 en Afrique francophone ont repris en chœur les dispositions qui servent de fondement au juge béninois dans l'exercice de cette attribution, on imagine les ressources juridictionnelles disponibles pour traverser, en douceur, les

---

118 La révision de la Constitution en 2025 semble avoir transféré une grande partie de cette attribution au Sénat.

crises institutionnelles qui ne manquent pas d'intervenir. Il ne s'agit ni plus ni moins – à certaines conditions – de remèdes contre certaines remises en cause de l'ordre constitutionnel dans de nombreux États. L'exemple du Sénégal en 2024 l'illustre fort à propos[119].

Cela étant, **la fonction de régulation n'est pas la seule forme de contrôle ultra-normatif** qu'opère la Cour constitutionnelle béninoise. **Il y a donc une deuxième variante. Il s'agit de *la plainte en violation des droits fondamentaux.* Même si cette attribution a été supprimée en 2025, elle a été exercée par la Cour constitutionnelle béninoise pendant plus de 30 ans.** Son instauration part du principe que, en matière de protection des droits fondamentaux par les Cours constitutionnelles, si un constituant considère que l'approche normativiste pourrait s'avérer insuffisante sur certains points, il peut lui paraître utile d'instaurer une approche non normativiste de protection des droits fondamentaux par la juridiction constitutionnelle. C'est ce que fait le constituant béninois de 1990 en attribuant à la Cour constitutionnelle le pouvoir de traiter des *plaintes en violation des droits fondamentaux*. Ce faisant, il n'est plus visé les seules violations des droits fondamentaux qui ont été constatées dans une loi, un acte ou une décision administratifs, voire, une décision de justice. Tout comportement (abstention, violence, notamment des agents de police, toute situation dans laquelle un particulier estime qu'un droit constitutionnellement garanti a été violé) ouvre droit à une saisine de la Cour constitutionnelle. On pourrait se demander si c'est le rôle du juge constitutionnel de se comporter comme un juge de fond, mais il faut plutôt se demander dans le contexte de manque de confiance qui existait à l'égard du juge judiciaire et du juge administratif en 1990, à qui le constituant aurait-il pu confier cette tâche ? Notre position a été toujours que, pour le début de la démocratisation, dans la logique de la création de l'État de droit par le haut, une telle attribution est bénéfique[120]. Mais, il était prévisible qu'à terme, l'exercice d'une telle compétence poserait un certain nombre de problèmes pour la simple raison que le juge constitutionnel n'a pas, comme le juge du fond – judiciaire notamment –,

---

119 A. SOMA, « Insurrection juridictionnelle au Sénégal », *Afrilex*, in, Afrilex_PrSOMA_INSURRECTION-JURIDICTIONNELLE-AU-SENEGAL.pdf (u-bordeaux.fr), consulté le 9 avril 2024

120 Dans le même sens, H. ADJOLOHOUN, *Droits de l'homme et justice constitutionnelle en Afrique : Le modèle béninois*, Paris, L'harmattan, 2011.

tous les outils[121], le personnel[122] et les garanties[123] d'appréciation des faits. Après de nombreuses années de pratiques, il a paru opportun qu'après la construction de la confiance des citoyens aux juges par le haut (c'est-à-dire par le juge constitutionnel), les données changent pour que cette attribution soit supprimée au niveau du juge constitutionnel[124], ce qui conduit à une plus grande responsabilité du juge ordinaire dans la mise en œuvre des droits fondamentaux. Le nouvel article 114 de la Constitution ne dispose plus, comme l'ancien, que la Cour constitutionnelle « *garantit les droits fondamentaux de la personne humaine et les libertés publiques* », mais, modestement, qu'elle est « *juge de la constitutionnalité des lois qui garantissent les droits fondamentaux de la personne humaine et des libertés publiques.* ». Autrement dit, la Cour constitutionnelle s'assure que la loi garantit les droits fondamentaux. Il appartiendra aux juges ordinaires de garantir la mise en œuvre de ses droits fondamentaux dans leur application de la loi.

En droit comparé, d'autres contrôles opérés par le juge constitutionnel sont plus ou moins assimilables à des contrôles ultra-normatifs. Les compétences de nombreuses cours constitutionnelles européennes et africaines en matière électorale, en matière de contrôle du mandat des parlementaires et en matière de justice pénale d'acteurs politiques, montrent à souhait que **la question du contrôle *ultra-normatif* de constitutionnalité n'est pas une question isolée**.

Ce contrôle est *ultra*-normatif et non pas *extra*-normatif, car il est opéré sur autre chose que sur une norme, mais il est opéré avec – en principe – les mêmes normes de référence que tout autre contrôle de constitutionnalité. Si donc, l'objet du contrôle change, l'étalon du contrôle ne change pas. Il s'agit dans tous les cas d'un contrôle de ***constitution****nalité.* C'est toujours la Constitution – et les normes à valeur constitutionnelle – , dont on veut assurer le respect, qui sert (servent) de norme de référence aussi bien pour les contrôles *intra-normatifs* que pour les contrôles *ultra-*

---

121 Les différentes expertises qu'il pourrait demander pour forger son point de vue ou mieux apprécier les faits, par exemple.

122 La police judiciaire par exemple.

123 Le double degré de juridiction par exemple.

124 Le nouvel article 114 de la Constitution ne dispose plus que la Cour constitutionnelle « garantit les droits fondamentaux de la personne humaine et les libertés publiques. », mais, modestement, qu'elle est « juge de la constitutionnalité de la ***loi, qui garantit les droits fondamentaux de la personne humaine et des libertés publiques***. ». Autrement dit, la Cour constitutionnelle s'assure que la loi garantit les droits fondamentaux. Il appartiendra aux juges ordinaires de garantir la mise en œuvre de ses droits fondamentaux dans leur application de la loi.

normatifs. A partir du moment où l'un des termes du contrôle continue d'être une norme – la norme de référence –, le contrôle ainsi opéré n'est donc pas *extra-normatif* – car toute norme ne disparaît pas dans l'opération de contrôle –, mais simplement *ultra-normatif*, c'est-à-dire, que l'opération de contrôle comporte autre chose que des normes, l'opération va **au-delà des normes**. Ce qui, dans l'opération du contrôle n'est pas normatif, c'est, par exemple, soit le comportement de l'autorité politique dans le cadre de la régulation du fonctionnement des institutions et de l'activité des pouvoirs publics, soit le comportement du fonctionnaire, ou du particulier, dans le cadre des plaintes en violation des droits fondamentaux, ou encore les infractions commises par le président de la République ou le Premier ministre dans l'exercice de leurs fonctions en RDC[125].

Où se situe le contentieux électoral dans cette catégorisation ?

Il faut d'abord s'entendre sur le concept lui-même. En réalité, on devrait parler des « *contentieux électoraux* » et non de simple « *contentieux électoral* »[126]. Le terme « ***contentieux électoral*** » peut être défini comme l'ensemble des règles et procédures applicables aux contestations et à leur règlement en matière électorale. Il porte sur « *les litiges qui naissent à l'occasion de l'élection* »[127].

Pris dans un sens aussi large, le contentieux électoral vise à assurer à la fois la *sincérité* et la *régularité* des élections. Il ne faut pas en effet qu'en démocratie, c'est-à-dire dans un système politique où le pouvoir se trouve dans les urnes, des irrégularités ou fraudes entachent d'une part, la *liberté et l'égalité des candidats ou des électeurs*, d'autre part, *la sincérité des résultats*. Ce serait remettre en cause le choix des électeurs, donc, le fondement même de la démocratie, que de laisser sans sanctions des fraudes ou irrégularités dont les conséquences pourraient être de donner un mandat électif à une personnalité non choisie par le corps électoral. Mais, sous cette appellation générique de ***contentieux électoral*** se cachent différentes réalités.

---

125 Articles 163 à 167 de la Constitution du 18 février 2008.

126 G. BADET, « Le contentieux des élections nationales en Afrique noire francophone », in F.J AÏVO (dir.), *La Constitution béninoise du 11 décembre 1990 : un modèle pour l'Afrique ? Mélanges en l'honneur de Maurice Ahanhanzo-Glélé*, Paris, L'harmattan, 2014, pp. 381-396 ;

127 Jean Claude MASCLET, « Rapport introductif », in, J-C. MASCLET, A. ZINZINDOHOUE et Ch. DESOUCHES, *Aspects du contentieux électoral en Afrique*, Actes du Séminaire de Cotonou, 11-12 novembre 1998, p. 34.

Stricto sensu, le contentieux électoral s'entend du ***contentieux des résultats*** et donc de l'annulation – ou validation, ou réformation – des résultats[128].

Mais au-delà de ce contentieux électoral, et ***en dehors du contentieux répressif*** qui porte sur la dénonciation et la sanction, par le juge pénal, des comportements irréguliers ou frauduleux d'individus, constitutifs d'infractions pénales aux termes de la loi, il existe des ***actes préliminaires*** qui peuvent aussi relever du contentieux électoral – au sens large –. Dans ce cadre, on pourrait évoquer le contentieux des listes électorales et cartes d'électeurs – dans lequel il convient encore de distinguer entre le contentieux de l'établissement de la liste électorale et le contentieux de l'inscription (ou plus exactement du refus d'inscription) sur (ou de la radiation de) cette liste, le contentieux des candidatures – dans lequel on pourrait encore distinguer entre le contentieux de l'éligibilité, d'une part, et celui des éléments attachés à la candidature, tels les logos de partis politiques d'autre part –, le contentieux de l'organisation du scrutin, le contentieux de la campagne électorale, etc. Ces différents types de contentieux appelés ***contentieux des actes préliminaires (ou préparatoires)*** sont des contentieux de la légalité. Il s'agit pour le juge de constater, le cas échéant, la non-conformité à la loi ou aux règlements des actes posés et d'annuler ces actes pour qu'ils soient repris conformément à la loi. En recevant, de requérants autorisés par la loi, des recours en annulation contre de tels actes dans des délais fixés dans un temps qui précède la tenue du scrutin, et en annulant, le cas échéant, les actes considérés comme irréguliers, le juge permet que l'élection se déroule de manière régulière et n'attend pas la période du contentieux des résultats, c'est-à-dire, après le scrutin, pour connaître de ces irrégularités avec comme conséquence possible l'annulation et la reprise du scrutin. A l'évidence, le juge constitutionnel, quand il se voit attribuer, comme au Bénin, des pouvoirs larges en contentieux électoral – pré et post électoral –, exerce un pouvoir qui n'est pas rigoureusement le même qu'en contentieux constitutionnel *stricto sensu*. Tantôt, il fonctionne comme un juge administratif chargé de contrôler la légalité des actes posés par les acteurs électoraux dans la phase préparatoire – donc à l'égard des actes préparatoires –, tantôt, il agit en sincérité des résultats répondant à d'autres

---

128 Théodore HOLO, « Le contentieux des résultats, Benin », in, J-C. MASCLET, A. ZINZINDOHOUE et Ch. DESOUCHES, *Aspects du contentieux électoral en Afrique*, Actes du Séminaire de Cotonou, 11-12 novembre 1998, pp. 161-171 ; Djedjro Francisco MELEDJE, « Le contentieux électoral en Afrique », Pouvoirs 2009/2, N° 129, pp. 139-155.

logiques de raisonnement que celle en œuvre dans une confrontation de norme à norme.

Mais, deux nuances méritent d'être apportées à ce sentiment de différence notoire entre « *contentieux constitutionnel* » et « *contentieux électoral* ».

Premièrement, le juge constitutionnel, même en restant dans sa fonction minimale et classique de contrôle de constitutionnalité *stricto sensu*, porte son regard sur les questions électorales. Il arrive, dans certains pays africains, que des majorités parlementaires à la solde des pouvoirs exécutifs, adoptent des lois électorales dont l'objectif est clairement d'exclure des adversaires politiques de la compétition électorale à venir. Cette pratique de « *législation de guerre électorale* »[129] n'a pas épargné le Bénin. Par exemple, en 2005, les députés parmi lesquels se trouvent plusieurs futurs candidats ou soutiens à de futurs candidats, de plus en plus inquiets de la montée en puissance de monsieur Boni YAYI, Président de la Banque ouest-africaine de développement (B.O.A.D.) dont le siège est à Lomé, capitale du Togo voisin, dans les cœurs des populations, avaient voté une nouvelle loi électorale qui écartait de fait le probable candidat. Le texte prévoyait que : « *Nul ne peut être candidat à l'élection présidentielle s'il : - [...] - ne réside sur le territoire de la République du Bénin au moment des élections. Le moment des élections durant lequel le candidat doit résider sur le territoire de la République du Bénin correspond à la période allant de l'installation de la Commission électorale nationale autonome (CENA) à la proclamation des résultats définitifs du scrutin* ». Il faut relever que la loi prévoyait pour cette élection présidentielle que l'installation de la CENA, organe non permanent, aurait lieu six mois avant les élections. Or, Mr Boni YAYI, au moment de l'adoption de cette loi, et même jusqu'à trois mois avant le scrutin, avait sa résidence à Lomé au Togo. Saisie par plusieurs requérants proches du futur candidat, la Cour répondra, par décision **DCC 05-69 des 25 et 26 juillet 2005**, ce qui suit : « *Considérant que selon les requérants, le dernier alinéa de l'article 5 de la loi sous examen est contraire à l'article 44 de la Constitution en ce que, en décidant de préciser la notion de "moment des élections", le législateur crée par cette disposition des conditions nouvelles par rapport à celles prévues par l'article 44 de la Constitution ; [...] ; Considérant que la seule condition exigée par la Constitution en son article 44 5è tiret est "de résider sur le territoire de la République du Bénin au moment des élections" ; qu'en procédant comme il l'a fait, le législateur crée une condition supplémentaire relative à la durée de résidence ; qu'en conséquence, le dernier alinéa de l'article 5 de la*

129 S. BOLLE, « Les juridictions constitutionnelles africaines et les crises électorales », Communication au 5ème congrès de l'Association des Cours constitutionnelles ayant en partage l'usage du français, Cotonou, 22-28 juin 2009.

Loi 2005-26 sous examen doit être déclaré contraire à la Constitution ; ... ». Ainsi, par l'action de la Cour constitutionnelle béninoise intervenant *a priori*, cette tentative d'exclusion d'un candidat sérieux a permis de ne pas déplorer au Bénin – à l'époque – un cas flagrant d'instrumentalisation de la Constitution, de la loi ou de la justice, pour exclure des adversaires politiques de la possibilité d'accession à la gestion des affaires publiques de leur pays.

Deuxièmement, au-delà de son pouvoir de contrôle de constitutionnalité *stricto sensu*, le juge est parfois conduit à utiliser, son pouvoir de régulation pour gérer une contestation électorale. Ce fut le cas en 2022 lorsque la Cour constitutionnelle béninoise a repêché la liste présentée par le parti politique « *LES DÉMOCRATES* » aux élections législatives de 2023. Dans la décision **EL 22-004 du 17 novembre 2022** rendue à cette occasion, on peut lire que « *Considérant* qu'aux termes de l'article 114 de la Constitution : "*La Cour constitutionnelle est la plus haute juridiction de l'État en matière constitutionnelle. Elle est juge de la constitutionnalité de la loi et elle garantit les droits fondamentaux de la personne humaine et les libertés publiques.* ***Elle est l'organe régulateur du fonctionnement des institutions et de l'activité des pouvoirs publics"*** *; qu'il apparaît qu'en vue de la constitution du dossier de candidature du parti* LES DEMOCRATES *pour les élections législatives du 8 janvier 2023, plusieurs militants de ce parti ont formulé, le 30 septembre 2022, auprès de la Direction générale des Impôts des demandes de quitus fiscal, pièce constitutive du dossier de candidature ; qu'aux termes de l'article 42 de la loi N° 2019-43 du 15 novembre 2019 portant code électoral* '*Le Directeur Général des impôts est tenu de délivrer le quitus fiscal à tout candidat à jour du paiement de ses impôts,* ***dans les quinze (15) jours qui suivent la réception de la demande****. Le refus de délivrance du quitus fiscal est motivé et comporte l'indication,* ***en une seule fois,*** *du détail des impôts non payés.* ***Au cas où le requérant effectue le payement exigé, le quitus lui est délivré dans les soixante-douze (72) heures*** *suivant la date du paiement"; que pour des raisons indépendantes de sa volonté, notamment l'encombrement auquel elle a dû faire face, compte tenu du nombre élevé de demandes de quitus fiscal et qui l'ont amené à, non seulement mettre à la disposition des demandeurs une plateforme de demande en ligne, tout en laissant la faculté de faire des demandes physiques, mais également à recruter de manière ponctuelle des agents d'appui, à effectuer des heures supplémentaires et ouvert ses portes pendant les jours non ouvrés, les samedis 8, 15, 22 et 29 octobre, puis le mardi 1er novembre 2022, la DGI n'a pu donner de réponses à toutes les demandes de quitus fiscal introduites devant elle dans les délais de quinze (15) jours prévus par la loi, le dispositif mis en place n'ayant permis de traiter toutes les demandes reçues dans les délais légaux ; qu'il en est résulté que des demandes introduites par les militants du parti* LES DEMOCRATES, *n'ont pu* *être traitées avant l'ouverture de la réception des dossiers de candidature à la CENA ; que le défaut d'information sur la situation fiscale de ces candidats avant la date de clôture de la réception des dossiers de candidature à la CENA n'a pas permis au parti de constituer efficacement sa liste, étant donné que celui-ci aurait pu, en toute connaissance de cause, choisir, soit de remplacer sur sa liste les personnes qui ne seraient pas à jour vis-à-vis du fisc, condition essentielle pour la délivrance du quitus fiscal, soit de procéder au payement des montants exigés par l'administration fiscale en vue de l'obtention dans les soixante-douze (72) heures du quitus sollicité conformément à l'article 42 alinéa 2 suscité ; que par suite, après l'étude des dossiers de candidatures par la CENA et l'appel des partis politiques à corriger les insuffisances relevées dans leurs dossiers respectifs conformément aux dispositions de l'article 41 alinéa 5 du code électoral, il s'est révélé qu'à la date fixée pour le dépôt des pièces complémentaires nécessaires à la validité des dossiers, le parti LES DEMOCRATES n'a pu fournir de quitus fiscal pour quatre candidats inscrits sur sa liste mais a introduit une nouvelle liste tenant compte des quitus fiscaux effectivement délivrés à cette date ; Considérant les difficultés auxquelles a dû faire face la DGI, telles que soulignées par elle-même et en vertu, d'une part, de l'adage suivant lequel la prescription ne court pas contre qui n'a pas pu agir et, d'autre part, du rôle de régulation de la Cour constitutionnelle, il convient de juger que doit être pris en compte dans le cadre de l'organisation des élections législatives du 08 janvier 2023, la liste déposée par le mandataire du parti LES DEMOCRATES, le mardi 15 novembre 2022* ; ».

Le contentieux électoral est donc, au Bénin notamment, intimement lié au contentieux constitutionnel *stricto sensu*. Il est difficile de les étudier séparément.

S'agissant de l'intérêt : ouvrage de fond ou manuel d'étude processuelle ? Quelle plus-value par rapport aux ouvrages existants ?

Il apparaît que l'intérêt du présent ouvrage se situe dans sa dimension majoritairement ou abondamment procédurale. La plupart des ouvrages qui ont porté sur la justice constitutionnelle africaine ont abordé la substance de cette justice, c'est-à-dire ce que la justice constitutionnelle ou ses décisions apportent à la paix, à la démocratie et à l'État de droit. Certes, la dimension procédurale (compétences, recevabilité, conduite du procès, etc.) n'est pas absente de tous ces ouvrages. Mais, lorsqu'elle est présente, elle ne constitue pas la grande partie des questions soulevées dans l'ouvrage[130]. Il arrive que l'ouvrage aborde abondamment la dimension

[130] Si les thèses étaient prises en compte, notamment celles publiées, l'ouvrage de madame M-M. MBORANTSUO aurait aussi pu être considérée comme pionnier

contentieuse, mais uniquement pour un pays donné[131]. L'intérêt du présent ouvrage est donc à la fois de se concentrer abondamment sur la dimension procédurale et processuelle, mais aussi de le faire dans une approche comparée en Afrique francophone. Un ouvrage récent existe en cette matière[132]. Publié au moment de la finition du présent ouvrage, il peut être considéré comme pionnier en matière de contentieux constitutionnel *stricto sensu* dans l'espace d'Afrique subsaharienne francophone. De plus, il va au-delà de la seule Afrique de l'Ouest[133].

Le présent ouvrage conserve néanmoins son intérêt pour au moins trois raisons. D'abord, portant abondamment sur la dimension procédurale, il aborde, au-delà du contentieux constitutionnel *stricto sensu*, le contentieux électoral exercé par les juridictions constitutionnelles. Ensuite, qu'il s'agisse de contentieux constitutionnel *stricto sensu* ou de contentieux électoral, des aspects de droit substantiel sont également analysés comme une partie de la mise en œuvre des règles procédurales afin d'apprécier leur intérêt et leur efficacité pour la démocratie, l'État de droit et la paix. Enfin, les systèmes de justice constitutionnelle non – *suffisamment ?* – développés dans l'ouvrage pionnier, comme ceux de la République centrafricaine et de la République démocratique du Congo, reçoivent un traitement un peu plus important dans la présente étude.

Au regard de la méthode : Étude sur le Bénin ou étude de droit comparé ?

Pour comprendre, la méthodologie adoptée, il faut rappeler qu'en général, trois niveaux d'analyse s'offrent au juriste comparatiste[134]. Celui de la règle de droit, celui de l'institution et celui du système.

---

131 NGANGO YOUMBI E., *La justice constitutionnelle au Bénin*, Paris, L'harmattan, 2016 ; KALUBA DIBWA D., *La justice constitutionnelle en RDC*, Louvain La Neuve et Kinshasa, Academia-L'harmattan et Editions Eucalyptus, 2013 ; DIOUF N (dir.), *Le Conseil constitutionnel sénégalais dans un contexte d'intégration régionale, Passé, Présent, devenir, Actes du colloque de Dakar, 7 et 8 décembre 2020*, Dakar, L'harmattan, 2021.

132 S.N. TALL, *Droit du contentieux constitutionnel dans les États d'Afrique francophone subsaharienne*, Dakar, L'harmattan-Sénégal, 2025. Parmi les nombreuses thèses consacrées à la justice constitutionnelle et déjà citées plus haut, on peut citer l'une d'elles qui a été publiée comme un ouvrage plus tard. Il s'agit de MBORANTSUO M.-M., *La contribution des cours constitutionnelles à l'État de droit en Afrique*, Paris, Economica, 2007.

133 L'ouvrage de BÖCKENFÖRDE M., B. KANTE, Y. NGENGE, H. K. PREMPEH, *Les juridictions constitutionnelles en Afrique de l'Ouest, Analyse comparée*, Stockholm, Munich, IDEA et Fondation Hans Seidel, 2016 est aussi pionnier à sa façon, mais n'évoque que l'Afrique de l'ouest. Elle offre néanmoins une perspective d'analyse qui va au-delà de l'Afrique francophone.

134 M.ANCEL, *Utilité et Méthodes du droit comparé*, Neuchâtel, Éditions Idées et Calendes, 1971, pp. 99 à 102.

Rester au niveau de la règle de droit, c'est se limiter à une approche informative et descriptive[135]. Tant que l'on ne recherche pas le pourquoi de telle ou telle règle, aucune difficulté ne se pose, on constate une ressemblance ou une dissemblance dans les règles adoptées dans chaque pays. Cette approche ne sied pas à la présente étude.

On peut envisager, en deuxième lieu, une analyse au niveau des institutions. Ici, on se renseigne sur le statut légal, non pas seulement d'une règle de droit prise isolément, mais de telle solution apportée par les textes de tel pays à tel problème. Il s'agit donc ici d'une approche « technique » ou « techniciste » consistant dans la prise en compte dans chaque pays de tel ou tel bloc de règles juridiques construit autour de la résolution d'un problème et de la comparaison de ce bloc de règles avec le bloc de règles adopté dans l'autre pays pour résoudre le même type de problème. Mais « il est clair cependant que ce seul statut légal renseigne mal sur la réalité du phénomène juridique dans sa portée sociale »[136].

C'est pour cette raison que la présente étude se place au niveau du système. « *La comparaison est alors plus complexe, mais finalement moins dangereuse ou moins sujette à erreur et, quelles que soient les différences entre les systèmes, elle apparaît comme pouvant se justifier. Le système, en effet, existe en tant que donnée socio-juridique* »[137]. Au niveau du système, l'information est nécessaire sur les règles de droit, de même que la technique permet d'analyser les institutions du droit étranger, mais ces deux niveaux d'analyse paraissent insuffisants. Ils doivent être complétés par une recherche de structure, car « *ce qui importe c'est [...] de comprendre le système tout entier dans son origine, son évolution, ses principes fondamentaux, ses sources, ses procédés d'application, son esprit et son système général de valeurs* »[138]. Cette approche est nécessaire, car plusieurs comparatistes insistent sur la dimension « système ». Ainsi, en dehors de Marc ANCEL, René DAVID et Camille JAUFFRET-SPINOZI ont également relevé que tout droit de chaque pays « constitue de fait un système : il emploie un certain vocabulaire, correspond à certains concepts ; il groupe les règles dans certaines catégories ; il comporte l'emploi de certaines techniques pour formuler les règles et de certaines méthodes pour les interpréter ; il est lié à une certaine conception de l'ordre social, qui détermine le mode d'application et la fonction même du

---

135 Ibid., p. 100.
136 Ibid., p. 99.
137 Ibid.
138 Ibid., p. 100.

droit »[139]. Comme conséquence de cette situation de fait, René RODIERE, après avoir rappelé que le droit comparé ne se ramène pas à la connaissance des lois étrangères, pose la règle selon laquelle « *on ne doit pas comparer entre elles des règles isolées de leur contexte historique et culturel ; il faut les replacer dans l'ensemble juridique auquel elles appartiennent et au regard de l'évolution historique dont elles ont dépendu* »[140].

En ce qui concerne le droit constitutionnel comparé, plusieurs études rendent compte de l'intérêt croissant que l'approche comparatiste prend dans cette branche du droit[141]. Une approche comparative ne surprend pas en droit constitutionnel. Cette discipline a intégré la dimension comparative depuis longtemps[142]. « C'est une vérité d'évidence que les constitutionnalistes ont toujours dû être et ont été des comparatistes »[143]. La fonction du droit comparé comme instrument d'amélioration du droit national est très utilisée en droit constitutionnel. En matière de justice constitutionnelle en particulier, les études de droit comparé se multiplient de nos jours, de même que les rencontres internationales des constitutionnalistes doctrinaires[144] ou juges[145].

Pour le Professeur Marc VERDUSSEN, on peut distinguer entre le comparatisme de modélisation et le comparatisme d'évaluation.

---

139 R. DAVID et C. JAUFFRET-SPINOZI, *Les grands systèmes de droit contemporain*, 11ème édition, Paris, Dalloz, 2OO2, p. 14.

140 R. RODIERE, *Introduction au droit comparé*, Paris, Dalloz, 1979, p. 139.

141 G. TUSSEAU, *Contentieux constitutionnel comparé*, Paris, LGDJ, 2021 ; M. DISANT, *Les standards constitutionnels mondiaux*, Bruylant, coll. Penser le droit, 2018 ; M-C PONTHOREAU, *Droit (s) constitutionnel (s) comparé (s)*, Paris, Economica, 2010 ; M. VERDUSSEN, « Le droit constitutionnel sera comparé ou ne sera plus », in *En hommage à Francis DELPÉRÉE, Itinéraire d'un constitutionnaliste,* Bruxelles-Paris, Bruylant-LGDJ, 2007 pp. 1643-1657 ; P. GELART, « Quelques conseils au constitutionnaliste de droit comparé », *Mélanges en l'honneur de Louis FAVOREU*, pp. 705-711 ; X. MAGNON, « Orientation théorique et choix méthodologique de l'école aixoise de droit constitutionnel : Réflexion et tentative de reconstruction », in, *Mélanges en l'honneur de Louis FAVOREU*, pp. 233-254 ; E. ZOLLER, « Qu'est-ce que faire du droit constitutionnel comparé ? », *Droits*, 2000, N° 32 ; F. DELPÉRÉE, « Ce que je crois ou le constitutionnalisme », in *Présence du droit public et des droits de l'homme-Mélanges offerts à Jacques VELU*, Bruxelles, Bruylant, 1992, pp. 219-220.

142 R. DRAGO, « Droit comparé », in D. ALLAND et S. RIALS (dir.) *Dictionnaire de la culture juridique*, Paris, PUF, 2003, p. 455.

143 Ibid.

144 Tous les numéros de *l'Annuaire international de justice constitutionnelle* en témoignent. « http://www.gerjc.univ-cezanne.fr/ » ; voir aussi, X. MAGNON, « Orientation théorique et choix méthodologique de l'école aixoise de droit constitutionnel : Réflexion et tentative de reconstruction », in *Mélanges en l'honneur de Louis FAVOREU*, pp. 233-254.

145 www.accf-francophonie.org ; www.cjca-conf.org.

Le comparatisme de modélisation, consiste à mettre en perspective son propre espace normatif, soit pour mieux en comprendre les particularités, soit, à l'inverse, pour tenter de transcender ces dernières et les inscrire dans un horizon plus vaste[146]. Par son caractère projectif, le comparatisme de modélisation «*permet de dégager des invariants et des matrices qui servent à la construction de modèles théoriques*»[147]. L'aménagement de la justice constitutionnelle se prête à cette forme de comparatisme au même titre que le statut de chef de l'État, la nature des collectivités infra-étatiques ou encore la place du droit international dans l'ordre interne[148].

Le second, le comparatisme d'évaluation, consiste à apprécier, et, le cas échéant, à améliorer son propre système normatif – **ici le système normatif béninois** – à l'aune de repères tirés d'une analyse d'un ou plusieurs autres systèmes normatifs jugés comparables[149]. Il peut s'agir de récolter des données fournies par les systèmes étrangers en vue de trouver, par la transposition, une solution déterminée à un problème juridique qui se pose dans le système de départ. Cette forme de comparatisme d'évaluation est qualifiée de comparatisme normatif[150]. S'il s'agit plutôt de trouver dans le droit étranger des éléments pour renforcer et justifier une solution déjà adoptée dans le système de départ, on dira que le comparatisme est confortatif[151].

C'est l'approche de comparatisme d'évaluation qui a été utilisée dans la présente étude, dans ses deux dimensions, tantôt normative, tantôt confortative. Elle a été utilisée sur des questions qui, telles que les critères de désignation des juges, la personne compétente pour saisir le juge constitutionnel, les délais de recours et d'examen des recours, apparaîtront isolées si elles n'étaient abordées que pour elles-mêmes, mais qui, mises bout à bout, ont permis d'émettre des points de vue cohérents sur l'ensemble du système et de rendre possible un comparatisme de modélisation.

---

146 Ibid., p. 1646.

147 E. ZOLLER, « Qu'est-ce que faire du droit constitutionnel comparé ? », *Droits*, 2000, vol. 32. p. 126.

148 M.VERDUSSEN, «Le droit constitutionnel sera comparé ou ne sera plus», in *En hommage à Francis DELPÉRÉE, Itinéraire d'un constitutionnaliste,* Bruxelles-Paris, Bruylant-LGDJ, 2007, p.1646.

149 M. VERDUSSEN, «Le droit constitutionnel sera comparé ou ne sera plus», in, *En hommage à Francis DELPÉRÉE, Itinéraire d'un constitutionnaliste,* Bruxelles-Paris, Bruylant-LGDJ, 2007 p. 1644.

150 Ibid., p. 1645.

151 Ibid.

Dans ce cadre, la présente étude est une étude de comparaison systématique entre plusieurs systèmes de justice constitutionnelle sur la quasi-totalité des thématiques du contentieux constitutionnel. **Les juridictions constitutionnelles de la Centrafrique, de la Côte d'Ivoire, du Gabon, de Madagascar, de la République démocratique du Congo et du Sénégal sont prises en compte dans cette analyse. Mais, il est évident que le système de départ est le système béninois et il est traité avec beaucoup plus de détails**. Il en est ainsi aussi à cause de l'abondante jurisprudence produite par la Cour constitutionnelle béninoise aussi bien sur les dimensions substantielles que sur celles processuelles. Il en est ainsi enfin – et pourquoi le nier ? – à cause d'une meilleure connaissance – et pratique – de ce système par l'auteur de l'ouvrage. L'étude a donc incontestablement une dimension de droit comparé.

Les pays choisis – en plus du Bénin – l'ont été sur des critères quelque peu subjectifs. Toutes les juridictions sont francophones et restent dans le même modèle de juridictions kelséniennes. Mais quelques nuances – supposées ou réelles – les traversent. Il y a les juridictions supposées s'être inspirées du modèle français – pas seulement dans l'appellation « *Conseil* », mais aussi dans un classicisme, une réserve et une modestie dans l'interprétation des attributions, combinés avec une prudence jurisprudentielle (Côte d'Ivoire et Sénégal), même si le Sénégal semble avoir rompu, par nécessité, avec cette prudence à l'occasion de la présidentielle de 2024 –. Il y a une juridiction supposée s'être inspirée quelque peu du modèle belge, ne serait-ce que dans l'appellation « *référendaires* » retenue pour désigner les assistants des juges constitutionnels (RD. Congo). Il y a des juridictions qui ont connu des fortunes diverses, les ayant conduites à des réformes, voire des refontes, très récentes (Centrafrique avec la Constitution de 2023 revenant à un Conseil avec moins de pouvoirs que l'ancienne Cour, mais aussi le Gabon qui, ayant tiré leçon de sa riche expérience, se veut plus efficace, plus « *impartiale et indépendante* » avec la Constitution de 2024).

Au total, les contentieux constitutionnel et électoral étant composé d'une multitude d'attributions dont l'exercice peut nécessiter, mettre en lumière ou générer des règles et pratiques propres à chacune d'elles, alors même qu'il existe des centres d'intérêt transversaux, il convient de se demander, au regard à la fois des standards internationaux et des contextes spécifiques aux États africains, quelles sont, d'une part, les questions transversales, autrement dit, les fondements des contentieux constitutionnel et électoral, d'autre part, le bilan de la mise en œuvre de leurs différentes attributions par les juridictions constitutionnelles sous examen.

Le plan de la présente étude se présente donc ainsi qu'il suit :

- Les fondements des contentieux constitutionnel et électoral (Tome 1)
- La mise en œuvre des contentieux constitutionnel et électoral (Tome 2)

Première Partie : Les fondements des contentieux constitutionnel et électoral

La mise en place du système de contentieux constitutionnel et électoral béninois et africain part d'un certain nombre de fondements théoriques et juridiques (Titre 1) en passant par un objet (Titre 2) avant de se poursuivre à travers une architecture institutionnelle et procédurale (Titre 3) et de finir par des décisions (Titre 4).

Titre 1 : Les fondements théoriques et juridiques

Le contentieux constitutionnel et électoral a un fondement théorique qui est le constitutionnalisme (Chapitre 1) et un fondement juridique, c'est-à-dire les normes de référence (Chapitre 2).

Chapitre 1 : Le constitutionnalisme comme fondement théorique

Le constitutionnalisme traduit l'acceptation à la fois juridique et politique de la **supériorité de la Constitution sur toute autre norme.**

Politiquement, le constitutionnalisme signifie que la loi fondamentale est la traduction du pacte social conclu entre toutes les composantes du pays, d'où sa légitimité qui l'érige en mythe sacralisé[152].

Juridiquement, le constitutionnalisme s'inscrit dans une conception libérale du droit public qui veut que les pouvoirs publics soient essentiellement limités afin que soient garanties les principales libertés de l'individu[153].

C'est essentiellement en opposition au légicentrisme que s'est construit le constitutionnalisme (Section 1). La conséquence a été que la technique de contrôle de la suprématie de la constitution est normativiste (Section 2).

Section 1 : Le constitutionnalisme est historiquement construit en opposition au légicentrisme

Le légicentrisme désigne la représentation d'un système juridique au sommet duquel figure la loi[154]. Cette doctrine a vécu et on assiste aujourd'hui au triomphe du constitutionnalisme[155]. On remarque que ce dernier a été bâti en opposition au légicentrisme.

I. La période révolue du légicentrisme

Si l'on peut trouver dans la Révolution française les racines du légicentrisme, cette conception de hiérarchie des normes a été reçue d'une manière quelque peu différente en Afrique.

---

152 Y. MENY, « Constitutionnalisme », in, O. DUHAMEL et Y. MENY (dir.), *Dictionnaire constitutionnel*, Paris, PUF, 1992, p. 213.

153 P. RAYNAUD, « Constitutionnalisme », in D. ALLAND et S. RIALS (dir.), *Dictionnaire de la culture juridique*, Paris, PUF, 2003, p. 266.

154 D. TURPIN, *Contentieux constitutionnel français*, Paris, PUF, coll. « droit fondamental », 2e éd., N° 5, p. 8 ; P. BLACHER, *Contrôle de constitutionnalité et volonté générale*, Paris, PUF, 2001, p.33 ; B. MATHIEU, *La loi*, Paris, Dalloz, 2e édition, 2004, pp. 7-23.

155 P. RAYNAUD, « Constitutionnalisme », in D. ALLAND et S. RIALS (dir.), *Dictionnaire de la culture juridique*, Paris, PUF, 2003, pp. 266-271 ; Y. MENY, « Constitutionnalisme », in, O. DUHAMEL et Y. MENY (dir.), *Dictionnaire constitutionnel*, Paris, PUF, 1992, pp. 212-213. ; M. VERPEAUX, *La Constitution*, Paris, Dalloz, 2008, pp. 42-46.

A. Les racines françaises du légicentrisme

Lorsqu'il a fallu, en France, substituer au règne d'un homme, le règne du droit tel qu'il existait déjà en Angleterre et aux États-Unis, c'est à la *loi* que les révolutionnaires français de 1789 confieront cette tâche.

L'article 6 de la Déclaration française des droits de l'homme et du citoyen dispose ainsi que « ***la loi*** *est l'expression de la volonté générale* ». L'interprétation doctrinale que reçut cette disposition sous l'écriture de CARRÉ de MALBERG est sans équivoque[156]. Pour lui, l'article 6 de la Déclaration française est perçu comme fondant la toute-puissance de la volonté du Parlement. En effet, la loi, au sens constitutionnel du terme, « *c'est [...] toute décision prise en forme législative par l'organe législatif* »[157]. Or, la loi est la volonté générale, donc, l'organe législatif est le « *souverain réel* »[158]. En fait, pour CARRÉ de MALBERG, le vote parlementaire représente la manifestation de la volonté juridique la plus haute de l'État, le Parlement est le locuteur de la volonté du souverain[159]. Dans un système qui se veut *représentatif* – contrairement au système dit *de représentation* –, la volonté des représentants se substitue entièrement à celle des représentés, car les représentants restent indépendants par rapport aux représentés et la volonté des représentés ne doit, en aucun cas, supplanter celle des représentants. Dans le système *représentatif*, « *il n'y a qu'une seule personnalité unique, celle de la collectivité organisée ; et les organes de la collectivité ne forment avec elle qu'une seule et même personne* »[160], de sorte que « *lorsque l'organe législatif exprime sa volonté*, il faut supposer qu'il exprime la volonté de la nation : *cette volonté* ***est*** *la volonté générale* »[161]. Dans cette conception « *malbergienne* » de la volonté générale, le Parlement est l'organe chargé d'exprimer la volonté

---

156 R. CARRÉ de MALBERG, *La loi, expression de la volonté générale. Étude sur le concept de loi dans la Constitution de 1875*, Librairie du Recueil Sirey, 1931 ; rééd. Economica, coll. « Classiques », Série politique et constitutionnelle, 1984 ; même auteur, *Contribution à la théorie générale de l'État spécialement d'après les données fournies par le droit constitutionnel français*, Paris, Librairie du Recueil Sirey, 1920, 2 t., rééd. CNRS, 1985.

157 R. CARRÉ de MALBERG, *Contribution à la théorie générale de l'État spécialement d'après les données fournies par le droit constitutionnel français*, Paris, Librairie du Recueil Sirey, 1920, t. I, rééd. CNRS, 1985, p. 377.

158 R. CARRÉ de MALBERG, *La loi, expression de la volonté générale. Étude sur le concept de loi dans la Constitution de 1875*, Librairie du Recueil Sirey, 1931 ; rééd. Economica, coll. « Classiques », Série politique et constitutionnelle, 1984, p. 21.

159 P. BLACHER, *Contrôle de constitutionnalité et volonté générale*, Paris, PUF, 2001, pp. 38-41.

160 R. CARRÉ de MALBERG, *Contribution à la théorie générale de l'État spécialement d'après les données fournies par le droit constitutionnel français*, Paris, Librairie du Recueil Sirey, 1920, t. II, rééd. CNRS, 1985, pp. 286-287.

161 P. BLACHER, *Contrôle de constitutionnalité et volonté générale*, Paris, PUF, 2001, pp. 39-40.

générale. La loi qu'il vote **est** réellement l'expression de la volonté générale, car elle émane des représentants de la totalité des citoyens, voire de la Nation. Le vote, c'est-à-dire, « *le pouvoir [...] d'imprimer à une prescription ou à une disposition le caractère et la force impérative propres à la loi* »[162], est l'unique mode d'édiction de la volonté générale par l'unique titulaire de la souveraineté qu'est le Parlement. En définitive, pour lui, la loi **est** la volonté générale[163]. « *L'assimilation loi/volonté générale s'explique par le fait que l'organe qui vote la loi doit être considéré comme le souverain.* »[164]. La loi votée possède toutes les forces et tous les caractères d'une norme législative et le vote parlementaire est une condition suffisante pour qualifier un acte juridique de *loi*, car seule l'opération du vote parlementaire crée la loi[165]. La hiérarchie des normes résulte, pour CARRÉ de MALBERG, de la hiérarchie des organes et, le Parlement, « *organe qui possède toutes les aptitudes et toutes les forces de la volonté générale souveraine* »[166], ne peut produire que la norme supérieure dans l'ordre juridique, à savoir la loi. Cette conception qui voudrait que la loi soit l'acte « *normateur* » explique que la procédure de son vote ne soit limitée par aucune exigence constitutionnelle[167]. Cette construction théorique est fondée sur l'idée que la souveraineté appartient à la Nation[168]. Celle-ci n'ayant pas d'existence concrète, et ne pouvant être assimilée au peuple, ne prend corps que par le biais de la représentation. Il s'en suit qu'il ne peut y avoir de volonté supérieure à la volonté des représentants de la Nation que sont les parlementaires. Par l'effet d'un raisonnement purement circulaire, la volonté des représentants de la Nation devient, de fait, comme de droit, souveraine[169].

Mais cela ne signifie pas qu'il n'existe pas de Constitution dans un système légicentriste, car la même Déclaration française des droits de l'homme et du citoyen précise que « *Toute Société dans laquelle la garantie des droits n'est pas assurée, ni la séparation des pouvoirs déterminée, n'a point de*

---

162 R. CARRÉ de MALBERG, *Contribution à la théorie générale de l'État spécialement d'après les données fournies par le droit constitutionnel français*, Paris, Librairie du Recueil Sirey, 1920, t. I, rééd. CNRS, 1985, p. 378.

163 P. BLACHER, *Contrôle de constitutionnalité et volonté générale*, Paris, PUF, 2001, pp. 38-41.

164 Ibid., p. 39.

165 Ibid. ; p. 41.

166 R. CARRÉ de MALBERG, *La loi, expression de la volonté générale. Étude sur le concept de loi dans la Constitution de 1875*, Librairie du Recueil Sirey, 1931 ; rééd. Economica, coll. « Classiques », Série politique et constitutionnelle, 1984, p. 47.

167 P. BLACHER, *Contrôle de constitutionnalité et volonté générale*, Paris, PUF, 2001, p. 43.

168 « Le principe de toute souveraineté réside dans la nation », article 6 de la Déclaration des droits de l'homme et du citoyen de 1789.

169 E. ZOLLER, *Droit constitutionnel*, Paris, PUF, 1998, pp. 43-44.

Constitution». Mais la Constitution dans ce contexte est simplement « *descriptive* »[170], et de fait, n'est qu'une loi comme les autres.

La Constitution de 1875 qui donne ses fondements à la IIIème République française (1875 à 1940) et à l'analyse de CARRÉ de MALBERG est ainsi l'œuvre d'une Assemblée parlementaire[171]. Il n'y a donc pas de distinction entre *loi ordinaire* et *loi constitutionnelle*, encore moins entre *pouvoir constituant* et *pouvoir législatif*, car, dans l'expérience révolutionnaire, le peuple n'existe pas. Tous les citoyens ont le droit de concourir personnellement à la formation de la volonté générale ; or, la volonté générale est la volonté de la Nation, et la Nation ne peut s'exprimer qu'à travers ses représentants, les parlementaires. En tant que représentants de la Nation souveraine, le corps législatif possède tous les pouvoirs de la Nation souveraine. Et la volonté générale ne peut errer, elle ne peut penser qu'au bien commun. La loi est donc une protection suffisante pour le peuple et les citoyens. La Constitution n'apparaît, dès lors, que comme une loi dont l'objet est « *une simple nomenclature institutionnelle* »[172], et cela, qu'elle soit assortie d'une déclaration des droits ou non. En donnant au pouvoir législatif tout pouvoir sur la Constitution elle-même, la Révolution française a assuré pendant longtemps la suprématie de la loi et la souveraineté parlementaire, c'est-à-dire le règne de l'État légal[173]. « *L'interprétation de la Constitution [...] n'appartient et n'incombe qu'au Parlement. C'est de lui seul que relève la solution des difficultés qui peuvent surgir sur les limites du pouvoir législatif. En d'autres termes, c'est lui qui se trouve érigé en juge de la constitutionnalité de ses lois* »[174]. Ainsi, dans la logique de la représentation légicentriste, la loi votée se présente comme une règle de droit incontrôlable [...], tout contrôle procédural ou matériel de l'opération de vote est juridiquement impossible, aucune condition de validité normative n'est requise pour l'adoption de la loi votée. Aucune exigence de conformité entre deux normes n'est requise au moment du vote. En ce sens, le vote parlementaire n'est ni limité ni encadré dans son exercice par une quelconque norme. La *loi* est la loi suprême[175].

---

170 E. ZOLLER, ibid.

171 B. MATHIEU, *La loi*, Paris, Dalloz, 2è édition, 2004, p. 9.

172 V. CONSTANTINESCO et S. PIERRE-CAPS, *Droit constitutionnel*, Paris, PUF, 2è édition mise à jour, 2006, p.212.

173 E. ZOLLER, ibid., p. 45.

174 R. CARRÉ de MALBERG, « La constitutionnalité des lois et la Constitution de 1875 », *Revue Politique et Parlementaire*, 10 septembre 1927, t. CXXXII, p. 339, spécifiquement, p. 345.

175 P. BLACHER, *Contrôle de constitutionnalité et volonté générale*, Paris, PUF, 2001, p. 59.

Il est important de signaler qu'il en a été ainsi parce que le Parlement et la loi qu'il adopte, sont conçus comme limitations des pouvoirs du souverain, auparavant tout puissant, et donc ne peuvent être comprises que comme bienfaisants[176]. Le dogme rousseauiste de l'infaillibilité de la loi s'est ainsi imposé. De ce fait « *le règne du droit, c'est le règne de la loi* »[177]. « *Le concept de légitimité [...] coïncide avec celui de légalité, c'est-à-dire, avec la conformité des activités publiques et privées aux lois votées par le Parlement. Le droit (jus, law, diritto, derecho, recht) est identifié aux lois du Parlement (lex, statute, legge, ley, gesetz)* »[178]. Et Hans KELSEN dira justement à propos de cette doctrine que « *si l'on admet que la loi est tout le droit, régularité équivaut à légalité (et) il n'est pas alors évident que l'on puisse étendre davantage la notion de régularité* »[179].

Cette conception de la loi, norme suprême, a reçu des échos variés dans les pays dont le droit s'est inspiré, au moins en partie, du droit français.

L'exemple béninois sera pris ici.

B. La réception mitigée du légicentrisme en Afrique

Le contrôle de constitutionnalité n'a eu aucun mal à s'imposer en Afrique, car « *le mythe de la loi, expression de la volonté générale, cette loi qui ne peut mal faire car expression de la souveraineté ne s'est pas érigée comme un obstacle insurmontable au contrôle de constitutionnalité. Et cela essentiellement parce que la loi telle qu'adoptée par les régimes antérieurs ne bénéficiait pas de fait de cette légitimité. L'absence de véritable compétition politique due au régime de parti unique, une confusion des pouvoirs de fait au profit de l'Exécutif, un Parlement dévalorisé ne bénéficiant pas de cette indispensable assise démocratique ont, entre autres raisons, largement atteint cette légitimité de la loi qui aurait pu entraver le contrôle de constitutionnalité, de sorte que ce dernier s'est imposé assez facilement* »[180].

Pour ne prendre que l'exemple du Bénin, le légicentrisme n'a jamais connu un quelconque écho dans ce pays pour la double raison que, d'une part, ce pays est né avec une disposition constitutionnelle prévoyant la possibilité de contrôler la constitutionnalité des lois, d'autre part, même si cette disposition régulièrement reconduite dans les différentes constitutions qu'a connu le pays, n'a jamais été mise en œuvre avant 1990,

---

176 P. GÉRARD, *L'esprit des droits, Philosophie des droits de l'homme*, Bruxelles, Publications des FUSL, 2007, p. 39 et p.81.

177 L. FAVOREU, *Les cours constitutionnelles*, Paris, P.U.F, 1996, p. 8.

178 M. CAPPELLETI, « Rapport général », Colloque d'UPPSALA, cité par FAVOREU, ibid.

179 H. KELSEN, « La garantie juridictionnelle de la Constitution », *R.D.P.*, 1928, p. 199.

180 M-M. MBORANTSUO, *La contribution des cours constitutionnelles à l'État de droit en Afrique*, Paris, Economica, 2007, pp. 32-33.

on peut clairement affirmer que sa mise en œuvre, au bout d'une certaine période, n'aurait connu aucun obstacle sérieux, tellement la situation politique du pays aurait justifié plutôt le contrôle du législateur. Le système politique en place avant 1990 commandait un contrôle du législateur. Ce système qui a été étudié par le Professeur Théodore HOLO[181] n'était en effet pas propice à la sauvegarde des droits fondamentaux. « Il est dans la logique des choses que les militaires, qui n'ont pas hésité à recourir à la violence pour assurer le succès de leurs principes mettent toute leur énergie dans la réalisation de leurs doctrines, et le gouvernement fera souvent preuve d'une fermeté intransigeante contre toutes les idées qui ne s'inscrivent pas dans l'orthodoxie du régime, sans craindre d'enrégimenter toute la Nation. L'introduction dans l'organisation sociale d'une conception aussi rigide, particulière à l'institution militaire, sera préjudiciable à ces deux libertés essentielles que sont la liberté de pensée et la liberté d'association »[182]. En fait, c'est à l'instauration du parti unique que l'on a assisté. Par arrêté du 18 avril 1974, le régime militaro-révolutionnaire ordonna ainsi la dissolution de l'ensemble des organisations de jeunes et les invita à militer exclusivement dans les organes locaux de la Révolution. En 1977, la Loi fondamentale, Constitution du pays, affirmera clairement que « *Toutes les activités de la vie sociale nationale en République Populaire du Bénin s'organisent dans [la] voie du [socialisme de type marxiste-léniniste] sous la direction centralisée du Parti de la Révolution Populaire du Bénin, détachement d'avant-garde des masses exploitées et opprimées, noyau dirigeant du Peuple béninois tout entier et de sa Révolution* ». Cette Loi fondamentale a mis en place un « *présidentialisme conventionnel* » selon les termes rappelés plus haut du professeur Joseph OWONA[183]. Comme il a été précédemment expliqué, l'Assemblée nationale révolutionnaire est supposée être l'organe suprême du pouvoir d'État. Et comme pour bien montrer que la Constitution n'est qu'une loi comme les autres, cette Assemblée reçoit le pouvoir d'adopter et de réviser la loi fondamentale. Et pour signifier qu'il ne saurait y avoir de pouvoir au-dessus d'elle, encore moins d'organes de contrôle de son travail, elle a mandat de *contrôler l'application des lois* et élit le président de la Cour populaire centrale sur proposition du Comité central du Parti. Elle est supposée élire le président de la République sur proposition du Comité central du Parti de la

---

181 T. HOLO, *Étude d'un régime militaire : le cas du Dahomey (Bénin) (1972-1977)*, Thèse pour le doctorat en droit, Université de Paris I-Panthéon-Sorbonne, 1979.
182 Ibid., p. 229.
183 J. OWONA, *Droit constitutionnel et régimes politiques africains*, Paris, Berger-Levrault, 1985, p. 340.

Révolution Populaire du Bénin. Elle a un certain nombre d'autres attributions. Quant au président de la République, il est élu par l'Assemblée Nationale Révolutionnaire (ANR) sur proposition du Parti de la Révolution Populaire du Bénin et reçoit des attributions relativement classiques. On pourrait évoquer d'autres aspects de ce régime politique, mais il convient de synthétiser par le constat que « *cet agencement constitutionnel original ne saurait faire oublier en fin de compte le pouvoir personnel du président de la République, Chef de l'État et Chef du Conseil exécutif national. Mais il est surtout, et cela est essentiel, président du comité central du Parti, qui exerce une direction exclusive sur tous les organismes et organes de l'État* »[184]. Faut-il le rappeler, c'est le Comité central du Parti unique qui propose – impose ? – les membres de tous les autres organes – Exécutif, Législatif et Judicaire –. Donc, en définitive, plus que le pouvoir d'un seul parti, c'est au pouvoir d'une seule personne qu'on a assisté au cours de cette période[185]. Dans un tel système politique, le Parlement était complètement dévalorisé et n'était pas du tout perçu comme un organe exprimant la volonté générale. Il était juste un organe mis en place par ceux qui sont venus au pouvoir par les armes et qui devraient s'attendre à être renversés par d'autres. En somme, au cours de cette période, aucun prestige ne pouvait être attaché à la production législative au point de susciter un émoi quand se poserait la question du contrôle de son activité. On peut même affirmer que l'espoir caché de plusieurs béninois était de voir l'œuvre produite par cette assemblée contrôlée quant à sa conformité aux principes des droits de l'homme, dont certains ont même été proclamés dans la *Loi Fondamentale.* Malheureusement, le juge, « *s'il n'est pas habilité à vérifier la constitutionnalité des lois, devra sans doute les appliquer [...] même si elles lui paraissent contraires à des principes énoncés ou reconnus dans le texte constitutionnel* »[186]. Le soleil du constitutionnalisme, qui s'était levé aux États-Unis, et a progressivement brillé sur la France et la Belgique, finira par se lever aussi au Bénin, de manière effective, à partir de 1990.

II. La période actuelle de constitutionnalisme

En Angleterre, le Parlement avait joué un tel rôle dans la conquête et la défense des droits et libertés qu'il était tout naturellement considéré comme le rempart des droits du peuple anglais contre les empiétements

---

184 Ibid., p. 342.

185 D.G. LAVROFF, *Les systèmes constitutionnels en Afrique noire. Les États francophones*, Paris, Pedone, 1976, p.95.

186 G. CONAC, « Les constitutions des États d'Afrique et leur effectivité », in, G. CONAC, *Dynamiques et finalités des droits africains*, Paris, Economica, 1980, p. 90.

du pouvoir royal. Dans ces conditions, toute loi du Parlement est partie intégrante de la Constitution, et toute règle, qu'elle soit coutumière ou législative, est dès lors nécessairement constitutionnelle. Les mots « *constitutionnel* » et « *inconstitutionnel* » ne signifient donc rien d'autre que « *légal* » et « *illégal* ».[187] Mais les colons américains, eux, ont pu observer, dans les années 1760 et 1770, qu'une loi du Parlement britannique, comme le *Stamp Act* de 1765 (droits de timbre sur certains papiers officiels) pouvait être parfaitement légal, c'est-à-dire avoir été adoptée conformément aux conditions procédurales et substantielles de l'élaboration de la loi, et pourtant se trouver en discordance avec les droits et libertés, considérés comme faisant partie de la « *Constitution* » anglaise[188]. Ils ont pu ainsi observer que cette loi créait un impôt interne aux colonies américaines sans qu'aucun représentant de ces colonies n'ait été représenté au Parlement de Londres qui avait pris cette décision. En somme, cette loi, parfaitement légale au regard des règles procédurales de son adoption, se révélait « *inconstitutionnel* » au regard de la *Grande Charte de 1215* dans laquelle il était clairement prévu le principe « *No taxation without representation* ». Les Américains en déduisirent que, si formellement des textes comme la *Grande Charte de 1215* et le *Bill of rights* de 1689 étaient bien des lois du Parlement, ils devraient être matériellement d'une « *nature plus sacrée que les lois établissant des péages sur les routes* ». Ils en vinrent donc à penser que les principes fondamentaux de la Constitution d'Angleterre devaient être sortis des compétences du Parlement pour être placés dans une position hiérarchiquement supérieure à lui.[189].

Cette « *rupture avec la doctrine de la souveraineté du Parlement* »[190], cette distinction entre *loi* et *Constitution* allaient être décisives pour la suite de l'histoire politico-judiciaire des États-Unis. Chaque nouvel État prit soin, immédiatement après la Déclaration d'indépendance de 1776, de se doter de sa Constitution, texte écrit, garantissant les droits et libertés et déterminant l'organisation des pouvoirs publics et des rapports entre eux. L'apprentissage de la distinction entre *loi ordinaire* et *loi constitutionnelle*, d'une part, *pouvoir législatif* et *pouvoir constituant*, d'autre part, a donc pris son envol, avec, notamment, les écrits de Thomas JEFFERSON et les prises de position de certains juges isolés qui commencèrent à imposer des limites aux lois que les Assemblées adoptaient, avant de définitivement s'imposer

---

187 E. ZOLLER, *Droit constitutionnel*, Paris, PUF, 1998, p. 34.

188 Ibid.

189 Ibid, p. 35.

190 P. RAYNAUD, « Constitutionnalisme », in D. ALLAND et S. RIALS (dir.), *Dictionnaire de la culture juridique*, Paris, PUF, 2003, p. 267.

avec la consécration jurisprudentielle du contrôle de constitutionnalité des lois[191] par le *Chief Justice* Marshall dans l'arrêt *Marbury v. Madison*, rendu en 1803[192].

En Europe, l'adhésion au constitutionnalisme vint plus tard pour les raisons examinées plus haut et qui sont liées à la conception du Parlement, organe souverain, bienfaisant et incontrôlable.

En France, CARRÉ de MALBERG avait été clair dès 1931 : « *Une fois écartée l'identification de la loi avec la volonté générale, il n'existe plus de raison qui mette obstacle à l'établissement d'un contrôle juridictionnel s'exerçant sur les lois en vue de vérifier leur conformité à la Constitution ; mais il y a au contraire de fortes raisons qui appellent la consécration par la Constitution de ce contrôle destiné à empêcher la toute-puissance législative du Parlement* »[193].

Le Professeur Dominique ROUSSEAU essaiera, dans nombre de ses travaux[194], d'écarter précisément cette identification de la loi adoptée par le Parlement à la volonté générale. A la question posée par lui-même de savoir si la volonté des citoyens, du peuple, et la volonté de leurs représentants élus sont une seule et même chose, l'auteur répond que la différenciation gouvernés-gouvernants, même si la pratique et le travail de

---

191 Ibid., Voir aussi, P. RAYNAUD, « Constitutionnalisme », in D. ALLAND et S. RIALS (dir.), *Dictionnaire de la culture juridique,* Paris, PUF, 2003, pp. 266-271 ; Y. MENY, « Constitutionnalisme », in, O. DUHAMEL et Y. MENY (dir.), *Dictionnaire constitutionnel*, Paris, PUF, 1992, pp. 212-213. ; M. VERPEAUX, *La constitution*, Paris, Dalloz, 2008, pp. 42-46.

192 F. HAMON et C. WIENER, *La justice constitutionnelle : Présentation générale, France, États-Unis*, Paris, La documentation française, N° 1.15, 2006, pp. 37-60 ; E. ZOLLER, « Présentation de la Cour suprême des États-Unis », *Cahiers du Conseil constitutionnel*, N° 5, pp. 40-52 ; L. FAVOREU, « Modèle américain et modèle européen de justice constitutionnelle », *A.I.J.C*, Vol IV, 1988, pp. 51-66 ; M. FROMONT, *La justice constitutionnelle dans le monde*, Paris, Dalloz, 1996, pp. 7-40 ; D. ROUSSEAU, *La justice constitutionnelle en Europe*, 3ème édition, Paris, Montchrestien, 1998, pp. 13-29 ; L. GARLICKI et W. ZAKREWSKI, « La protection juridictionnelle de la Constitution dans le monde contemporain », *AIJC*, 1985, p. 17 ; A. WEBER, « Le contrôle juridictionnel de la constitutionnalité des lois dans les pays d'Europe occidentale », *AIJC*, 1985, p. 39 ; id., « Notes sur la justice constitutionnelle comparée : Convergences et divergences », *AIJC*, 2003, p.29 ; C. GREWE et H. RUIZ-FABRI, *Droits constitutionnels européens*, Paris, PUF, coll. « droit fondamental », 1995, p. 66 ; D. TURPIN, *Contentieux constitutionnel*, Paris, PUF, coll. « droit fondamental », 2ème édition, 1994, p. 35.

193 R. CARRÉ de MALBERG, *La loi, expression de la volonté générale. Étude sur le concept de loi dans la Constitution de 1875*, Librairie du Recueil Sirey, 1931 ; rééd. Economica, coll. « Classiques », Série politique et constitutionnelle, 1984, p. 221.

194 D. ROUSSEAU, *La justice constitutionnelle en Europe*, Paris, Montchrestien, 1992, pp. 43-50 ; *id.*, « Justice constitutionnelle », in, J. ANDRIANTSIMBAZOVINA et autres, *Dictionnaire des droits de l'homme*, Paris, PUF, 2008, pp. 581-585.

rationalisation l'ont fait oublier, est au principe de l'invention du droit constitutionnel. Revendiquer une Constitution, c'est vouloir soumettre les représentants politiques à des règles de conduite et à des principes de décision définis par d'autres qu'eux-mêmes, c'est-à-dire définis par le souverain, le peuple ; ce dernier exprime sa volonté suprême dans la Constitution et non dans la loi qui est l'expression de la volonté des représentants. La volonté des représentants est nécessairement seconde, et en tout état de cause, soumise pour être démocratiquement valable, au respect de la volonté du peuple, exprimée dans la Constitution. Il existe donc deux espaces différenciés, l'espace des citoyens formé des droits, libertés et principes d'organisation des pouvoirs énoncés dans la Constitution et celui des représentants qui n'ont d'autres droits que de respecter, défendre et développer ceux des mandants. Pour que ces deux espaces différenciés aient droit de cité et puissent prendre sens, il faut qu'ils disposent, chacun, d'une expression institutionnelle, d'un organe. Si le Parlement constitue le cadre organique d'expression institutionnelle des représentants du peuple, c'est la juridiction constitutionnelle qui constitue l'organe d'expression des citoyens, car c'est elle qui permet de surveiller le respect, par les représentants, de la volonté du peuple exprimée dans la Constitution.

Philippe BLACHER, dans sa thèse, mettra en exergue cette assertion en partant de la décision du Conseil constitutionnel français en date du 23 août 1985[195] selon laquelle « la *Loi votée… n'exprime la volonté générale que dans le respect de la Constitution* »[196]. Pour lui, il existe, sous la Vème République française, au moins deux modes d'expression de la volonté générale : un régime légicentriste et un régime constitutionnaliste. Suivant cette logique, la thèse de l'assimilation entre le vote et la loi, acceptable lorsqu'il n'y a pas de contrôle de constitutionnalité avant la promulgation de la loi, n'est plus possible dans le cas où la loi votée est soumise au contrôle préventif de constitutionnalité[197].

En définitive, c'est bien contre la loi que le constitutionnalisme s'est établi.

Comme il convient de rappeler, le constitutionnalisme « *traduit l'acceptation à la fois juridique et politique de la supériorité de la Constitution sur toute autre norme* » [198]alors même que, pendant la période du légicentrisme, c'était

---

195 CC 85-197 DC, 23 août 1985, *Recueil (des décisions du Conseil constitutionnel français)* (R.), p. 70.

196 P. BLACHER, *Contrôle de constitutionnalité et volonté générale*, Paris, PUF, 2001.

197 Ibid., pp. 49-50.

198 Y. MENY, « Constitutionnalisme », in, O. DUHAMEL et Y. MENY (dir.), *Dictionnaire*

la loi qui était considérée comme supérieure à toute autre norme. L'on parle donc de « constitutionnalisme » pour désigner « *les régimes politiques qui, grâce à l'établissement d'un contrôle de constitutionnalité exercé par une instance politico judiciaire "indépendante", rendent possible la limitation du pouvoir législatif lui-même en veillant à la conformité des lois à la Constitution et à ses principes généraux, et non pas simplement à la légalité des actions du pouvoir exécutif et de l'administration.* »[199]. Le lien étroit fait ainsi entre constitutionnalisme et contrôle de constitutionnalité fait que cette dernière opération n'est vécue en général que dans une approche normativiste de contrôle de conformité des normes infra-constitutionnelles (en particulier la norme législative) à la norme constitutionnelle. Cela explique que les premiers théoriciens de la justice constitutionnelle du type kelsénien – en commençant par Hans KELSEN lui-même – n'aient de la justice constitutionnelle qu'une approche normativiste liée au souci de veiller à la garantie de la supériorité de la Constitution en tant que norme de création d'autres normes.

Une telle approche a conduit récemment à de nouvelles propositions de définitions de la Constitution.[200] De manière classique, on définit la Constitution comme le texte qui organise les pouvoirs publics dans l'État ainsi que les droits fondamentaux des citoyens. Les tenants de l'approche normativiste reconnaissent à cette approche matérielle traditionnelle « *le mérite de résumer des idées communément admises à ce sujet et même d'évoquer des données que l'on trouve dans un grand nombre de constitutions.* »[201] Ils ne déplorent pas moins le triple inconvénient des caractères subjectif, circulaire et juridiquement insaisissable de cette approche. Pour les normativistes, le caractère subjectif de l'approche traditionnelle provient d'abord de ce que chaque lecteur peut interpréter à sa convenance, ce qu'il juge important et qui, selon lui, devrait relever de la matière constitutionnelle. Ensuite, l'approche traditionnelle serait circulaire dans la mesure où elle renverrait

---

constitutionnel, Paris, PUF, 1992, p. 212.

199 P. RAYNAUD, « Constitutionnalisme », in D. ALLAND et S. RIALS (dir.), *Dictionnaire de la culture juridique,* Paris, PUF, 2003, p. 266.

200 L. FAVOREU et autres, *Droit constitutionnel*, 5eme édition, Paris, Dalloz, 2002, pp. 68-71 ; Pour une vue d'ensemble sur l'approche du système juridique qui a inspiré les normativistes, cf. entre autres ; P. AMSELLEK (sous la direction de), *Théorie pure du droit et science*, Presses Universitaires de France, 1993 ; R.CARRE DE MALBERG, *Contribution à la théorie générale de l'État,* 2 vols, Paris, Sirey, 1920, Réimpression Paris, CNRS, 1962 ; H. KELSEN, *Théorie pure du droit*, (Traduction de la deuxième édition), Vienne et Deuticke, 1960, Paris, Dalloz, 1962. ; C. SCMITT, *Théorie de la Constitution (Préface, Olivier BEAUD)*, Paris, PUF, 1993 ; M. TROPPER, *Pour une théorie juridique de l'État*, Paris, PUF, 1994.

201 L. FAVOREU et autres, *Droit constitutionnel*, 5ème édition, Paris, Dalloz, 2002, p. 68.

à des concepts (« *pouvoirs publics* », « *institutions* », « *libertés des citoyens* ») qui sont définis grâce à la notion de Constitution. Enfin, l'approche matérielle traditionnelle serait juridiquement insaisissable, car les concepts qui en sont à la base n'auraient pas fait l'objet de définitions juridiques précises. C'est sur la base de ces insuffisances que la proposition de l'approche normativiste a été faite. Partant du constat que toutes les définitions de l'approche matérielle traditionnelle insistent sur l'idée du caractère fondamental et fondateur de la Constitution, et prenant pour appui la hiérarchie des normes, l'approche normativiste décrit la Constitution comme « *l'ensemble des normes de production de normes générales et abstraites* »[202]. Cette « *normativité d'habilitation* »[203] est indépendante de l'existence d'un contrôle de constitutionnalité, même si ce dernier augmente son effectivité et est devenu aujourd'hui une marque tangible de tout système constitutionnel moderne.

Le caractère normatif de la Constitution ne saurait donc être remis en cause du fait que certaines dispositions constitutionnelles – ou l'ensemble des dispositions constitutionnelles dans certains systèmes – ne seraient pas assorties de sanctions, car c'est seulement dans l'hypothèse où le système hiérarchique au sommet duquel se trouve la Constitution ne produisait aucune norme assortie de sanctions qu'on pourrait dénier à l'ensemble du système son défaut de juridicité.

Section 2 : La suprématie de la Constitution et sa sanction par une Cour constitutionnelle sont historiquement construites dans une approche normativiste.

On ne doit pas être surpris du caractère normativiste du contrôle de constitutionnalité tel qu'il a été imaginé et théorisé par KELSEN. En effet, pour cet auteur, c'est parce que la Constitution se trouve au sommet de la hiérarchie des normes (I) qu'il faut garantir sa supériorité en instaurant un contrôle de constitutionnalité (II).

I. Selon Hans KELSEN, la Constitution est la norme suprême qui fonde et valide la création des autres normes

Dans son étude consacrée à la garantie juridictionnelle de la Constitution, Hans KELSEN commence par poser le problème général de la régularité. Pour lui, les fonctions étatiques sont toutes normatives et

202 Ibid., p. 69.
203 Ibid.

peuvent être divisées en « *législation* » et « *exécution* ». Or, si le problème de la régularité de l'exécution, de sa conformité à la loi, et, par suite, le problème des garanties de cette régularité, sont très couramment envisagées, la question de la régularité de la législation, c'est-à-dire de la création du droit, et l'idée de cette régularité se heurtent à quelques difficultés théoriques. En effet, c'est parce qu'on a admis que la loi est tout le droit qu'on en vient à confondre *régularité* et *légalité.* Il est en effet impossible, dans une telle approche, d'étendre davantage la notion de régularité. Or, aussi bien la législation que l'exécution sont, à la fois, acte de création et acte d'application du droit. « *Législation et exécution sont, non pas deux fonctions étatiques coordonnées, mais deux étapes hiérarchisées du procès de création du droit et deux étapes intermédiaires. Car ce procès ne se limite pas à la seule législation, mais commençant dans la sphère de l'ordre juridique international supérieur à tous les ordres étatiques, se poursuit par la Constitution, pour aboutir enfin à travers les étapes successives de la loi, du règlement, puis du jugement et de l'acte administratif, aux actes d'exécution matérielle de ces derniers* »[204]. Certes, des variantes peuvent intervenir dans la manière dont chaque État met en place la hiérarchie des normes, mais ce schéma apparaît comme le « type idéal ». Et pour ne rester que dans l'ordre intra étatique, « *la Constitution réglant pour l'essentiel la confection des lois, la législation est, vis-à-vis d'elle, application du droit. Vis-à-vis du règlement et des autres actes subordonnés à la loi, elle est au contraire création du droit ; le règlement est, de même, application du droit vis-à-vis de la loi et création du droit vis-à-vis du jugement et de l'acte administratif qui l'appliquent. Ceux-ci à leur tour, sont application du droit si l'on regarde vers le haut et création du droit, si l'on regarde vers le bas... Chaque degré de l'ordre juridique constitue donc ensemble une production du droit vis-à-vis du degré inférieur et une reproduction du droit vis-à-vis du degré supérieur* »[205]. Pour KELSEN, il y a donc une « *structure hiérarchique du droit* » ou, « ce qui est la même chose », une « *nature juridique de la totalité des fonctions étatiques* »[206]. Cette hiérarchie des normes qui transparaît déjà dans l'article paru en 1928 sera détaillée et systématisée dans l'ouvrage classique du juriste autrichien[207] en ces termes : « *L'ordre juridique n'est pas un système de normes juridiques placées toutes au même rang, mais un édifice à plusieurs étages superposés, une pyramide ou hiérarchie formée (pour ainsi dire) d'un certain nombre d'étages ou couches de normes juridiques. Son unité résulte de la connexion entre éléments*

---

204 H. KELSEN, « La garantie juridictionnelle de la Constitution (La justice constitutionnelle) », *RDP*, 1928, pp. 197-257, particulièrement ici, p. 199.

205 Ibid., p. 200.

206 Ibid., p. 201.

207 H. KELSEN, *Théorie pure du droit*, 1934, Trad. Franç. de la 2ème éd. par C. EINSENMANN, Paris, Dalloz, 1962, p. 299.

qui découle du fait que la validité d'une norme qui est créée conformément à une autre norme repose sur celle-ci ; qu'à son tour, la création de cette dernière a été elle aussi réglée par d'autres, qui constituent à leur tour le fondement de sa validité ; et cette démarche régressive débouche finalement sur la norme fondamentale... La norme fondamentale hypothétique – en ce sens – est par conséquent le fondement de validité suprême, qui fonde et scelle l'unité de ce système de création ». Cette norme hypothétique suprême fonde la Constitution elle-même[208], c'est-à-dire, « *la norme qui règle l'élaboration des lois, des normes générales en exécution desquelles s'exerce l'activité des organes étatiques – tribunaux et autorités administratives –... la règle de création des normes juridiques essentielles de l'État [la règle de] détermination des organes et de la procédure de la législation... l'assise fondamentale de l'ordre étatique.* »[209]. Certes, Hans KELSEN reconnaît une conception large de la Constitution qui fait de cette norme celle qui contient non seulement des règles sur les organes et la procédure de législation, mais encore, un catalogue de droits fondamentaux, mais, ajoute-t-il, *il s'agit dans tous les cas, de tracer des principes, des directions, des limites pour le contenu des lois à venir.* Car, même si la violation des règles constitutionnelles de forme constitue des inconstitutionnalités formelles et que celle des règles constitutionnelles de fond constitue des inconstitutionnalités matérielles, cette distinction n'est admissible qu'avec cette réserve que « *l'inconstitutionnalité dite matérielle est en dernière analyse une inconstitutionnalité formelle, en ce sens qu'une loi dont le contenu est en contradiction avec les prescriptions de la Constitution cesse d'être inconstitutionnelle si elle était votée comme loi constitutionnelle* »[210]. C'est pour sanctionner les inconstitutionnalités qui sont toutes perçues comme des inconstitutionnalités de forme entachant des normes que Hans KELSEN a proposé son modèle de justice constitutionnelle.

II. La justice constitutionnelle de type kelsénien vise à garantir la régularité des normes subordonnées à la Constitution

Hans KELSEN observe que, malgré le passage de la monarchie absolue vers la monarchie constitutionnelle, c'est-à-dire, « *l'existence d'une règle – qui est précisément la Constitution – d'après laquelle les lois ne doivent être faites que d'une certaine façon – avec la collaboration de la représentation nationale –,*

---

[208] O. PFERSMANN, « La Constitution comme norme », in, L. FAVOREU et autres, *Droit constitutionnel*, Paris, Dalloz, 2002, p. 57 ; X. MAGNON, *Théorie (s) du droit*, Paris, Ellipses, 2008, p. 74.

[209] H. KELSEN, « La garantie juridictionnelle de la Constitution (La justice constitutionnelle) », *RDP*, 1928, pp. 204-205.

[210] Ibid., p. 206.

le fait que cette règle ne peut être modifiée aussi simplement que d'autres règles de droit générales – les lois –, c'est-à-dire qu'il y a à côté de la forme légale ordinaire, une forme spéciale plus difficile – la forme constitutionnelle – : majorité renforcée, votes multiples, assemblée constituante spéciale. », la doctrine constitutionnaliste a voilé l'état de choses nouveau pour préserver les droits du monarque de sorte que les simples faits que, d'une part, la loi soit revêtue de sa signature (promulguée), d'autre part, qu'elle soit publiée au *Bulletin des lois* sont considérés comme suffisants à sa validité[211]. C'est pourquoi Hans KELSEN s'attache à décrire les garanties de la régularité, notamment, en ce qui concerne les garanties objectives, et en particulier, « *l'annulabilité* » de l'acte irrégulier qu'il définit comme la possibilité de le faire disparaître avec ses conséquences juridiques.

L'annulation est décrite dans sa diversité, car elle comporte des degrés aussi bien quant à sa portée que quant à son effet dans le temps. Pour s'en tenir à sa portée, l'annulation d'une norme générale peut être limitée à un cas concret lorsque les autorités – tribunaux ou autorités administratifs – qui devraient appliquer la norme peuvent ou doivent refuser l'application dans un cas concret, lorsqu'ils la tiennent pour irrégulière, et décider en conséquence comme si elle n'était pas en vigueur, mais que pour le reste, cette norme reste en vigueur et doit être appliquée dans d'autres cas par d'autres autorités, lorsque celles-ci, ou n'ont pas le pouvoir d'en examiner la régularité et d'en décider ou, le pouvant, la tiennent pour régulière. KELSEN rejette cette forme d'annulation d'une norme générale, car « *les défauts d'une telle annulation limitée à l'espèce sont évidents* ». Elle révèle un manque d'unité des solutions et une insécurité du droit, d'où la préférence de l'auteur pour « *le système de l'annulation totale* ». Pour ce faire, la centralisation du pouvoir d'examiner la régularité des normes générales se justifie, car, si l'on se résout à confier ce contrôle à une autorité unique, il devient possible d'abandonner la limitation de l'annulation au cas concret pour le système de l'annulation totale, c'est-à-dire pour tous les cas où la norme aurait dû être appliquée. « *Il va de soi qu'un pouvoir aussi considérable ne peut être confié qu'à une instance centrale suprême* »[212].

Toute la justification de la justice constitutionnelle par KELSEN est donc entièrement bâtie autour de préoccupations normativistes, c'est-à-dire du souci de veiller à la pureté de l'ordre juridique en mettant en place un mécanisme destiné à annuler de manière générale et *erga omnes* toute norme infra-constitutionnelle contraire à la Constitution. Car si le contrôle de légalité est admis, et que la nécessité de la pureté de l'ordre juridique est

---

[211] Ibid., pp. 202-203.
[212] Ibid., pp. 217-218.

reconnue, il faut admettre que « ... *la justice constitutionnelle ne fait que poursuivre et achever l'œuvre de hiérarchisation : elle ajoute un nouvel et ultime degré à l'édifice du droit interne, qu'elle couronne en subordonnant la légalité ordinaire, et ainsi, indirectement, toutes les règles infra-légales, à la légalité constitutionnelle.* »[213] Il s'agit de préserver l'unité de l'ordre juridique sous la protection de la Constitution[214].

En l'absence de contrôle de constitutionnalité des lois, la Constitution, norme suprême, n'a plus qu'une portée symbolique parce que « *l'édifice normatif se trouve déstabilisé* »[215]. Si l'affirmation selon laquelle « *au commencement du droit est la Constitution* »[216] se vérifie, si « *la Constitution trace des principes, des directions, des limites pour le contenu des lois à venir* »[217], si « *toutes les règles dans lesquelles s'objectivent les différentes activités de la société trouvent leurs bases dans la Constitution...* »[218], et que celle-ci « *dispose au fond que les lois, non seulement devront être élaborées selon le mode qu'elle prescrit, mais encore ne pourront contenir aucune disposition qui porte atteinte [aux droits reconnus aux particuliers], [c'est qu'] une loi peut alors être inconstitutionnelle soit en raison d'une irrégularité de procédure dans sa confection soit en raison de la contrariété de son contenu aux principes ou directions fournies dans la Constitution* »[219], il est donc de la plus grande importance que, par un mécanisme juridictionnel, la conformité de l'ensemble des normes juridiques prises dans un pays soit appréciée par rapport à la Constitution.

De ce qui précède, on comprend que le contrôle de constitutionnalité, qui, aussi bien dans le modèle américain que dans celui kelsénien a été pensé par rapport à la sanction des lois (et autres normes infra-constitutionnelles) contraires aux prescriptions constitutionnelles, ne puisse être perçu que dans son volet normativiste.

En tout état de cause, ce volet normativiste est bien présent dans les attributions de toutes les cours constitutionnelles. Comme le dit Louis FAVOREU, s'il ne rentre pas dans les attributions d'une juridiction de « *garantir la répartition de la compétence entre législation ordinaire et législation constitutionnelle* », cette juridiction n'exerce pas la justice constitutionnelle et

---

213 C. EINSENMANN, *La justice constitutionnelle et la Haute Cour constitutionnelle d'Autriche*, Paris, LGDJ, 1928, rééd. Economica, 1986, p. 22.

214 G. DRAGO, *Contentieux constitutionnel français*, Paris, PUF, 2006, p. 63.

215 J. CHEVALLIER, L'État *de droit*, Paris, Montchrestien, 3ème édition, 1999, p. 84.

216 F. DELPÉRÉE, *Le droit constitutionnel de la Belgique*, op. cit, p. 11.

217 H. KELSEN, article précité, *R. D. P.* 1928, p. 205.

218 D. ROUSSEAU, « Constitution », in O. DUHAMEL et Y. MENY (Sous la direction de), *Dictionnaire constitutionnel*, Paris, PUF, 1992, p. 211.

219 H. KELSEN, article précité, *R. D. P.* 1928, p. 207.

n'est donc pas une juridiction constitutionnelle[220]. Définitivement, cette approche normativiste des compétences des cours constitutionnelles est la raison principale de la confusion entre contrôle de constitutionnalité et contrôle de constitutionnalité des lois (ou des normes). Or, il y a bien d'autres contrôles de constitutionnalité, autrement d'autres objets que le juge constitutionnel est appelé à contrôler par rapport à la Constitution. Il s'agit des contrôles ultra-normatifs de constitutionnalité. C'est ainsi que la Cour constitutionnelle béninoise n'a pas eu, jusqu'en 2025, comme objet de contrôle uniquement des normes. Mais, il faut reconnaître que toutes les cours constitutionnelles ont d'abord et avant tout, donc au minimum, des compétences normativistes.

[220] L. FAVOREU et autres, *Droit constitutionnel*, op. cit., p. 187.

Chapitre 2 : Les normes de référence

Si la Constitution est la norme de référence par excellence en matière de contentieux constitutionnel et électoral, il n'en reste pas moins qu'il est un texte concurrencé par une multitude d'autres normes, écrites ou non.

Section 1 : La Constitution, norme de référence par excellence

La Constitution béninoise du 11 décembre 1990 est assez claire sur son rang normatif et son efficacité juridique.

S'agissant du rang normatif, la fin du Préambule de la Constitution est ainsi libellée : « *[NOUS, PEUPLE BENINOIS], […] Adoptons solennellement la présente Constitution, qui est la Loi Suprême de l'État et à laquelle nous jurons loyalisme, fidélité et respect.* ». Dans le corps même de la Constitution, on pourrait également faire référence à l'article 3, alinéa 2, qui dispose : *« La souveraineté s'exerce conformément à la présente Constitution qui est la Loi Suprême de l'État.* **»**.

En ce qui concerne l'efficacité juridique, on peut relever que l'article 3, alinéa 3, de la Constitution précise clairement qu'en cas de violation de la Constitution par n'importe quelle autre norme, la Cour constitutionnelle peut être saisie par tout citoyen (tout individu dans la pratique) pour faire constater l'inconstitutionnalité de cette norme. (« *Toute loi, tout texte réglementaire et tout acte administratif contraires à ces dispositions sont nuls et non avenus. En conséquence, tout citoyen a le droit de se pourvoir devant la Cour constitutionnelle contre les lois, textes et actes présumés inconstitutionnels. »).* Or, selon les termes de l'article 124 de la Constitution : « *Une disposition déclarée inconstitutionnelle ne peut être promulguée ni mise en application - Les décisions de la Cour constitutionnelle ne sont susceptibles d'aucun recours. - Elles s'imposent aux pouvoirs publics et à toutes les autorités civiles, militaires et juridictionnelles.* ». L'efficacité juridique est commune à toutes les dispositions constitutionnelles. Il se pose néanmoins la question de la diversité qui peut affecter ces normes.

En cette matière, pour ne prendre que l'exemple du Bénin, il est possible de séparer la question de la consistance de la Constitution (I) de celle de son hétérogénéité (II).

I. La consistance de la Constitution

La consistance peut être examinée au départ en 1990 (A) comme à la suite des deux révisions qu'elle a subies, la première datant de 2019 (B), la seconde de 2025 (C).

A. Les dispositions de la Constitution dans le texte originaire de 1990

Le corps de la Constitution béninoise du 11 décembre 1990, ensemble de 160 articles, se présente en 12 titres consacrés respectivement à l'État et la souveraineté, aux droits et devoirs de la personne humaine, au pouvoir exécutif, au pouvoir législatif, à la Cour constitutionnelle, au pouvoir judiciaire, au Conseil Économique et social, à la Haute Autorité de l'Audiovisuel et de la Communication, aux traités et accords internationaux, aux collectivités territoriales, à la révision et aux dispositions transitoires et finales.

Dès le titre II de cette Constitution, un catalogue impressionnant de « *droits et devoirs de la personne humaine* » est mis en place. On y décèle la plupart des droits civils et politiques (droit à la vie, à la liberté, à la sécurité de la personne, légalité des infractions et des peines, interdiction de la torture et des peines ou traitements cruels, inhumains et dégradants, droit à la sûreté, libertés de pensée, de conscience, de religion, d'expression, libertés d'aller et de venir, d'association, de réunion et de manifestation, protection du domicile et du secret de la correspondance, principe d'égalité…) et des droits économiques sociaux et culturels (santé, emploi, éducation, culture, grève). La protection du droit à un environnement sain et une série de devoirs sont également consacrés, avec un renvoi de l'article 7 à la Charte africaine des droits de l'homme et des peuples, dont il dit que « Les droits et les devoirs proclamés et garantis […] font partie intégrante de la présente Constitution et du Droit béninois. ».

Cette Constitution met ainsi en place un régime présidentiel mâtiné de quelques éléments du parlementarisme, comme l'avait déjà suggéré le Professeur Théodore HOLO dans un article paru quelques mois plus tôt[221]. Le pouvoir exécutif est monocéphale et confié au Chef de l'État, Président de la République. Celui-ci est élu au suffrage universel direct pour un mandat de cinq ans, renouvelable une fois. Il est chef d'un gouvernement dont il désigne et révoque librement les membres. Il dispose de l'administration et des forces armées. Il a l'initiative des lois qu'il doit promulguer, après leur vote, sauf s'il choisit la voie de la deuxième lecture ou celle du contrôle de constitutionnalité. Le pouvoir législatif est confié à un Parlement monocaméral, appelé « Assemblée nationale », dont les membres, appelés députés, sont élus au suffrage universel direct pour un mandat de quatre ans. Les parlementaires votent

---

221 Th. HOLO, « Constitution et nouvel ordre politique au Bénin », *R.B.S.J.A.*, N° 13, décembre 1989, pp. 1-10, particulièrement p. 9.

la loi et contrôlent l'action du gouvernement à travers des questions, des interpellations et des commissions d'information et d'enquêtes. Ne pouvant censurer le gouvernement, ils ne peuvent non plus voir leur mandat écourté par une dissolution. À côté de ces institutions, sont créées d'autres, exerçant des rôles de contrepoids, telles que la Haute Autorité de l'Audiovisuel et de la Communication, chargée de veiller à la garantie de la liberté de la presse et à un accès équilibré de toutes les forces politiques aux médias publics. La Constitution prévoit aussi que les collectivités locales sont créées par la loi et s'administrent librement par des conseils élus. Il est surtout créé une Cour constitutionnelle.

B. Les dispositions de la Constitution dans le texte modifié en 2019

La loi N° 2019-40 du 7 novembre 2019 portant révision de la loi N° 90-32 du 11 décembre 1990 portant Constitution de la République du Bénin a été votée le 31 octobre 2019 par l'Assemblée nationale, par 83 voix sur 83. Le 6 novembre 2019, elle a été jugée conforme à la Constitution, dans le fond, et moyennant une correction mineure sur la forme faite par le juge constitutionnel lui-même, s'agissant de l'intitulé de la loi de révision[222]. Elle a enfin été publiée au Journal officiel de la République du Bénin le 8 novembre 2019.

Sur la forme, 47 articles sur les 160 ont été remaniés. Au regard de l'objet de la révision[223], plusieurs modifications intervenues correspondent aux conclusions du dialogue politique qui a précédé l'adoption du texte. Il en est ainsi, tout d'abord, de la volonté d'organiser des élections générales pour éviter que le pays ne soit en campagne électorale tous les deux (2)

---

[222] DCC 19-504 du 6 novembre 2019.

Extraits : ***« Considérant** que la loi déférée porte "**loi constitutionnelle** portant révision de la loi N° 90-32 du 11 décembre 1990 portant Constitution de la République du Bénin" ; que l'expression "**loi constitutionnelle**" ne ressortit d'aucune disposition de la Constitution et a fortiori, de celles relatives à la révision de la Constitution ; qu'au demeurant, une loi constitutionnelle est tantôt synonyme de la Constitution elle-même, tantôt désigne une loi de révision de la Constitution ; qu'enfin, la loi de révision ne saurait porter une dénomination différente de celle qu'elle révise ;*

***Considérant** qu'il s'agit d'une erreur matérielle, c'est-à-dire, d'une inexactitude qui s'est glissée dans la rédaction de l'intitulé de la loi qui appelle une simple rectification sans qu'il soit besoin de la soumettre, pour cette raison, à la délibération de l'Assemblée nationale ; qu'il faut dès lors dire que la loi soumise à examen est intitulée : **"Loi N° 2019-40 portant révision de la loi N° 90-32 du 11 décembre 1990 portant Constitution de la République du Bénin"** ;*

***Considérant** qu'en définitive, l'erreur matérielle corrigée, que la loi soumise à examen est conforme à la Constitution* ; »

[223] I. SALAMI (introduite par), *La Constitution béninoise du 11 décembre 1990 modifiée par la loi N° 2019-40 du 7 novembre 2019*, Cotonou, Édition CEDAT, 2019.

ans en moyenne. Une telle situation occasionnait, tout à la fois, une charge importante sur les finances publiques, une déperdition des énergies des travailleurs et une trop forte politisation de l'administration. Désormais, à partir de 2026, au cours d'une même année civile, auront lieu, à la fois, en janvier, des élections couplées (communales et municipales d'une part, législatives, d'autre part) et, en avril, l'élection présidentielle. L'occasion a été saisie pour fixer dans la Constitution des dates de tenue des différents scrutins, celles de fin de mandat des autorités sortantes ainsi que celles de prise de fonction des autorités élues. Ces dates s'imposent désormais aux acteurs politiques et sont soustraites à leur arbitraire. (Titre XI nouveau, *Des élections générales*, articles 153-1 à 157-3). Il en est ainsi, ensuite, du fait que tous les mandats politiques ainsi obtenus auront une même durée de 5 ans (à titre transitoire, pour permettre les premières élections générales en 2026, les élus communaux choisis en 2020 ont bénéficié d'un mandat de 6 ans et les députés élus en 2023 d'un mandat de 3 ans). Le mandat du président de la République reste toujours renouvelable une seule fois. Désormais, alors qu'aucune limitation n'était prévue pour les mandats de députés à l'Assemblée nationale, ces mandats seront limités à trois (3 x 5 ans) au maximum par personne. Les membres de la Haute Autorité de l'Audiovisuel et de la Communication (HAAC) ont aussi désormais la possibilité de voir leur mandat renouvelé une fois, ce qui n'était pas possible avant. Il en est ainsi, enfin, de l'amélioration de la représentation des femmes au Parlement, rendue possible par la précision de cette faculté donnée au législateur à travers une modification de l'article 26 de la Constitution.

En dehors de ces modifications justifiées par le dialogue politique, les députés ont semblé profiter de cette révision historique de la Constitution du 11 décembre 1990 pour la moderniser sur certains sujets d'actualité, qui avaient déjà tous fait l'objet de débats lors de précédentes tentatives et qui ne semblaient pas soulever d'hostilité particulière. On peut citer à cet égard, l'abolition de la peine de mort, la création d'une Cour des comptes et de ses démembrements pour améliorer la qualité de la gestion des finances publiques, la possibilité donnée au président de la République de ratifier directement les accords de crédit avant d'en tenir informé le Parlement dans les 90 jours, la reconnaissance de la chefferie traditionnelle, gardienne des us et coutumes (dans les conditions fixées par une loi[224]). Dans le même registre, un contenu concret a été donné au statut de Chef suprême des armées et de responsable de la sécurité nationale

224 Loi N° 2025-09 du 3 avril 2025 portant cadre juridique de la chefferie traditionnelle en République du Bénin.

(articles 62 et suivants de la Constitution) détenu par le président de la République en clarifiant le rôle des organes qui l'assistent en cette matière à savoir, d'une part, le Conseil supérieur de la défense (et de la sécurité), prévu déjà dans la Constitution de 1990, d'autre part, le Conseil national de renseignement, prévu auparavant par une loi ordinaire et qui, avec cette réforme, acquiert le rang d'organe constitutionnel.

S'agissant spécifiquement de la Cour constitutionnelle, au-delà des modifications de forme nécessitées par l'avènement d'un ticket de deux personnalités pour la candidature à l'élection présidentielle[225], c'est essentiellement l'article 117 qui a connu une mise à jour nécessitée par une interprétation nouvelle du caractère obligatoire ou facultatif du contrôle *a priori*[226].

C. Les dispositions de la Constitution dans le texte modifié en 2025

La révision de la Constitution intervenue en 2025 a consisté essentiellement en la création d'un Sénat, deuxième chambre parlementaire, à la suppression de certaines attributions de la Cour constitutionnelle et à l'encadrement des compétences restantes ainsi qu'à la fixation d'une nouvelle durée pour les mandats électoraux provenant du peuple, qui passent de 5 ans à 7 ans à partir des élections de 2026.

La Cour constitutionnelle a perdu le pouvoir de se prononcer sur les plaintes en violations des droits fondamentaux ou sur les décisions de justice[227]. Quant aux contrôles *a posteriori* exercés par les particuliers contre les lois, textes réglementaires et actes administratifs, ils doivent se faire dans un délai de 30 jours à compter de la publication ou de la notification des textes[228].

225Il fallait remplacer élection du président de la République par élection du duo président et vice-président de la République.

226 **Ancienne rédaction** (1990) : « *La Cour constitutionnelle*

- statue obligatoirement sur :

- *la constitutionnalité des lois organiques* ***et des lois en général*** *avant leur promulgation* ; […] ».

Nouvelle rédaction (2019) : « *La Cour constitutionnelle*

- statue obligatoirement sur :

- *la constitutionnalité des lois organiques avant leur promulgation ; […]* »

227 Article 122, nouveau (2025), de la Constitution : « *La Cour constitutionnelle ne peut étendre son contrôle aux actes des organes du pouvoir judiciaire. Elle ne peut non plus étendre ce contrôle ni aux textes et actes dépourvus de caractère réglementaire ou administratif ni aux déclarations.* »

228 Article 121-2 de la Constitution : « *Toute requête individuelle aux fins de contrôle de*

II. L'hétérogénéité du contenu de la Constitution ou l'existence de dispositions constitutionnelles spéciales

Certaines dispositions constitutionnelles, tout en étant dans le corps de la Constitution, reçoivent un statut particulier. Il s'agit des dispositions super constitutionnelles. D'autres dispositions n'appartenant pas au corps de la Constitution, soit parce qu'elles l'introduisent, soit parce qu'elles en sont des annexes, doivent recevoir, elles aussi, un traitement et une valeur constitutionnels. Il s'agit du préambule de la Constitution et de la Charte africaine des droits de l'homme et des peuples.

A. La hiérarchie interne au corps de la Constitution : Les normes super constitutionnelles

En disposant en son alinéa 2 que « *La forme républicaine et la laïcité de l'État ne peuvent faire l'objet d'une révision.* », l'article 156 de la Constitution élève au rang de normes **super constitutionnelles** les dispositions relatives à la forme républicaine de l'État et à sa laïcité, c'est-à-dire les dispositions de l'alinéa 1 de l'article 1er, puis celles de l'alinéa 1 de l'article 2.

Il apparaît que ces dispositions de la Constitution qui ne peuvent faire l'objet de révision alors que toutes les autres dispositions du même instrument juridique le peuvent, ont une prévalence sur les autres.

B. Les dispositions introductives ou annexes : Le préambule de la Constitution et la Charte africaine des droits de l'homme et des peuples

Le préambule de la Constitution sera examiné avant la Charte africaine des droits de l'homme et des peuples

1) Le préambule de la Constitution

Dans la décision DCC 34-94 des 22 et 23 décembre 1994[229], portant sur la création d'une Commission électorale nationale autonome (CENA), la Cour constitutionnelle s'est fondée sur le préambule de la Constitution en ce qui concerne « l'attachement du Peuple béninois *aux principes de la démocratie et des droits de l'homme tels qu'ils ont été définis par la Charte des Nations Unies de 1945 et la Déclaration Universelle des Droits de l'homme de 1948 […]* ».

---

constitutionnalité d'une loi, d'un texte réglementaire ou d'un acte administratif est formée dans un délai de trente jours à compter, selon le cas, de la date de publication de la loi ou du texte réglementaire, de la date de publication ou de notification de l'acte administratif. La requête est signée et motivée. »

229 *Recueil 1994*, pp. 159 et sv.

Elle a nettement évoqué dans ses « normes de référence », « *les exigences de l'État de droit et de démocratie pluraliste* ***affirmées dans le Préambule de la Constitution du 11 décembre 1990*** ». C'est sur l'ensemble de ces principes et normes qu'elle s'est fondée pour valider la création d'une Commission Électorale Nationale Autonome.

Dans une autre décision DCC 09-016 du 19 février 2009, la Cour constitutionnelle a eu à affirmer : « [...] *La Constitution, norme fondatrice de l'État, ne se réduit pas à la détermination des règles relatives à la dévolution et à l'exercice du pouvoir dans l'État ; [...] elle met toujours en œuvre une certaine idée de droit, c'est-à-dire, l'image de l'ordre social qu'il conviendrait de réaliser en vue du bien commun du peuple ; [...] elle est donc porteuse d'un idéal de société qui doit inspirer toute l'activité politique de l'État ; [...]* ***le préambule de la Constitution, expression éclatante de cette idée de droit, affirme solennellement la détermination du peuple béninois de créer un État de droit et de démocratie pluraliste*** *; [...] »*. C'est donc en se fondant sur ce préambule que la Cour a affirmé que *« la démocratie pluraliste ne saurait être de manière absolue et exclusive la loi de la majorité, mais la protection de la minorité, qu'en effet, si la règle démocratique exige que la majorité décide et que la minorité s'incline, dans l'exercice de ce pouvoir de décision, la majorité doit cependant s'imposer à elle-même, le cas échéant, une limite qu'elle ne saurait transgresser sous peine de devenir tyrannique, à savoir le respect des droits de la minorité ; [...]. »* Elle en a déduit que *« la garantie des droits de la minorité doit se traduire au Parlement par le respect de sa configuration politique impliquant la règle de la répartition proportionnelle dans la désignation des députés appelés à représenter l'Assemblée nationale en tant que Corps, à animer ses organes de gestion ou à siéger au sein d'autres institutions de l'État »*.

Il apparaît ainsi clairement que le Préambule fait partie au Bénin du bloc de constitutionnalité. Aucune différence de nature juridique n'est établie entre le préambule et le corps de la Constitution. Toutes les dispositions de la Constitution ont une égale valeur juridique.

2) La Charte africaine des droits de l'homme et des peuples

Le Préambule de la Constitution prévoit que « *Nous, Peuple béninois, [...] Réaffirmons notre attachement aux principes de la démocratie et des droits de l'homme tels qu'il ont été définis par la Charte des Nations Unies de 1945 et la Déclaration Universelle des droits de l'homme de 1948, à la Charte Africaine des Droits de l'homme et des Peuples adoptée en 1981, par l'Organisation de l'Unité Africaine, ratifiée par le Bénin le 20 Janvier 1986 et dont les dispositions font partie intégrante de la présente Constitution et du droit béninois et ont une valeur supérieure à la loi interne ;* ». Il s'ensuit que ces différents instruments juridiques sont appelés à compléter la Constitution dans le cadre de son interprétation, et même comme normes de référence dans le contrôle de constitutionnalité.

Si cette affirmation paraît classique pour nombre de constitutions, force est de reconnaître que, de tous ces instruments, la Charte africaine des droits de l'homme et des peuples occupe une place particulière. L'article 7 de la Constitution précise en effet que : « *Les droits et les devoirs proclamés et garantis par la Charte Africaine des Droits de l'Homme et des Peuples adoptée en 1981 par l'Organisation de l'Unité Africaine et ratifiée par le Bénin le 20 Janvier 1986 font partie intégrante de la présente Constitution et du Droit béninois.* ». La place constitutionnelle de la Charte africaine ne fait donc l'objet d'aucun doute, et trouve son fondement dans la Constitution elle-même.

Dans la décision DCC 34-94 des 22 et 23 décembre 1994[230], portant sur la création d'une Commission électorale nationale autonome (CENA), la Cour constitutionnelle s'est fondée sur le préambule de la Constitution en ce qui concerne « l'attachement du Peuple béninois *aux principes de la démocratie et des droits de l'homme tels qu'ils ont été définis par la Charte des Nations Unies de 1945 et la Déclaration Universelle des Droits de l'homme de 1948, s'est traduit par l'intégration à la Constitution du 11 décembre 1990 de la Charte africaine des droits de l'homme et des peuples qui fait siens les principes précités*; *que les dispositions de la Charte font partie intégrante du droit béninois et ont une valeur supérieure à la loi interne* »

Sur les normes de référence qu'elle utilise, on note ainsi que la Cour évoque *la Charte africaine des droits de l'homme et des peuples* en rappelant « que *les dispositions de la Charte font partie intégrante du droit béninois et ont une valeur supérieure à la loi interne* ». Dans une autre décision portant sur le droit à la défense en matière de sanction disciplinaire, la Cour constitutionnelle a été saisie d'un recours de Monsieur GOUHOUEDE Antoine, magistrat qui, ayant été suspendu de ses fonctions en vue de poursuites disciplinaires, par décision du Conseil supérieur de la magistrature en date du 13 mars 1995, se plaint de ce qu'il n'a pas eu la possibilité d'exercer ses droits à la défense, même s'il est vrai que la procédure suivie était conforme à l'article 46 de la loi N° 83-005 du 17 mai 1983 portant statut de la magistrature béninoise. Il estime en effet que la suspension édictée par cet article s'apparente à une sanction disciplinaire ; or, il n'est prévu aucune possibilité d'exercer ses droits à la défense à cette étape de la procédure disciplinaire. Il demande donc à la Cour de se fonder sur l'article 17 de la Constitution et l'article 7 de la Charte africaine des droits de l'homme et

---

230 *Recueil 1994*, pp. 159 et sv.

des peuples pour constater l'inconstitutionnalité de la décision prise à son encontre. La Cour constitutionnelle, constatant que Monsieur GOUHOUEDE Antoine n'a pas été en mesure d'exercer son droit à la défense, comme le prescrit la Constitution, a déclaré inconstitutionnelle la décision de sa suspension. Elle a décidé que « la loi précitée n'ayant pas organisé les droits de la défense, à cette étape de la procédure disciplinaire méconnaît les exigences de la protection des droits fondamentaux de la personne humaine et des libertés publiques, *garantis par la Constitution, en particulier l'article 7 de la Charte africaine des droits de l'homme et des peuples* »[231]. Par cette décision[232], dans laquelle la cour évoque « *la Constitution, en particulier l'article 7 de la Charte africaine des droits de l'homme et des peuples* », la haute juridiction utilise nettement l'article 7 de la Charte africaine des droits de l'homme et des peuples comme norme de référence parce que ce texte fait partie de la Constitution. Elle ne sent même plus le besoin d'invoquer l'article 17 de la Constitution dans ses motifs, même si, dans le dispositif, elle conclut à la violation de la *Constitution.*

Section 2 : La Constitution, norme de référence concurrencée

Les textes à valeur quasi constitutionnelle, les normes non écrites et même la loi viennent concurrencer la Constitution comme norme de référence du juge constitutionnel.

I. Les textes à valeur quasi constitutionnelle

Il s'agit des lois organiques et règlements intérieurs d'une part, des normes internationales, d'autre part.

A. Les lois organiques et les règlements intérieurs des hautes institutions (non juridictionnelles) de l'État

---

231 Mais la haute juridiction, compte tenu de sa compétence de saisine d'office, aurait pu décider, dans son dispositif, de déclarer la loi de 1983 sur le statut des magistrats contraire à la Constitution ; Elle s'est contentée, dans le dispositif, de déclarer la décision de suspension du magistrat, contraire à la Constitution. Il est vrai que l'invalidation de la loi aurait créé beaucoup de difficultés, car la loi organique sur le Conseil supérieur de la Magistrature prévue par la Constitution de 1990 n'était pas encore adoptée, de même qu'une loi sur le statut des magistrats. Ces derniers auraient donc été sans statut si la Cour constitutionnelle, par sa décision, sortait ce texte, adopté avant l'ère démocratique, de l'ordonnancement juridique béninois en ce moment-là.

232 D.C.C. 95-065 du 26 septembre 1996, *Recueil 1996*, pp. 283-285., cf., dans le même sens, D.C.C. 96-089 du 16 décembre 1996, *Recueil 1996*, pp. 367-369.

L'examen des lois organiques précédera celui des règlements intérieurs des hautes institutions non juridictionnelles de l'État.

1) *Les lois organiques*

Ce sont des normes prises *« en vertu de la Constitution »*. C'est cette dernière qui demande ainsi explicitement à être complétée sur tel ou tel point. La Constitution prévoit en effet une liste limitative de lois qui ne peuvent être adoptées qu'en la forme de lois organiques. Il s'agit de lois portant sur les 11 questions suivantes :

- Conditions de recours au Référendum[233].
- Principes d'organisation, de fonctionnement et de contrôle de l'administration publique[234]
- Liste des emplois de hauts fonctionnaires pourvus par le Président de la République[235]
- Conditions de vote des lois de finances et de règlement des comptes de la Nation[236]
- Organisation et fonctionnement de la Cour constitutionnelle, procédure suivie devant elle, notamment les délais pour sa saisine, de même que les immunités et le régime disciplinaire de ses membres[237].
- Composition, attributions, organisation et fonctionnement du Conseil supérieur de la Magistrature[238].
- Règles de fonctionnement et procédure suivie devant la Haute Cour de Justice[239].
- Composition, organisation et fonctionnement du Conseil Économique et Social (CES)[240].
- Composition, attributions, organisation et fonctionnement de la Haute Autorité de l'Audiovisuel et de la Communication (H. A. A. C)[241]

---

233 Article 4 de la Constitution.

234 Article 54, alinéa 3 de la Constitution.

235 Article 56 de la Constitution.

236 Articles 109 et 112 de la Constitution.

237 Article 115 al 5 de la Constitution.

238 Article 128 al 2 de la Constitution.

239 Article 135 al 5 de la Constitution.

240 Article 140 al 2 de la Constitution.

241 Article 143 de la Constitution.

- Composition, attributions, organisation et fonctionnement du Conseil supérieur des comptes[242]
- Composition, attributions, organisation et fonctionnement de la Cour des comptes[243]

L'article 97 de la Constitution expose clairement la spécialité de la loi organique par rapport à la loi ordinaire. Elle dispose :

« *La loi est votée par l'Assemblée nationale à la majorité simple. Cependant, les lois auxquelles la présente Constitution confère le caractère de lois organiques sont votées et modifiées dans les conditions suivantes :*

- *la proposition ou le projet n'est soumis à la délibération et au vote de l'Assemblée qu'après l'expiration d'un délai de quinze jours après son dépôt sur le Bureau de l'Assemblée ;*
- *le texte ne peut être adopté qu'à la majorité absolue des membres composant l'Assemblée ;*
- *les lois organiques ne peuvent être promulguées qu'après déclaration par la Cour constitutionnelle de leur conformité à la Constitution.* »

Ce texte exige en réalité une double majorité.

C'est, d'une part, une **majorité de quorum** qui est exigée. En effet, la présence, lors du vote portant sur la loi organique de la majorité des membres composant l'Assemblée nationale, est obligatoire, puisqu'un vote n'atteignant pas leur nombre n'a aucune valeur. En comparaison avec la procédure d'adoption d'une loi ordinaire, lorsque le nombre de députés présent n'atteint pas la majorité des membres composant l'Assemblée nationale, le vote est reporté à une prochaine séance. Au cours de cette séance, la délibération peut avoir lieu, quel que soit le nombre de députés présents[244].

C'est, d'autre part, une **majorité de vote** qui est requise. En effet, la loi n'est considérée comme votée que si le nombre de votes favorables est supérieur à la moitié des membres composant l'Assemblée nationale.

L'article 32 de la loi organique sur la Cour constitutionnelle précise les modalités de la procédure de contrôle de constitutionnalité en disposant que « *les lois organiques adoptées par l'Assemblée nationale sont transmises à la Cour constitutionnelle par le Président de la République pour contrôle de constitutionnalité…* »

Une fois adoptées, les lois organiques complètent donc la Constitution dans sa fonction de norme de référence. Les lois organiques constituent

---

242 Article 134-2, alinéa 2 de la Constitution.

243 Article 134-3, alinéa 5 de la Constitution

244 Article 85 de la Constitution et article 41 du Règlement intérieur de l'Assemblée nationale.

alors, avec le texte fondamental, un complexe normatif placé au sommet de la hiérarchie des normes et servant de normes de référence au contrôle de constitutionnalité des autres textes.

Ainsi, plusieurs décisions de la Cour constitutionnelle utilisent ces normes pour constater la conformité ou la non-conformité d'une loi ou d'un acte réglementaire à la Constitution.

La manière dont le législateur, lors du vote, le 28 février 1997, de *la loi N° 97-010 portant libéralisation de l'espace audiovisuel et dispositions pénales spéciales relatives aux délits en matière de presse et de communication audiovisuelle en République du Bénin*, a réglé la question de la qualité de la personne pouvant être autorisée à opérer comme propriétaire de médias audiovisuels au Bénin a fait l'objet d'examen de constitutionnalité par la Cour constitutionnelle béninoise, saisie par le président de la République. Dans cet examen, c'est la loi organique de la Haute Autorité de l'Audiovisuel et de la communication (HAAC) qui a servi de norme de référence à la Cour constitutionnelle. Saisie, le 10 mars 1997, par le président de la République pour contrôler la constitutionnalité du texte voté par l'Assemblée nationale, la Cour constitutionnelle a relevé que l'article 3 de la loi votée, en utilisant les termes « *organismes privés* », restreint le champ d'application des articles 9 et 44 de la loi organique de la HAAC. Quant aux prescriptions de l'article 15 évoquant « *toute personne morale de droit béninois* », elle est jugée également « contraire aux articles 9 et 44 de la loi organique sur la HAAC qui permettent l'usage des fréquences à *toute personne* désirant opérer sur le territoire national ». Pour ces raisons, la Cour a considéré que ces articles, de même qu'une série d'autres articles du texte voté qui reprenaient les formulations incriminées, étaient « *non conformes à la Constitution* »[245]. La Cour n'a mentionné directement aucune disposition de la Constitution béninoise du 11 décembre 1990, mais a considéré que la non-conformité des dispositions incriminées aux articles 9 et 44 de la loi organique sur la HAAC valait « non-conformité à la Constitution ». C'est là une preuve tangible de l'assimilation des lois organiques à la Constitution, ou, plus exactement, l'appartenance des lois organiques au bloc de constitutionnalité.

2) Les règlements intérieurs des hautes institutions non juridictionnelles de l'État

S'agissant du *Règlement intérieur de l'Assemblée nationale*, la Cour, après avoir déclaré, en 1993, que celui-ci ne faisait pas partie du bloc de

245 DCC 97-017 du 29 avril 1997.

constitutionnalité et ne pouvait donc pas servir de norme de référence dans le cadre du contrôle de constitutionnalité[246], a opéré un revirement de jurisprudence en 1998 dans sa décision DCC 98-039 du 14 avril 1998.

C'est un député, qui, se fondant sur l'article 121, alinéa 1, de la Constitution, a saisi la haute juridiction du contrôle de constitutionnalité de la loi 98-013 portant amnistie de certains faits commis entre le 1er janvier 1990 et le 30 juin 1996, votée par le Parlement, le 20 février 1998. Le député se plaint de ce que « lors du vote de la loi, il a été pourvu au remplacement des secrétaires parlementaires absents par un questeur désigné d'autorité par le Président de l'Assemblée nationale, en dépit des protestations et exceptions législatives soulevées sur ce point ». L'élu considère que, ce faisant, l'article 17.5 du Règlement intérieur de l'Assemblée nationale aux termes duquel « les secrétaires parlementaires [...] constatent les votes [...] et dépouillent les scrutins », a été violé. Or, pour lui, cette disposition est une mise en œuvre de l'article 89 de la Constitution aux termes duquel « *Les travaux de l'Assemblée nationale ont lieu selon un Règlement intérieur qu'elle adopte conformément à la Constitution [...]* »[247]. La violer reviendrait donc à une violation de la Constitution. La Cour constitutionnelle sera sensible à cette argumentation et retiendra que, puisque l'article 17.5 du Règlement intérieur de l'Assemblée nationale, qui est « *la mise en œuvre des règles constitutionnelles* » a été violé, « *le vote de la loi intervenue dans ces conditions doit être déclaré, dès lors, contraire à la Constitution pour vice de procédure* ».

---

246 18-DC du 3 juin 1993.

247 Le texte complet de l'article 89 de la Constitution du 11 décembre 1990 dispose :
« Les travaux de l'Assemblée nationale ont lieu suivant un Règlement intérieur qu'elle adopte conformément à la Constitution.
Le Règlement intérieur détermine :

- la composition, les règles de fonctionnement du Bureau ainsi que les pouvoirs et prérogatives de son président ;
- le nombre, le mode de désignation, la composition, le rôle et la compétence de ses commissions permanentes, ainsi que celles qui sont spéciales et temporaires ;
- la création de commissions d'enquête parlementaires dans le cadre du contrôle de l'action gouvernementale ;
- l'organisation des services administratifs dirigés par un Secrétaire général administratif, placé sous l'autorité du président de l'Assemblée nationale ;
- le régime de discipline des députés au cours des séances de l'Assemblée ;
- les différents modes de scrutin, à l'exclusion de ceux prévus expressément par la présente Constitution. »

Ici aussi, comme en matière de lois organiques, la violation d'une disposition du Règlement intérieur mettant en œuvre une disposition constitutionnelle, constitue une violation de la Constitution.

Cette logique devrait être étendue aux règlements intérieurs des autres institutions de l'État dans la mesure où ils constituent la mise en œuvre des lois organiques, lesquelles font partie du bloc de constitutionnalité.

B. Les normes internationales

En dehors de l'utilisation de la convention régionale de protection des droits fondamentaux comme normes de référence pour des raisons examinées plus haut, il arrive que la Cour constitutionnelle béninoise utilise d'autres traités internationaux comme norme de référence. On pourrait l'illustrer à travers deux exemples dans lesquels la Cour fait référence, tantôt aux les normes économiques et financières internationales, tantôt aux normes internationales relatives aux droits fondamentaux des travailleurs.

✓ DCC 11-042 du 21 juin 2011

Dans cette décision, la Cour constitutionnelle constate que : *« La Constitution en son article 147 prescrit : "Les traités et accords régulièrement ratifiés ont, dès leur publication, une autorité supérieure à celle des lois." ; qu'ainsi, les accords intervenus depuis 1989 entre les Institutions de Bretton Woods et l'État béninois et liant le niveau de la masse salariale dans la fonction publique avec le niveau des ressources nationales s'imposent à tous ; [...] il en est de même du Traité créant l'Union Economique et Monétaire Ouest Africaine et des actes dérivés notamment le pacte de convergence, de stabilité de croissance et de solidarité qui comporte des engagements, dont le respect du ratio masse salariale sur recettes fiscales ne devant pas dépasser 35 % ; qu'en ne respectant pas les engagements internationaux souscrits par le Bénin, le Gouvernement a méconnu la Constitution. ».*

Il faut noter que la Cour constitutionnelle procède ici à un **contrôle de conventionnalité, mais qui passe par le filtre d'une disposition constitutionnelle**. C'est en se fondant sur la disposition constitutionnelle qui évoque la supériorité du traité international sur les normes législatives – et *a fortiori* sur les normes infra-législatives – que le juge constitutionnel constate la contrariété d'un décret avec des engagements internationaux, ce qui constitue, pour lui, d'abord et avant tout, une violation de l'article 147 de la Constitution, même s'il est vrai que cette violation de la Constitution provient du constat de violation d'un certain nombre d'engagements internationaux.

C'est la même logique qui a été suivie dans la décision suivante, rendue en matière de norme internationale du travail :

✓ DCC 02-050 du 30 mai 2002, DCC 03-009 du 19 février 2003 et DCC 11-065 du 30 septembre 2011

Pour valider l'article 9 de la loi portant règles générales applicables aux personnels militaires, des forces de sécurité publique et assimilés en République du Bénin votée à l'Assemblée nationale les 25 et 26 septembre 2011, lequel dispose que « Les personnels militaires, des forces de sécurité publique et assimilés sont tenus d'assurer leur mission en toutes circonstances *et ne peuvent exercer le droit de grève* », la Cour constitutionnelle, dans sa décision DCC 11-065 du 30 septembre 2011, a utilisé comme normes de référence des « traités de l'Organisation Internationale du Travail (OIT) ratifiés par notre pays. » Elle s'est fondée d'abord sur l'article 31 de la Constitution, mais a aussi invoqué « *l'article 8, alinéa 2, du Pacte International relatif aux droits économiques, sociaux et culturels [qui] précise que la garantie constitutionnelle du droit de grève « n'empêche pas de soumettre à des restrictions légales l'exercice de ces droits par les membres des Forces armées, de la Police ou de la Fonction publique.* » Allant encore plus loin, le juge constitutionnel a invoqué la jurisprudence et la doctrine de l'Organisation Internationale du travail : « *Considérant que l'Organisation Internationale du Travail dans son Recueil de décisions sur la liberté syndicale indique dans son 304ème rapport, cas 1719 : « L'interdiction du droit de grève aux travailleurs des douanes, fonctionnaires exerçant des fonctions d'autorité au nom de l'État, n'est pas contraire aux principes de la liberté syndicale » ; qu'en outre, dans son 336ème rapport, cas N° 2383, la même Organisation affirme : « Les fonctionnaires de l'administration et du pouvoir judiciaires sont des fonctionnaires qui exercent des fonctions d'autorité au nom de l'État, et leur droit de recourir à la grève peut donc faire l'objet de restrictions, telle que la suspension de l'exercice du droit ou d'interdictions.* ». La Cour tire de ces sources de l'OIT « qu'ainsi, *l'Organisation Internationale du Travail reconnaît la légitimité de l'interdiction du droit de grève moyennant des garanties compensatoires aux agents des services essentiels, c'est-à-dire ceux dont l'interruption mettrait en danger la vie, la sécurité ou la santé des populations ; que, dès lors, la reconnaissance de la liberté syndicale au profit d'une catégorie d'agents n'exclut pas l'interdiction de l'exercice du droit de grève* ; ».

C'est sur la base de l'ensemble de ces normes de référence que la Cour conclut que « *dès lors, il y a lieu de dire et juger que l'article 9 de la loi sous examen ne viole ni la Constitution ni les principes fondamentaux de l'Organisation Internationale du Travail* ; ».

Il est donc clair que la Cour constitutionnelle béninoise utilise les conventions internationales ratifiées par le Bénin comme norme de référence, mais le caractère auxiliaire de ces conventions est confirmé ici, puisque c'est pour conforter des dispositions constitutionnelles précises que ces textes internationaux sont invoqués. Cela explique que le juge constitutionnel puisse aller jusqu'à citer des ouvrages, la jurisprudence et la doctrine de l'Organisation internationale du travail, puisque ces sources « secondaires » ne viennent simplement que pour compléter la norme constitutionnelle.

Il reste toutefois que, comme le précise la Cour, dans sa décision **DCC 02-050 du 30 mai 2002**, « *la ratification et la publication sont deux conditions indispensables et indissociables à l'insertion des traités dans l'ordonnancement juridique béninois ; que la Convention N° 87 de l'OIT ratifiée par le Bénin n'a jamais été publiée ; qu'elle n'est donc pas applicable* ». Dans le même sens, la haute juridiction a considéré, dans sa décision **DCC 03-009 du 19 février 2003**, que le moyen tiré de la violation de la Convention internationale relative aux droits de l'enfant, ratifiée par le Bénin le 30 août 1990, est inopérant au motif que « *la convention [...] a été ratifiée par le Bénin [...], mais n'a jamais été publiée et n'entre donc pas dans le droit positif béninois* ».

Le rang hiérarchique de ces textes internationaux est précisé dans la décision **DCC 20-641 du 19 novembre 2020** : « *si les dispositions conventionnelles [...] ont une valeur supra législative, elles ont également une valeur infra constitutionnelle* ».

II. Les normes non écrites, normes de référence du juge constitutionnel béninois

Le juge constitutionnel doté – au-delà de sa fonction classique de contrôle de constitutionnalité des normes – de pouvoirs de régulation du fonctionnement des institutions et de l'activité des pouvoirs publics ne trouve pas toujours dans les normes écrites et expresses de la Constitution les ressources juridiques nécessaires à la résolution du problème qui lui est soumis, surtout lorsqu'il s'agit du blocage du fonctionnement d'une institution. L'intérêt général de l'ordre constitutionnel l'amène alors à trouver une solution tirée du bon sens en l'absence de, ou même parfois, en contradiction – tout au moins apparente – avec certaines dispositions constitutionnelles.

Le juge a progressivement découvert des principes à valeur constitutionnelle – et plus tard les impératifs constitutionnels – qui lui permettent – parfois – de s'affranchir du texte constitutionnel quand il considère qu'est en jeu la préservation de l'ordre constitutionnel, un ordre constitutionnel dont le contenu se laisse découvrir progressivement, au fur et à mesure des révélations de principes à valeur constitutionnelle ou d'impératifs constitutionnels par le juge constitutionnel.

En fait, on assiste à l'émergence de normes non écrites[248] que le juge constitutionnel a tendance – souvent – à supra constitutionnaliser, à savoir les principes à valeur constitutionnelle, les « *dictums* » et les impératifs constitutionnels.

Mais si l'on doit faire un cheminement rigoureux de l'apparition, puis du développement de ces normes originales de référence en matière de contrôle de constitutionnalité, on se rend compte qu'elles sont nées timidement pendant l'exercice par la Cour constitutionnelle béninoise de sa fonction de contrôle intra normatif avant de se répandre dans toutes les formes de contrôle de constitutionnalité.

A. Les principes à valeur constitutionnelle et les impératifs constitutionnels

Si les principes à valeur constitutionnelle sont apparus dans la jurisprudence de la Cour constitutionnelle à l'occasion du contrôle de constitutionnalité des lois – contrôle intra normatif –, ils ont été marqués au début par un effort de rattachement à des dispositions constitutionnelles expresses (1) avant d'apparaître – en apparence au moins – comme en contradiction avec certaines autres dispositions expresses du même texte constitutionnel (2). Plus récemment sont apparus les impératifs constitutionnels qui se sont voulus supérieurs aux principes à valeur constitutionnelle (3).

1) Les principes à valeur constitutionnelle avec effort de rattachement à des dispositions constitutionnelles expresses

C'est surtout au sujet des lois électorales qu'il a été donné l'occasion à la Cour constitutionnelle de « découvrir » ce qu'elle a appelé *« les principes à valeur constitutionnelle »*.

Le premier d'entre eux est **le *principe à valeur constitutionnelle de transparence, d'honnêteté, de fiabilité et de sincérité des élections.*** Il est le fruit d'un long cheminement jurisprudentiel qui a permis de l'ébaucher, de l'affirmer et de le consolider. Les premiers pas de ce cheminement jurisprudentiel remontent à 1994. En septembre de cette année, les députés, craignant que le ministère de l'Intérieur ne soit pas neutre dans l'organisation des élections législatives de l'année suivante et des autres

---

248 Éric NGANGO YOUMBI, « Les normes non écrites dans la jurisprudence de la Cour constitutionnelle du Bénin », *RDP* 2018-6 N° 6, pp.1705 et suivantes ; Errol TONI, « La Constitution invisible de la République du Bénin », *RCC*, 5, 2021, pp. 257-277.

élections législatives et présidentielles à venir, décident de créer, dans une nouvelle loi électorale proposée par certains d'entre eux, une Commission Électorale Nationale Autonome (C. E. N. A). Le gouvernement s'oppose à la nouvelle loi électorale telle que votée par les parlementaires au motif que la création de ce nouvel organe administratif est de la compétence de l'Exécutif et que le fait que le Parlement l'avait fait, violait le principe de la séparation des pouvoirs. Le président de la République demande une deuxième lecture de la Loi. Elle est à nouveau votée le 21 novembre 1994 sans que les dispositions querellées ne disparaissent. Le 30 novembre 1994, le chef de l'État finit par saisir la haute juridiction pour qu'elle déclare la nouvelle loi contraire à la Constitution, au motif qu'elle viole la séparation des pouvoirs, les députés ayant outrepassé leurs pouvoirs et violé ceux du président de la République, chef de l'administration et détenteur du pouvoir réglementaire ainsi que ceux de la Cour constitutionnelle, juge électoral. Par une décision « fondatrice », la décision **DCC 34-94 des 22 et 23 décembre 1994**[249], la Cour répond, entre autres : « *Considérant que la création de la C. E. N. A, en tant qu'autorité administrative indépendante, est liée à la recherche d'une formule permettant d'isoler, dans l'administration de l'État, un organe disposant d'une réelle autonomie par rapport au Gouvernement, aux départements ministériels et au Parlement, pour l'exercice d'attributions concernant le domaine sensible des libertés publiques, en particulier des élections honnêtes, régulières, libres et transparentes* ; [...] ; *Considérant que la création de la Commission Electorale Indépendante est une étape importante de renforcement et de garantie des libertés publiques et des droits de la personne ; qu'elle permet d'une part, d'instaurer une tradition d'indépendance et d'impartialité en vue d'assurer la liberté et la transparence des élections, et d'autre part, de gagner la confiance des électeurs et des partis et mouvements politiques* ; ».

Sur les normes de référence, on peut constater que, dans la décision sous examen, la Cour constitutionnelle fait un effort de rattachement à des dispositions constitutionnelles précises. Elle évoque des dispositions de la Constitution elle-même, notamment les articles 54, 98 et 100. La Cour évoque aussi la Charte africaine des droits de l'homme et des peuples en rappelant « *que les dispositions de la Charte font partie intégrante du droit béninois et ont une valeur supérieure à la loi interne* ». Mais surtout, la Cour a recours « *aux principes de la démocratie et des droits de l'homme tels qu'ils ont été définis par la Charte des Nations Unies de 1945 et la Déclaration Universelle des Droits de l'homme de 1948* ». La Cour évoque, dans ses « normes de référence », « *les exigences de l'État de droit et de démocratie pluraliste affirmées dans le Préambule de*

---

[249] *Recueil 1994*, pp. 159 et sv.

la Constitution du 11 décembre 1990». Elle s'appuie sur une «*tradition d'indépendance et d'impartialité en vue d'assurer la liberté et la transparence des élections*» de même que la «*confiance*» des électeurs et des partis et mouvements politiques. Mais c'est avec la décision **DCC-O78 du 7 décembre 2000** que la Cour évoquera clairement le concept de principe à valeur constitutionnelle. Le 17 novembre 2000, les députés à l'Assemblée nationale votent la loi N° 2000-18 portant règles générales pour les élections en République du Bénin et la loi N° 2000-19 définissant les règles particulières pour l'élection du Président de la République. L'article 41, alinéa 1, de la loi querellée, a été voté en ces termes : «*La Commission électorale nationale autonome (CENA) est composée de vingt-cinq personnalités reconnues pour leur compétence, leur probité, leur impartialité, leur moralité, leur sens patriotique et choisies à raison de : - trois (3) par le Gouvernement ; - dix-neuf (19) élus par l'Assemblée nationale ; - deux par les magistrats du siège ayant au moins dix (10) ans d'expérience professionnelle, élus en assemblée générale des magistrats ; - un représentant élu de la Commission Béninoise des Droits de l'homme*». Saisie d'un certain nombre de demandes de contrôles de constitutionnalité, la Cour demande à l'Assemblée nationale au sujet de cet article 41, alinéa 1, – deuxième tiret –, de «Compléter : "*dix-neuf (19) élus par l'Assemblée Nationale*" avec le membre de phrase : "*en tenant compte de sa configuration politique*" pour assurer la participation de toutes les forces politiques représentées à l'Assemblée Nationale et ***pour garantir la transparence (principe à valeur constitutionnelle) dans la gestion des élections (Cf. Décision DCC 34-94 du 23 décembre 1994).*** ». Cette décision de la Cour, reste dans le prolongement de sa décision de 1994 à laquelle elle renvoie d'ailleurs. Mais c'est ici que la Cour affirme clairement que la «*transparence*» est un «*principe à valeur constitutionnelle*» dans la gestion des élections. Ici aussi, le rattachement à des dispositions constitutionnelles expresses est sous-entendu dans la mesure où, en renvoyant à la décision de 1994 que la Cour cite expressément dans sa décision DCC-078 du 7 décembre 2000, la haute juridiction veut rappeler que l'ancrage constitutionnel du ***principe à valeur constitutionnelle de transparence dans la gestion des élections*** est déjà établi comme il ressort de la décision de 1994. L'occasion du contrôle de la Cour sur la loi N° 2005-14 portant règles générales pour les élections en République du Bénin, votée le 24 mai 2005, par l'Assemblée nationale, qui a conduit à la prise de la décision **DCC 05-056 des 21 et 22 juin 2005**[250], donne l'occasion à la haute juridiction de faire encore une démonstration de son attachement aux principes à valeur

---

250 DCC 05-056 des 21 et 22 juin 2005, *Recueil 2005*, p.267 et s.

constitutionnelle. L'article 36 de la loi votée par le Parlement prévoit que : « *La Commission électorale nationale autonome est composée de vingt-cinq (25) personnalités reconnues pour leur compétence, leur probité, leur impartialité, leur moralité, leur sens patriotique et désignées à raison de : - deux (02) par le Président de la République ; - dix-neuf (19) par l'Assemblée Nationale en tenant compte de sa configuration politique ; - les quatre (04) membres du Secrétariat administratif permanent de la Commission électorale nationale autonome…* ». Pour la Cour constitutionnelle, cet article est contraire à la Constitution parce que : « La CENA est composée exclusivement de personnalités toutes désignées par l'Assemblée Nationale (19 + 4) et le Président de la République (2) *à l'exclusion de personnalités désignées par la société civile, composante de médiation ou d'interface par excellence ;* **»**. Pour la haute juridiction, « cette exclusion de la société civile est **contraire au *principe à valeur constitutionnelle de transparence, d'honnêteté, de fiabilité et de sincérité des élections*** ; ». Cette décision révèle l'intitulé complet du principe. Il n'est pas seulement le principe de transparence en matière électorale, mais de manière plus complète, celui de **« *transparence, d'honnêteté, de fiabilité et de sincérité des élections* ».**

On peut ne pas être d'accord avec la Cour constitutionnelle sur les conséquences qu'elle attache aux principes à valeur constitutionnelle et ce que cela implique pour le législateur, mais au moins, en constatant le rattachement du principe évoqué avec telle ou telle disposition de la Constitution, on relativise la critique dans la mesure où, dans les grandes démocraties, cette pratique est également connue. Il suffit de prendre ici **l'exemple de la Cour constitutionnelle allemande**[251]. Michel FROMONT distingue les normes constitutionnelles non écrites extérieures à la Constitution écrite de celles qui y sont implicitement contenues. Les premières, malgré leur intitulé, s'inscrivent quand même « *dans un système fondé sur une Constitution écrite* », de sorte que les normes non écrites en question « *ne peuvent exister que pour autant que la constitution écrite les mentionne expressément ou au moins implicitement* »[252]. Il évoque ainsi l'article 20, alinéa 3, de la *Loi fondamentale* selon lequel le juge est soumis à la loi et au droit, le droit pouvant ici désigner tant la coutume que le droit naturel, et l'article 33, alinéa 5, du même texte constitutionnel qui fait allusion à certains principes traditionnels, ceux régissant les fonctionnaires. Sur la base de ces dispositions, il a pu être analysé que « *face aux règles édictées par*

---

[251] M. FROMONT, « Les normes constitutionnelles non écrites dans la République fédérale d'Allemagne », in P. AVRIL et M. VERPEAUX, *Les règles et principes non écrits en droit public*, Paris, E. Panthéon – Assas, LGDJ diffuseur, 2000, pp. 131-142.
[252] Ibid., p. 132.

l'État, il peut y avoir un plus dans le droit qui trouve sa source dans l'ordre juridique constitutionnel considéré dans son ensemble et qui peut servir à corriger la loi écrite »[253]. Mais c'est avec beaucoup de prudence que la Cour constitutionnelle allemande s'aventure sur ce terrain, préférant manifestement celui des normes constitutionnelles non écrites qui sont implicitement contenues dans la constitution écrite. *Le principe de légalité de l'administration, le principe de la sécurité juridique, le principe de proportionnalité, le principe de cohérence, le principe général de droit au respect de la personnalité, le principe de protection juridictionnelle maximale contre l'administration, le principe de la répartition des affaires entre les juges d'une même juridiction selon des critères objectifs préétablis* ont ainsi été tous dégagés à partir d'une disposition précise de la *Loi fondamentale*[254]. **En Belgique**, la Cour constitutionnelle belge retient que les principes généraux du droit sont considérés comme méconnus *pour autant que leur violation puisse être combinée avec une méconnaissance des dispositions de la Constitution* dont la Cour assure le contrôle[255]. Il en est ainsi du droit à un juge indépendant et impartial[256], du principe du *standstill*[257], du principe de la sécurité juridique[258], du principe de la non-rétroactivité de la loi[259].

Pour revenir au cas du Bénin et à la décision **DCC 34-94 des 22 et 23 décembre 1994** dans laquelle la Cour a montré le signal qu'elle ne se contentera pas de la lettre de la Constitution, elle a, à travers cette décision, prouvé qu'elle n'hésitera pas à recourir à l'esprit de la Constitution, aux principes et valeurs constitutionnels liés à l'État de droit, à la démocratie, à la transparence, à l'égalité, au pluralisme, principes se trouvant dans le préambule de la Constitution, soit expressément, soit par déduction ou interprétation. La Cour constitutionnelle a démontré qu'elle donnait autant d'importance, pour ne pas dire plus d'importance, à ces principes et valeurs constitutionnels qu'à la lettre de la Constitution. C'est donc, entre autres, sur la base de ces principes et valeurs constitutionnels que la haute juridiction validera la création d'une Commission électorale nationale autonome (CENA). La Cour a montré que les principes à valeur constitutionnelle qu'elle découvre ou promeut ne se basent pas forcément sur telle ou telle disposition précise et expresse de la Constitution.

---

253 Ibid., p. 133.

254 Ibid., pp. 135-142.

255 M. UYTTENDAELE, *Trente leçons de droit constitutionnel*, Bruxelles, Bruylant, 2011, p. 518.

256 CC, N° 195/2009 du 3 décembre 2009.

257 CC, N° 73/2008 du 24 octobre 2008.

258 CC, N° 49/2010 du 29 avril 2010.

259 CC, N° 32/2010 du 30 mars 2010.

Mais, ce faisant, elle s'est progressivement détachée du souci de démontrer le lien entre les principes qu'elle crée et la Constitution – dispositions expresses, préambule ou même tout simplement esprit de la Constitution –. Cela était déjà légèrement perceptible sur le principe de transparence dans sa dimension «*prise en compte de la configuration politique*» ou de celle, postérieure, de la *prise en compte du principe « majorité/minorité*», même si ces principes paraissent, après analyse, devoir être rattachés au pluralisme démocratique.

Mais comment comprendre le fait que l'exclusion de la société civile de la composition de la Commission électorale nationale autonome est « contraire au *principe à valeur constitutionnelle de transparence, d'honnêteté, de fiabilité et de sincérité des élections*», autrement que par la volonté de la Cour constitutionnelle d'imposer son point de vue – autrement dit une intervention en opportunisme politique – sur un problème donné ? La Cour impose en effet un choix politique aux parlementaires en exigeant qu'ils (ré) intègrent la société civile dans la composition de la CENA. La société civile n'est pas prévue et organisée par la Constitution. Ce sont les partis politiques qui, aux termes de l'article 5 de la Constitution, « *concourent à l'expression du suffrage*», en animant la vie politique. Intégrer les acteurs de la société civile dans la CENA est un choix politique qui relève de la discrétion des députés à l'Assemblée nationale.

La preuve que l'absence de la société civile des organes de la CENA ne viole pas la Constitution en est que plusieurs lois électorales postérieures, qui n'ont pourtant pas prévu une place pour la société civile dans la composition de la CENA, n'ont pas été déclarées contraires à la Constitution pour cette raison[260]. Il ne faut pas être étonné par une telle situation.

---

[260] Pour ne prendre exemple que sur les dernières : La loi 2019-43 du 15 novembre 2019 portant Code électoral, la loi 2020-13 du 4 juin 2020 portant interprétation et complétant la loi 2019-43 portant Code électoral et la loi 2024-13 modifiant et complétant la loi 2019-43 portant Code électoral ne prévoient pas ainsi de CENA avec un représentant de la société civile.

Voir notamment **DCC 19-525 du 14 novembre 2019**, puis :

Article 18 : « *La Commission électorale nationale autonome (CENA) est composée de deux organes :*

- Le Conseil électoral (CE) ;

- La Direction générale des élections (DGE) »

Article 20 : « *Le Conseil électoral (CE) est composé de cinq (05) membres.*

Ils sont choisis parmi les personnalités reconnues pour leur compétence et leur probité et sont désignés ainsi qu'il suit :

- un (01) par la majorité parlementaire ;

- un (01) par la minorité parlementaire ;

- un (01) par le président de la République ;

Hans KELSEN avait déjà mis en garde les juridictions constitutionnelles contre le recours aux principes et valeurs, même lorsqu'ils sont prévus par la Constitution elle-même sans recevoir une forme de concrétisation ou d'expression non ambigüe. Pour lui, « *on pourrait interpréter les dispositions de la Constitution qui invitent le législateur à se conformer à la* ***justice, à l'équité, à l'égalité, à la liberté, à la moralité, etc.****, comme des directions relatives au contenu des lois.* ***A tort,*** *[…], car il n'en serait ainsi que si elle fixait une direction précise, si elle indiquait elle-même un critérium objectif quelconque. […]. Il n'est pas impossible qu'un tribunal constitutionnel appelé à décider de la constitutionnalité d'une loi l'annule pour le motif qu'elle est injuste, la justice étant un principe constitutionnel qu'il doit par conséquent appliquer, mais la puissance du tribunal serait alors telle qu'elle devrait être considérée comme simplement insupportable* »[261]. Le juriste autrichien désapprouve entièrement le recours à ces principes lorsqu'ils ne sont pas opérationnalisés par le constituant lui-même, car, en ce cas, « *la Constitution n'a pas entendu, en employant un mot aussi imprécis et équivoque que celui de* ***justice*** *ou tout autre mot semblable, faire dépendre le sort de toute loi votée par le Parlement du bon plaisir d'un collège composé d'une façon plus ou moins arbitraire au point de vue politique, comme le tribunal constitutionnel* »[262]. En effet, « *la conception de la justice de la majorité des juges de ce tribunal pourrait être en opposition complète avec celle de la majorité de la population et le serait évidemment avec celle de la majorité du Parlement qui a voté la loi* »[263].

S'il y a déjà matière à réflexion et prudence quand la Cour constitutionnelle béninoise fait recours à des principes et valeurs non opérationnalisés par la Constitution elle-même, même si un rattachement est possible avec les formules générales et vagues de ces principes, telles que contenues dans la Constitution, à plus forte raison devient-il inquiétant de constater que le juge constitutionnel ne fait plus l'effort de rattachement des principes à valeur constitutionnelle à des dispositions constitutionnelles et va jusqu'à opposer ces principes avec des dispositions constitutionnelles expresses.

- un (01) par le chef de file de l'opposition ;

- un (01) magistrat, en activité ou non, désigné en assemblée générale des magistrats. »

Article 34 : « *Le Directeur général des élections, les directeurs techniques et la personne responsable des marchés publics sont recrutés par appel à candidature […]* ».

261 H. KELSEN, « La garantie juridictionnelle de la Constitution (La justice constitutionnelle) », *RDP*, 1928, p. 241.

262 Ibid.

263 Ibid.

2) *Les principes à valeur constitutionnelle avec opposition à certaines dispositions constitutionnelles*

En fait, le risque d'arbitraire est considérable lorsque la Cour constitutionnelle utilise les principes à valeur constitutionnelle dans l'exercice de sa fonction de contrôle de constitutionnalité des normes. Si elle en découvre chaque jour un nouveau, ce risque devient illimité. C'est ainsi qu'il est arrivé à la Cour constitutionnelle de contredire expressément certaines dispositions de la Constitution, sous le couvert de principes à valeur constitutionnelle.

Deux exemples seront pris ici :

- **Le principe à valeur constitutionnelle de « consensus national »**

Un rappel des faits s'impose : Pour s'offrir une année supplémentaire au Parlement, les députés s'accordent, le 23 juin 2006, par 71 voix sur 83, une prorogation d'un an de leur mandat jusqu'en avril 2008 au lieu du terme initial de 4 ans prévu pour avril 2007. Ils réussissent ainsi à rassembler plus des ¾ de voix des membres de l'Assemblée nationale nécessaire à une révision de la Constitution du 11 décembre 1990. Il faut noter que cette révision, si elle avait abouti, aurait été la première de la Constitution du 11 décembre 1990, restée intangible depuis 16 ans. Malgré ce vote écrasant pour cette révision, plusieurs personnes saisissent la Cour constitutionnelle pour lui demander de déclarer cette révision contraire à la Constitution. La Cour a répondu dans les termes suivants : ***« Considérant*** qu'aux termes de l'article 80 de la Constitution du 11 décembre 1990 : "*Les députés sont élus au suffrage universel direct. La durée du mandat est de quatre ans. Ils sont rééligibles. Chaque député est le représentant de la nation tout entière et tout mandat impératif est nul" ;* ***Considérant*** que ce mandat de quatre (4) ans, qui est une situation constitutionnellement établie, est le résultat du **consensus national** dégagé par la Conférence des Forces Vives de la Nation de février 1990 et consacré par la Constitution en son Préambule qui réaffirme l'opposition fondamentale du peuple béninois à… la confiscation du pouvoir ; que, **même si la Constitution a prévu les modalités de sa propre révision,** *la détermination du peuple béninois à créer un État de droit et de démocratie pluraliste, la sauvegarde de la sécurité juridique et de la cohésion nationale commandent que toute révision tienne compte des idéaux qui ont présidé à l'adoption de la Constitution du 11 décembre 1990,* notamment **le consensus national, principe à valeur constitutionnelle** ; qu'en conséquence, *les articles 1 et 2 de la Loi constitutionnelle N° 2006-13 adoptée par l'Assemblée Nationale le 23 juin 2006, sans respecter le principe à valeur* *constitutionnelle ainsi rappelé, sont contraires à la Constitution* ; et sans qu'il soit besoin de statuer sur les autres moyens ; »[264].

En clair, la Cour constitutionnelle invoque un principe à valeur constitutionnelle qu'elle crée, pour faire échec à un processus de révision constitutionnelle, et cela, même si le processus avait pu respecter, en toutes ces dispositions – ce qui n'était pas vraiment le cas en l'espèce –, les normes constitutionnelles relatives à la révision de la Constitution[265].

Le problème à examiner ici n'est pas tant le constat d'une impossibilité de rattachement de ce « principe » à certaines dispositions « générales » de la Constitution, notamment celles contenues dans le préambule[266], mais c'est l'apparente contradiction entre la mise en œuvre d'un principe à valeur constitutionnelle ainsi « découvert » et d'autres dispositions écrites et expresses du corps même de la Constitution[267].

- **Le principe à valeur constitutionnelle de respect des options fondamentales de la Conférence nationale**

Un comportement semblable à celui tenu dans la décision ci-dessus examinée a été noté dans la décision **DCC 11-067 du 20 octobre 2011**. Saisie d'une requête du 11 octobre 2011 enregistrée à son Secrétariat à la même date sous le numéro 033-C/131/REC, par laquelle le président de la République, sur le fondement des articles 117 et 121 de la Constitution, défère à la Haute Juridiction, pour contrôle de conformité à la Constitution la loi organique N° 2011-27 portant conditions de recours au référendum, votée par l'Assemblée Nationale le 30 septembre 2011, la Cour constitutionnelle, décide que « [...] l'examen de la loi fait ressortir

---

264 DCC 06-074 du 8 juillet 2006, *Recueil des décisions et avis 2006*, p. 365 à 391.

265 Articles 154 et suivants de la Constitution :
Article 154 : « L'initiative de la révision de la Constitution appartient concurremment au président de la République, après décision prise en Conseil des ministres, et aux membres de l'Assemblée nationale. »
Article 155 : « La révision n'est acquise qu'après avoir été approuvée par référendum, sauf si le projet ou la proposition en cause a été approuvé à la majorité des quatre cinquièmes des membres composant l'Assemblée nationale. »
Article 156 : « Aucune procédure de révision ne peut être engagée ou poursuivie lorsqu'il est porté atteinte à l'intégrité du territoire.
La forme républicaine et la laïcité de l'État ne peuvent faire l'objet d'une révision. ».
Il n'est pas certain que le processus de révision qui pose problème ait vraiment respecté les dispositions précitées, mais la Cour ne s'est pas appesantie sur ce point.

266 T. ONDO, « Le contrôle de constitutionnalité des lois constitutionnelles en Afrique noire francophone », *RDIDC*, 2009, N° 1, p.131.

267 Pour plus de détails sur ce point, voir, notre article : G. BADET, « La rigidité de la Constitution béninoise du 11 décembre 1990 à l'épreuve des expériences de sa révision », in, Revue *Afrilex*, https://afrilex.u-bordeaux.fr/ . Voir aussi le chapitre qui porte sur ce même thème dans le présent ouvrage.

que *l'article 6 est contraire à la Constitution en ce qu'il ne cite pas toutes* ***les options fondamentales de la Conférence Nationale de février 1990*** *et qui sont reprises par les articles 42, 44 et 54 de la Constitution ; qu'il s'agit du nombre de mandats présidentiels, de la limitation d'âge pour les candidats à l'élection présidentielle et de la nature présidentielle du régime politique dans notre pays* ». Sur la base de ces observations, la Cour constitutionnelle ordonne que « *l'article 6 doit donc être reformulé comme suit : « Ne peuvent faire l'objet de questions à soumettre au référendum, les options fondamentales de la Conférence Nationale de février 1990, à savoir : - la forme républicaine et la laïcité de l'État ; - l'atteinte à l'intégrité du territoire national ; - le mandat présidentiel de cinq ans, renouvelable une seule fois ; - la limite d'âge de 40 ans au moins et 70 ans au plus pour tout candidat à l'élection présidentielle ; - le type présidentiel du régime politique au Bénin.* **»**.

Or, l'article 156, alinéa 2, de la Constitution, dispose de manière limitative que « *la forme républicaine* et la *laïcité de l'État* ne peuvent faire l'objet d'une révision ». Si « *l'atteinte à l'intégrité du territoire* » peut se retrouver dans l'alinéa 1 de l'article 156 de la Constitution, de sorte qu'on peut reconnaître à la Cour constitutionnelle un pouvoir d'interprétation conduisant à inclure la situation politique empêchant l'opération de révision de la Constitution comme étant elle-même une matière non révisable[268], il n'y a, par contre, aucune trace du « *mandat présidentiel de cinq ans, renouvelable une seule fois ; », de la « la limite d'âge de 40 ans au moins et 70 ans au plus pour tout candidat à l'élection présidentielle ; » et du « type présidentiel du régime politique au Bénin* » dans les dispositions non révisables prévues par la Constitution elle-même. Manifestement, pour la Cour constitutionnelle, comme si l'on doit suivre le raisonnement développé en 2006, « *même si la Constitution a prévu les modalités de sa propre révision* **»,** on ne saurait réviser la Constitution béninoise en omettant **«** *les options fondamentales de la Conférence Nationale de février 1990* ». Comme le « *consensus national* », et dans son prolongement, la Cour crée donc un autre **principe à valeur constitutionnelle de «** ***respect des options fondamentales de la Conférence nationale*** **».**

La Cour s'autorise ainsi, une nouvelle fois, le droit de créer des principes à valeur constitutionnelle qui vont directement à l'encontre de normes expresses de la Constitution, ou en tous cas, qui complètent la norme constitutionnelle. Les principes de « *consensus national* » et d'« *options*

---

268 **Art 156 de la Constitution :**

« *Aucune procédure de révision ne peut être engagée ou poursuivie lorsqu'il est porté atteinte à l'intégrité du territoire.*

La forme républicaine et la laïcité de l'État ne peuvent faire l'objet d'une révision. ».

fondamentales de la Conférence nationale » apparaissent alors, non pas comme des *normes super constitutionnelles*, au sens de supériorité de certaines dispositions constitutionnelles sur d'autres[269], mais carrément comme des *normes supra constitutionnelles* qui s'imposent, tantôt au pouvoir constituant dérivé, tantôt au législateur organique. Compte tenu de l'environnement africain marqué par certains reculs du constitutionnalisme, la doctrine de ce continent est généralement en faveur de l'avènement de cette supra constitutionnalité[270], ce qui n'empêche pas, néanmoins, de souhaiter un encadrement de l'exercice par les cours constitutionnelles de l'exercice de tels pouvoirs[271].

En matière de régulation du fonctionnement des institutions, certaines justifications peuvent conduire à comprendre la Cour constitutionnelle dans ce genre d'exercice, comme il sera exposé plus loin, mais, là aussi, les risques d'arbitraire et de menace sur l'impartialité de la haute juridiction ne sont pas négligeables[272].

3) L'impératif constitutionnel comme norme de référence supérieure aux principes à valeur constitutionnelle

En 2018, en dehors – en plus – des principes à valeur constitutionnelle, la Cour constitutionnelle a inventé des impératifs constitutionnels, avec comme ambition claire de les faire prévaloir sur les principes à valeur constitutionnelle.

Deux exemples permettent de soutenir cette affirmation[273].

---

269 En prévoyant originairement qu'« *aucune procédure de révision ne peut être engagée ou poursuivie lorsqu'il est porté atteinte à l'intégrité du territoire.* » et que « *la forme républicaine* et la *laïcité de l'État* ne peuvent faire l'objet d'une révision. », la Constitution avait déjà elle-même fait des principes affirmés dans son article 156, des dispositions super constitutionnelles.

270 T. ONDO, « Le contrôle de constitutionnalité des lois constitutionnelles en Afrique noire francophone », *R.D.I.D.C.*, 2009, N° 1, pp. 104-138 ; B.D. COULIBALEY, « La neutralisation du parlement constituant », *R.D.P.*, 2009, N° 5, pp. 1493-1515 ; I. SALAMI, « Le pouvoir constituant dérivé à l'épreuve de la justice constitutionnelle béninoise », *R.T.S.J*, 2011, N° 0000, pp. 45-65.

271 T. ONDO, « Le contrôle de constitutionnalité des lois constitutionnelles en Afrique noire francophone », *R.D.I.D.C.*, 2009, N° 1, pp. 133-138 ; voir ici aussi, notre étude : G. BADET, « La rigidité de la Constitution béninoise du 11 décembre 1990 à l'épreuve des expériences de sa révision », in, Revue *Afrilex*, https://afrilex.u-bordeaux.fr/.

272 C'est dans l'ignorance de ces principes que les deux révisions de la Constitution ont pourtant été validées, ce qui montre la fragilité et le caractère aléatoire de ces principes. Le recours aux impératifs constitutionnels est un appel au retour aux textes.

273 Voir Adama KPODAR, « L'impératif constitutionnel », *RCC*, N° 001, 2019, pp. 101-125.

❖ **L'impératif constitutionnel de nature représentative et de caractère majoritaire de la démocratie béninoise**

Le 7 juin 2018, la Cour est saisie d'une requête par laquelle Monsieur Cédrick K. OBO dénonce le fait que des réflexions et démarches seraient en cours avec pour objet, entre autres, la révision de la constitution au Parlement pour y renforcer la présence des femmes ou instaurer la Cour des comptes, alors que, selon lui, « *une telle réforme ne saurait aboutir sans un consensus national que la Cour constitutionnelle a déclaré de valeur constitutionnelle* ». Par décision **DCC 18-126 du 21 juin 2018**, la haute juridiction constitutionnelle béninoise a répondu que « ***la nature représentative et le caractère majoritaire constituent un impératif constitutionnel de la démocratie béninoise*** *dont le consensus, qui en demeure l'un des idéaux politiques, ne saurait en constituer un obstacle dirimant* ». Autrement dit, rien, en tous cas pas le consensus, ne peut être au-dessus de la « *nature représentative* » et du « *caractère majoritaire* » de la démocratie béninoise. Au visa de cette décision, la Cour se fonde sur des dispositions expresses de la constitution. Elle cite les articles 2, 3, 4, 5, ensemble avec les articles 117 alinéa 1, 122, 154, 155 et 156 de la constitution.

Cela signifie d'abord que « *la République du Bénin est [...] démocratique* » (article 2), que « *la souveraineté nationale [qui] appartient au peuple [...] s'exerce conformément à la... Constitution* » (article 3). Cela signifie ensuite que « *le Peuple exerce sa souveraineté par ses représentants élus et par voie de référendum* » (article 4). Cela signifie enfin que l'exercice de la souveraineté « *conformément à la... Constitution* » (article 4) passe, en matière de révision de la constitution, par une mise en œuvre *impérative* des articles 154, 155 et 156 de la constitution aux termes desquels la révision, notamment son adoption définitive, peut avoir lieu, soit par le peuple lui-même directement, soit par les représentants du peuple que sont les parlementaires (« *nature représentative* » de la démocratie béninoise), à des majorités fixées par le constituant lui-même (« *caractère majoritaire* » de la démocratie béninoise).

Sur le fondement de tout ce qui précède, la Cour constitutionnelle, saisie par le président de la République pour contrôle de conformité à la constitution de la loi N° 2019-40 portant révision de la loi N° 90-32 du 11 décembre 1990 portant Constitution de la République du Bénin adoptée par l'Assemblée nationale en sa séance du 31 octobre 2019 a précisé « *que pour examiner la conformité à la Constitution de la loi de révision, la Haute juridiction procède [...] d'une part, au contrôle du respect par l'Assemblée nationale de la procédure de révision conformément aux articles 154 et 155 de la*

Constitution et d'autre part, au contrôle du respect par la représentation nationale des dispositions énoncées à l'article 156 de la Constitution ». Ayant constaté que toutes les conditions exigées par ces dispositions écrites et expresses de la constitution ont été respectées en l'espèce, la Cour a conclu que « *la loi N° 2019-40 portant révision de la loi N° 90-32 du 11 décembre 1990 portant Constitution de la République du Bénin est conforme à la Constitution* »[274].

- **L'impératif constitutionnel de fonctionnement continu des services stratégiques et essentiels à la vie, à la santé, à la justice, à la défense et à la mobilisation des ressources publiques indispensables à l'existence et à la construction de la Nation**

Dans la décision DCC **18-141 du 28 juin 2018**, la Cour, après avoir constaté l'irrecevabilité d'un recours pour cause d'autorité de chose jugée, ajoute : « *Considérant cependant, que lorsqu'une requête, élève à la connaissance de la Cour une situation de violation d'un droit fondamental ou de remise en cause d'un impératif ou d'un principe à valeur constitutionnelle, la Cour peut se prononcer d'office…* ». Dans cette même décision, le juge précise : *« … qu'en l'espèce, la requête vise à obtenir le rétablissement et la réalisation de l'impératif constitutionnel que constitue le fonctionnement continu des services stratégiques et essentiels à la vie, à la santé, à la justice, à la défense et à la mobilisation des ressources publiques indispensables à l'existence de l'État et à la construction de la Nation »*. Estimant alors que « ***les fonctions de défense, de sécurité, de justice et de santé des personnes dévolues à l'État ne sauraient souffrir, dans leur exercice, d'aucune interruption ; […] il est de l'essence et de l'existence de l'État que leur exercice soit continu*** *; l'exclusion [du droit de grève aux travailleurs de ces secteurs] à laquelle il est procédé, vise aussi bien à* ***sauvegarder l'intérêt général*** *auquel l'exercice du droit de grève porte atteinte dans les secteurs vitaux énumérés de la vie sociale et de la* ***protection des citoyens****, qu'à* ***maintenir l'existence de l'État ainsi que sa capacité à assurer les fonctions stratégiques et essentielles qu'au sein de la Nation, nul corps ni groupe de particuliers ne saurait exercer à titre principal*** *;* », la Cour tire la conclusion *« qu'il en résulte que la loi qui édicte de telles exclusions ou interdictions n'est pas contraire à la Constitution »*.

Ici, un autre impératif est créé par la Cour constitutionnelle sans que celle-ci ne l'oppose à – et, par là même n'affirme sa primauté par rapport à – un principe à valeur constitutionnelle. Mais la décision DCC 18-126 du 21 juin 2018 avait déjà réglé cette question en affirmant la suprématie des impératifs constitutionnels (par exemple, les caractères représentatif et

[274] DCC 19-504 du 6 novembre 2019.

majoritaire de la démocratie béninoise) sur les principes à valeur constitutionnelle (Exemple le principe de consensus).

B. Les « dictums appropriés » utilisés après la mise entre parenthèses de certaines dispositions normatives de référence

La Cour constitutionnelle considère que l'intérêt général lié à la *préservation de l'ordre constitutionnel* peut justifier la mise entre parenthèses de dispositions quasi constitutionnelles ou même de dispositions constitutionnelles expresses. Dans cette hypothèse, c'est alors avec des « *dictums* » (pris isolément ou avec des principes à valeur constitutionnelle) que la Cour règle le problème qui lui est soumis. On peut l'illustrer autant pour les dispositions quasi constitutionnelles que pour les dispositions constitutionnelles.

1) L'intérêt général de préservation de l'ordre constitutionnel justifie la mise entre parenthèses de dispositions quasi constitutionnelles

Une première décision illustre comment la Cour constitutionnelle, tenue de régler un problème de blocage du fonctionnement d'une institution, est amenée à demander la mise entre parenthèses de dispositions expresses de textes quasi constitutionnels pour que le blocage cesse. Suite à une décision de la Cour constitutionnelle qui demandait aux députés de reprendre des désignations de leurs membres au sein de la Haute Cour de justice, pour violation du **principe à valeur constitutionnelle de « majorité/minorité »**, la commission des lois a soumis, le jeudi 26 mars 2009, à l'examen de la plénière, les nouvelles versions de ses rapports sur les modalités de désignation des six membres de l'Assemblée nationale à la Haute Cour de Justice qui reprennent les propositions déjà faites auparavant. Après que certains parmi les députés rangés dans le groupe majoritaire aient contesté le fait d'être ainsi rangés par la Commission des lois, et que d'autres, du même groupe, aient exigé, sans succès, que le rapport de ladite Commission soit passé au vote, les députés considérés comme appartenant au groupe majoritaire sont sortis de la salle de la plénière de l'Assemblée nationale. Le groupe considéré comme minoritaire a alors poursuivi les travaux. Il a appliqué le rapport de la Commission des lois et a pourvu aux postes qui lui reviennent, laissant libres les postes revenant au groupe majoritaire. Le premier responsable de l'Assemblée nationale rend compte alors à la Cour constitutionnelle de l'opération de désignation en ces termes : « *J'estime* *qu'ayant rigoureusement respecté au cours de cette opération de désignation, la Constitution, les décisions de la Cour constitutionnelle et le Règlement intérieur, la Haute Juridiction devra : 1- dire et juger que le processus de désignation partielle tel qu'effectué au cours de la séance du 26 mars 2009 est conforme aux décisions visées supra ; 2- enjoindre à l'Assemblée nationale, conformément à l'article 114 de la Constitution, de compléter les noms des représentants restant à pourvoir au niveau des organes concernés et ce, dans les délais qu'il appartiendra* ; ».

Sur la base de ce rapport pris en exécution d'une décision de la Cour et de la requête qui l'accompagne, la Cour constitutionnelle qui s'était considérée comme saisie de l'affaire jusqu'à l'installation de la Haute Cour de Justice a essayé de trancher le problème de manière radicale.

Après avoir validé la répartition proposée par la Commission des lois de l'Assemblée nationale comme étant conforme à sa décision et relevé le retard de plus de deux ans mis par l'Assemblée nationale pour désigner ses membres au sein de la Haute Cour de Justice, considérant cela comme étant « *une atteinte grave à l'édifice constitutionnel et à l'État de Droit* », la Cour, explique le contenu de sa fonction de régulation telle qu'elle résulte de l'article 114 de la Constitution, en estimant que celle-ci « *fait [...] obligation à la Cour Constitutionnelle de suppléer par des* **dictums appropriés** *aux défaillances des institutions constitutionnelles ;* ».

C'est sur la base de ce pouvoir d'émettre des *dictums* que la Cour décide alors, en l'espèce, de donner une date butoir à la fois pour la désignation du reste des membres de la Haute Cour de Justice et pour leur prestation de serment : la Cour considère qu'il lui revient « *d'impartir un délai jusqu'au mercredi 06 mai 2009 à la tendance majoritaire de l'Assemblée nationale pour faire élire par ladite Assemblée les trois députés restant à désigner pour siéger à la Haute Cour de Justice ; que la défaillance de la majorité parlementaire à l'expiration de ce délai emporte renoncement par elle à sa prérogative ; que l'Assemblée nationale devra se réunir au plus tard le mercredi 20 mai 2009 et quelle que soit la tendance présente, pour pourvoir aux trois (03) postes restants, ladite Assemblée n'ayant le droit ni de renoncer ni de faillir à son devoir constitutionnel ;* [...] *que la prestation de serment des six (06) députés de la nouvelle formation de la Haute Cour de Justice doit intervenir au plus tard le samedi 30 mai 2009.* »[275]

Le constat à faire est que la décision de la Cour constitutionnelle comporte détermination de la date d'installation des membres de la Haute Cour de Justice. Normalement, une telle date est prévue dans la loi organique sur la Haute Cour de justice. En effet, selon l'article 9 de la loi N° 93-013 du 10 août 1999 portant loi organique sur la Haute Cour de

---

275 DCC 09-057 du 21 avril 2009.

Justice : « *Tout juge à la Haute Cour de Justice qui perd la qualité au titre de laquelle il siège à ladite Cour, cesse d'appartenir à cette Juridiction et y est remplacé dans les huit jours…* ». Il est vrai qu'en l'espèce, les députés sont les premiers fautifs pour n'avoir pas respecté les délais de désignation, puis d'installation, des nouveaux membres de la Haute Cour de Justice. En effet, la nouvelle Assemblée ayant été installée le 23 avril 2007, la désignation des députés membres de la Haute Cour de Justice aurait dû intervenir au plus tard le 1er mai 2007 ; or, cette désignation n'a eu lieu que le 19 décembre 2008, soit après plus de vingt et un (21) mois. La Cour avait d'ailleurs relevé dans une précédente décision que « *ce délai anormalement long est préjudiciable au bon fonctionnement de la Haute Cour de Justice* »[276]. Ce qui est important ici, c'est que la Cour avait, dans cette même précédente décision, considéré, qu'en sa qualité d'« … *organe régulateur du fonctionnement des institutions et de l'activité des pouvoirs publics », elle pouvait,* sur le fondement de l'article 114 de la Constitution « **dire** *que la désignation par l'Assemblée Nationale des six (6) députés membres de la Haute Cour de Justice doit être effective le 15 janvier 2009 au plus tard* ».

Autrement dit, **par un *dictum* de la Cour constitutionnelle, une nouvelle date, non conforme à celle prévue par la loi organique sur la Haute Cour de Justice est donnée comme date** officielle d'installation de la Haute Cour de Justice. Et ce qui montre que la haute juridiction constitutionnelle a une maîtrise totale de la nouvelle date à fixer, est que, après que la rébellion de certains députés ait conduit au non-respect de cette première échéance, la Cour n'a pas hésité, dans la décision **DCC 09-057 du 21 avril 2009** à en fixer une autre : « *la prestation de serment des six (06) députés de la nouvelle formation de la Haute Cour de Justice doit intervenir au plus tard le samedi 30 mai 2009. »,* avait-elle alors affirmé. Plus intéressant encore, cette nouvelle date n'a pas pu être respectée. En effet, alors qu'en application de la décision DCC 09-057 du 21 avril 2009, les députés du camp majoritaire avaient fini par se soumettre aux injonctions de la Cour, faisant les propositions qui ont permis de pourvoir aux places laissées vides par leur boycott du 26 mars 2009 et que la cérémonie de prestation de serment se préparait, la Cour constitutionnelle reçut du président de l'Assemblée nationale, une lettre dont voici un extrait : « *J'accuse réception de votre lettre N° 0647/CC/PT du 22 Mai 2009 relative au délai limite pour l'installation de la nouvelle formation de la Haute Cour de Justice. Le décès de l'honorable [député] Paulin TOMANAGA a provoqué une profonde consternation dans les rangs de ses collègues. En raison de ce trouble psychologique d'une*

---

[276] DCC 09-002 du 8 janvier 2009.

part et de la nécessité de respecter la procédure en vigueur à l'Assemblée nationale pour toute élection de député à un poste donné d'autre part, il s'avère pratiquement difficile de procéder au remplacement du disparu avant le 30 mai 2009. C'est pourquoi, je vous prie de bien vouloir accepter de reporter l'installation de la Haute Cour de Justice à une date ultérieure. Je prends l'engagement de faire procéder audit remplacement dans les plus brefs délais… ». La Cour, sensible à cette requête avait répondu « *dans sa Décision DCC 09-057 du 21 avril 2009, la Cour a dit et jugé que les six (06) députés de la nouvelle formation de la Haute Cour de Justice doivent prêter serment au plus tard le 30 mai 2009 ; […] cependant, l'examen de la requête du Président de l'Assemblée nationale fait apparaître la pertinence de son contenu ; que les éléments évoqués par lui sont fondés ; […] en conséquence, il y a lieu pour la Cour d'accéder à cette requête et* ***de reporter la date limite d'installation de la nouvelle formation de la Haute Cour de Justice au mercredi 10 juin 2009*** **»**[277]**.**

Au total, c'est la Cour et elle seule qui est maîtresse de la détermination de la date d'installation des nouveaux membres de la Haute Cour de Justice. Il faut certes préciser qu'ici, la date « constitutionnelle » d'installation avait déjà été violée par les députés. Mais toujours est-il que **la Cour constitutionnelle considère que sa fonction de régulation lui donne le pouvoir d'ordonner des *dérogations* au respect de la Constitution ou des normes quasi constitutionnelles – textes pris en application de la Constitution, tels que l'article 185 du Règlement intérieur de l'Assemblée nationale qui n'est qu'une mise en œuvre de l'article 135 de la Constitution – et de la jurisprudence constitutionnelle, toutes les fois qu'il lui paraît que les conditions ne sont pas objectivement réunies pour exiger une application stricte de la norme – textuelle ou jurisprudentielle –.** Autrement dit, la Cour constitutionnelle introduit, de manière jurisprudentielle, la notion de ***force majeure*** comme excuse ou justification à la non-application d'une norme textuelle ou jurisprudentielle, constitutionnelle ou quasi constitutionnelle.

Certaines autres décisions du juge constitutionnel béninois vont dans le même sens. Il suffit de rappeler ici la décision **DCC 04-065 du 29 juillet 2004**. En effet, le 19 juillet 2004, les nouveaux membres désignés du Conseil économique et social sont convoqués par la doyenne d'âge des nouveaux conseillers pour procéder à l'élection du bureau de l'institution[278]. Par suite de différends intervenus entre les membres du

---

277 DCC 09-065 du 28 Mai 2009.

278 Selon l'article 139 de la Constitution béninoise du 11 décembre 1990 :

« *Le Conseil économique et social donne son avis sur les projets de loi, d'ordonnance ou de décret ainsi que sur les propositions de loi qui lui sont soumis.*

CES, la situation est bloquée et l'élection ne peut avoir lieu. La Cour constitutionnelle, saisie d'un certain nombre de requêtes qui « *tendent à solliciter l'intervention de la Haute Juridiction en vue du déblocage de la situation engendrée par l'absence répétée de certains conseillers du Conseil économique et social, absence qui n'a pas permis d'obtenir le quorum des 4/5, soit 24 Conseillers, pour tenir l'Assemblée plénière élective* », a considéré « *qu'en application de l'article 114 de la Constitution* », elle doit se prononcer. Après avoir évoqué des dispositions de la loi organique sur le Conseil économique et social et le règlement intérieur de l'institution qui exigent un quorum de 4/5 avant de procéder à l'élection du bureau de l'institution, la Cour, n'a pas hésité, pour régler le problème posé, à **dire** que **«** *la doyenne d'âge doit convoquer le Conseil économique et social en Assemblée plénière dès la présente décision et procéder, sans discontinuité, au cours de la même séance, à l'élection des membres du Bureau de ladite Institution ; que les conseillers qui ne se présenteraient pas à ladite Assemblée seront déclarés démissionnaires et ne pourront plus siéger dans l'Institution ; qu'en tout état de cause, l'Assemblée plénière peut valablement délibérer avec un quorum de seulement* ***"la moitié plus un de l'effectif du CES"*****»**[279]. Et la Cour a dit cela, car, pour elle, ses pouvoirs de régulation l'autorisent à « *prendre toute décision qui permette d'éviter la paralysie du fonctionnement des institutions de la République* ».

C'est sur la même lancée que des textes constitutionnels peuvent aussi être mis entre parenthèses.

Les projets de loi de programme à caractère économique et social lui sont obligatoirement soumis pour avis.

Le président de la République peut consulter le Conseil économique et social sur tout problème à caractère économique, social, culturel, scientifique et technique.

Le Conseil économique et social peut, de sa propre initiative, sous forme de recommandation, attirer l'attention de l'Assemblée nationale et du Gouvernement sur les réformes d'ordre économique et social qui lui paraissent conformes ou contraires à l'intérêt général.

Sur la demande du Gouvernement, le Conseil économique et social désigne un de ses membres pour exposer devant les Commissions de l'Assemblée nationale l'avis du Conseil sur les projets ou propositions de loi qui lui ont été soumis. ».

L'article 140 de la Constitution ajoute que :

« *Le Conseil économique et social élit en son sein son président et les membres de son bureau.*

La composition, l'organisation et le fonctionnement du Conseil économique et social sont fixés par une loi organique ».

[279] Alors même que le Règlement intérieur du CES prévoit normalement un quorum de 4/5 pour pouvoir procéder à l'élection du bureau.

2) L'intérêt général de préservation de l'ordre constitutionnel justifie la mise entre parenthèses de dispositions constitutionnelles

C'est surtout en matière de délais d'organisation des élections, que la mise entre parenthèses de dispositions constitutionnelles s'est le plus fait ressentir.

Une première situation s'est présentée en 2001 : A l'issue du premier tour de l'élection présidentielle du 4 mars 2001, les candidats Mathieu KEREKOU et Nicéphore Dieudonné SOGLO sont déclarés, par décision EL-P 01-043 des 12 et 13 mars 2001, respectivement, premier et deuxième. Mais aucun des deux candidats n'ayant obtenu au premier tour la majorité des suffrages, un second tour est nécessaire pour désigner le vainqueur de l'élection. Conformément aux dispositions de la Constitution[280], la date de ce deuxième tour est fixée au 18 mars 2001. Entretemps, le candidat Nicéphore Dieudonné SOGLO conteste sans succès les résultats du premier tour auprès de la Cour constitutionnelle et décide, le 16 mars 2001, soit deux jours avant la date normalement fixée pour le second tour, de se retirer du processus électoral. La cour lui donne acte de son désistement et demande à la Commission Électorale Nationale Autonome (CENA) de prendre les dispositions nécessaires pour mettre en œuvre les dispositions constitutionnelles relatives à l'organisation du second tour[281]. Le lendemain, 17 mars 2001, le président de la CENA, se trouvant dans **l'impossibilité de respecter les dispositions constitutionnelles qui imposent de faire tenir le second tour de l'élection présidentielle pour le 18 mars 2001**, saisit la Cour pour exposer la situation et demander *la conduite à tenir.* Il explique que le désistement du candidat normalement qualifié pour le deuxième tour, auquel la Cour constitutionnelle a donné acte, le 16 mars 2001, « rend caducs les bulletins confectionnés pour les deux premiers candidats ; que le troisième candidat remplacera désormais le second ; que le temps de fabrication, le délai de son acheminement jusqu'au bureau de vote le plus éloigné, ainsi que la nécessité de permettre au troisième candidat de

---

280 L'article 45 de la Constitution dispose :

« *Le Président de la République est élu à la majorité absolue des suffrages exprimés. Si celle-ci n'est pas obtenue au premier tour de scrutin, il est procédé, dans un délai de quinze jours, à un second tour.*

Seuls peuvent se présenter au second tour de scrutin les deux candidats qui ont recueilli le plus grand nombre de suffrages au premier tour. En cas de désistement de l'un ou l'autre des deux candidats, les suivants se présentent dans l'ordre de leur classement après le premier scrutin. Est déclaré élu au second tour le candidat ayant recueilli la majorité relative des suffrages exprimés. ».

281 Décision EL-P 01-051 du 16 mars 2001.

disposer d'un temps de campagne, ne permettent pas d'organiser le second tour demain 18 mars 2001 comme initialement prévu ; que, dès lors, *la Commission Electorale Nationale se trouve dans un véritable cas de blocage de fonctionnement* ». Le président de la CENA demande à la haute juridiction « en *tant qu'organe régulateur du fonctionnement des institutions…* » « *d'accorder un délai permettant à la CENA d'accomplir convenablement la mission que la nation lui a confiée.* » La haute juridiction estimant « qu'entre cette date [16 mars 2001] et le 18 mars 2001, la CENA ne peut manifestement pas accomplir toutes les opérations qu'appelle la mise en œuvre des dispositions [constitutionnelles relatives à l'organisation du second tour de l'élection présidentielle][282] », décide « qu'en conséquence, il y a lieu, *en vertu de l'article 114 de la Constitution [sur les pouvoirs de régulation de la Cour]*, d'ordonner le report de la date du second tour du scrutin présidentiel du 18 mars 2001. »[283] Autrement dit, **pour des raisons de force majeure appréciées par la Cour constitutionnelle elle-même, cette dernière autorise une dérogation à une disposition constitutionnelle expresse.**

Une situation aux conséquences juridiques et jurisprudentielles semblables devait se présenter à nouveau en 2006. Par requête du 16 mars 2006, le président de la Commission Électorale Nationale Autonome (CENA) saisit la haute juridiction en vue de la « modification de la date du second tour du scrutin présidentiel ». Il expose : « Conformément au décret N° 2005-713 du 18 novembre 2005 portant convocation du corps électoral pour l'élection présidentielle, le premier tour de ladite élection a eu lieu le 5 mars dernier. Les résultats provisoires de ce premier tour que votre haute juridiction a proclamés hier 15 mars 2006 conduisent à organiser un second tour. Celui-ci devrait avoir lieu dans un délai de 15 jours après le premier tour, en application des dispositions de l'article 45 de la Constitution, soit le 19 mars prochain.

---

282 Article 45 alinéas 1 et 2 : « *Le Président de la République est élu à la majorité absolue des suffrages exprimés. Si celle-ci n'est pas obtenue au premier tour de scrutin, il est procédé, dans un délai de quinze jours, à un second tour.*

Seuls peuvent se présenter au second tour les deux candidats qui ont recueilli le plus grand nombre de suffrages au premier tour. En cas de désistement de l'un ou de l'autre des deux candidats, les suivants se présentent dans l'ordre de leur classement après le premier scrutin » ;

Article 46 : « *La convocation des électeurs est faite par décret pris en Conseil des Ministres* » ;

Article 47 : « *Le premier tour du scrutin de l'élection du Président de la République a lieu trente jours au moins et quarante jours au plus avant la date d'expiration des pouvoirs du président en exercice.*
Le mandat du nouveau Président de la République prend effet pour compter de la date d'expiration du mandat de son prédécesseur. ».

283 Décision EL- P 01-053 du 17 mars 2001.

Mais la CENA, qui est chargée de l'organisation de l'élection actuellement, est dans l'impossibilité matérielle d'organiser le scrutin dans de bonnes conditions le 19 mars[284]. (...) ». Il demande en conséquence à la haute juridiction, « d'une part, de juger, qu'en raison de l'impossibilité matérielle pour la CENA d'organiser le second tour du scrutin le 19 mars, ce second tour aura lieu le 22 mars 2006, et d'autre part, de demander au Gouvernement de prendre en ce sens un décret ». La Cour accède à cette demande et rappelle que : ***« selon*** l'article 114 de la Constitution, la Cour constitutionnelle est "*l'organe régulateur du fonctionnement des institutions et de l'activité des pouvoirs publics*" ; qu'en cette qualité, *elle est fondée à prendre toute décision pour éviter toute paralysie du fonctionnement des institutions de la République* ; ». Elle rappelle les faits et constate qu'entre le 15 mars 2006 et le 19 mars 2006, « la CENA ne peut manifestement pas accomplir toutes les opérations qu'appelle la mise en œuvre des dispositions des articles 45, 46 et 47 [...] de la Constitution ». Elle décide alors, « en vertu de l'article 114 de la Constitution, *d'autoriser le report de la date du second tour du scrutin présidentiel du 19 mars 2006 au 22 mars 2006* et d'inviter le Chef de l'État à convoquer aux urnes à cette date le corps électoral »[285].

En 2011, la Cour constitutionnelle a été à nouveau sollicitée, mais cette fois-ci pour des difficultés nées dans le cadre de l'organisation du premier tour de l'élection présidentielle. Par requête du 3 mars 2011 enregistrée à son Secrétariat Général à la même date sous le numéro 0530/068/EP, le président de la Commission Électorale Nationale Autonome saisit la Haute Juridiction d'une « demande de report de date ». Au soutien de sa demande, il explique que, par Décret N° 2011-032 du 10 février 2011, le Chef de l'État a convoqué le corps électoral pour l'élection du Président de la République pour le dimanche 6 mars 2011, que, sur cette base, la CENA a établi son calendrier. Ce qui lui a permis d'ouvrir la campagne le 18 février 2011. Mais il se fait qu'à la date du recours, c'est-à-dire le 3 mars 2011, soit trois jours avant la date du 6 mars normalement prévue, « l'impression de la liste électorale sur laquelle nous avions effectué des observations afin d'obtenir une liste fiable n'est pas totalement terminée. De plus, la localisation de certains

---

284 Il invoque notamment le fait que : « *La commande du bulletin unique vient d'être en effet faite, suite à la proclamation des résultats. D'autres commandes de matériel électoral sont encore en cours. Par ailleurs, la procédure de mise en œuvre des commandes à faire pour le compte de la CENA par les partenaires au développement du Bénin nécessite encore quelques jours. En outre, la CENA a besoin de disposer d'un peu plus de temps pour mettre en place le matériel électoral pour que le scrutin se déroule dans de meilleures conditions* ».

285 EL-P 06-019 du 16 mars 2006.

bureaux de vote est encore problématique. La distribution des cartes d'électeur est grippée dans certaines localités et souffre de beaucoup d'insuffisances dans d'autres. [...]. Enfin, du fait de la désignation tardive et maintenant contestée [des agents électoraux au niveau des communes et des arrondissements], nous n'avons pas pu finir de mettre en place toutes les structures de base qui doivent réceptionner et mettre en place le matériel sensible. ». Il demande en conséquence que la Cour « veuille bien ordonner un report à très bref délai afin de permettre que les derniers réglages puissent intervenir au niveau de toutes les institutions en charge desdites élections. » Quant au président de la République, en réponse à un courrier que lui a adressé la Cour, il déclare : « ... *Je voudrais vous faire observer qu'en ce qui concerne la date du premier tour de l'élection présidentielle, j'ai épuisé mes prérogatives constitutionnelles, puisque le 06 mars 2011 est la date limite pour laquelle j'ai des prérogatives en vertu de l'article 47 alinéa 1er de la Constitution du 11 décembre 1990 qui dispose : "Le premier tour du scrutin de l'élection du Président de la République a lieu trente jours au moins et quarante jours au plus avant la date d'expiration des pouvoirs du Président en exercice." En conséquence, je m'en rapporte à la sagesse de la Haute Juridiction.* ».

La Cour, après avoir reconnu la pertinence des difficultés matérielles évoquées, conclut qu'il « *échet pour la Cour conformément à l'article 114 de la Constitution d'autoriser le report de la date de l'élection du président de la République du 06 mars 2011 au 13 mars 2011 et d'inviter le chef de l'État à convoquer le corps électoral aux urnes pour cette nouvelle date* »[286].

Pour justifier sa position, la Cour explique : « Il découle des dispositions [constitutionnelles] que le mandat du nouveau président de la République prend effet pour compter de la date d'expiration du mandat de son prédécesseur ; que le président élu devant prêter serment le 6 avril 2011, ce délai est impératif et conditionne les autres délais ; que par ailleurs, le délai de convocation du corps électoral prévu à l'article 47, à savoir trente jours au moins... avant la date d'expiration des pouvoirs du président en exercice ainsi que les articles 114 et 117 de la Constitution qui habilitent la Cour Constitutionnelle à, d'une part, réguler le fonctionnement des institutions et l'activité des pouvoirs publics, d'autre part, veiller à la régularité de l'élection du président de la République, constituent ***deux normes constitutionnelles à valeur égale*** ; que *bien qu'il n'existe pas de hiérarchie entre ces normes, la Cour est en droit, en sa qualité d'organe régulateur du fonctionnement des institutions, de privilégier* ***dans le cas d'espèce*** *les articles 114 et 117* de la Constitution pour *garantir la régularité et l'organisation harmonieuse de*

---

286 Décision EL 11-024 du 4 mars 2011.

l'élection présidentielle par la Commission Electorale Nationale Autonome ; »[287]. Ici, la Cour tente d'asseoir une justification constitutionnelle aux dérogations qu'elle accorde en matière de respect des dates ou délais constitutionnellement fixés. Elle tient donc à **démontrer la constitutionnalité de la dérogation à la Constitution.** Le raisonnement consiste à dire que la même constitution qui a fixé le délai en question a aussi donné le pouvoir à la Cour constitutionnelle de réguler le fonctionnement des institutions et l'activité des pouvoirs publics. Donc, **face à une situation où la disposition constitutionnelle relative au délai ne peut plus objectivement être respectée, le juge constitutionnel peut trouver dans la Constitution, une autre disposition lui permettant de fixer un autre délai.**

On note donc, au total, une prééminence des pouvoirs – constitutionnellement accordés – de régulation de la Cour qui l'autorisent à prendre « *toute décision pour éviter toute paralysie du fonctionnement des institutions de la République* », sur les dispositions constitutionnelles relatives aux délais. C'est en cela que les *dictums* de la Cour constituent des normes constitutionnelles. Pour la Cour en effet, l'intérêt général de la préservation de l'ordre constitutionnel qui provient de l'esprit de la Constitution est, d'une part, inspiré du texte constitutionnel lui-même – les pouvoirs de régulations prévus à l'article 114 –, d'autre part, autorise une mise entre parenthèses de certaines autres dispositions (quasi) constitutionnelles écrites, donc une dérogation à leur application.

Si l'on peut comprendre cette approche visant à la préservation de tout l'édifice constitutionnel en place, il faut éviter que la Cour constitutionnelle change ses solutions « jurisprudentielles » à la tête du client dans des cas où les situations seraient les mêmes, car, en ce moment, elle favoriserait les critiques sur son impartialité.

Les normes non écrites viennent ainsi compléter la gamme des normes de référence que le juge constitutionnel béninois utilise dans son office.

III. La loi, norme de référence en contentieux constitutionnel béninois

En contentieux constitutionnel béninois, avant que la Constitution ne supprime les plaintes constitutionnelles en violation ultra-normative des droits fondamentaux en 2025, la loi était utilisée comme norme de référence auxiliaire (A). En matière électorale, cette réalité a toujours prévalu et continue (B).

---

[287] Ibid.

A. La loi, norme de référence auxiliaire en matière de traitement des plaintes en violation des droits fondamentaux

Il arrivait avant 2025 que l'appréciation d'une plainte en violation ultra-normative des droits fondamentaux prévus dans une disposition de la Constitution (y compris de la Charte africaine des droits de l'homme et des peuples ou des normes quasi constitutionnelles) ne soit possible qu'au regard de la prise en compte du contenu de certaines lois, autrement dit, la norme constitutionnelle (ou quasi constitutionnelle) de protection des droits fondamentaux ne peut être mise en œuvre pour en constater le respect ou la violation qu'en liaison avec une norme législative. Comme exemples de dispositions constitutionnelles dont le respect ne peut pas être bien apprécié sans recourir à des textes de lois, on peut citer l'article 18, alinéa 4, de la Constitution qui dispose que « *Nul ne peut être détenu pendant une durée supérieure à quarante-huit heures que par la décision d'un magistrat auquel il doit être présenté. Ce délai ne peut être prolongé que dans des cas exceptionnellement prévus par la* ***loi,*** *et ne peut excéder une période supérieure à huit jours* » et l'article 16, alinéa 1, de la Constitution qui dispose que « *Nul ne peut être arrêté ou inculpé qu'en vertu d'une* ***loi*** *promulguée antérieurement aux faits qui lui sont reprochés.* ». On peut aussi citer l'article 7.1 de la Charte africaine des droits de l'homme et des peuples qui stipule que :

« 1. *Toute personne a droit à ce que sa cause soit entendue. Ce droit comprend :*

a. le droit de saisir les juridictions nationales compétentes de tout acte violant les droits fondamentaux qui lui sont reconnus et garantis par les conventions, les ***lois****, règlements et coutumes en vigueur ;*

b. le droit à la présomption d'innocence, jusqu'à ce que sa culpabilité soit établie par une juridiction compétente ;

c. le droit à la défense, y compris celui de se faire assister par un défenseur de son choix ;

d. le droit d'être jugé dans un délai raisonnable par une juridiction impartiale. »

Sur le plan jurisprudentiel, il est intéressant de citer la décision DCC 22-208 du 16 juin 2022. Dans cette décision, la Cour avait à apprécier si une détention à elle soumise était arbitraire ou abusive. **C'est en se fondant principalement sur l'article 147 alinéa 6 du code de procédure pénale – donc une loi –** qui prévoit qu' : « *Aucune prolongation ne peut être ordonnée pour une durée de plus de six (06) mois, renouvelable une seule fois en matière correctionnelle et six (06) mois, renouvelable trois (03) fois en matière criminelle, hormis les cas de crimes de sang, d'agression sexuelle et de crimes* *économiques* » **que la Cour** a fait observer en cette espèce « *qu'il en résulte que la durée maximale de détention provisoire en matière correctionnelle ne saurait excéder dix-huit (18) mois, tous renouvellements y compris, sauf les cas exceptés prévus par la loi…* » avant de **conclure qu'**« *il y a lieu de dire que la détention provisoire du requérant qui excède* ***la durée légale*** *prévue par la loi en matière délictuelle, est abusive et* ***contraire à la Constitution*** *et viole par ailleurs l'article 7. 1.d) de la Charte africaine des droits de l'Homme et des peuples et 147, alinéa 7, du code de procédure pénale* ».

Depuis 2025, conséquence de la disparition de la plainte en violation ultra-normative des droits fondamentaux, l'alinéa 2 de l'article 122 de la Constitution rompt avec ces possibilités en énonçant « *La Cour constitutionnelle est incompétente lorsqu'à l'examen d'une requête elle s'aperçoit que celle-ci a pour condition ou pour effet un contrôle de légalité* »

B. La loi, norme de référence directe en matière de contentieux électoral

La loi est norme de référence naturelle et directe en contentieux des actes électoraux préparatoires, notamment en matière de contentieux des candidatures, puisque, d'une part, en cette matière, les règles à faire respecter – critères d'éligibilité, pièces composant le dossier de candidatures, délais divers, sanctions légales – sont généralement prévues dans la loi électorale ou le code électoral, d'autre part, le juge électoral, contrairement à son rôle en matière de contentieux des résultats – juge de la sincérité de l'élection –, agit ici en juge de la légalité.

Comme exemple, il peut être cité la décision EL 19-006 du 12 mars 2019 prise dans le cadre d'un contentieux de candidatures. Dans cette décision, la Cour constitutionnelle a mis en visa la **loi N° 2018-23 du 17 septembre 2018** ainsi que la **loi N° 2018-31du 09 octobre 2018** portant code électoral pour trancher le litige qui lui est soumis. De manière détaillée, c'est en se fondant sur l'article 46, alinéa 3, de la loi aux termes duquel « *Un récépissé provisoire comportant le numéro d'enregistrement est délivré immédiatement au déclarant* » que la Cour a fait observer, s'agissant de la **déclaration de candidatures,** que « *le législateur institue à la charge de la CENA un examen de la complétude formelle du dossier de déclaration de la candidature prévue à l'article 46 alinéa 1er du Code électoral ; que cet examen de la complétude formelle consiste, de la part de la CENA, à vérifier les mentions exigées ainsi que les pièces qui l'accompagnent tels que prescrit par ce texte ;* » Par la suite, c'est encore en se fondant sur un extrait de la même loi, l'article 46 alinéa 5, aux termes duquel « *le récépissé définitif est délivré par la Commission électorale* *nationale autonome (CENA) après vérification de la conformité des pièces et contrôle de la recevabilité de la candidature* » que la Cour a poursuivi son raisonnement consistant à faire observer que « *le législateur institue à la charge de la CENA un examen de la complétude substantielle qui consiste, de la part de la CENA, à se prononcer sur la recevabilité de chaque pièce ; que cet examen de la complétude substantielle qui est sanctionnée par la recevabilité de la candidature n'est pas contraire à celui de la complétude formelle et ne remet pas en cause le récépissé provisoire ;* ». C'est donc après avoir pris comme norme de référence les dispositions d'une loi qu'elle a explicitées, que la Cour a exposé les faits et en a tiré les conséquences : « ***Considérant*** *qu'en l'espèce, si le récépissé provisoire de déclaration de candidatures établi le 26 février 2019 par la CENA au parti MOELE-BENIN mentionne la présence au dossier de ce parti, "d'une procuration dûment certifiée par l'autorité administrative à défaut de signature de la déclaration par tous les candidats de la liste", il est apparu lors de l'examen de la complétude substantielle que cette pièce, ne réunit pas les conditions exigées par la loi ; que le grief allégué contre la CENA n'est donc pas fondé et le moyen, de ce chef, doit être rejeté ;* ».

Dans la même décision et sur un autre point, objet de discussion entre les parties, la Cour a procédé de la même manière : « *Sur la présence de candidatures du parti MOELE-BENIN sur la liste présentée par le PRD, Vu les articles 46 alinéa 4 et 241 alinéa 3 du Code électoral ;* ***Considérant*** *que suivant les termes de l'article 241 alinéa 3 du Code électoral "Nul ne peut être candidat sur plus d'une liste" ; qu'il s'ensuit que toute liste comportant un candidat présenté par une autre liste encourt invalidation ;* ***Considérant*** *que si à l'étape de l'examen de la complétude substantielle que traduit la conformité des pièces prévue à l'article 46 alinéa 4 du Code électoral, la CENA établit qu'une personne est candidate sur plus d'une liste, elle procède au retrait de la personne de chacune des listes, et, en constate le caractère incomplet ;* ***Considérant*** *qu'en application de l'article 46 alinéa 6 du Code électoral qui dispose que "Aucun ajout de pièce, aucun ajout ni suppression de nom et aucune modification ne peut se faire après dépôt, sauf en cas de décès, lorsqu'il s'agit d'un scrutin de liste", la CENA ne peut autoriser que la liste a postériori incomplète soit corrigée, et doit la rejeter ;* ***Considérant*** *qu'en l'espèce que le parti MOELE-BENIN ne nie pas que les dénommés Biliaminou HAMANI, Yotto BARAGO et Ouanrado KIHALOU figurent sur la liste du PRD ; que la difficulté qui en résulte n'est pas relative à l'appartenance à plus d'un parti politique à laquelle fait référence l'article 11 alinéa 2 de la loi N° 2018-23 du 17 septembre 2018 portant Charte des partis politiques et dont le règlement excède la compétence de la CENA et de la haute Juridiction ; qu'il s'agit plutôt du constat de la présence d'un candidat sur plus d'une liste de l'article 241 alinéa 3 sanctionnée par application de l'article 46 alinéas 4 et 5 et 47 du Code électoral par le rejet de chacune des listes ; qu'en procédant ainsi, la CENA n'a pas violé les textes visés ;* ».

Titre 2 : L'objet des contentieux constitutionnel et électoral

Après avoir présenté les compétences des juridictions constitutionnelles des pays sous examen (Chapitre 1), une analyse critique sera faite de chacune des compétences en séparant les contrôles de constitutionnalité des normes (Chapitre 2) des autres contrôles (Chapitre 3).

Chapitre 1 : Présentation d'ensemble des compétences

La compétence est l'aptitude d'une juridiction à instruire et juger une affaire. On distingue entre la compétence d'attribution ou compétence matérielle, la compétence territoriale et la compétence personnelle.

La compétence territoriale, en tant qu'elle permet que, parmi les différents tribunaux (ou juridictions) ayant compétence matérielle sur une affaire, l'un soit désigné pour traiter de cette affaire compte tenu de l'espace géographique sur lequel la loi a étendu sa compétence, c'est-à-dire les différentes unités administratives territoriales rangées sous sa juridiction, n'a que peu d'intérêt dans le cadre de cours et conseils constitutionnels, juridictions constitutionnelles uniques et spécialisées ayant une compétence nationale.

La compétence personnelle qui se fonde, en matière pénale, sur la qualité des justiciables pouvant être attraits devant une juridiction, présentera un intérêt pour la Cour constitutionnelle de la République démocratique du Congo dans l'exercice de ses compétences pénales à l'égard de certaines hautes personnalités politiques.

Mais c'est surtout de la compétence matérielle, entendue comme celle relative à la nature de l'affaire, qu'il sera question ici. En effet, sous la prétention constitutionnelle commune se cache une diversité de natures de dossiers.

À l'analyse, il est possible de distinguer deux grandes variantes de compétences :

- Les contrôles de constitutionnalité de normes (Lois de révision de la Constitution, lois organiques, lois ordinaires, Règlements, Règlements intérieurs de certaines institutions, traités internationaux, etc.)
- Les autres contrôles (Régulation du fonctionnement des institutions ; Contrôle des élections présidentielles et législatives et du référendum ; Attribution d'interprétation de la Constitution reconnue à certaines juridictions constitutionnelles africaines ; Les attributions pénales de la Cour constitutionnelle de RDC ; Autres attributions des juridictions constitutionnelles).

Le tableau ci-dessous rend compte de cette diversité.

TABLEAU 1 :

LES FONDEMENTS DES COMPÉTENCES DE QUELQUES JURIDICTIONS CONSTITUTIONNELLES AFRICAINES

Juridictions	Attributions
Cour constitutionnelle du Bénin (Constitution du 11 décembre 1990)	**Article 114.** - *« La Cour constitutionnelle est la plus haute juridiction de l'État en matière constitutionnelle. Elle juge de la constitutionnalité des lois qui garantissent les droits fondamentaux de la personne humaine et des libertés publiques. Elle est l'organe régulateur du fonctionnement des institutions de la République. »* **Article 117** - *« La Cour constitutionnelle* *-Statue obligatoirement sur :* • *la constitutionnalité des lois organiques avant leur promulgation ;* • *les règlements intérieurs de l'Assemblée nationale, du Sénat, de la Haute autorité de l'audiovisuelle et de la communication et du Conseil économique et social avant leur mise en application, quant à leur conformité à la Constitution.* • *la constitutionnalité des lois et des actes réglementaires censés porter atteinte aux droits fondamentaux de la personne humaine et aux libertés publiques;* • *les conflits d'attributions entre les institutions de l'État ;* • *le contentieux de l'élection du duo président de la République et vice-président de la République et des membres de l'Assemblée nationale ;* *-veille à la régularité de l'élection du duo président de la République et vice-président de la République ;* *- examine les réclamations, statue sur les irrégularités qu'elle aurait pu, par elle-même, relever et proclame les résultats du scrutin ;* *-statue sur la régularité du référendum et en proclame les résultats ;* *-statue, en cas de contestation, sur la régularité des élections législatives ;* *-fait de droit partie de la Haute Cour de Justice à l'exception de son président. »*
Conseil constitutionnel de la République centrafricaine (Constitution de la VIIe République. Promulguée le 30 août 2023.)	**Article 143.** *« Le Conseil Constitutionnel est la haute juridiction en matière constitutionnelle.* *Il statue sur la constitutionnalité des lois organiques et ordinaires. Il est l'organe régulateur du fonctionnement des institutions. »* **Article 144.** *« Le Conseil Constitutionnel statue souverainement sur :* *- la constitutionnalité des lois, traités et accords internationaux ;* *- le règlement intérieur de l'Assemblée nationale avant sa mise en application, quant à sa conformité à la Constitution ;* *- les conflits d'attribution entre les institutions de l'État, entre l'État et les régions, entre les régions ;*

	- les contentieux électoraux à l'exception des contentieux des candidatures aux élections législatives et locales qui relèvent du juge administratif. *Le Conseil Constitutionnel peut être saisi par le président de la République, le président de l'Assemblée nationale ou par un tiers des députés.* *Les présidents des exécutifs régionaux peuvent saisir le Conseil Constitutionnel lorsque les intérêts de leur région sont en cause.* *Toute personne peut saisir le Conseil Constitutionnel par la procédure de l'exception d'inconstitutionnalité invoquée devant une juridiction dans une affaire qui la concerne.* *Avant leur promulgation, les lois ainsi que les traités et les accords internationaux peuvent être déférés au Conseil Constitutionnel par le président de la République, le président de l'Assemblée nationale, un tiers des députés, les présidents des exécutifs régionaux, conformément aux dispositions de l'alinéa 2 ci-dessus.* *La saisine du Conseil Constitutionnel suspend le délai de promulgation.* *Le Conseil Constitutionnel donne son avis sur les matières relevant de sa compétence.* » **Article 145.** « *Le Conseil Constitutionnel veille à la régularité de l'élection présidentielle, des élections législatives, des élections locales, des consultations référendaires. Il en proclame les résultats.* *En cas de contestation sur la régularité de l'une des élections à l'alinéa 1 ci-dessus, le Conseil Constitutionnel peut être saisi par tout candidat, tout parti politique, ayant pris part à l'élection dans la circonscription concernée ou toute personne ayant qualité d'agent du Gouvernement pour cette élection.* *En cas de contestation sur la régularité d'une consultation référendaire, le Conseil Constitutionnel peut être saisi par le président de la République, le président de l'Assemblée nationale, un tiers des députés.* »
Cour constitutionnelle du Congo (RDC) (Constitution du 18 février 2006)[288]	**Article 160** : « *La Cour constitutionnelle est chargée du contrôle de la constitutionnalité des lois et des actes ayant force de loi.* *Les lois organiques, avant leur promulgation, et les Règlements intérieurs des Chambres parlementaires et du Congrès, de la Commission électorale nationale indépendante ainsi que du Conseil supérieur de l'audiovisuel et de la communication, avant leur mise en application, doivent être soumis à la Cour constitutionnelle qui se prononce sur leur conformité à la Constitution.* *Aux mêmes fins d'examen de la constitutionnalité, les lois peuvent être déférées à la Cour constitutionnelle, avant leur promulgation, par le Président de la République, le Premier ministre, le Président de l'Assemblée nationale, le Président du Sénat ou le dixième des députés ou des sénateurs.*

[288] KALUBA DIBWA D., *La justice constitutionnelle en RDC*, Louvain La Neuve et Kinshasa, Academia-L'harmattan et Editions Eucalyptus, 2013.

	La Cour constitutionnelle statue dans le délai de trente jours. Toutefois, à la demande du Gouvernement, s'il y a urgence, ce délai est ramené à huit jours. » **Article 161 :** « *La Cour constitutionnelle connaît des recours en interprétation de la Constitution sur saisine du Président de la République, du Gouvernement, du Président du Sénat, du Président de l'Assemblée nationale, d'un dixième des membres de chacune des Chambres parlementaires, des Gouverneurs de province et des Présidents des Assemblées provinciales.* *Elle juge du contentieux des élections présidentielles et législatives ainsi que du référendum.* *Elle connaît des conflits de compétences entre le pouvoir exécutif et le pouvoir législatif ainsi qu'entre l'État et les provinces.* *Elle connaît des recours contre les arrêts rendus par la Cour de cassation et le Conseil d'État, uniquement en tant qu'ils se prononcent sur l'attribution du litige aux juridictions de l'ordre judiciaire ou administratif. Ce recours n'est recevable que si un déclinatoire de juridiction a été soulevé par ou devant la Cour de cassation ou le Conseil d'État.* *Les modalités et les effets des recours visés aux alinéas précédents sont déterminés par la loi.* » **Article 162** : « *La Cour constitutionnelle est juge de l'exception d'inconstitutionnalité soulevée devant ou par une juridiction.* *Toute personne peut saisir la Cour constitutionnelle pour inconstitutionnalité de tout acte législatif ou réglementaire.* *Elle peut, en outre, saisir la Cour constitutionnelle, par la procédure de l'exception de l'inconstitutionnalité invoquée dans une affaire qui la concerne devant une juridiction.* *Celle-ci sursoit à statuer et saisit, toutes affaires cessantes, la Cour constitutionnelle.* » **Article 163 :** « *La Cour constitutionnelle est la juridiction pénale du Chef de l'État et du Premier ministre dans les cas et conditions prévus par la Constitution.* » **Article 164** : « *La Cour constitutionnelle est le juge pénal du Président de la République et du Premier ministre pour des infractions politiques de haute trahison, d'outrage au Parlement, d'atteinte à l'honneur ou à la probité ainsi que pour les délits d'initié et pour les autres infractions de droit commun commises dans l'exercice ou à l'occasion de l'exercice de leurs fonctions. Elle est également compétente pour juger leurs co-auteurs et complices.* »
Conseil constitutionnel de Côte d'Ivoire (Loi N° 2016-886 du 8 novembre 2016 portant Constitution de la République de Côte d'Ivoire)	**Article 126** « *[...] Le Conseil constitutionnel est l'organe régulateur du fonctionnement des pouvoirs publics.* *Le Conseil constitutionnel est juge de la conformité de la loi au bloc de constitutionnalité.* *Le Conseil constitutionnel est juge du contrôle de l'élection présidentielle et des élections parlementaires.* »

	Article 127 « *Le Conseil constitutionnel statue sur :* • *l'éligibilité des candidats à l'élection présidentielle. Le Conseil constitutionnel arrête et publie la liste définitive des candidats à l'élection présidentielle quinze jours avant le premier tour du scrutin, après que la Commission indépendante chargée des élections a procédé à la vérification des dossiers des différents candidats et publié la liste provisoire des candidatures ;* • *l'éligibilité des candidats aux élections parlementaires. La liste définitive des candidatures aux élections des députés et des sénateurs est établie et publiée par la Commission indépendante chargée des élections ;* • *les contestations relatives à l'élection du Président de la République, des députés et des sénateurs ;* • *la déchéance des députés et des sénateurs.* *Le Conseil constitutionnel proclame les résultats définitifs de l'élection présidentielle.* *Il contrôle la régularité des opérations de référendum et en proclame les résultats.* ».
Cour constitutionnelle du Gabon (Constitution de 2024)	**Article 113 :** « *La Cour Constitutionnelle est la juridiction de l'État en matière constitutionnelle. Elle est impartiale et indépendante du pouvoir exécutif et du pouvoir législatif, dans le respect des dispositions de la présente Constitution. Elle est juge de la constitutionnalité des lois et de la régularité des élections présidentielles, législatives et référendaires. Elle garantit les droits fondamentaux de la personne humaine et les libertés publiques. Elle est l'organe régulateur du fonctionnement des institutions et de l'activité des pouvoirs publics. Le siège de la Cour Constitutionnelle est inviolable.* » **Article 116 :** *« En dehors des autres compétences prévues par la présente Constitution, la Cour Constitutionnelle dispose du pouvoir d'interpréter la Constitution et les autres textes à valeur constitutionnelle, en cas de doute ou de lacune. Elle est saisie à la demande du Président de la République, du Président de l'Assemblée Nationale, du Président du Sénat, d'un dixième des Députés ou d'un dixième des Sénateurs ».*
Haute Cour constitutionnelle de Madagascar (Ordonnance N° 2001-003 du 18 novembre 2001 portant Loi Organique relative à la Haute Cour Constitutionnelle)	**Article 27 :** « *Outre les attributions qui lui sont dévolues par certaines dispositions constitutionnelles et législatives, la Haute Cour Constitutionnelle statue sur le contentieux : - des opérations de référendum ; - de l'élection du Président de la République ; - des élections des députés et sénateurs.* *Elle statue également sur la conformité à la Constitution : - des traités, des lois, des ordonnances, des conventions interprovinciales et des règlements autonomes édictés par le Pouvoir central ainsi que des règlements intérieurs des Assemblées parlementaires.* *Elle règle les conflits de compétence entre : - deux ou plusieurs Institutions de l'État ; - entre l'État et une ou plusieurs provinces autonomes, - entre deux ou plusieurs provinces autonomes ;*

	Elle contrôle la conformité à la Constitution et aux lois organiques : - des lois statutaires et des lois adoptées par les provinces autonomes - des règlements intérieurs des Conseils provinciaux. » **Article 28 :** « *La Haute Cour Constitutionnelle connaît également des exceptions d'inconstitutionnalité soulevées par les parties devant les juridictions de tous ordres.* »
Conseil constitutionnel du Sénégal (La loi organique N° 2016-23 du 14 juillet 2016 relative au Conseil constitutionnel)[289]	**Article premier.** - « *Conformément aux dispositions des articles 74, 76, 78, 83, 92 et 97 de la Constitution, le Conseil constitutionnel se prononce sur la constitutionnalité des lois, sur le caractère réglementaire des dispositions de forme législative, sur la recevabilité des propositions de loi et amendements d'origine parlementaire, sur la constitutionnalité des engagements internationaux, sur les exceptions d'inconstitutionnalité soulevées devant la Cour d'Appel ou la Cour suprême, sur les conflits de compétence entre le pouvoir exécutif et le pouvoir législatif.* » **Article 2 :** - « *Conformément aux dispositions des articles 29, 30, 33, 34, 35, 36, 37, 41 de la Constitution, le Conseil constitutionnel reçoit les candidatures à la Présidence de la République, arrête la liste des candidats, statue sur les contestations relatives aux élections du Président de la République, des députés à l'Assemblée nationale et des hauts conseillers et en proclame les résultats. Il reçoit le serment du Président de la République et constate sa démission, son empêchement ou son décès ainsi que la démission, l'empêchement ou le décès des personnes appelées à le suppléer dans ces cas.* *Il exerce les compétences qui lui sont dévolues par les articles 51 et 52 de la Constitution lorsque le Président de la République décide de soumettre un projet de loi au référendum ou prononce la dissolution de l'Assemblée nationale.* *Il se prononce sur les questions qui lui sont soumises par le Président de la République en application de l'article 92, alinéa 2 de la Constitution.* »

[289] DIOUF N (dir.), *Le Conseil constitutionnel sénégalais dans un contexte d'intégration régionale, Passé, Présent, devenir, Actes du colloque de Dakar, 7 et 8 décembre 2020*, Dakar, L'harmattan, 2021, avec les contributions de Babacar KANTE, Boubacar BA, Isaac Yankhoba NDIAYE, Alioune SALL, Babaly SALL, Yaya NIANG, Ismaila Madior FALL, Abdoul Aziz Daba KEBE, Alioune Badara FALL. ; Ch. M. NDIAYE, *La protection juridictionnelle de l'ordre constitutionnel au Sénégal*, Dakar, L'harmattan-Sénégal, 2025.

Chapitre 2 : Les contrôles de constitutionnalité des normes

Les contrôles de constitutionnalité des normes peuvent être faits *a priori* (Section 1) ou *a posteriori* (Section 2)[290]

Section 1 : Les contrôles a priori

Il sera d'abord exposé le droit positif béninois en la matière (§.1) avant d'en faire une analyse critique au regard du droit comparé africain et européen (§.2).

I. Le droit positif béninois applicable aux contrôles *a priori*

Il existe des contrôles *a priori* obligatoires (A), et des contrôles *a priori* facultatifs (B).

A. Contrôles *a priori* obligatoires

Ces contrôles portent sur certains textes (1) et doivent être introduits auprès de la Cour par des autorités bien déterminées pour avoir une issue tout aussi précise (2).

1) Textes concernés

Au Bénin, c'est l'article 117 de la Constitution, telle que révisée en 2025, qui énonce que :

« - *La Cour constitutionnelle*

- *statue obligatoirement sur :*
  - *la constitutionnalité des* ***lois organiques avant leur promulgation*** *;*
  - *les* ***règlements intérieurs*** *de l'Assemblée nationale, du Sénat, de la Haute Autorité de l'Audiovisuel et de la Communication et du Conseil économique et social* ***avant leur mise en application****, quant à leur conformité à la Constitution* ; ».

Cette énonciation est reprise à l'article 123 de la même Constitution en ces termes : « *Les* ***lois organiques avant leur promulgation, les Règlements intérieurs*** *de l'Assemblée nationale, du Sénat, de la Haute Autorité de l'Audiovisuel*

[290] LATH, Y-S, « Les nouvelles tendances du contrôle de constitutionnalité des lois dans les États d'Afrique francophone : la fin du mimétisme postcolonial », *RFDC*, 132, 2022, pp. e25 à e48.

et de la Communication et du Conseil économique et social ***avant leur mise en application****, doivent être soumis à la Cour constitutionnelle qui se prononce sur leur conformité à la Constitution.* »

2) *Auteurs et issue de la saisine*

L'article 32[291] de la loi organique sur la Cour constitutionnelle prévoit que « *Les* ***Lois organiques*** *adoptées par l'Assemblée nationale sont transmises à la Cour Constitutionnelle par* ***le président de la République*** *pour contrôle de constitutionnalité. La lettre de transmission indique, le cas échéant, qu'il y a urgence.* ».

Alors que la loi organique sur la Cour constitutionnelle du Bénin dispose expressément que « *les lois organiques adoptées par l'Assemblée nationale sont transmises à la Cour constitutionnelle par le Président de la République pour contrôle de constitutionnalité […].* » complétant ainsi les articles 97 et 123 de la Constitution[292], le Haut Conseil de la République qui jouait le rôle de Cour constitutionnelle provisoire avant juin 1993 a donné l'impression qu'aussi bien le président de la République que le président de l'Assemblée nationale pouvaient, tous les deux, saisir la haute juridiction aux fins d'effectuer le contrôle préalable et obligatoire de constitutionnalité des lois organiques avant leur mise en application[293]. Ce n'est qu'après la mise en place de la Cour constitutionnelle définitive que, prenant sa toute première décision, celle-ci fera respecter sa propre loi organique en ce qui concerne l'autorité compétente pour la saisir en vue du contrôle de

[291] Ce numéro d'article pourrait changer dans la nouvelle loi organique qui fait suite à la révision de la Constitution en 2025.

[292] Article 97 de la Constitution :

« La loi est votée par l'Assemblée Nationale à la majorité simple. Cependant, les lois auxquelles la présente Constitution confère le caractère de lois organiques sont votées et modifiées dans les conditions suivantes :

- La proposition ou le projet n'est soumis à la délibération et au vote de l'Assemblée qu'après l'expiration d'un délai de quinze jours après son dépôt sur le Bureau de l'Assemblée.
- Le texte ne peut être adopté qu'à la majorité absolue des membres composant l'Assemblée.
- Les lois organiques ne peuvent être promulguées qu'après déclaration par la Cour Constitutionnelle de leur conformité à la Constitution. »

Article 123 :

« Les lois organiques avant leur promulgation, les Règlements Intérieurs de l'Assemblée Nationale, de la Haute Autorité de l'audiovisuel et de la Communication et du Conseil Économique et Social avant leur mise en application, doivent être soumis à la Cour Constitutionnelle qui se prononce sur leur conformité à la Constitution. ».

[293] Décisions 10-DC du 9 juillet 1992, *Recueil 1991-92-93*, p. 54 et 55 et 11-DC du 6 août 1992, Recueil 91-92-93, pp. 57 et 58.

constitutionnalité préalable et obligatoire des lois organiques. Saisie d'une requête du président de l'Assemblée nationale demandant le contrôle de constitutionnalité d'une loi organique, la Cour fera observer que « *l'article 19 de la loi N° 91-009 du 4 mars 1991 portant loi organique sur la Cour constitutionnelle stipule que les lois organiques votées par l'Assemblée nationale sont transmises par le président de la République à la Cour à fin de contrôle* [...] *l'article 19 précité attribue exclusivement au président de la République la qualité de requérant en la matière ; [...] Il y a lieu de déclarer irrecevable la requête du président de l'Assemblée nationale* »[294].

Par décision DCC 07-94 du 8 avril 1994, cette jurisprudence sera confirmée. La Cour précisera alors que c'est « *l'application combinée des articles 97 alinéa 4, 117, 123 de la Constitution et 19 de la loi organique N° 91-009 du 04 mars 1991 sur la Cour constitutionnelle* » qui justifie qu'elle est « *compétente pour statuer sur la conformité à la Constitution des lois organiques avant leur promulgation, **sur saisine du président de la République*** »[295].

Il faut souligner que **la saisine de la Cour constitutionnelle par le président de la République aux fins de contrôle de constitutionnalité des lois organiques avant leur adoption ou leur modification est obligatoire, mais pas automatique**, l'autorité de saisine devant d'abord faire la démarche de transmettre le texte pour examen. Si le contrôle était automatique et que la Cour pouvait se prononcer en dehors de toute saisine par le président de la République, on serait alors en présence d'une auto-saisine. Mais il faut reconnaître que l'autorité de saisine se trouve ici dans un cas de **compétence liée** et regretter qu'aucun délai ni aucune sanction n'aient été prévus en cas de non-transmission par cette autorité des textes organiques en voie d'adoption ou de modification[296].

A titre de comparaison, pour les lois ordinaires, si le président de la République ne promulgue pas une loi votée par le Parlement dans un délai de quinze jours sans demander une seconde lecture, ni solliciter un contrôle de constitutionnalité, la Cour constitutionnelle, saisie par le président de l'Assemblée nationale, peut, après avoir vérifié qu'il n'existe pas de dispositions contraires à la Constitution, déclarer la loi exécutoire[297].

---

294 DCC 01-93 du 16 septembre 1993, *Recueil 1991-1992-1993*, p. 106.

295 DCC 07-94 du 8 avril 1994, Recueil 1994, p. 20.

296 Voir en ce sens, A. I. SALAMI, *La protection de l'État de droit par les Cours constitutionnelles africaines, Analyse comparative des cas béninois, ivoirien, sénégalais et togolais*, Thèse pour l'obtention du grade de Docteur en droit public, Université François Rabelais de Tours, 29 janvier 2005, p. 37.

297 Article 57 (ancien) de la Constitution :

Mais il est certain que le texte qui n'a pas été soumis à la Cour constitutionnelle est juridiquement inexistant et tous les actes pris sur son fondement sont nuls et de nul effet. Ainsi en a décidé la haute juridiction dans ses décisions DCC 08-94 du 8 avril 1994, DCC 10-94 du 9 mai 1994 et DCC 15-94 du 27 mai 1994.

L'autre intérêt de la décision DCC 07-94 du 8 avril 1994 est de préciser que la procédure prévue par les articles 97, alinéa 4, 117, 123 de la Constitution et 19 de la loi organique N° 91-009 du 4 mars 1991 sur la Cour constitutionnelle relative au contrôle de constitutionnalité des lois organiques avant leur mise en application, d'une part, débouche sur une *décision*, c'est-à-dire un arrêt de la Cour et non un simple « *avis* », fût-il de « *conformité à la Constitution* » comme le laissait penser la requête du Chef de l'État[298], d'autre part, est **la même qui doit être suivie en cas de modification apportée à ces lois organiques (parallélisme des formes**).

Par ailleurs, lorsque la Cour a statué sur une loi organique votée par le Parlement, en constatant que certaines des dispositions adoptées sont contraires à la Constitution, aucun contrôle de constitutionnalité ne pourra être opéré sur une autre loi organique portant sur le même objet tant que

---

« Le président de la République a l'initiative des lois concurremment avec les membres de l'Assemblée Nationale.
Il assure la promulgation des lois dans les quinze jours qui suivent la transmission qui lui en est faite par le Président de l'Assemblée nationale.
Ce délai est réduit à cinq jours en cas d'urgence déclarée par l'Assemblée nationale.
Il peut, avant l'expiration de ces délais, demander à l'Assemblée nationale une seconde délibération de la loi ou de certains de ses articles.
Cette seconde délibération ne peut être refusée.
Si l'Assemblée nationale est en fin de session, cette seconde délibération a lieu d'office lors de la session ordinaire suivante.
Le vote pour cette seconde délibération est acquis à la majorité absolue des membres composant l'Assemblée Nationale. Si, après ce dernier vote, le Président de la République refuse de promulguer la loi, la Cour Constitutionnelle, saisie par le Président de l'Assemblée nationale, déclare la loi exécutoire si elle est conforme à la Constitution.
La même procédure de mise à exécution est suivie lorsque, à l'expiration du délai de promulgation de quinze jours prévus à l'alinéa 2 du Président article, il n'y a ni promulgation, ni demande de seconde lecture. ». **N.B** : Voir la nouvelle version de cette disposition qui intègre désormais le Sénat dans la procédure.

298 Voir sur cette question, I. SALAMI, *La protection de l'État de droit par les Cours constitutionnelles africaines, Analyse comparative des cas béninois, ivoirien, sénégalais et togolais*, Thèse pour l'obtention du grade de Docteur en droit public, Université François Rabelais de Tours, 29 janvier 2005, pp. 32 et 33. L'auteur souligne, à juste titre, que la Cour a fait en l'espèce une substitution de motifs en retenant que le Chef de l'État ne demandait rien d'autre qu'un contrôle de constitutionnalité en parlant de demande d'« avis de conformité à la Constitution ».

le Parlement, en vertu de l'autorité de la chose jugée, n'a pas opéré les corrections suggérées par la Cour constitutionnelle.[299]

Il faut enfin préciser que l'article 34 de la loi organique[300] règle, de son côté, la question de l'autorité compétente pour introduire les contrôles de constitutionnalité s'agissant des règlements intérieurs : « ***Les règlements intérieurs*** *et les modifications aux règlements adoptés par l'Assemblée nationale, la Haute Autorité de l'Audiovisuel et de la Communication et par le Conseil économique et social sont, avant leur mise en application, soumis à la Cour constitutionnelle par* ***le président de chacun des organes concernés.*** ».

B. Les contrôles *a priori* facultatifs

Le premier, le plus connu, se fait sur initiative du président de la République ou de chaque député pris isolément (1). Mais, il en existe d'autres. Il s'agit de celui qui peut être déclenché par le président de l'Assemblée nationale, dans le cadre de la mise en vigueur d'office des lois votées et non promulguées par le président de la République dans les délais constitutionnels (2), ou, encore, de celui susceptible d'être soulevé par le président de la République ou le président de l'Assemblée nationale, dans le cadre des engagements internationaux signés et en attente de ratification (3).

1) Possibilité offerte au Président de la République ou à chaque parlementaire pris isolément

L'article 121, alinéa 1, de la Constitution dispose que « La *Cour constitutionnelle,* ***à la demande du président de la République ou de tout membre de l'Assemblée nationale****, se prononce sur la constitutionnalité des lois avant leur promulgation.* ». L'article 33 de la loi organique sur la Cour constitutionnelle reprend le texte constitutionnel en ajoutant quelques précisions :

« Conformément à l'article 121 de la Constitution, le président de la République ou ***tout membre de l'Assemblée nationale peut*** *saisir la Cour Constitutionnelle.*

La saisine de la Cour Constitutionnelle suspend le délai de promulgation.

La Cour Constitutionnelle doit se prononcer dans un délai de quinze (15) jours.

Elle peut, en vertu de l'article 114 de la Constitution, examiner l'ensemble de la loi déférée même si la saisine est limitée à certaines dispositions de ladite loi.

---

299 DCC 98-081 du 20 octobre 1998, Recueil 1998, pp. 391 à 393.

300 Le numéro de cette disposition pourrait changer dans la nouvelle loi organique postérieure à la révision constitutionnelle de 2025.

La saisine de la Cour Constitutionnelle par le président de la République ne fait pas obstacle à sa saisine par un membre de l'Assemblée nationale et inversement.

La saisine de la Cour Constitutionnelle par le président de la République ou par un membre de l'Assemblée nationale n'est valable que si elle intervient pendant les délais de promulgation fixés par l'article 57 alinéas 2 et 3 de la Constitution. »

2) Possibilité offerte au président de l'Assemblée nationale dans le cadre de la mise à exécution d'office des lois ordinaires

Aux termes de l'article 57 de la Constitution telle que révisée en 2025, « *Le président de la République a l'initiative des lois concurremment avec les membres de l'Assemblée nationale.*

Il assure la promulgation de la loi votée dans les quinze jours qui suivent sa transmission par le président de l'Assemblée nationale, si ni lui, ni le Sénat n'ont demandé de seconde délibération. À cette fin, le président de la République saisit, dans les dix jours suivant la réception de la loi votée, le président du Sénat pour savoir si le Sénat a fait une demande de seconde délibération. Celui-ci dispose de trois jours pour répondre.

Si malgré l'absence de demande de seconde délibération, la loi votée n'est pas promulguée, elle est rendue exécutoire par la Cour Constitutionnelle saisie par le président de l'Assemblée nationale[301].

En cas d'urgence déclarée par l'Assemblée nationale, le délai de quinze jours est réduit à sept, celui de dix jours à 4 et celui de trois jours est réduit à deux.

En cas de demande du Sénat d'une seconde délibération, la loi votée n'est pas promulguée. La seconde délibération qui s'en suit est promulguée par le président de la République dans les quinze jours qui suivent sa transmission par le président de l'Assemblée nationale. En cas d'urgence déclarée par l'Assemblée nationale, le délai de quinze jours est réduit à sept.

[301] Contrairement aux termes clairs de l'article 57 de la Constitution avant la révision de 2025 énonçant que « la Cour constitutionnelle…déclare la loi exécutoire si elle est conforme à la Constitution », la nouvelle version de cet article ne précise plus expressément que la loi n'est mise en exécution que « *si elle est conforme à la Constitution* ». Il paraitrait toutefois complètement incohérent pour la Cour constitutionnelle, dont le mandat essentiel est de s'assurer que la loi dont elle est saisie dans les délais est conforme à la Constitution, d'éviter d'exercer son cœur de métier sous prétexte que le contrôle *a priori* de la loi ordinaire a disparu et qu'elle attend une hypothétique saisine de citoyen. Tout raisonnement contraire, en présence d'une ou de plusieurs dispositions de la loi contraires à la Constitution et en l'absence de tout recours citoyen dans les 30 jours suivant la publication de ladite loi, conduirait la Cour constitutionnelle à cautionner l'entrée en vigueur d'une loi contraire à la Constitution. Cette situation de refus de promulgation de la loi par le président de la République et de saisine par le président de l'Assemblée nationale devrait plutôt renforcer la vigilance de la Cour sur une telle loi.

À défaut de promulgation dans ces délais, la loi est rendue exécutoire par la Cour Constitutionnelle saisie par le président de l'Assemblée nationale[302].

En cas de demande de seconde délibération faite par le président de la République dans ces délais, la seconde délibération de l'Assemblée nationale est soit promulguée par le président de la République dans un nouveau délai de quinze jours ou de sept jours en cas d'urgence, soit soumise par lui au Sénat dans les mêmes délais pour une délibération définitive si ses demandes ne sont pas prises en compte.

Le Sénat procède, dans un délai de quinze jours ou de sept jours en cas d'urgence, à une délibération définitive conforme soit à la seconde délibération de l'Assemblée nationale, soit conforme à la demande du président de la République. Dans ce cadre, le président du Sénat peut inviter l'Assemblée nationale et le Gouvernement à éclairer le Sénat.

La délibération définitive du Sénat est promulguée par le président de la République dans un délai de quinze jours ou de sept jours en cas d'urgence. À défaut elle est rendue exécutoire par la Cour constitutionnelle saisie par le président de l'Assemblée nationale[303].

Pour tous les cas de demande de seconde délibération, si l'Assemblée nationale est en fin de session, la seconde délibération a lieu d'office lors de la session suivante.

Le vote pour cette seconde délibération est acquis à la majorité absolue des membres composant l'Assemblée nationale. ».

3) Possibilité offerte au président de la République et au président de l'Assemblée nationale en ce qui concerne les engagements internationaux

L'article 146 de la Constitution dispose : « ***Si*** *la Cour constitutionnelle saisie par le Président de la République ou par le Président de l'Assemblée nationale a déclaré qu'un engagement international comporte une clause contraire à la Constitution, l'autorisation de le ratifier ne peut intervenir qu'après la révision de la Constitution.* ».

II. Analyse critique du droit béninois applicable aux contrôles *a priori* au regard du droit comparé africain et européen

Le principe des recours *a priori* (A), les normes devant être soumises au contrôle *a priori* obligatoire (B) les auteurs de ce genre de recours quand il

302 Mêmes observations que dans la précédente note de bas de page.
303 Mêmes observations que dans les deux précédentes notes de bas de page.

est facultatif (C) ainsi que le contrôle *a priori* des engagements internationaux (D) feront l'objet des réflexions à cette étape.

A. Le principe des recours *a priori*

Le contrôle *a priori* est un contrôle préventif en ce sens qu'il intervient avant que la norme législative ne produise un effet quelconque dans l'ordre juridique. En effet, soit la norme est en préparation (projet ou proposition), soit elle votée par le Parlement et reste en attente de promulgation.

Généralement, ce contrôle, abstrait par nature, est confié aux autorités politiques. C'est de manière très exceptionnelle que le droit de recours en cette matière est reconnu aux individus. Mais, même dans cette dernière hypothèse, un tel droit de recours s'analyse, non pas comme un instrument subjectif de protection des droits fondamentaux, mais uniquement comme un instrument objectif de contrôle de l'ordre constitutionnel et partant, comme un mode de légitimation de l'État[304].

Le contrôle, *a priori* étant souvent déclenché par les autorités politiques, il peut se poser la question de son efficacité. En effet, ce sont les autorités qui sont impliquées dans l'initiative, puis dans l'adoption des normes législatives en fabrication qui reçoivent encore mandat de saisir la Cour constitutionnelle pour demander le contrôle de constitutionnalité. Si elles décident de ne pas faire le recours, le risque est grand de laisser entrer en vigueur un texte contraire à la Constitution.

Ce péril est moindre toutefois lorsqu'existe dans le même ordre juridique et constitutionnel, parallèlement aux recours *a priori*, des recours *a postériori.*

B. Les normes soumises au contrôle *a priori* obligatoire

En droit comparé africain, et dans les États à l'étude, en dehors de l'article 78 de la **Constitution sénégalaise de 2001** qui, dans un classicisme saisissant, dispose que « *les lois qualifiées organiques [...] ne peuvent être promulguées si le Conseil constitutionnel, obligatoirement saisi par le Président de la République, ne les a déclarées conformes à la Constitution.* », le constat est que les différents constituants ont soumis au contrôle obligatoire préalable de constitutionnalité plus de textes que le constituant béninois. Ainsi :

304 M. VERDUSSEN, « Discussion », in F. DELPÉRÉE (dir.), *Le recours des particuliers devant le juge constitutionnel*, Paris-Bruxelles, Economica-Bruylant, 1991, p. 208.

- L'article 134 de la **Constitution ivoirienne** dispose : « *Les engagements internationaux visés à l'article 120 avant leur ratification, les lois constitutionnelles adoptées par voie parlementaire, les lois organiques avant leur promulgation, les règlements des assemblées parlementaires avant leur mise en application, doivent être déférés au Conseil constitutionnel, qui se prononce sur leur conformité à la Constitution.* ».
- L'article 160, alinéa 2 de la **Constitution de RDC** dispose : « *Les lois organiques, avant leur promulgation, et les Règlements intérieurs des Chambres parlementaires et du Congrès, de la Commission électorale nationale indépendante ainsi que du Conseil supérieur de l'audiovisuel et de la communication, avant leur mise en application, doivent être soumis à la Cour constitutionnelle qui se prononce sur leur conformité à la Constitution.* ».
- L'article 114 de **la Constitution gabonaise** dispose **:** « *La Cour Constitutionnelle statue obligatoirement sur : - les traités et accords internationaux avant leur entrée en vigueur, quant à leur conformité à la Constitution, après adoption par le Parlement de la loi d'autorisation ; - les projets ou propositions de révision de la Constitution avant leur adoption par le Parlement, quant à la régularité de la procédure et de l'objet de la révision ; - la constitutionnalité des lois organiques avant leur promulgation ; - les Règlements de l'Assemblée Nationale, du Sénat et du Conseil Économique, Social, Environnemental et Culturel, avant leur mise en application, quant à leur conformité à la Constitution ; - le règlement du Congrès du Parlement, avant sa mise en application, quant à sa conformité à la Constitution ;… »*
- L'article 117 de la **Constitution de Madagascar** dispose : « *Avant leur promulgation, les lois organiques, les lois et les ordonnances sont soumises obligatoirement par le Président de la République à la Haute Cour Constitutionnelle qui statue sur leur conformité à la Constitution.* […]
    - *Le règlement intérieur de chaque Assemblée est soumis au contrôle de constitutionnalité avant sa mise en application.* ».

Cela montre que **le droit béninois** en la matière reste à améliorer. Les textes dont il vaut mieux s'assurer de la conformité à la Constitution avant leur mise en application devraient en effet intégrer, au-delà des lois organiques et règlements intérieurs des institutions constitutionnelles non juridictionnelles, les textes électoraux (lois électorales, mais aussi Règlement intérieur de la Commission électorale)[305], les conventions internationales – pour éviter des difficultés avec la communauté

---

[305]L'article 113-2, alinéa 2, de la Constitution béninoise, dispose plutôt au profit du Sénat : « *En matière législative, les lois constitutionnelles, les lois électorales, les lois organisant la vie des partis politiques et leurs activités sont obligatoirement soumises à un* ***avis de non-objection du Sénat*** *avant leur promulgation.* »

internationale –, les lois constitutionnelles adoptées par voie parlementaire (Côte d'Ivoire) ou à adopter au Parlement (Gabon) – c'est-à-dire les lois de révision de la Constitution non (encore) issues de l'expression directe du peuple souverain[306] –, les ordonnances – dont le régime juridique dérogatoire par rapport au partage classique des compétences entre Exécutif et Législatif peut laisser place à une violation de la Constitution, et, même, selon nous, les lois sur le système partisan et le statut de l'opposition qui ont, comme les lois électorales ou tous les autres textes cités, un caractère matériellement constitutionnel –.

C. Les auteurs des requêtes *a priori* facultatifs

L'article 121, alinéa 1, de la Constitution béninoise dispose :

« La Cour constitutionnelle, à la demande du président de la République ou de tout membre de l'Assemblée nationale, se prononce sur la constitutionnalité des lois avant leur promulgation. »

En droit comparé africain, la situation est la suivante :

L'article 133 de la Constitution ivoirienne dispose :

« *Sur saisine du président de la République, les projets ou propositions de loi* [donc les textes **non encore votés** par le Parlement] *peuvent être soumis pour avis au Conseil constitutionnel.*

Sur saisine du président de l'Assemblée nationale ou du président du Sénat, les projets ou propositions de loi [donc les textes **non encore votés** par le Parlement] *peuvent être soumis pour avis au Conseil constitutionnel* ». Dans le même sens, **l'article 72, alinéa 1, de la Constitution ivoirienne** dispose « *Les projets de loi et d'ordonnances peuvent être soumis, par le Président de la République, au Conseil constitutionnel, pour avis, avant d'être examinés en Conseil des ministres.* ».

Quand, en Côte d'Ivoire, les textes sont déjà votés par le Parlement et attendent d'être promulgués, c'est à **l'article 113 de la Constitution** qu'il faut recourir. Il dispose :

« *Les lois peuvent, avant leur promulgation, être déférées au Conseil constitutionnel par le président de la République, le président de l'Assemblée nationale ou le président du Sénat ou par un dixième au moins des députés ou des sénateurs ou par les groupes parlementaires.*

---

306 Encore que sur ce point, le Bénin semble avoir un droit plus avancé. Voir les parties portant respectivement sur le contrôle de constitutionnalité des lois de révision de la Constitution et sur le contentieux du référendum.

Les associations de défense des droits de l'homme légalement constituées peuvent également déférer au Conseil constitutionnel, avant leur promulgation, les lois relatives aux libertés publiques. … »

L'article 144, alinéa 5, de la Constitution de la République centrafricaine de 2023 dispose : « *Avant leur promulgation, les lois ainsi que les traités et les accords internationaux peuvent être déférés au Conseil Constitutionnel par le président de la République, le président de l'Assemblée nationale, un tiers des députés, les présidents des exécutifs régionaux, conformément aux dispositions de l'alinéa 2 ci-dessus.* ».

L'article 160, alinéa 4, de la Constitution de la RDC dispose : « *Aux mêmes fins d'examen de la constitutionnalité, les lois peuvent être déférées à la Cour constitutionnelle, avant leur promulgation, par le président de la République, le Premier ministre, le président de l'Assemblée nationale, le président du Sénat ou le dixième des députés ou des sénateurs.* »[307].

Les articles 115 et 119, alinéa 2, de la Constitution gabonaise disposent respectivement : « *La Cour Constitutionnelle peut statuer sur : - la constitutionnalité des lois avant leur promulgation…* » ; « *Les autres catégories de loi […] peuvent être déférées à la Cour Constitutionnelle, soit par le Président de la République, soit par les Présidents des Chambres du Parlement ou un dixième (1/10) des membres de chaque Chambre…* »[308].

L'article 74 de la Constitution sénégalaise de 2001 dispose : **«** *Le Conseil constitutionnel peut être saisi d'un recours visant à faire déclarer une loi inconstitutionnelle :*

- par le président de la République dans les six jours francs qui suivent la transmission à lui faite[309] *de la loi définitivement adoptée*[310]*,*

---

307 Voir aussi, article 47 de la loi organique sur la Cour constitutionnelle : « *La Cour peut être saisie d'un recours visant à faire déclarer une Loi à promulguer non conforme à la Constitution par :* ***1.*** *le Président de la République ou le Premier Ministre, dans les quinze jours qui suivent la transmission à eux faite de la Loi définitivement adoptée ;* ***2.*** *le Président de l'Assemblée Nationale, le Président du Sénat ou le dixième des Députés ou Sénateurs au moins, dans les quinze jours qui suivent l'adoption définitive de la Loi. La Cour se prononce dans les trente jours de sa saisine. En cas d'urgence, ce délai est ramené à huit jours à la demande du Gouvernement. Passé ce délai, la Loi est réputée conforme* ».

308 La portion de phrase « … *soit par les Présidents de la Cour de Cassation, du Conseil d'État et de la Cour des Comptes, soit par tout citoyen ou toute personne morale lésée par la loi ou l'ordonnance querellée* » qui finit l'article 119, alinéa 2, de la Constitution gabonaise, devrait être comprise, à notre avis, comme énumérant les personnes ou personnalités pouvant exercer le droit de recours pour les ordonnances et les lois déjà en vigueur.

309 Aux fins de promulgation

310 Par le Parlement

- par un nombre de députés au moins égal au dixième des membres de l'Assemblée nationale, dans les six jours francs qui suivent son adoption définitive[311] . ».

L'article 118 de la Constitution de Madagascar dispose : « *Un Chef d'Institution ou le quart des membres composant l'une des Assemblées parlementaires ou les organes des Collectivités Territoriales Décentralisées ou le Haut Conseil pour la Défense de la Démocratie et de l'État de droit peuvent déférer à la Cour Constitutionnelle, pour contrôle de constitutionnalité, tout texte à valeur législative ou réglementaire ainsi que toutes matières relevant de sa compétence.* »[312].

En dehors de **Madagascar** où on doit ajouter tous les chefs d'institution, les organes des collectivités territoriales décentralisées ou le Haut Conseil pour la Défense de la Démocratie et de l'État de droit, ou de la **Côte d'Ivoire,** où il est question des « *associations de défense des droits de l'homme légalement constituées* », ou encore de la **Centrafrique** *où il est question des « présidents des exécutifs régionaux »*, la requête qui intervient *a priori* provient généralement du Législatif ou de l'Exécutif national.

Du côté du Législatif, le droit comparé enseigne que le fait de prévoir la possibilité pour les parlementaires de saisir la juridiction constitutionnelle est souvent analysé comme la reconnaissance aux minorités parlementaires du droit de défendre la Constitution contre la volonté de la majorité qui voudrait imposer des dispositions ou normes contraires à la volonté du peuple exprimée dans la Constitution[313]. Hans KELSEN considère ainsi qu'« *en ce qui concerne spécialement les recours contre les lois, il serait extrêmement important d'accorder également le droit de l'intenter à une minorité qualifiée du Parlement. Et cela d'autant que la justice constitutionnelle [...] doit nécessairement servir, dans les démocraties parlementaires, à la protection des minorités* »[314]. C'est dans cet esprit qu'il faut comprendre la situation en droit comparé. Un tiers du *Bundestag* en Allemagne, le tiers du Conseil national en Autriche et le cinquième de l'Assemblée au Portugal peuvent ainsi saisir la Cour constitutionnelle[315].

Au regard du droit comparé africain comme européen, l**e Bénin présente une originalité sur ce point :** la saisine parlementaire accordée

---

311 Par le Parlement

312 Malgré un énoncé qui peut prêter à confusion, la Haute Cour constitutionnelle elle-même dit qu'il s'agit des lois ordinaires « ***avant leur promulgation*** », in, Haute Cour constitutionnelle de Madagascar, *La Haute Cour constitutionnelle*, Brochure de la Haute Cour constitutionnelle, Édition 2024, p.6

313 L. FAVOREU et autres, *Droit constitutionnel*, ibid., p. 227.

314 H. KELSEN, « La garantie juridictionnelle de la Constitution (la justice constitutionnelle) », RDP 1928, N° 35, p. 247.

315 L. FAVOREU et autres, *Droit constitutionnel*, ibid., p. 227 ; C. GREWE et H. RUIZ-FABRI, *Droits constitutionnels européens*, Paris, PUF, 1995, p. 80.

à **un seul député**. Il est important de relever que **c'est bien le député individuellement qui est requérant** à l'exclusion de l'Assemblée nationale elle-même, comme le démontre l'irrecevabilité prononcée contre le recours formulé « *pour l'Assemblée nationale* » par « *le président de l'Assemblée nationale* »[316]. La Cour constitutionnelle déclare en effet dans la décision en cause que « *l'Assemblée nationale est une institution de la Constitution ; que cette dernière a prévu les organes constitutionnels habiletés à saisir la Cour constitutionnelle ; [...] qu'aucune disposition de la Constitution n'attribue à l'Assemblée nationale en tant qu'institution la qualité de requérant* »[317]. Stéphane BOLLE s'étonne de voir, sur le même pied d'égalité, en matière de droit de recours, le chef de l'État, « *élu de la Nation* » et « *garant... du respect de la Constitution* » d'une part, et chacun des députés, d'autre part[318].

Du côté du pouvoir exécutif (l'Exécutif national), initiateur de la plupart des textes appelés à devenir des lois (projets de lois), le président de la République qui est en même temps chef du gouvernement au Bénin, est la seule autorité exécutive qui a le droit de saisir la haute juridiction. Un ministre, membre du gouvernement, n'est pas compétent pour saisir la Cour constitutionnelle *es qualité*[319].

Le droit comparé européen nous enseigne qu'il n'est pas rare de donner le droit de recours aux autorités exécutives[320].

Il s'agit du *Président de la République* en Albanie, en Arménie, en Azerbaïdjan, en Bosnie-Herzégovine, en Bulgarie, en Chypre, en Croatie, en France, en Géorgie, en Lettonie, en Moldavie, en Pologne, au Portugal, en Roumanie, en Russie, en Slovaquie, en Slovénie, en Tchétchénie, en Turquie et en Ukraine[321].

---

316 DCC 32-94 du 24 novembre 1994, *Recueil des décisions et avis 1994*, pp. 151-154.

317 Ibid., p. 154.

318 S. BOLLE, *Le nouveau régime constitutionnel du Bénin : essai sur la construction d'une démocratie africaine par la constitution*, Thèse de doctorat en droit public, Université de Montpellier I, 1997, p.678 et 679.

319 DCC 98-066 du 5 août 1998, *Recueil 1998*, pp. 323 et 324. Il faut noter que cette décision a été rendue suite à un recours spécifique prévu à l'article 100 alinéa 2 de la constitution s'agissant de la délégalisation, mais la cour s'est basée, pour déclarer la requête ministérielle irrecevable, sur le fait que la loi organique attribue à cet effet compétence au Président de la République. On peut appliquer le même raisonnement à la situation des recours *a priori* en contrôle de constitutionnalité.

320 A. ALEN et M. MELCHIOR, « Les relations entre les cours constitutionnelles et les autres juridictions, y compris l'interférence en cette matière des juridictions européennes », 12eme conférence des cours constitutionnelles, Rapport général, *RUDH* vol. 14 N° 9-12, 31 décembre 2002, p.340.

321 A. ALEN et M. MELCHIOR, « Les relations entre les cours constitutionnelles et les autres juridictions, y compris l'interférence en cette matière des juridictions

Le gouvernement est quant à lui compétent pour saisir la haute juridiction en Allemagne, en Autriche, en Azerbaïdjan, au Belarus, en Belgique, en Bulgarie, en Croatie, en Espagne, en Italie, en Lettonie, au Liechtenstein, en Moldavie, en Roumanie, en Russie, en Slovénie et en Tchéquie[322].

Le Premier ministre dispose du droit de recours en Albanie, à Andorre, en Bosnie-Herzégovine, en Espagne, en France, en Pologne et au Portugal. Un ministre peut même saisir la juridiction constitutionnelle en Moldavie et au Portugal. De toutes ces autorités exécutives, ce sont celles d'Andorre de Chypre, de France, de Hongrie, de Pologne, du Portugal et de la Roumanie qui peuvent saisir le juge constitutionnel *a priori* pour un contrôle de constitutionnalité des lois[323].

D. Le contrôle *a priori* (avant ratification) des engagements internationaux

Le président de la République, autorité investie du « *treaty making power* » : De manière unanime, dans l'ensemble des États dont le système est sous examen, c'est au président de la République que revient le pouvoir d'engager l'État dans les relations juridiques internationales par voie de traités et/ou d'accords internationaux[324]. Une fois les traités signés, la Constitution met un obstacle à toute ratification de certains d'entre eux tant qu'ils n'ont pas fait l'objet d'une autorisation de ratification donnée par le Parlement en la forme d'une loi.

La liste des traités concernés est fournie par les dispositions constitutionnelles[325]. Il ne s'agit donc pas de tous les traités. Il n'est

---

européennes », 12eme conférence des cours constitutionnelles, « Rapport général », *RUDH* vol. 14, N° 9-12, 31 décembre 2002, p.340.

322 Ibid.

323 Ibid., p.338.

324 Ainsi, aux termes de l'article 144 de la **Constitution béninoise**, « *Le Président de la République négocie et ratifie les traités et accords internationaux* ». **En Côte d'Ivoire**, il est prévu à l'article 119, alinéa 1er, de la Constitution que « *Le Président de la République négocie et ratifie les traités et les accords internationaux.* ». **En République centrafricaine**, l'article 139, alinéa 1er, de la Constitution, dispose : « *Le président de la République négocie, signe, ratifie et dénonce les traités et accords internationaux.* ». **En République démocratique du Congo**, l'article 213, alinéa 1er, de la Constitution, dispose : « *Le Président de la République négocie et ratifie les traités et accords internationaux.* ». A **Madagascar**, l'article 137, alinéa 1er, de la Constitution, dispose : « *Le Président de la République négocie et ratifie les traités. ...* » **Au Sénégal,** l'article 95, alinéa 1, dispose **:** « *Le Président de la République négocie les engagements internationaux. ...* »

325 **L'article 145 de la Constitution béninoise** dispose, dans sa version de 1990, que : « *Les traités de paix, les traités ou accords relatifs aux organisations internationales, ceux qui engagent les finances de l'État, ceux qui modifient les lois internes de l'État, ceux qui comportent cession, échange ou adjonction de territoire, ne peuvent être ratifiés qu'en vertu d'une loi...* ». **[Version après la**

question que d'engagements internationaux ayant besoin d'autorisation de ratification. On peut alors considérer qu'il ne s'agit que de traités internationaux conclus en la forme solennelle.

L'analyse croisée des dispositions (quasi) constitutionnelles des différents États permet de faire le constat suivant : La saisine de la juridiction constitutionnelle pour le contrôle de constitutionnalité des traités est tantôt facultative, tantôt obligatoire, mais les effets de la décision du juge constitutionnel sont identiques suite à un constat de contrariété

---

modification intervenue en 2019 : « - *Les traités de paix, les traités ou accords internationaux, ceux qui modifient les lois internes de l'État, ceux qui comportent cession, échange ou adjonction de territoire, ne peuvent être ratifiés qu'en vertu d'une loi. Toutefois, les conventions de financement soumises à ratification, sont ratifiées par le Président de la République qui en rend compte à l'Assemblée nationale dans un délai de quatre-vingt-dix jours…* »]. **En Côte d'Ivoire**, l'article 120, alinéa 1er, de la Constitution dispose : « *Les traités de paix, les traités ou accords relatifs à la création d'organisations internationales, ceux qui modifient les lois internes de l'État ne peuvent être ratifiés qu'à la suite d'une loi.* ». **En République centrafricaine**, l'article 139, alinéa 2, de la Constitution dispose : « *La ratification ou la dénonciation ne peut intervenir qu'après autorisation du Parlement, notamment en ce qui concerne les traités de paix, les traités de défense, les traités de commerce, les accords et les traités relatifs à l'environnement et aux ressources naturelles ou accords relatifs à l'organisation internationale, ceux qui engagent les finances de l'État, ceux qui modifient les dispositions de nature législative, ceux qui sont relatifs à l'état des personnes et aux droits de l'homme, ceux qui comportent cession, échange ou adjonction de territoire.* ». **En République démocratique du Congo**, l'article 214, alinéa 1er, de la Constitution dispose : « *Les traités de paix, les traités de commerce, les traités et accords relatifs aux organisations internationales et au règlement des conflits internationaux, ceux qui engagent les finances publiques, ceux qui modifient les dispositions législatives, ceux qui sont relatifs à l'état des personnes, ceux qui comportent échange et adjonction de territoire ne peuvent être ratifiés ou approuvés qu'en vertu d'une loi.* ». **Au Gabon**, l'article 163 de la Constitution dispose : « *Ne peuvent être approuvés et ratifiés qu'en vertu d'une loi : - les traités de paix ; - les traités de commerce ; - les traités de coopération judiciaire ; - les traités relatifs à l'organisation internationale ; - les traités relatifs à la défense ; - les traités relatifs à la protection de l'environnement et à la gestion des ressources naturelles ; - les traités relatifs à l'intégration régionale et sous régionale ; - les traités relatifs au numérique, aux transports, aux technologies de l'information et de la communication ; - les traités engageant les finances de l'État ; - les traités modifiant les dispositions de nature législative ; - les traités relatifs à l'état des personnes…* ». **A Madagascar**, l'article 137, alinéa 2, de la Constitution dispose : « *La ratification ou l'approbation de traités d'alliance, de traités de commerce, de traités ou d'accord relatif à l'organisation internationale, de ceux qui engagent les finances de l'État y compris les emprunts extérieurs, et de ceux qui modifient les dispositions de nature législative, de ceux qui sont relatifs à l'état des personnes, des traités de paix, de ceux qui comportent modification de territoire, doit être autorisée par la loi.* ». **Au Sénégal**, l'article 96, alinéa 1er, de la Constitution dispose : « *Les traités de paix, les traités de commerce, les traités ou accords relatifs à l'organisation internationale, ceux qui engagent les finances de l'État, ceux qui modifient les dispositions de nature législative, ceux qui sont relatifs à l'état des personnes, ceux qui comportent cession, échange ou adjonction de territoire ne peuvent être ratifiés ou approuvés qu'en vertu d'une loi.* ».

entre traité et Constitution à savoir, soit, un abandon de la ratification, soit une révision de la Constitution puis la (ou l'autorisation de) ratification :

Au Bénin, l'article 146 de la Constitution dispose : « ***Si*** *la Cour constitutionnelle saisie par le Président de la République ou par le Président de l'Assemblée nationale a déclaré qu'un engagement international comporte une clause contraire à la Constitution, l'autorisation de le ratifier ne peut intervenir qu'après la révision de la Constitution* ».

L'article 122 de la Constitution ivoirienne de 2016 dispose : « ***Si*** *le Conseil constitutionnel, saisi par le Président de la République, le Président de l'Assemblée nationale ou du Sénat ou par un dixième au moins des députés ou des sénateurs, a déclaré qu'un traité ou un accord international comporte une clause contraire à la Constitution, l'autorisation de le ratifier ne peut intervenir qu'après la révision de la Constitution.* ».

Au Sénégal, l'article 97 de la Constitution dispose : « ***Si*** *le Conseil constitutionnel a déclaré qu'un engagement international comporte une clause contraire à la Constitution, l'autorisation de le ratifier ou de l'approuver ne peut intervenir qu'après la révision de la Constitution.* ».

En République centrafricaine, l'article 141 de la Constitution dispose : « ***Si*** *la Cour constitutionnelle, saisie par le président de la République, par le président de l'Assemblée nationale ou par un tiers des députés, a déclaré qu'un engagement international comporte une clause contraire à la Constitution, l'autorisation de ratifier ou d'approuver l'engagement international en cause ne peut intervenir qu'après la révision de la Constitution.* ».

L'article 216 de la Constitution de la RDC dispose « ***Si*** *la Cour constitutionnelle consultée par le Président de la République, par le Premier ministre, le Président de l'Assemblée nationale ou le Président du Sénat, par un dixième des députés ou un dixième des sénateurs, déclare qu'un traité ou accord international comporte une clause contraire à la Constitution, la ratification ou l'approbation ne peut intervenir qu'après la révision de la Constitution.* ».

Au Gabon, l'article 165 de la Constitution dispose : « ***Si*** *la Cour Constitutionnelle, saisie par le Président de la République, le Président de l'Assemblée Nationale, le Président du Sénat, un dixième (1/10) de Députés ou un dixième (1/10) de Sénateurs, déclare qu'un engagement international comporte une clause contraire à la Constitution, l'autorisation de le ratifier ne peut intervenir qu'après révision de la Constitution.* ».

A Madagascar, l'article 137, alinéa 3 de la Constitution, dispose ; « *Avant toute ratification, les traités sont soumis par le Président de la République, au contrôle de constitutionnalité de la Haute Cour Constitutionnelle. En cas de non-conformité à la Constitution, il ne peut y avoir ratification qu'après révision de celle-ci.* ».

Au regard de ces dispositions, le caractère facultatif de ce contrôle réside dans l'utilisation du mot *« **Si** »*. En effet, c'est de manière tout à faire discrétionnaire que chaque autorité prévue pourrait décider de saisir la juridiction constitutionnelle aux fins de contrôle de constitutionnalité d'un traité ou accord avant (l'autorisation de) sa ratification. Ce pouvoir signifie qu'il est tout à fait possible qu'un traité ou accord international obtienne une autorisation de ratification et soit ratifié alors qu'il comprend une clause contraire à la Constitution. C'est l'hypothèse dans laquelle aucune des personnalités ayant l'autorité ou la compétence du déclenchement du contrôle de constitutionnalité n'exerce sa prérogative constitutionnelle pour des raisons de négligence, d'inattention ou d'opportunisme politique. Cette éventualité n'est pas sans conséquence sur le niveau de protection des droits fondamentaux ou sur la coexistence de dispositions contradictoires entre les engagements internationaux de l'État et son ordre juridique interne, un traité contraire à une ou plusieurs dispositions constitutionnelles pouvant ainsi être ratifié et entrer en vigueur dans l'ordre interne de l'État[326].

C'est pourquoi **les formules ivoirienne, gabonaise et malgache qui instaurent des obligations de saisine du juge constitutionnel paraissent encore plus satisfaisantes**. En Côte d'Ivoire et au Gabon, même si le mot «***Si***» est bien utilisé à l'article 122 de la Constitution ivoirienne de 2016 ou à l'article 165 de la Constitution gabonaise de 2024, on peut considérer que c'est pour évoquer la conséquence du constat de contrariété combinée avec une volonté de ratifier quand même le traité litigieux. Cette conséquence est qu'il faut alors, en pareille hypothèse, réviser d'abord la Constitution. En ce qui concerne la liberté ou non de saisir la juridiction constitutionnelle, l'alinéa 2 de l'article 120 de la **Constitution ivoirienne de 2016** décide que, dans tous les cas, pour les traités ciblés, « *La loi d'autorisation en vue de la ratification* ***est*** *soumise au contrôle du Conseil constitutionnel* »[327]. **Au Gabon, l'article 114 de la Constitution** dispose : « *La Cour Constitutionnelle* ***statue obligatoirement*** *sur : - les traités et accords internationaux avant leur entrée en vigueur, quant à leur conformité à la Constitution, après adoption par le Parlement de la loi d'autorisation…* ». **A**

326 Avec valeur supra législative, conformément aux dispositions de l'article 147 de la Constitution béninoise, par exemple : « *Les traités ou accords régulièrement ratifiés ont, dès leur publication, une autorité supérieure à celle des lois, sous réserve pour chaque accord ou traité, de son application par l'autre partie* ».

327 L'article 134 de la Constitution ivoirienne le confirme : « *Les engagements internationaux visés à l'article 120 avant leur ratification […] doivent être déférés au Conseil constitutionnel, qui se prononce sur leur conformité à la Constitution.* ».

Madagascar, il est aussi prévu à l'article 137, alinéa 3, de la Constitution qu'« *avant toute ratification, les traités* ***sont*** *soumis par le Président de la République, au contrôle de constitutionnalité de la Haute Cour Constitutionnelle.* ». Ces situations correspondent donc bien à des **obligations de saisine**[328] inconnues dans les autres pays sous examen.

Les effets de la loi d'autorisation de ratification : Le président de la République peut-il refuser de ratifier un traité dont l'autorisation de ratification a été donnée par une loi ?

Toutes les dispositions relatives à la question prévoient que le président de la République ne peut ratifier certains traités internationaux s'il n'y a pas une loi d'autorisation de ratification qui l'autorise en ce sens.

Mais peut-il refuser de prendre le décret de ratification lorsqu'une loi d'autorisation de ratification a été votée par le Parlement et est entrée en vigueur[329] ? Le président Francis WODIE a répondu à cette question : « *comme son nom l'indique, la loi d'autorisation, autorise le président de la République à ratifier la convention internationale. Le terme d'autorisation peut, de prime abord, incliner à penser que le président de la République peut, à la suite de la loi d'autorisation, procéder ou non à la ratification du traité, jouissant, toujours d'un pouvoir discrétionnaire en la matière. Il n'en est rien [...]. Il est lié – et conditionné – par l'autorisation de l'Assemblée nationale qui s'exprime sous la forme d'une loi. Or, le propre d'une loi est d'être obligatoire ; [...] le président de la République [...] doit ratifier la convention internationale* »[330].

Section 2 : Les contrôles a posteriori

Il sera exposé d'abord les droits positifs africains et européens applicables aux contrôles *a posteriori* (§.1) avant d'en faire une analyse critique (§.2).

I. Les droits positifs africains et européens applicables aux contrôles *a posteriori*

Ils s'exercent soit directement (A), soit indirectement, c'est-à-dire, par la voie de l'exception d'inconstitutionnalité (B), soit encore, par la voie de la saisine d'office (C). Il ne faut pas oublier le contrôle direct et abstrait qui

---

328 F. WODIE, *Le Conseil constitutionnel ; 2010-2015, Regards croisés*, Abidjan, Les éditions du CERAP, 2028, p. 84.

329 Ce qui signifie, sauf hypothèses de mise en vigueur d'office connues au Bénin et en Côte d'Ivoire, que c'est le président de la République lui-même qui l'a promulguée.

330 Ibid., pp. 82-93.

porte, non pas sur des lois, mais plutôt sur des actes administratifs et réglementaires (D).

A. Le contrôle direct

Si en Europe, « *le contrôle a posteriori s'exerçant sur des textes déjà en vigueur est… de loin le plus répandu* » [331] et la « *modalité de droit commun* » dans plusieurs pays[332], en Afrique francophone, rares sont les pays à l'avoir adopté.

Ainsi, **en République démocratique du Congo**, d'une part, les articles 160, alinéa 1 et 162, alinéa 2, de la Constitution disposent respectivement : « *La Cour constitutionnelle est chargée du contrôle de la constitutionnalité des lois et des actes ayant force de loi* » ; « *Toute personne peut saisir la Cour constitutionnelle pour inconstitutionnalité de tout acte législatif…* », d'autre part, ce type de recours doit être introduit dans « ***dans les six mois*** *suivant la publication de l'acte au Journal Officiel ou suivant la date de sa mise en application* »[333].

Au Gabon, l'article 115 de la Constitution dispose : « *La Cour Constitutionnelle peut statuer sur : […] - la constitutionnalité des lois promulguées* ***dans un délai de trente (30) jours maximums*** *après leur publication ;* » et le recours peut être introduit, au-delà des autorités publiques, par « *tout citoyen ou toute personne morale lésée par la loi […] querellée.* »[334].

Si les deux pays examinés ci-dessus ont restreint le recours *a posteriori* dans une limite de temps pour ne pas perturber la sécurité juridique, **le Bénin** avait, jusqu'en 2025, pensé bien faire en n'affectant ce type de recours d'aucune limitation dans le temps. C'est dès le début du corps de la Constitution qu'il est affirmé (Article 3, alinéa 2 et 3 de la Constitution) que : « *La souveraineté s'exerce conformément à la présente Constitution qui est la Loi Suprême de l'État. Toute loi, tout texte réglementaire et tout acte administratif contraires à ces dispositions sont nuls et non avenus. En conséquence,* ***tout citoyen*** *a le droit de se pourvoir devant la Cour constitutionnelle contre* ***les lois, textes et actes présumés inconstitutionnels.*** ». Plus loin, l'a**rticle 121-1**[335] **de la Constitution** confirme que : « ***Tout citoyen*** *peut saisir la Cour constitutionnelle sur la constitutionnalité des* ***lois,*** *[…]* ***directement […]*** ». Aucune limitation du droit de recours dans le temps n'avait été prévue par la Constitution elle-

---

331 C.GREWE et H. RUIZ FABRI, *Droits constitutionnels européens*, Paris, PUF, 1995, p.80.
332 D. ROUSSEAU, *La justice constitutionnelle en Europe*, Paris, Montchrestien, 1992, p.81.
333 Article 50 de la loi organique sur la Cour constitutionnelle auquel il faut associer les articles 43 et 48 du même texte.
334 Article 119, alinéa 2, de la Constitution.
335 Article 122 de la Constitution avant la révision de 2025.

même. C'est ainsi que plusieurs requêtes introduites entre 2001 et 2012[336] ont été considérées comme recevables en 2014 contre la loi N° 65-17 du 23 juin 1965 portant code de la nationalité béninoise et qu'à l'issue de son examen, la Cour constitutionnelle a constaté la contrariété à la Constitution de plusieurs articles de cette loi[337]. Une telle situation est arrivée même dans des circonstances où la Cour avait déjà opéré un contrôle de constitutionnalité sur la loi en question. Tel fut le cas en 2021, dans le cadre de la décision DCC 21-269 du 21 octobre 2021 dans laquelle un recours du 7 mai 2021 contre la loi du 24 août 2004 portant Code des personnes et de la famille en République du Bénin a conduit la Cour constitutionnelle à revenir sur la décision DCC 04-083 du 20 août 2004 pour constater que certains articles de la loi antérieurement déclarée conforme à la Constitution ne devraient plus être considérés comme conformes à cette même Constitution. La haute juridiction a argumenté qu'elle : «*peut revenir sur ses propres décisions en ce qui concerne notamment le contrôle de constitutionnalité des lois si un contrôle antérieur y a laissé subsister une atteinte sérieuse a un droit fondamental garanti par la Constitution ou à une norme de référence du contrôle de constitutionnalité, à condition que le recours soit exercé a posteriori, par voie d'action ou d'exception, dans les termes de l'article 122 de la Constitution, et que la loi en question ait été préalablement adoptée par l'Assemblée*

---

336 La Cour était saisie par des requêtes :
- du 11 juin 2001 enregistrée à son Secrétariat à la même date sous le numéro 1640/194/REC, par laquelle Monsieur Fatiou OUSMANE demande à la Cour de déclarer contraires à la Constitution les articles 7, 8, 12, 13 et 18 de la Loi N° 65-17 du 23 juin 1965 portant code de la nationalité béninoise ;
- du 1er novembre 2009 enregistrée à son Secrétariat le 6 novembre 2009 sous le numéro 1969/168/REC, par laquelle Monsieur Ibrahim SALAMI forme un recours en inconstitutionnalité des articles 7, 8, 12, 13, 18 et 22 de la Loi N° 65-17 du 23 juin 1965 portant code de la nationalité béninoise ;
- du 1er mars 2010 enregistrée à son Secrétariat le 2 mars 2010 sous le numéro 0391/044/REC, par laquelle Monsieur Serge Roberto PRINCE AGBODJAN sollicite le contrôle de constitutionnalité de l'article 12 de la même loi ;
    - du 19 avril 2012 enregistrée à son Secrétariat à la même date sous le numéro 0741/047/REC, par laquelle Monsieur Mahunan Rodrigue DAVAKAN forme un recours en inconstitutionnalité des articles 8, 13 et 18 de la même loi ;
    - du 6 septembre 2012 enregistrée à son Secrétariat le 10 septembre 2012 sous le numéro 1604/134/REC, par laquelle Madame Élisabeth YEDEDJI épouse GNANVO et Monsieur Éric MONTCHO AGBASSA demandent à la Cour de déclarer inconstitutionnels les articles 7, 8 et 18 de la même loi.
    - 337 DCC 14-172 du 16 septembre 2014. «*Article 1er. - Les articles 8, 12.2, 13 et 18 de la Loi N° 65-17 du 23 juin 1965 portant code de la nationalité béninoise sont contraires à la Constitution.*»

nationale, promulguée et publiée conformément à la Constitution afin que son application en révèle les contrariétés ».

En 2025, la révision de la Constitution a donné naissance à l'article 121-2 qui dispose désormais que « *Toute requête individuelle aux fins de contrôle de constitutionnalité d'une loi, d'un texte réglementaire ou d'un acte administratif est formée dans un délai de trente jours à compter, selon le cas, de la date de publication de la loi ou du texte réglementaire, de la date de publication ou de notification de l'acte administratif.* ». Ainsi, **le Bénin a décidé de rejoindre les pays comme la RDC ou le Gabon en précisant que le recours direct ne peut plus désormais être introduit que dans un délai précis** après la publication de la loi. C'est le délai de **30 jours** qui, comme au Gabon, a été choisi.

B. Le contrôle indirect ou question préjudicielle appelée contrôle par la voie de l'exception d'inconstitutionnalité

L'article 135 de la **Constitution ivoirienne** de 2016 dispose : « *Tout plaideur peut, par voie d'exception, soulever l'inconstitutionnalité d'une loi devant toute juridiction. La juridiction devant laquelle la contestation de la loi est soulevée, sursoit à statuer et impartit au plaideur un délai de quinze jours pour saisir le Conseil constitutionnel. A l'expiration de ce délai, si le requérant ne rapporte pas la preuve de la saisine du Conseil, la juridiction statue.* ».

L'article 144, alinéa 4, de la **Constitution de la République centrafricaine** dispose : « *Toute personne peut saisir le Conseil Constitutionnel par la procédure de l'exception d'inconstitutionnalité invoquée devant une juridiction dans une affaire qui la concerne.* ».

L'article 162 de la **Constitution de la RDC** de 2006 dispose : « *La Cour constitutionnelle est juge de l'exception d'inconstitutionnalité soulevée devant ou par une juridiction.*

Toute personne peut saisir la Cour constitutionnelle pour inconstitutionnalité de tout acte législatif ou réglementaire.

Elle peut, en outre, saisir la Cour constitutionnelle, par la procédure de l'exception de l'inconstitutionnalité invoquée dans une affaire qui la concerne devant une juridiction.

Celle-ci sursoit à statuer et saisit, toutes affaires cessantes, la Cour constitutionnelle. ».

Au Gabon, l'article 120 de la Constitution dispose : « *Tout justiciable peut, dès l'entame de la procédure, à l'occasion d'un procès devant un tribunal ordinaire, soulever une exception d'inconstitutionnalité à l'encontre d'une loi ou d'une ordonnance qui méconnaîtrait ses droits fondamentaux.*

Le juge du siège saisit la Cour Constitutionnelle par voie d'exception préjudicielle.

La Cour Constitutionnelle statue dans le délai d'un (1) mois… »

L'article 118, alinéas 2 et 3 de la **Constitution de Madagascar** dispose :

« *Si, devant une juridiction, une partie soulève une exception d'inconstitutionnalité, cette juridiction sursoit à statuer et saisit la Haute Cour Constitutionnelle qui statue dans le délai d'un mois.*

De même, si devant juridiction, une partie soutient qu'une disposition de texte législatif ou réglementaire porte atteinte à ses droits fondamentaux reconnus par la Constitution, cette juridiction sursoit à statuer dans les mêmes conditions qu'à l'alinéa précédent. ».

L'article 92, alinéa 1er de la **Constitution sénégalaise,** dispose : « *Le Conseil constitutionnel connaît [...] des exceptions d'inconstitutionnalité soulevées devant la Cour d'Appel ou la Cour suprême.* ».

Le siège de ce contrôle en droit béninois se trouve à l'article 121-1 de la Constitution aux termes duquel : « ***Tout citoyen*** *peut saisir la Cour constitutionnelle sur la constitutionnalité des lois, [...]* ***par la procédure de l'exception d'inconstitutionnalité*** *invoquée dans une affaire qui le concerne devant une juridiction. Celle-ci doit surseoir jusqu'à la décision de la Cour constitutionnelle qui doit intervenir dans un délai de trente jours.* ».

Exception d'inconstitutionnalité ou question préjudicielle ? : Pour montrer les embarras de terminologie sur cette procédure, le constituant gabonais de 2024, aux alinéas 1 et 2 de l'article 120, évoque tantôt l'*« exception d'inconstitutionnalité »*, tantôt « l'exception *préjudicielle* ». Il n'en reste pas moins que l'expression qui a le plus été retenue dans les constitutions des pays étudiés reste l'*« exception d'inconstitutionnalité »*. Compte tenu de cette appellation d'origine américaine, le rapprochement de cette procédure avec celle connue en droit américain a pu ainsi être fait. Il faut pourtant insister sur la nette différence qu'il y a entre les deux systèmes.

Le système américain de justice constitutionnelle connaît de la véritable exception d'inconstitutionnalité. Alors qu'il se trouve impliqué dans un procès ordinaire, pénal, social, civil ou administratif, le justiciable peut considérer que le texte susceptible de lui être appliqué est contraire à la Constitution. Il soulève alors, pour sa défense, une *exception d'inconstitutionnalité.* Il demande ainsi au juge saisi de l'affaire de priver le texte litigieux d'effet en l'espèce. Ce juge statue lui-même sur la question et, selon sa décision, le texte litigieux sera appliqué ou écarté en l'espèce[338].

---

338 Louis FAVOREU et autres, *Droit constitutionnel*, Paris, Dalloz, 2009, p.237 ; Francis HAMON et Céline WIENER, *La justice constitutionnelle : Présentation générale, France, États-Unis*, Paris, La documentation française, 2006, p. 3.

Ce type de recours est normal dans un système décentralisé de justice constitutionnelle. Ce recours s'apparente en effet à une *exception,* car c'est le juge qui est saisi de la question d'inconstitutionnalité qui la tranche lui-même.

Mais l'expression « *exception d'inconstitutionnalité* » est rentrée dans le vocabulaire de la justice constitutionnelle au point d'être utilisée aussi pour ce qui ne devrait pas l'être. Pour Pierre AVRIL et Jean GICQUEL, l'exception d'inconstitutionnalité est un « *incident de procédure dans le cadre d'un procès, à l'occasion duquel un justiciable met en cause la conformité d'une loi à la Constitution. [...] le juge, saisi au fond, est appelé soit à statuer lui-même (États-Unis), soit à en renvoyer l'examen à la Cour constitutionnelle, au titre d'une question préjudicielle (Italie, Allemagne).* »[339]. Il se dégage déjà de cette définition une situation dans laquelle le juge ordinaire examine lui-même la question, ce qui correspond à l'exception d'inconstitutionnalité – au sens strict du terme – et une autre situation dans laquelle le juge ordinaire renvoie la question posée au juge constitutionnel, ce qui correspond à une expression plus adaptée, la *question préjudicielle.* Cela montre bien que l'expression « *exception d'inconstitutionnalité* » est utilisée de manière générique pour désigner les deux formes de contrôles incidents de constitutionnalité, mais qu'une nette différence devrait être faite entre l'hypothèse d'examen de la question d'inconstitutionnalité par le juge ordinaire lui-même, ce qui renvoie à l'expression « *exception d'inconstitutionnalité* » dans sa version originelle, et celle où la question n'est pas tranchée par le juge ordinaire, mais renvoyée au juge constitutionnel – dans les systèmes de justice constitutionnelle concentrée ou spécialisée –, ce qui renvoie à une autre technique procédurale à laquelle il convient d'attribuer une autre dénomination, celle de *question préjudicielle.* Plusieurs auteurs attribuent cette dernière dénomination à l'hypothèse en question, mais gardent l'expression « *exception d'inconstitutionnalité* » à titre générique. Il en est ainsi, en dehors des professeurs AVRIL et GICQUEL, du professeur Michel de VILLIERS, pour qui « *l'exception d'inconstitutionnalité* » est une « *technique procédurale par laquelle une partie à un procès oppose à son adversaire la non-conformité à la Constitution de la loi invoquée contre lui. Si le juge admet l'exception, la loi n'est pas invalidée mais déclarée inapplicable à l'espèce. Pratiquée aux États-Unis depuis la célèbre affaire Marbury v/Madison (1803), l'exception d'inconstitutionnalité fait du juge ordinaire (et donc de la Cour suprême qui est au sommet de l'organisation juridictionnelle) le juge constitutionnel. A l'inverse, en Europe, le juge constitutionnel est un juge spécialisé. Ce juge peut cependant, par exemple, en Allemagne ou en Italie, être saisi d'une exception d'inconstitutionnalité par le biais d'une question préjudicielle*

---

339 Pierre AVRIL, Jean GICQUEL, *Lexique, droit constitutionnel,* Paris, P.U.F., 1986, p. 57.

qui lui est transmise par le juge ordinaire. »[340]. Il faut donc prendre acte de ce que, la technique qui consiste à renvoyer la question posée au juge constitutionnel est la *question préjudicielle.*

La Professeure Marie-Anne COHENDET, pour éviter toute confusion entre ces deux formes de contrôle incident de constitutionnalité du fait de l'utilisation du même nom générique d'*exception d'inconstitutionnalité* pour désigner ces deux réalités distinctes, préfère séparer nettement « *question préjudicielle* » et « *question préalable* ». « *Selon que le contrôle de constitutionnalité est concentré ou diffus, synthétise-t-elle, deux cas de figure peuvent se présenter. S'il est diffus, alors le juge tranche lui-même la question de la constitutionnalité de la loi par une question préalable, avant d'en tirer les conséquences pour le cas qui lui est soumis. En revanche, si le contrôle est concentré, la Cour constitutionnelle ayant le monopole du contrôle de constitutionnalité des lois, le juge saisi du litige concret doit poser à la Cour constitutionnelle une question préjudicielle pour qu'elle tranche cette question et il pourra ensuite en tirer les conséquences pour le cas qui lui est soumis.* »[341]. Cette systématisation paraît plus opérationnelle. « La *question préalable*, comme la *question préjudicielle* est une question qui doit être tranchée par un juge pour qu'une solution puisse ensuite être portée au litige, mais la différence entre elles réside dans le fait que la *question préalable* est tranchée directement *par le juge saisi de l'affaire*, alors que la *question préjudicielle* est tranchée par *un autre juge*, interrogé sur ce point par le juge saisi de l'affaire. »[342]. Didier BASTSELE, Tony MORTIER et Martine SCAREZ sont du même avis : « *L'expression "question préjudicielle" vise les cas où une juridiction ne peut connaître d'un problème juridique soulevé devant elle et doit se remettre à la décision que prendra une autre juridiction sur le problème. En revanche, la "question préalable" consiste en l'examen, par une juridiction, d'un point de droit qu'elle doit nécessairement examiner avant de pouvoir statuer sur le litige qui lui a été déféré* »[343]. Il ne pouvait en être autrement. En droit judiciaire, il est depuis

340 Michel de VILLIERS, *Dictionnaire de droit constitutionnel*, Paris, Armand Colin, 2003, p. 112.

341 M.-A. COHENDET, *Droit constitutionnel*, Paris, Montchrestien, 2002, pp. 88-89.

342 Ibid. ; voir aussi, G. DRAGO, *Contentieux constitutionnel français*, 2è éd. Refondue, PUF, 2006, pp. 582-614 ; Th. RENOUX, « L'exception, telle est la question », *RFDC*, 1990, N° 4, p. 653 ; I. SALAMI, « Le traitement discriminatoire des délits de mariage devant les cours constitutionnelles béninoise et congolaise », in, *« www.la-constitution-en-afrique.org »*. pp. 3-4 ; L. FAVOREU *e. a.*, *Droit constitutionnel*, Paris, Dalloz, 2009, p. 272.

343 D. BASTSELE, T. MORTIER et M. SCAREZ, *Initiation au droit constitutionnel*, Bruxelles, Bruylant, 2009, p. 505.

longtemps établi qu'« *une question préjudicielle est une question dont (un juge) est saisi (et) que le juge ne peut lui-même résoudre* »[344].

Sous le bénéfice de toutes ces observations, il convient de retenir que, dans les modèles examinés, il devrait s'agir de *question préjudicielle*[345] et non pas d'*exception d'inconstitutionnalité* à l'américaine. Mais l'expression « *exception d'inconstitutionnalité* » a tellement du succès qu'elle est préférée par les textes constitutionnels d'Afrique francophone du premier d'entre ceux examinés, la Constitution béninoise du 11 décembre 1990, à la dernière d'entre eux, la Constitution gabonaise de 2024.

L'auteur de la requête en exception d'inconstitutionnalité : C'est le « *justiciable* » qui soulève la question devant le juge ordinaire, comme le dit, *expressis verbis,* le constituant **gabonais** : « *Tout citoyen* », prévoit le texte béninois, ce qui correspond à tout particulier, national ou étranger. **En Centrafrique**, il s'agit de « *toute personne* ». **En Côte d'Ivoire**, il est évoqué « *tout plaideur* » et **à Madagascar, on parle** d'« *une partie* ».

La RDC fait ouvre originale en cette matière. Il peut s'agir, dans ce pays, du plaideur, de la juridiction ordinaire saisie ou du Ministère public : « *Hormis les traités et accords internationaux, toute personne peut invoquer l'inconstitutionnalité des actes [...] dans une affaire qui la concerne devant une juridiction. Ce droit est reconnu aussi à la juridiction saisie et au Ministère public.* » (Article 52 de la loi organique sur la Cour constitutionnelle)

L'objet de l'exception : Par décision DCC 13-016 du 14 février 2013, la Cour constitutionnelle béninoise a rappelé que « *l'exception d'inconstitutionnalité doit porter sur la question de conformité à la Constitution d'une loi applicable au procès en cours* » et non sur un autre texte. En l'espèce l'avocat de la partie au procès ordinaire invoquait « *l'exception d'inconstitutionnalité devant le Juge de la Chambre des Criées du Tribunal de Première Instance de Deuxième Classe d'Abomey-Calavi au motif que « le rejet de sa demande de remise de l'adjudication pour causes grave et légitimes, fondée sur l'article 180 du Code des personnes et de la famille, et ce, en application de l'article 281 de l'Acte uniforme de l'OHADA sur les voies d'exécution, constitue une violation des articles 1er et suivant de la Constitution du 11 décembre 1990 et que lesdites dispositions protègent la famille, la femme et l'enfant et leur assurent le logement familial* ». La Cour a déclaré ce recours irrecevable.

---

344 C. CAMBIER, *Droit judiciaire civil*, Bruxelles, Larcier, 1974, p. 210. ; voir aussi, M-Fr. RIGAUX et B. RENAULD, *La Cour constitutionnelle*, Bruxelles, Bruylant, 2008, p. 174.

345 C'est l'expression qui a été préférée, par exemple, dans l'Annuaire international de justice constitutionnelle, 2007 ; M. FATIN-ROUGE STEFANINI (Études rassemblées par), « La question préjudicielle de constitutionnalité en droit comparé », in, *A.I.J.C*, 2007, pp. 12 et suivantes.

En RDC[346], au Gabon et à Madagascar, l'exception peut porter sur une loi, mais aussi sur un Règlement – il est précisé « *ordonnance* » au Gabon –.

La dimension optionnelle de l'exception : Il devrait sembler logique qu'un même texte ne soit pas attaqué devant la juridiction constitutionnelle, à la fois par la voir directe – pour les pays qui l'ont reconnu – et par la voie de l'exception d'inconstitutionnalité.

Au Bénin, par décision DCC 04-023 du 4 mars 2004, la Cour constitutionnelle a rappelé les textes fondant d'une part le recours direct, d'autre part l'exception d'inconstitutionnalité avant de décider « *que ces articles imposent donc au requérant le choix entre l'action directe et la procédure de l'exception d'inconstitutionnalité ; que Monsieur Moïse SAGBOHAN, ayant recouru concurremment à la procédure de l'exception d'inconstitutionnalité les 17 avril 2001 et 24 juillet 2002 et à celle de l'action directe le 20 octobre 2003, a méconnu les dispositions précitées ; que, dès lors, la procédure d'exception d'inconstitutionnalité engagée doit être déclarée irrecevable ;* ». Conformément à la formule alternative de l'article 121-1 de la Constitution béninoise, le requérant ne peut cumuler l'action directe, le recours en annulation, et l'exception d'inconstitutionnalité. Dans sa décision DCC 05-117 du 20 septembre 2005, la Cour confirme que « *les requérants ont le choix entre l'action directe et l'exception d'inconstitutionnalité ; qu'en l'espèce, ayant usé concurremment des deux voies, il échet de dire et juger que l'exception d'inconstitutionnalité soulevée par les requérants est irrecevable* ». La cour reprend inlassablement le même argument chaque fois que la situation se présente comme, ce fut encore le cas dans la décision DCC 06-076 du 27 juillet 2006 dans laquelle elle décide qu'« *en recourant concurremment à l'action directe le 09 août 2004 et à l'exception d'inconstitutionnalité le 09 novembre 2005, les requérants ont méconnu les dispositions de l'article 122 de la Constitution ; qu'il en résulte que l'exception d'inconstitutionnalité soulevée par les requérants doit être déclarée irrecevable* ; ». Le caractère optionnel de l'exception d'inconstitutionnalité est donc de jurisprudence constante.

Les rôles respectifs du juge ordinaire et du justiciable face aux obligations de sursis à statuer et de transmission : **Au Bénin**, une fois que le particulier a invoqué l'inconstitutionnalité d'une loi que le juge ordinaire s'apprête à lui appliquer, ce dernier est tenu de surseoir à statuer, ce qui correspond à une attitude bien précisée par le législateur

[346] L'article 43 de la loi organique sur la Cour constitutionnelle auquel renvoie l'article 52 de la même loi organique, évoque comme objet de l'exception « *des Lois, des actes ayant force de Loi, des édits, des Règlements Intérieurs des Chambres parlementaires, du Congrès et des Institutions d'Appui à la Démocratie ainsi que des actes règlementaires des autorités administratives* ».

organique[347], et doit saisir le juge constitutionnel, dans les huit jours qui suivent l'invocation de l'inconstitutionnalité[348]. Il n'y a aucune espèce de pouvoir d'appréciation conféré au juge *a quo*, qui, de ce fait, n'est pas partie au procès de constitutionnalité, mais un simple agent de transmission d'une question soulevée devant lui par les parties au procès ordinaire. La juridiction devant laquelle la question préjudicielle d'inconstitutionnalité est soulevée ne dispose d'aucune espèce de droit de regard sur sa pertinence ou son opportunité.

Il n'y a à cette obligation qu'une exception que la Cour constitutionnelle elle-même a bénie en déclarant conforme, par décision DCC 11-011 du 25 février 2011, le code de procédure civile, commerciale, administrative, sociale et des comptes, entré en vigueur le 28 février 2012. L'article 202 dudit code dispose en effet que : « *Le sursis à statuer pour cause d'exception d'inconstitutionnalité ne peut être prononcé dans les procédures tendant aux résultats visés à l'article 596 du présent code* ». Or, l'article 596 de ce code énonce : « *L'exécution provisoire ne peut pas être poursuivie sans avoir été ordonnée si ce n'est pour des décisions qui en bénéficient de droit. Sont notamment exécutoires de plein droit à titre provisoire les ordonnances de référé, les décisions qui prescrivent des mesures provisoires pour le cours de l'instance, celles qui condamnent au paiement d'une pension alimentaire, celles qui ordonnent des mesures conservatoires ainsi que les ordonnances du juge de la mise en état qui accordent une provision au créancier* ». La Cour constitutionnelle a validé, à travers plusieurs de ses décisions[349], des jugements ou arrêts estimant « qu'il résulte de ces dispositions[350] que *lorsque la décision qui sera rendue par une juridiction est exécutoire de plein droit, soit en raison de la matière, soit en raison de l'objet ou même de la juridiction elle-même, l'exception*

---

[347] La **loi N° 2022-09 du 27 juin 2022 portant loi organique sur la Cour constitutionnelle prévoit en** son article 37 que :

« *Le sursis à statuer prévu à l'article 122 de la Constitution [...] ne suspend pas l'instruction de l'affaire qui se poursuit sans discontinuité devant la juridiction concernée.*

Toutefois, l'affaire ne peut être mise en délibéré pour y être statué sans le règlement de l'exception par décision de la Cour constitutionnelle. ».

Le même texte poursuit :

« *Dans une même instance, la partie qui entend invoquer plusieurs moyens d'exception d'inconstitutionnalité doit le faire en une fois, dans la même requête. Lorsqu'une partie invoque au cours de la même instance, une autre exception d'inconstitutionnalité, fondée sur le même moyen ou sur des moyens différents de la première, la demande de sursis sera écartée, la juridiction saisie devant passer outre cette exception* ».

[348] Article 37, alinéa 3, de la loi organique sur la Cour constitutionnelle.

[349] DCC 17-066 du 23 mars 2017, DCC 17-071 du 30 mars 2017

[350] Les dispositions des articles 200, 201, 202 et 589 du CPCCASC

d'inconstitutionnalité n'entraîne pas le sursis à statuer… Qu'il n'y a donc pas lieu à sursoir à statuer»[351].

Il faut préciser que l'obligation de transmission du texte litigieux demeure. Seul est écarté le sursis à statuer. En clair, le juge judiciaire peut rendre sa décision malgré l'exception d'inconstitutionnalité soulevée. L'exception est quand même transmise à la Cour constitutionnelle par le juge. Lorsque la Cour constitutionnelle aura répondu, les conséquences de ladite décision sur l'affaire pourront toujours être prises en compte, car, il ne faut pas l'oublier, la décision rendue malgré l'exception soulevée n'est qu'une décision (exécution) provisoire.

En dehors de cette hypothèse, une décision de justice méconnaissant les obligations de sursis à statuer[352] et de transmission à la Cour constitutionnelle est annulable par cette dernière, comme ce fut le cas dans la décision DCC 96-009 du 23 janvier 1996. La Cour avait considéré en l'espèce que, par la procédure d'exception d'inconstitutionnalité, le constituant a entendu, non seulement «*protéger les droits de la défense*», mais aussi, « *consolider l'État de droit instauré par la Constitution du 11 décembre 1990* ». Par conséquent, toute décision de justice qui ne se conforme pas aux exigences de cette procédure, notamment, qui refuse de transmettre la question au juge constitutionnel, doit être déclarée contraire à la Constitution.

Si le juge *a quo* ne respecte pas le délai de transmission de huit jours, son comportement est déclaré contraire à la Constitution, sans qu'il soit tenu compte de sa prétendue ignorance du caractère urgent d'une procédure ou d'un quelconque surcroît de travail[353]. En l'espèce, une question préjudicielle posée le 17 avril 2001 devant la Cour d'appel de Cotonou n'a jamais été transmise. Il a fallu que le requérant pose la

---

351 Ordonnance ADD N° 014/3ème JEX-2017 du 22 février 2017.

352 Précision : La **loi N° 2022-09 du 27 juin 2022 portant loi organique sur la Cour constitutionnelle prévoit en** son article 37 que :

« *Le sursis à statuer prévu à l'article 122 de la Constitution […] ne suspend pas l'instruction de l'affaire qui se poursuit sans discontinuité devant la juridiction concernée.*

Toutefois, l'affaire ne peut être mise en délibéré pour y être statué sans le règlement de l'exception par décision de la Cour constitutionnelle. ».

Le même texte poursuit :

« *Dans une même instance, la partie qui entend invoquer plusieurs moyens d'exception d'inconstitutionnalité doit le faire en une fois, dans la même requête. Lorsqu'une partie invoque au cours de la même instance, une autre exception d'inconstitutionnalité, fondée sur le même moyen ou sur des moyens différents de la première, la demande de sursis sera écartée, la juridiction saisie devant passer outre cette exception* ».

353 DCC 04-023 du 4 mars 2004.

question une deuxième fois le 24 juillet 2002 avant que la Cour d'appel ne se décide à la transmettre le 7 août 2003.

Cela étant, au Bénin, la partie au procès *a quo* ne peut pas non plus saisir directement la Cour constitutionnelle d'une question préjudicielle ou exception d'inconstitutionnalité. Il s'agit, **comme à Madagascar**[354], d'une procédure de juge à juge[355]. Seul le juge ordinaire saisi de l'exception d'inconstitutionnalité a le pouvoir de saisir la Cour constitutionnelle sur ce point, sauf si, évidemment, la saisine de la Cour constitutionnelle béninoise se fait dans le cadre d'un recours contre un juge ordinaire qui a refusé de transmettre l'exception. Dans ce cas, ce recours n'est pas une exception d'inconstitutionnalité, mais un recours contre le comportement du juge[356]. Dans tous les cas, c'est à la Cour constitutionnelle qu'il revient de traiter cette exception et de lui donner une réponse.

En Côte d'Ivoire, par exemple, c'est au plaideur qu'il appartient de saisir, lui-même, le juge constitutionnel. En effet, l'article 135 de la Constitution ivoirienne de 2016 dispose : « *Tout plaideur peut, par voie d'exception, soulever l'inconstitutionnalité d'une loi devant toute juridiction. La juridiction devant laquelle la contestation de la loi est soulevée, sursoit à statuer et impartit au plaideur un délai de quinze jours pour saisir le Conseil constitutionnel. A l'expiration de ce délai, si le requérant ne rapporte pas la preuve de la saisine du Conseil, la juridiction statue.* ».

Effets de la décision rendue dans le cadre d'une exception d'inconstitutionnalité : Si le constat d'inconstitutionnalité est fait par la Cour constitutionnelle, dans la plupart des pays examinés, le texte n'est pas anéanti seulement pour l'espèce ayant conduit à la décision d'inconstitutionnalité. L'effet du constat d'inconstitutionnalité est le

---

354 L'article 118, alinéas 2 et 3 de la **Constitution de Madagascar** dispose :

« *Si, devant une juridiction, une partie soulève une exception d'inconstitutionnalité, cette juridiction sursoit à statuer et saisit la Haute Cour Constitutionnelle qui statue dans le délai d'un mois.*

De même, si devant juridiction, une partie soutient qu'une disposition de texte législatif ou réglementaire porte atteinte à ses droits fondamentaux reconnus par la Constitution, cette juridiction sursoit à statuer dans les mêmes conditions qu'à l'alinéa précédent. ».

L'article 39 de l'ordonnance sur la HCC prise avant la Constitution de 2010 semble, en contradiction avec la disposition constitutionnelle en ayant prévu en ses alinéas 1 et 2 : « *La partie qui a soulevé l'exception d'inconstitutionnalité devant une juridiction statuant sur un litige la concernant doit saisir la Haute Cour Constitutionnelle par requête, après la décision qui sursoit à statuer.*

La requête est déposée, en double exemplaire, au greffe de la haute Cour Constitutionnelle dans le délai d'un mois à compter de la décision. Elle n'a pas d'effet suspensif. »

355 Décisions DCC 97-042 des 6 décembre 1996 et 12 août 1997, DCC 01-030 du 17/05/01 et DCC 07-151 du 22/11/07.

356 DCC 96-009 du 23 janvier 1996.

même, en matière de recours direct en annulation (contrôle direct) comme en matière d'exception d'inconstitutionnalité : « *Une disposition déclarée inconstitutionnelle ne peut être ni promulguée ni mise en application* » dispose, sans distinction de procédure, la Constitution béninoise[357]. Cette solution est répandue en droit comparé. **L'article 137, alinéa 2, de la Constitution ivoirienne** « *En cas de saisine du Conseil constitutionnel par voie d'exception, la décision du Conseil constitutionnel s'impose à tous, au-delà des parties au procès. La loi ou la disposition déclarée inconstitutionnelle par le Conseil constitutionnel est abrogée.* ». **L'article 147, alinéa 2, de la Constitution centrafricaine** dispose : « *Une loi déclarée inconstitutionnelle ne peut être ni promulguée ni mise en application.* ». **L'article 118, alinéa 4, de la Constitution de Madagascar dispose** : « *Une disposition déclarée inconstitutionnelle cesse de plein droit d'être en vigueur.* ».

Le Gabon va plus loin que les autres pays en prévoyant une solution permettant **d'éviter un vide juridique** qui pourrait perturber l'ordre juridique suite à la décision de la juridiction constitutionnelle d'annuler le texte litigieux et de le sortir de l'ordonnancement juridique. En son article 120, alinéas 3, 4 et 5, la Constitution gabonaise prévoit que, si la Cour constitutionnelle « *déclare la loi ou l'ordonnance incriminée contraire à la Constitution, cette loi ou cette ordonnance cesse de produire ses effets à compter de la décision. Le Parlement examine, au cours de la prochaine session, dans le cadre d'une procédure de renvoi, les conséquences découlant de la décision de non-conformité à la Constitution rendue par la Cour. Lorsque la Cour Constitutionnelle admet l'inconstitutionnalité d'une ordonnance, le Président de la République remédie à la situation juridique résultant de la décision de la Cour dans un délai d'un (1) mois.* ».

Le cas de la RDC est original en cette matière. Les **effets** de l'arrêt rendu dans le cadre d'une exception d'inconstitutionnalité sont **limités à l'affaire en cause devant le juge ordinaire**. Il s'agit donc d'effets relatifs. L'article 53 de la loi organique sur la Cour constitutionnelle dispose en effet : « *La Cour statue par un arrêt motivé. Celui-ci est signifié à la juridiction concernée et s'impose à elle. L'acte déclaré non conforme à la Constitution ne peut être appliqué dans le procès en cours.* ».

C. Le contrôle par la saisine d'office

Dans certains pays, comme le **Bénin, la RD Congo, le Gabon ou le Sénégal**, une voie de saisine spécifique est prévue au profit de la juridiction constitutionnelle elle-même : la saisine d'office. Il semble que, si tous les pays ont une compréhension commune de ce que devrait être

[357] Article 124, alinéa 1 de la Constitution.

cette procédure (1), au Bénin, il lui a été trouvé une utilité complémentaire (2) avant que la réforme constitutionnelle de 2025 ne la nuance (3).

1) La compréhension partagée de la saisine d'office

L'article 121, alinéa 2, de la Constitution béninoise, repris par l'article 46 de la loi organique sur la Cour constitutionnelle et l'article 33 du Règlement intérieur de la Cour, prévoit que la Cour constitutionnelle « *[…] se prononce d'office sur la constitutionnalité des lois et de tout texte réglementaire censés porter atteinte aux droits fondamentaux de la personne humaine et aux libertés publiques. […]* ».

L'article 119, alinéa 3 de la Constitution gabonaise de 2024, dispose : « *La Cour Constitutionnelle se prononce d'office sur la constitutionnalité des lois et des ordonnances censées porter atteinte aux droits fondamentaux de la personne humaine et aux libertés publiques…* ».

L'article 49 de la loi organique sur la Cour constitutionnelle de RD Congo dispose :

« *A l'exception des traités et accords internationaux, le Procureur Général saisit d'office la Cour pour inconstitutionnalité des actes visés à l'article 43 de la présente Loi organique*[358] *lorsqu'ils portent atteinte aux droits fondamentaux de la personne humaine ou aux libertés publiques* ».

La différence entre auto-saisine et saisine d'office est que, dans l'auto-saisine, c'est le juge qui décide d'examiner un texte et, pour cela, s'en saisit lui-même sans en être préalablement saisi par qui que ce soit alors que dans la saisine d'office, il est préalablement saisi par un requérant, et profite de cette saisine pour se prononcer sur des dispositions qui lui semblent contraires à la Constitution ou aux droits fondamentaux consacrés par la Constitution.

C'est l'article 17, alinéa 3, de la **loi organique sur le Conseil constitutionnel du Sénégal** qui exprime mieux ce que c'est qu'une saisine d'office. Il dispose : « *Si le Conseil constitutionnel relève dans la loi contestée ou dans l'engagement international soumis à son examen, une violation de la Constitution, qui n'a pas été invoquée, il doit la soulever d'office.* ». Comme relevé ci-dessus, dans la saisine d'office, le juge est donc préalablement saisi d'un texte et à l'occasion de l'examen de ce texte, il décide d'examiner des dispositions dont il constate lui-même, sans que les griefs initiaux ne l'aient

---

[358] Article 43 de la loi organique sur la Cour constitutionnelle de RDC :
« La Cour connaît de la constitutionnalité des traités et accords internationaux, des Lois, des actes ayant force de Loi, des édits, des Règlements Intérieurs des Chambres parlementaires, du Congrès et des Institutions d'Appui à la Démocratie ainsi que des actes règlementaires des autorités administratives ».

signalé, des contrariétés avec la Constitution ou une partie de celle-ci – la partie portant sur les droits fondamentaux –. **Au Bénin**, la loi organique et le Règlement intérieur confirment cette compréhension en énonçant que la Cour «*peut,… examiner l'ensemble de la loi déférée même si la saisine est limitée à certaines dispositions de ladite loi*»[359] ou que « la *Cour constitutionnelle se prononce sur l'ensemble de la loi, tant dans son contenu que sur la procédure de son élaboration*»[360] même si elle n'est saisie que sur un point particulier du texte.

Il est à préciser qu'en contentieux constitutionnel béninois, comme en RD Congo et au Gabon, la saisine d'office est présentée comme une procédure spécifique de contrôle du respect des droits fondamentaux constitutionnellement consacrés par les lois, ordonnances, édits, règlements intérieurs de chambres parlementaires ou d'institutions d'appui à la démocratie ou autres textes réglementaires provenant des différentes autorités administratives. En effet, l'ancien article 121, alinéa 2, de la Constitution béninoise – que reprend presque *in extenso* l'article 119 de la Constitution gabonaise –, repris par l'article 46 de la loi organique sur la Cour constitutionnelle béninoise et l'article 33 du Règlement intérieur de la Cour constitutionnelle, prévoit que la Cour constitutionnelle « [...] *se prononce d'office sur la constitutionnalité des lois et de tout texte réglementaire censés porter atteinte aux droits fondamentaux de la personne humaine et aux libertés publiques.* [...] ». La saisine d'office semble ainsi ne pouvoir se déployer que lorsque des violations des droits de l'homme apparaissent dans des textes.

Cette forme de saisine d'office en matière de contrôle de constitutionnalité des textes – spécialement quand il s'agit de lois – au Bénin, au Congo, au Gabon comme au Sénégal, a ses vertus, car le requérant peut ne pas percevoir, de son propre chef, tous les motifs d'inconstitutionnalité qui entachent la norme qu'il soumet au contrôle de la haute juridiction. En supposant que les juges constitutionnels – ou le Procureur général près la Cour constitutionnelle en RDC – sont des experts de la question, le pouvoir de saisine d'office qui leur est ainsi attribué, leur donne la possibilité de (faire) purger le texte querellé de toutes ses imperfections tant formelles que substantielles.

Mais, au Bénin, une autre forme est apparue dans la pratique. Il s'agit des saisines d'office dans le cadre des dénonciations de violation des droits de l'homme qui ne trouvent pas leur source dans les textes ou décisions de justice.

---

359 Article 33, alinéa 3, de la loi organique sur la Cour constitutionnelle.

360 Article 35 du Règlement intérieur de la Cour constitutionnelle béninoise.

2) *La pratique béninoise de saisines d'office en cas de présomption de violation des droits fondamentaux n'ayant pas sa source dans un texte ou une décision de justice*

Même si la pratique exposée ici ne peut plus être mise en œuvre à l'avenir qu'en ce qui concerne les lois et actes issus de l'administration au regard de la limitation faite par le constituant de 2025 de réduire l'intervention du juge constitutionnel aux contrôles des lois, règlements et actes administratifs[361], cette autre forme de saisine d'office mérite d'être exposée dans sa totalité.

Elle a été mise en œuvre dans l'hypothèse où une saisine qui n'a rien à voir avec un contrôle de constitutionnalité de loi [ou de tout autre texte, voire de décision de justice], mais qui concerne une dénonciation de violation de droits fondamentaux [tirant sa source dans un comportement quelconque], est faite avec une défaillance qui devrait normalement conduire le juge constitutionnel, sur le fondement des textes qui organisent sa saisine, à abandonner l'examen du dossier. Mais, la Cour constitutionnelle décide d'ignorer cette cause textuelle d'abandon et examine le dossier avec, comme justification, qu'en matière de droits de l'homme, ni l'incompétence, ni l'irrecevabilité, encore moins le désistement, ne sont un obstacle à l'examen et à la sanction éventuelle d'une violation du droit en cause.

En ce qui concerne précisément les violations de droits de l'homme qui ne trouvent pas leur source dans des textes ou des décisions de justice, l'utilité de la saisine d'office réside en ce qu'elle permet de sanctionner une violation des droits de l'homme malgré le problème qui affecte la saisine. Autrement dit, au lieu de sanctionner l'auteur de la requête, c'est la violation qu'il dénonce qui est sanctionnée, le cas échéant. Dans ce cadre, la jurisprudence de la Cour constitutionnelle a mis en lumière trois formes de saisine d'office : les saisines d'office malgré une incompétence, les saisines d'office malgré une irrecevabilité et les saisines d'office malgré un désistement.

---

[361] L'article 121-2 de la Constitution telle que révisée en 2025, n'évoque de « *requête individuelle* » que pour le « *contrôle de constitutionnalité d'une loi, d'un texte réglementaire ou d'un acte administratif* ».

❖ Les saisines d'office malgré une incompétence

L'incompétence est définie comme l'inaptitude d'une juridiction à connaître d'une affaire[362]. Quand une juridiction la prononce dans une affaire, elle ne peut plus normalement statuer sur elle. Mais la Cour constitutionnelle du Bénin, au nom des droits fondamentaux et de la possibilité de saisine d'office en cette matière, traite la question avec une certaine originalité.

Un exemple de saisine d'office dans le cadre d'une incompétence est offert par la décision DCC 06-099 du 11 août 2006[363]. La Cour constate qu'en l'espèce « *le dossier sous examen a trait, non à une cause dont la sanction est soumise à l'exercice préalable du droit à la défense reconnu à toute personne, mais essentiellement à la résiliation unilatérale par l'employeur d'un contrat de travail à durée déterminée dont le contrôle relève de la légalité ; que, dès lors, l'article 7. 1 (c) invoqué par le requérant ne saurait recevoir application* ». Puisque l'examen d'une résiliation de contrat de travail ne relève pas, en soi, de la compétence du juge constitutionnel, la Cour constate qu'il appartient au juge de la légalité, et non à lui, d'en connaître.

Mais relevant, par ailleurs, qu'aux termes de l'article 26, alinéa 1er, de la Constitution, « *l'État assure à tous l'égalité devant la loi sans distinction d'origine,*

---

[362] G. CORNU (dir.), *Vocabulaire juridique*, 15ème édition mise à jour, Paris, PUF, 2024, p. 540.

[363] DCC 06-099 du 11 août 2006, inédit. Le requérant expose, en l'espèce, qu'il a été recruté en qualité d'assistant contractuel le 19 novembre 2001 pour une durée de deux (2) ans, renouvelable une fois ; (...) A la rentrée d'octobre 2003, alors qu'il attendait l'avis du ministre pour le renouvellement de son contrat, il a été surpris de recevoir, le 29 avril 2004, *une lettre non datée* du recteur l'informant que son contrat à durée déterminée était résilié depuis le 3 décembre 2003 ; (...) il affirme que cette décision rectorale concernait aussi son collègue OLODO P. Gérard ; (...) il soutient qu'il avait « *attaqué automatiquement ladite décision* estimant que son contrat à durée déterminée faute de renouvellement était devenu un contrat à durée indéterminée... » ; Il poursuit qu'« en outre, le premier contrat préconisait, en son article 9, qu'en cas de faute disciplinaire, le droit à la défense du contractuel doit être garanti ». C'est sur cette base qu'il dit avoir écrit au recteur pour préparer sa défense. Mais, déplore-t-il, « à ce jour, et malgré ses multiples démarches tant auprès des autorités rectorales que ministérielles, il n'a eu aucun engagement formel que sa cause serait entendue ». Il soutient qu'il en était à cette étape « lorsque le mardi 22 février 2005, les autorités rectorales ont invité son collègue OLODO P. Gérard, renvoyé le même jour que lui, à reprendre service. Ce que l'intéressé a fait. Il ajoute que ses enquêtes ont révélé que "des pressions politiques auraient obligé les autorités rectorales à prendre une telle décision". Le requérant demande donc à la Cour de constater la violation des articles 8, alinéa 2, 26, alinéa 1er, de la Constitution et 7 de la Charte Africaine des Droits de l'Homme et des Peuples. »

de race, de sexe, de religion, d'opinion politique ou de position sociale » ; que, selon une jurisprudence constante de la Cour « *la notion d'égalité s'analyse comme une règle selon laquelle les personnes relevant de la même catégorie doivent être soumises au même traitement sans discrimination* », la Cour se décide néanmoins à examiner le dossier, et en apparence, la lettre de résiliation du contrat, qui est un acte pris par une autorité administrative et qui fait grief. Ce faisant, la Cour utilise sa prérogative de saisine d'office, car il y avait présomption de violation des droits fondamentaux, notamment le fait que cette résiliation aurait été faite en violation du principe constitutionnel d'égalité. C'est donc, en définitive, non pas la lettre de résiliation du requérant en soi qui est examinée, mais l'existence ou non de violation du principe d'égalité dans la décision de l'Université de mettre un terme aux contrats de travail qui la liaient à plusieurs personnes, que la Cour a examinée pour voir si, dans un premier temps, ces personnes se trouvaient dans la même situation et, si oui, si elles avaient été traitées de la même façon. Pour la Cour, « *selon la déclaration du Recteur de l'Université de Parakou, "aux termes du premier contrat, Messieurs Cyrille HONAGBODE et Pierre OLODO ont été régulièrement et séparément évalués par les comités sectoriels 'Sciences Naturelles et Agronomiques', 'Sciences Politiques et Economiques' dont ils relèvent respectivement" ; que leurs contrats ont été résiliés pour le même motif ;* ». Mais, poursuit la haute juridiction, « *Monsieur Pierre OLODO, à la faveur d'une attestation de présence au poste a pu faire renouveler son contrat, tandis que le dossier de Monsieur Cyrille HONAGBODE a suivi une procédure régulière ayant "formellement abouti au non renouvellement de son contrat" ; que le requérant, intervenant dans une entité sectorielle différente de celle de Monsieur Pierre OLODO, ne saurait, en l'espèce, se comparer à ce dernier et conclure à une injustice ; qu'en conséquence il échet de dire et juger qu'il n'y a pas traitement inégal ;* ».

❖ Les saisines d'office malgré une irrecevabilité

L'irrecevabilité est le caractère de ce qui est irrecevable, c'est-à-dire, ce qui doit être écarté sans examen au fond[364]. Mais, au nom des droits fondamentaux et de la possibilité de saisine d'office offerte en la matière, la Cour constitutionnelle du Bénin traite la suite des irrecevabilités avec une certaine originalité.

Deux illustrations seront données ici et portent, l'une sur un **défaut de qualité**, l'autre sur un **défaut de capacité**.

---

[364] G. CORNU (dir.), *Vocabulaire juridique*, 15ème édition mise à jour, Paris, PUF, 2024, p.682.

La première illustration est portée par la décision DCC 17-016 du 31 janvier 2017. Dans une affaire d'expropriation pour cause d'utilité publique, un certain « *Collectif des victimes d'expropriation de l'arrondissement de Colli et de Houègbo, commune de Toffo, dans le cadre de la construction de la route inter-Etats Akassato-Bohicon* » saisit la Cour constitutionnelle pour dénoncer l'absence de dédommagement préalable. A l'étape du contrôle de la recevabilité de la requête, la haute juridiction constate : « *Considérant qu'aux termes de l'article 31 alinéa 2 du règlement intérieur de la Cour constitutionnelle : "… Pour être valable, la requête émanant d'une organisation non gouvernementale, d'une association ou d'un citoyen doit comporter ses nom, prénoms, adresse précise et signature ou empreinte digitale" ; que cette disposition impose à tout collectif ou toute association de justifier de sa capacité à ester en justice en rapportant la preuve de son existence légale par son enregistrement au ministère de l'Intérieur ; que le requérant n'a pas apporté à la Cour ladite preuve ; qu'il s'ensuit que "le Collectif des victimes d'expropriation de l'arrondissement de Colli et de Houègbo, commune de Toffo, dans le cadre de la construction de la route inter-Etats Akassato-Bohicon" n'a pas qualité pour ester en justice ; qu'il échet pour la Cour de dire et juger que la requête sous examen est irrecevable* ; ».

Mais, elle poursuit : « *Considérant que toutefois ladite requête fait état de la violation des droits de l'Homme, notamment du droit de propriété ; qu'il y a lieu pour la Cour, en vertu des dispositions de l'article 121 alinéa 2 de la Constitution, de se prononcer d'office* ; ». C'est alors qu'elle examine le fond du dossier pour faire observer que « *Considérant que l'article 22 de la Constitution énonce : "Toute personne a droit à la propriété. Nul ne peut être privé de sa propriété que pour cause d'utilité publique et contre juste et préalable dédommagement" ; […] qu'il se dégage de tout ce qui précède que les activités de dédommagement qui sont toujours en cours n'ont pas précédé les opérations d'expropriation comme l'exige l'article 22 précité de la Constitution ; qu'il s'ensuit que l'expropriation des membres du "Collectif des victimes d'expropriation dans le cadre de la construction de la route inter-Etats Akassato-Bohicon de l'arrondissement de Colli et de Houègbo dans la commune de Toffo", sans un juste et préalable dédommagement est contraire à la Constitution* ; ».

La seconde illustration est portée par la décision DCC 01-108 du 19 décembre 2001. Un mouvement de jeunesse appelé « *Défi* » saisit la Cour constitutionnelle pour lui signaler qu'« *il y a environ trois mois, le pouvoir en place dans notre pays a procédé nuitamment à l'arrestation de citoyens à Abomey en vue de justifier l'existence d'une certaine milice privée dans la cité des rois* ». Le mouvement en appelle à la libération de messieurs Martial Agadja et Joachim Agadja. Saisie du dossier, la Cour constitutionnelle souhaite en savoir davantage. Elle envoie donc une mesure d'instruction au mouvement qui l'a saisie. Mais elle est obligée de constater que le mouvement « *Défi* », « *par son silence opposé à la mesure d'instruction du 4 février 2000, n'a pas rapporté à ce jour la preuve de sa capacité à ester en justice ; qu'il y a lieu de déclarer sa requête irrecevable* ».

Mais, elle ajoute : « *Considérant cependant que, s'agissant d'une violation présumée de droits de l'homme, la Cour, conformément aux dispositions de l'article 121 alinéa 2 de la Constitution, peut se prononcer d'office* ». C'est sur cette base qu'elle traite le fond du dossier pour constater, après un transport judiciaire au tribunal d'Abomey, ville située à 140 kilomètres environ au nord de Cotonou, et l'examen de plusieurs documents de procédure, que, même si « *les mis en cause ont été placés sous mandat de dépôt le 26 novembre 1999 par le Juge du 1er Cabinet d'instruction d'Abomey pour association de malfaiteurs, et transférés à la Prison civile de Cotonou suivant ordonnance de la même date [...], la garde à vue des sieurs Martial Agadja et Joachim Agadja n'a pas débuté le 29 octobre 1999 comme l'indique le procès-verbal N° 05/DGPN/DPJ./DEF-1 du 28 octobre 1999 établi par le commissaire Mathias Zomaleto, fonctionnaire de Police, de surcroît assermenté ; qu'en réalité, le délai de ladite garde à vue court du 22 octobre 1999, date d'arrestation des mis en cause, au 26 novembre 1999, date à laquelle ils ont été mis sous mandat de dépôt ; qu'entre ces deux dates, il s'est écoulé manifestement plus de 48 heures sans qu'ils aient été présentés à un magistrat ; qu'il y a lieu de dire et juger que la garde à vue de messieurs Martial et Joachim Agadja est abusive et constitue une violation de la Constitution* ».

❖ Les saisines d'office malgré un désistement

Le désistement se définit comme l'abandon volontaire d'un droit, d'un avantage ou d'une prétention[365]. En procédure, on distingue généralement entre le désistement d'action et le désistement d'instance. Le premier est un acte par lequel le demandeur principal ou le défendeur qui a formé une demande reconventionnelle déclare abandonner ses prétentions à l'encontre de son adversaire. A la suite d'un désistement d'action, il y a renonciation à l'action et une nouvelle demande est irrecevable. Le désistement d'instance, quant à lui, est l'acte par lequel le demandeur abandonne sa demande principale ou incidente ou même un recours et qui éteint l'instance considérée, mais non, en général l'action.

De nombreuses décisions de la Cour constitutionnelle béninoise attestent de ce que, malgré le désistement, la Cour examine des affaires au fond s'il s'agit de question de droits de l'homme. Dans le cadre de la décision DCC 17-054 du 9 mars 2017, par exemple, un requérant

---

365 G. CORNU (dir.), *Vocabulaire juridique*, 15ème édition mise à jour, Paris, PUF, 2024, p.341.

demande à la Cour « *de condamner, d'une part, l'adjudant Geoffroy KOUHO pour violation des articles 15, 18 alinéa 1er, 34 et 35 de la Constitution… et 4, 5 et 6 de la Charte africaine des droits de l'Homme et des peuples, d'autre part, Madame Anne KOUHO de SOUZA pour violation des articles 15 et 18 alinéa 1er de la Constitution…* ». La haute juridiction, voulant mettre en œuvre le principe du contradictoire et demandant au requérant de fournir l'adresse des requis, se voit répondre par ce dernier, le vendredi 3 mars 2017 : « *Je crois qu'il vaut mieux me désister de mon action, car je n'ai pas l'adresse précise des intéressés…* ». La Cour dit alors dans sa décision « *qu'il y a donc lieu de lui donner acte de ce désistement* ; ».

Mais la haute juridiction poursuit : « *Considérant que toutefois, selon la jurisprudence constante de la Cour, le désistement n'est recevable que pour autant que les faits ne portent pas sur la violation des droits fondamentaux de la personne humaine ; qu'en l'espèce, la requête fait état de violation des droits de l'Homme ; qu'il échet en conséquence pour la Cour de passer outre ce désistement et de se prononcer d'office en vertu de l'article 121 de la Constitution* ; ». Malheureusement, en l'espèce, « *l'imprécision de l'adresse des mis en cause dans le recours n'a pas permis à la Cour d'instruire efficacement le dossier* », et, dans le même temps, « *le requérant qui aurait pu prêter main forte à l'aboutissement de cette instruction a indiqué ne plus avoir d'intérêt à agir* ». La Cour, compte tenu de ce qu'elle « *ne saurait alors se prononcer* », a décidé qu'« *il n'y a pas lieu à statuer en l'état dans la présente cause* ».

3) *La nuance apportée aux possibilités de saisine d'office en matière de violation des droits de l'homme.*

Au Bénin, au regard de ce que, par la réforme constitutionnelle de 2025, toute plainte en violation des droits fondamentaux (contrôle de constitutionnalité des faits et comportements portant atteinte aux droits de l'homme) devant la Cour constitutionnelle est devenue impossible, les situations de saisine d'office ne peuvent plus être possibles que si elles portent effectivement sur des textes conformément à une interprétation stricte de l'alinéa 2 de l'article 121 de la Constitution. Aux termes de cette disposition, la Cour constitutionnelle « *se prononce d'office sur la constitutionnalité des lois et de tout texte réglementaire censés porter atteinte aux droits fondamentaux de la personne humaine et aux libertés publiques* ».

D. Le contrôle des actes administratifs et réglementaires

Plusieurs juridictions constitutionnelles voient leurs compétences, en ce qui concerne le contrôle de constitutionnalité des textes de droit interne, élargies au-delà des seuls textes de nature législative[366]. C'est ainsi qu'au **Gabon**, l'article 115, alinéa 1, de la Constitution de 2024 dispose : « *La Cour Constitutionnelle peut statuer sur : - la constitutionnalité [...] des ordonnances après leur publication ;* » et ces recours contre « ... *les ordonnances peuvent être déférées à la Cour Constitutionnelle, [...] soit par les Présidents des Chambres du Parlement ou un dixième (1/10) des membres de chaque Chambre, soit par les Présidents de la Cour de Cassation, du Conseil d'État et de la Cour des Comptes, soit par tout citoyen ou toute personne morale lésée par [...] l'ordonnance querellée.* »[367].

Au **Bénin,** l'article 3, alinéas 2 et 3 de la Constitution dispose que : « *La souveraineté s'exerce conformément à la présente Constitution qui est la Loi Suprême de l'État. Toute loi,* ***tout texte réglementaire et tout acte administratif*** *contraires à ces dispositions sont nuls et non avenus. En conséquence,* ***tout citoyen*** *a le droit de se pourvoir devant la Cour constitutionnelle contre les lois,* ***textes et actes présumés inconstitutionnels****.* ».

La Cour constitutionnelle béninoise est donc compétente pour connaître de la constitutionnalité des textes administratifs par voie de recours direct et abstrait. Le nouvel article 121-2 de la Constitution, créé en 2025, dispose, en son alinéa 1, « *Toute requête individuelle aux fins de contrôle de constitutionnalité d'une loi, d'un texte réglementaire ou d'un acte administratif est formée dans un délai de trente jours à compter, selon le cas, de la date de publication de la loi ou du texte réglementaire, de la date de publication ou de notification de l'acte administratif.* »

Toutefois, au départ, deux thèses se sont affrontées sur l'étendue de la compétence de la Cour constitutionnelle béninoise à l'égard des actes administratifs et réglementaires. Il importe de les exposer avant d'analyser laquelle des deux est consacrée par la Cour constitutionnelle elle-même.

La première thèse est celle de la limitation de la compétence de la Cour aux *seuls actes réglementaires et administratifs censés violer les droits fondamentaux.* Selon **l'article 117 de la Constitution**, « *La Cour Constitutionnelle - statue [...] sur : [...] la Constitutionnalité des lois et des actes réglementaires censés porter atteinte aux droits fondamentaux de la personne humaine et aux libertés publiques en général, sur la violation des droits de la personne humaine* ». **L'article 121 alinéa 2 de la Constitution** prévoit aussi que la haute juridiction : « [...] *se prononce*

---

366 En RDC, pour le recours direct, il s'agit « *des traités et accords internationaux, des Lois, des actes ayant force de Loi, des édits, des Règlements Intérieurs des Chambres parlementaires, du Congrès et des Institutions d'Appui à la Démocratie ainsi que des actes règlementaires des autorités administratives.* ». Pour l'exception d'inconstitutionnalité, les traités ne sont pas compris. V. articles 43 et 52 de la loi organique sur la Cour constitutionnelle.

367 Article 119, alinéa 2, de la Constitution

d'office sur la constitutionnalité des lois et de tout texte réglementaire censés porter atteinte aux droits fondamentaux de la personne humaine et aux libertés publiques... ». Enfin, **l'article 35 (anciennement 22) de la Loi organique sur la Cour constitutionnelle** avant la réforme constitutionnelle de 2025 disposait que : « [...] *sont transmis à la Cour constitutionnelle soit par le Président de la République, soit par tout citoyen, par toute association ou organisation non gouvernementale de défense des droits de l'homme, les lois et actes réglementaires censés porter atteinte aux droits fondamentaux de la personne humaine et aux libertés publiques*... ». Se basant sur ces dispositions, certains auteurs affirmaient que « les actes [réglementaires] concernés par le contrôle de la Cour constitutionnelle sont exclusivement ceux qui sont censés porter atteinte aux droits fondamentaux de la personne humaine et aux libertés publiques »[368].

D'autres auteurs affirmaient la *compétence de la Cour à l'égard de tous les actes réglementaires et administratifs.* Cette thèse est fondée sur l'article 3, alinéa 3, de la Constitution qui dispose : « *Toute loi, tout texte réglementaire et tout acte administratif contraires [aux dispositions de la Constitution] sont nuls et non avenus. En conséquence, tout citoyen a le droit de se pourvoir devant la Cour Constitutionnelle contre les lois, textes et actes présumés inconstitutionnels.* ». Cette disposition évoque les textes et actes présumés inconstitutionnels, sans préciser, d'une part, ce qu'il faut entendre par « *texte* » ou « *actes* » – s'agit-il simplement de textes, mais pourquoi parler alors d'actes ? Ne s'agit-il pas aussi des situations juridiques et des comportements positifs ou même des abstentions ? –, d'autre part, si l'inconstitutionnalité des « *actes* » est uniquement la contrariété de ceux-ci avec les droits fondamentaux ou leur contrariété avec d'autres dispositions constitutionnelles.

Pour Ibrahim SALAMI, c'est la « *conception extensive des compétences de la Cour constitutionnelle* » qu'il convient de retenir. Issaou SOUMANOU est également de cet avis[369]. Nous ne pouvons adhérer qu'à cette dernière position, puisque la jurisprudence de la Cour constitutionnelle va dans ce sens. Cette jurisprudence montre bien que la Cour connaît de la constitutionnalité de toute forme d'acte administratif, que ceux-ci soient

---

368 Cf. en ce sens, C. MONTEIRO, « Le contrôle de constitutionnalité des actes juridiques au Bénin », in, *Bulletin de Droit et d'Information de la Cour suprême du Bénin*, N° 17, 2001, pp. 14 et 15. ; et, M.-M. MBORANTSUO, *La contribution des Cours constitutionnelles à l'État de droit en Afrique*, Paris, Economica, 2007, p. 146.

369 I. SOUMANOU, *Contribution de la Cour constitutionnelle à la consolidation de l'État de droit au Bénin,* Mémoire de DEA, Chaire UNESCO des droits de la personne et de la démocratie, Faculté de droit, Université d'Abomey-Calavi, Bénin, 2005-2006, p. 63.

réglementaires ou non, et qu'ils soient censés violer les droits fondamentaux ou non[370].

Mais **il est important que les actes – écrits – des autorités publiques aient une force exécutoire.** Ainsi, le « *Coutumier du Dahomey* », compilation des coutumes des diverses ethnies du Bénin « *n'a pas force exécutoire* » et « *ne relève pas en conséquence de la catégorie des actes émanant du pouvoir exécutif et susceptibles d'être soumis au contrôle de constitutionnalité* »[371]. De même, « *selon une jurisprudence constante de la haute juridiction, un acte préparatoire d'une décision administrative n'est pas lui-même un acte administratif* » susceptible de recours devant la Cour constitutionnelle[372]. C'est ce que confirme l'article 122, alinéa 1er, de la Constitution telle que révisée en 2025, dispose : « *La Cour constitutionnelle ne peut étendre son contrôle aux actes des organes du pouvoir judiciaire. Elle ne peut non plus étendre ce contrôle ni aux textes et actes dépourvus de caractère réglementaire ou administratif ni aux déclarations.* ».

II. Analyse critique du droit applicable aux contrôles *a posteriori*

Le contrôle *a posteriori* prévu en ce qui concerne la loi ordinaire peut être provoqué par une saisine directe du juge constitutionnel (A) ou par une saisine en exception d'inconstitutionnalité soulevée devant le juge ordinaire (B). Que penser par ailleurs du contrôle des actes administratifs et réglementaires ? (C).

A. Le contrôle direct et abstrait

La justification de ce type de contrôle provient de ce que le juge constitutionnel est parfois présenté comme l'allié du peuple, car il a la possibilité de se retourner contre les représentants du peuple lorsque ceux-ci voudraient travestir sa volonté. A cet égard, Marc VERDUSSEN écrit que « *la culture politique issue de la Révolution française a longtemps véhiculé une foi apologétique en un législateur infaillible. […]. C'est l'idée que la loi tient sa transcendance, non pas de ses prétendues qualités intrinsèques, mais de la majesté de*

370 Dans la décision DCC 98-087 des 24 août et 18 novembre 1998, c'est sur la base des articles 7 et 39 de la loi organique sur la Haute Autorité de l'Audiovisuel et de la Communication, dont la Cour a dit expressément qu'elle faisait partie du bloc de constitutionnalité, que le décret du président de la République a été déclaré contraire à la Constitution.

371 DCC 96-063 du 26 septembre 1996, *Recueil, 1996*, pp. 275-277.

372 DCC 03-038 du 12 mars 2003, *Recueil, 2003*, p. 162.

son origine : elle ne peut être que parfaite puisqu'elle a été votée par les représentants du peuple. »[373]. Dans cette logique où la démocratie est réduite à sa dimension électorale, « *la volonté des représentants est celle des représentés et la volonté des représentés celle des représentants ; toute tentative pour dissocier les deux volontés, pour opposer l'une à l'autre, répond à des préoccupations antidémocratiques* »[374]. Or, « *le plus grand mérite des régimes politiques de l'Europe d'après-guerre est d'avoir pris conscience de l'ineptie d'une telle croyance. En clair, le législateur peut se tromper. Il advient même –offense majeure– qu'il porte atteinte à la Constitution. Il convenait d'en tirer les conséquences et d'organiser un mécanisme de sanctions des lois inconstitutionnelles* »[375]. Ce faisant, le juge constitutionnel casse la fusion supposée du peuple et de ses représentants. Il se fonde sur le postulat qu'il y a possibilité de divergence entre la volonté *constituante* du peuple et la volonté *législative* de ses représentants. Par sa jurisprudence, le juge constitutionnel constitue les droits des citoyens en corps séparés des droits des représentants[376]. « *Le rôle d'une Cour constitutionnelle, qui entend pleinement assurer son rôle de contre-pouvoir, est d'écouter et, s'il échet, de protéger ceux dont les intérêts ont été délaissés dans les hémicycles parlementaires et les cénacles gouvernementaux.* »[377].

B. Le contrôle indirect, les questions préjudicielles, l'exception d'inconstitutionnalité : les leçons du droit comparé européen

Cette question a fait l'objet de nombreuses études. Il ressort de ces travaux[378] qu'en dehors du Portugal, de l'Arménie, de la Croatie et de la Suisse, tous les États européens connaissent une procédure par laquelle un

---

373 M. VERDUSSEN, *Les douze juges, La légitimité de la Cour constitutionnelle*, Bruxelles, Éditions Labor, 2004, p. 11.

374 D. ROUSSEAU, « Faut-il supprimer le Conseil constitutionnel ? », in D. ROUSSEAU (Sous la direction de), *Le Conseil constitutionnel en questions*, Paris, L'harmattan, 2004, p.10.

375 M. VERDUSSEN, ibid.

376 D. ROUSSEAU, ibid.

377 M. VERDUSSEN, ibid., p. 52.

378 A. ALEN et M. MELCHIOR, « Les relations entre les cours constitutionnelles et les autres juridictions nationales, y compris l'interférence en cette matière, de l'action des juridictions européennes, Rapport général de la 12ème Conférence des cours constitutionnelles », Mai 2002, *R.U.D.H*, 31 décembre 2002, pp. 341 et sv ; G. DRAGO, *Contentieux constitutionnel français*, 2ème édition refondue, Paris, PUF, 2006, p. 76 ; L. FAVOREU et autres, *Droit des libertés fondamentales*, 4ème édition, Paris, Dalloz, 2007, p. 148 ; C. REWE et H. RUIZ-FABRI, *Droits constitutionnels européens*, Paris, PUF, 1995, p. 82 et svtes ; M. FATIN-ROUGE STEFANINI (Études rassemblées par), « La question préjudicielle de constitutionnalité en droit comparé », *AIJC*, 2007.

juge de fond qui, au cours de l'examen d'un litige dont il est saisi, constate que la constitutionnalité d'une des dispositions qu'il s'apprête à appliquer est remise en cause (par lui-même ou par l'une des parties au procès), doit, ou pourrait, surseoir à statuer et s'en référer au juge constitutionnel, dont la décision de conformité ou de non-conformité conditionne l'application ou non des dispositions litigieuses au litige « *non constitutionnel* » de départ. Sous cette adhésion de départ se cachent néanmoins plusieurs variantes de la question préjudicielle.

- *S'agissant ainsi des juridictions qui ont compétence pour s'adresser au juge constitutionnel*, dans certains États comme l'Albanie, Andorre, la Bosnie-Herzégovine, l'Allemagne, l'Italie, le Liechtenstein, la Macédoine, la Pologne, la Slovaquie, la Slovénie, la Turquie, la Roumanie, l'Espagne, la Lituanie, la Hongrie, la Tchéquie et la Géorgie, *toutes les juridictions*, de quelque degré que ce soit, ont le pouvoir de poser la question préjudicielle au juge constitutionnel. Dans d'autres États, tels que la France, le Belarus, l'Azerbaïdjan, la Bulgarie, l'Ukraine, la Moldavie et la Lettonie, le pouvoir de saisir le juge constitutionnel est réservé aux *juridictions supérieures* qui sont saisies à cet effet par le juge devant lequel la question a été soulevée.
- *La question à poser au juge constitutionnel* peut *provenir directement des parties* – parfois, comme en France, en Ukraine ou au Liechtenstein, c'est la seule possibilité – ou *être soulevée d'office par le juge* saisi du litige de départ. En fait, la plupart des systèmes combinent ces deux possibilités dans ce qu'il convient d'appeler un *système d'initiative mixte* dans lequel l'une et l'autre des deux possibilités sont admises. Il en est ainsi en Albanie, à Andorre, en Bulgarie, en Allemagne, en Italie, en Turquie, en Roumanie, en Espagne, en Hongrie et en Tchéquie.

  Quand ce sont les juridictions ordinaires qui prennent la décision de saisir le juge constitutionnel, il leur est parfois imposé, comme en Espagne, l'obligation de soumettre leur décision à la contradiction des parties. Mais, en général, le juge ordinaire n'est pas tenu de rouvrir les débats une fois qu'il a pris l'initiative de poser la question au juge constitutionnel.

  Quand ce sont les parties qui soulèvent le doute sur la constitutionnalité de la disposition qu'on voudrait leur appliquer, les juges de fond n'ont pas tous la même *latitude ou liberté pour saisir le juge constitutionnel.*

  - Certains systèmes imposent aux juridictions ordinaires une *stricte obligation d'interroger la juridiction constitutionnelle dès que le moindre doute est élevé devant elles* quant à la conformité d'une des normes qu'elles ont à appliquer à la Constitution, leur déniant ainsi la moindre compétence propre en matière de contrôle de constitutionnalité. On pourrait ranger dans cette catégorie les systèmes de la Bosnie-Herzégovine, de la Roumanie, de la Moldavie ou de l'Autriche.

- Certains autres systèmes donnent un *pouvoir d'appréciation aux juridictions ordinaires dans la mesure où elles jugent de l'opportunité* de saisir la juridiction constitutionnelle, se donnant, qu'on le veuille ou non, un pouvoir plus ou moins restreint – ou plus ou moins large – d'appréciation de la constitutionnalité de la norme querellée, comme c'est explicitement le cas en France, en Allemagne ou en Tchéquie[379]. De cette manière, *le problème qui peut se poser est que le juge ordinaire se transforme en juge constitutionnel lui-même en considérant qu'il n'y a pas lieu d'envoyer la question au juge constitutionnel car, selon lui, il n'y aurait aucune inconstitutionnalité.* Ce risque ne saurait être complètement écarté, car plusieurs États font de cette liberté accordée au juge ordinaire d'apprécier l'opportunité de saisir le juge constitutionnel de la question soulevée par les parties, *un filtre.* Dans certains pays, tels que l'Allemagne, la Russie, la Hongrie, la Tchéquie et l'Italie, le juge ordinaire effectue un premier examen de la question de constitutionnalité. *En France*, c'est un *double filtrage* qui est effectué dans le cadre de la procédure d'examen de la question prioritaire de constitutionnalité par les juridictions ordinaires[380]. Il faut rappeler que trois conditions doivent être considérées comme remplies par les juges ordinaires pour qu'ils décident de transmettre la question au juge constitutionnel : - la disposition législative contestée doit être prévue pour s'appliquer dans le cas du litige ou de la procédure en cours, ou constituer le fondement des poursuites ; - cette disposition législative ne doit pas déjà avoir été déclarée conforme à la Constitution par le Conseil constitutionnel ; -

---

379 A. ALEN et M. MELCHIOR, « Les relations entre les cours constitutionnelles et les autres juridictions nationales, y compris l'interférence en cette matière, de l'action des juridictions européennes, Rapport général de la 12ème Conférence des cours constitutionnelles », Mai 2002, *R.U.D.H*, 31 décembre 2002, p. 342 ; voir aussi, *« http://www.village-justice.com/articles/question-prioritaire,7510.html ».*

380 M. DISANT, *Droit de la question prioritaire de constitutionnalité. Pratiques jurisprudentielles*, Lamy, coll. Axe Droit, 2011, Même auteur, *La QPC en actions. Usages et stratégies des avocats* (dir.), Rapport de recherche « QPC 2020 », 2020.

la question soulevée doit être *« nouvelle »* ou présenter *« un caractère sérieux »*. En se basant sur l'appréciation de ces conditions, dans un premier temps, c'est le juge devant lequel se déroule l'instance qui doit déterminer s'il transmet ou non la question du justiciable à la Cour de cassation ou au Conseil d'État. Si les conditions de la Question Prioritaire de Constitutionnalité sont réunies, il doit transmettre, sans délai, la question à l'une de ces deux juridictions, selon qu'il s'agit de l'ordre judiciaire ou de l'ordre administratif. Dans un second temps, le Conseil d'État ou la Cour de cassation devront, de nouveau, vérifier si les conditions de la Question Prioritaire de Constitutionnalité sont rassemblées, notamment si la juridiction qui les a saisis a convenablement apprécié ces conditions et si la question est bien nouvelle ou présente un caractère sérieux. Ce n'est qu'après avoir franchi ces deux étapes avec succès que la Question Prioritaire de Constitutionnalité est transmise au Conseil constitutionnel, ce dernier, la recevant accompagnée des mémoires ou des conclusions des parties et disposant d'un délai de trois mois pour prendre sa décision. Si l'on ne peut nier l'intérêt d'un filtre pour éviter l'encombrement – et donc, à terme, l'inefficacité – du juge constitutionnel[381], le mieux est de laisser le juge constitutionnel lui-même mettre en œuvre son système de filtrage. La participation du juge ordinaire au débat de constitutionnalité peut alors se faire à travers la motivation de la question qu'il adresse au juge constitutionnel.

- *En ce qui concerne la motivation de la question préjudicielle posée au juge constitutionnel*, il y a des systèmes qui, tels l'Autriche et la Bulgarie, n'accordent aucune importance à celle-ci, puisque le juge ordinaire peut se contenter de formuler une question, sans l'accompagner d'argumentation détaillée. Mais dans de nombreux États, les juges ordinaires, lorsqu'ils interrogent le juge constitutionnel, le font par une décision motivée, comprenant les raisons pour lesquelles elles estiment que la norme en cause est inconstitutionnelle, ainsi que, le cas échéant, les positions exprimées par les parties[382]. Certains

381 L. FAVOREU et autres, *Droit des libertés fondamentales*, 4ème édition, Paris, Dalloz, 2007, pp. 147-148.

382 A. ALEN et M. MELCHIOR, « Les relations entre les cours constitutionnelles et les autres juridictions nationales, y compris l'interférence en cette matière, de l'action des

États imposent même cette motivation au juge ordinaire. Il en est ainsi en France et en Espagne, par exemple.

- *S'agissant des systèmes de filtrage en œuvre devant les juges constitutionnels,* il convient de relever l'existence d'une possibilité pour les juridictions constitutionnelles de refuser l'examen d'une affaire pour des motifs de forme, de procédure, de compétence ou d'existence d'une décision antérieure de la Cour sur le même sujet. En Italie, la Cour dispose de la possibilité de prononcer une ordonnance de « *manifeste absence de fondement* »[383]. Ce type de décision de « *non-examen* » ou de « *refus d'examen* » est connu, sous différentes formes, en Pologne, en Géorgie, en Tchéquie, en Moldavie, en Azerbaïdjan, au Belarus[384]. Une procédure distincte, plus courte, existe même devant certaines autres juridictions constitutionnelles. En Allemagne, une procédure rapide permet à la Cour constitutionnelle de rejeter les questions lorsque la Chambre saisie constate qu'une interprétation de la norme mise en cause qui rend celle-ci conforme à la Constitution est possible[385]. En Espagne, le tribunal constitutionnel peut rejeter la question lorsqu'il constate qu'elle n'est pas posée par un organe judiciaire dans le cadre d'un procès, que la norme en cause n'est pas applicable à l'espèce, que la question n'est pas pertinente pour la solution du litige *a quo* ou qu'elle est notoirement non fondée – notamment si la question a déjà été tranchée par le tribunal constitutionnel –.[386]

Un aspect de la question qui se rapproche du filtrage est l'examen, par la juridiction constitutionnelle, de la *pertinence de la question posée.* En effet, dans certains modèles de contentieux constitutionnel, la pertinence de la question posée pour la solution du litige pendant devant la juridiction *a quo* constitue une condition de recevabilité de la question préjudicielle. L'Espagne, l'Allemagne, l'Autriche, la Roumanie, et plusieurs autres pays s'inscrivent dans cette logique, à l'inverse de pays comme l'Ukraine, l'Albanie, le Belarus, qui ne reconnaissent pas ce type de contrôle. Un pays comme l'Italie est

---

juridictions européennes, Rapport général de la 12ème Conférence des cours constitutionnelles », Mai 2002, *R.U.D.H*, 31 décembre 2002, p.343.

383 Ibid.

384 Ibid., p. 344.

385 Rainer ARNOLD, « La question préjudicielle de constitutionnalité en Allemagne », *A.I.J.C.*, 2007, p. 24.

386 A. ALEN et M. MELCHIOR, Ibid. ; voir aussi, Pierre BON, « La question préjudicielle de constitutionnalité en Espagne », *A.I.J.C.*, 2007, p. 34.

entre les deux systèmes dans la mesure où, sous prétexte de contrôler la motivation de l'ordonnance par laquelle le juge constitutionnel est saisi, ce dernier en vient, par ses décisions d'inadmissibilité, à sanctionner, un problème de pertinence de la question qui lui est posée par les juges *a quo*[387].
Sans trouver que la question serait dépourvue de pertinence, il peut arriver que le juge constitutionnel soit convaincu qu'avec un effort de *reformulation*, la question à laquelle il est appelé à répondre pourrait être utile à la clarification d'une controverse de constitutionnalité. Des systèmes tels que ceux en œuvre en Hongrie, en Azerbaïdjan, en Albanie, en Turquie, lui donnent alors la possibilité de reformuler la question qui lui est posée. D'autres pays, tels que Chypre, Andorre, Pologne et Géorgie, ont consacré, lorsque la question, tel qu'elle est posée, ne permet pas au juge constitutionnel de répondre convenablement au litige de constitutionnalité, une possibilité de renvoi au juge *a quo* pour compléter ou reformuler lui-même sa question afin de permettre le règlement du litige de constitutionnalité. Enfin, certains pays interdisent au juge constitutionnel, à la fois, de reformuler, et de renvoyer pour reformulation ou complément, la question qui lui a été posée. Il doit y répondre en l'état. Dans cette dernière catégorie de pays, on pourrait ranger la Slovaquie, l'Autriche ou la Roumanie[388].

- *Une dernière question soulevée par les différents modèles de question préjudicielle touche à l'interprétation de la norme contrôlée.* Il arrive en effet régulièrement que le juge *a quo* en posant la question au juge constitutionnel, et – parfois – compte tenu de l'obligation qui lui est faite de motiver sa question, donne une interprétation à la norme dont il souhaite soumettre à la Cour le contrôle de constitutionnalité. La question est alors de se demander si le juge constitutionnel peut être lié par cette interprétation. Dans des pays comme l'Espagne ou l'Autriche, le juge constitutionnel respecte l'interprétation donnée à la norme contrôlée par le juge *a quo*, lorsque cette interprétation permet de considérer comme conforme à la Constitution, ceci, même si une autre interprétation est envisageable. Lorsque l'interprétation faite n'aboutit pas au constat de constitutionnalité, le juge constitutionnel a la possibilité de donner une autre interprétation à la norme contrôlée pour la

387 A. ALEN et M. MELCHIOR, Ibid., p. 345.
388 Ibid.

« *sauver* », c'est-à-dire la considérer, à l'opposé du juge *a quo*, comme conforme à la Constitution[389].

C. Le contrôle des actes administratifs et réglementaires

Que penser – par principe – du pouvoir de contrôle que certaines juridictions constitutionnelles, comme celle du **Bénin** ou celle du **Gabon,** se sont vues reconnaître sur les actes administratifs et réglementaires ?

Il convient d'insister, comme le fait Hans KELSEN, sur la pertinence du contrôle de constitutionnalité des actes administratifs et réglementaires tel qu'il est consacré au Bénin. Hans KELSEN conçoit parfaitement que les règlements puissent faire l'objet de contrôle de constitutionnalité. Pour lui, les règlements de nécessité qui sont, comme les décrets autonomes, immédiatement subordonnés à la Constitution, et qui ne sont donc pas des règlements d'application des normes législatives, doivent voir se diriger contre eux les garanties de la Constitution, de la même manière que celles-ci sont dirigées contre les lois inconstitutionnelles[390]. « L'expérience enseigne en effet que partout où la Constitution autorise ces règlements de nécessité, leur constitutionnalité est toujours, à tort ou à raison, passionnément contestée »[391]. Or, c'est le cas au Bénin, puisque l'article 100 de la Constitution précise que « *les matières autres que celles qui sont du domaine de la loi ont un caractère réglementaire…* » « Il est très important qu'il existe, pour trancher ces litiges, une instance suprême dont l'objectivité soit hors de contexte, surtout si – parce que les circonstances l'exigent – ils interviennent dans des domaines importants. »[392].

Hans KELSEN considère que les règlements complémentaires, ceux qui sont pris en application d'une loi, peuvent aussi faire l'objet de contrôle de constitutionnalité, dans la mesure où la Constitution peut autoriser et décrire brièvement les modalités de leur adoption. Les autorités qui doivent prendre ces actes réglementaires complémentaires pourraient violer les règles constitutionnelles de forme ou de fond. « Lorsque la Constitution pose des principes relatifs au contenu des lois, par exemple dans un catalogue des droits fondamentaux, les actes administratifs faits en application de ces lois peuvent être inconstitutionnels en un autre sens encore que l'est tout acte administratif illégal »[393]. Autrement dit, un acte administratif peut être illégal comme il peut être inconstitutionnel. Tout

---

389 Ibid.

390 H. KELSEN, *loc. cit.*, R.D.P., 1928, N° 35, p. 207.

391 Ibid., p. 229.

392 Ibid.

393 Ibid, p. 209.

l'art du travail de juge constitutionnel consiste alors, en pareil cas, à ne pas se mettre à effectuer le travail de juge de la légalité à sa place et à ne faire que son travail de contrôle de constitutionnalité[394].

Par la généralité de son intervention en matière d'acte administratif et réglementaire, la Cour constitutionnelle béninoise s'écarte un peu du souhait de Hans KELSEN. Le juriste autrichien, qui approuve le contrôle de constitutionnalité des actes des autorités exécutives en général, l'écarte néanmoins sur une catégorie précise où l'on retrouve toujours le juge constitutionnel béninois. Il affirme en effet que « **les actes individuels** faits par les autorités administratives ne doivent pas davantage, même s'ils sont immédiatement subordonnés à la Constitution, être soumis au contrôle du tribunal constitutionnel »[395].

En conclusion sur la compétence du juge constitutionnel à l'égard des actes administratifs et réglementaires, il convient de reconnaître que, d'une part, cela ne contredit pas – du moins, dans une large part – l'approche kelsénienne de la justice constitutionnelle, comme on l'a démontré, d'autre part, cela est lié à plusieurs facteurs, les uns juridiques, les autres, à la fois historique, sociologique et politique.

Au titre des *facteurs juridiques*, il faut reconnaître que, en comparaison au contentieux constitutionnel en œuvre au Bénin, le contentieux administratif est trop formaliste. Il faut veiller à l'apposition du timbre sur la requête, la consignation de la caution, le recours administratif préalable (respect de ses délais, administration de sa preuve postale) ou la décision préalable pour le plein contentieux, la constitution d'avocat pour le recours de plein contentieux, plusieurs autres questions de délai, la production d'un mémoire ampliatif dans le délai prescrit…[396]. En face, les conditions de recevabilité des recours devant la Cour constitutionnelle sont pour le moins sommaires[397].

Au *plan sociologique et historique*, la juridiction administrative au Bénin, connue déjà à l'époque révolutionnaire, continue de faire l'objet de doute quant à sa capacité à sanctionner les autorités politico-administratives, ce,

---

394 C. KEUTCHA TCHAPNGA, « Le juge constitutionnel, juge administratif au Bénin et au Gabon ? », *Revue française de Droit constitutionnel*, 75, 2008, pp. 551-583.

395 Ibid., p. 233.

396 S. DOSSOUMON, « Simples propos sur le contentieux administratif », *Bulletin de droit et d'information de la Cour suprême du Bénin*, N° 002, 1997, p. 6.

397 La Cour constitutionnelle béninoise a fini elle-même par fixer un délai de recours qui est de 30 jours après la publication ou la notification de l'acte administratif ou réglementaire selon l'article 28 de la loi organique.

malgré le courage et les efforts dont elle a toujours fait montre[398], alors que la Cour constitutionnelle, nouvelle venue dans le paysage juridictionnel, a frappé les esprits de tous par les différentes annulations ou invalidations qu'elle a prononcées dès son entrée en activité, contre les autorités législatives et exécutives du pays.

La compétence de la Cour constitutionnelle béninoise à l'égard des actes administratifs ne nous paraît donc pas devoir lui être reprise à cette étape de l'évolution de la justice constitutionnelle et de la construction de l'État de droit au Bénin, ce d'autant que, comme on l'a montré, elle n'enlève pas au juge administratif sa compétence de juge de la légalité. L'essentiel est que chaque juge sache rester dans ses attributions pour participer, chacun en ce qui le concerne, à la construction de l'État de droit.

---

398 Th. HOLO, « Contribution à l'étude des chambres administratives : Cas de la Chambre administrative de la Cour populaire centrale du Bénin », in, Gérard CONAC et Jean de GAUDUSSON (sous la direction de), *Les cours suprêmes en Afrique, Tome III, La jurisprudence administrative*, Paris Economica, 1988, pp. 25-26.

Chapitre 3 : Les autres contrôles rentrant dans la compétence des juridictions constitutionnelles africaines

En dehors des contrôles de constitutionnalité des normes, les autres contrôles confiés aux juges constitutionnels dans les pays sous examen sont :

- Régulation du fonctionnement des institutions (Section 1) ;
- Contrôle des élections présidentielles et législatives et du référendum (Section 2) ;
- Attribution d'interprétation de la Constitution reconnue à certaines juridictions constitutionnelles africaines (Section 3) ;
- Les attributions pénales de la Cour constitutionnelle de RDC (Section 4) ;
- Autres attributions des juridictions constitutionnelles (Section 5).

Section 1 : Régulation du fonctionnement des institutions et de l'activité des pouvoirs publics

La fonction de régulation apparaît comme inhérente, sous-entendue ou transversale, quel que soit le contrôle effectué par le juge constitutionnel (§.1), mais elle est aussi une fonction autonome et spécifique (§.2)

I. La régulation, une fonction transversale

Alors même que le texte constitutionnel français de 1958 ne fait aucune allusion au pouvoir du Conseil constitutionnel d'exercer un quelconque rôle de régulateur, la haute juridiction constitutionnelle française, dans sa décision N° 62-20 DC du 6 novembre 1962, souligne que « *la Constitution [...] a fait du Conseil constitutionnel un organe régulateur de l'activité des pouvoirs publics...* »[399]. Commentant cette décision, le doyen Louis FAVOREU donne une première approche de ce qu'il faut considérer comme fonction de régulation du Conseil constitutionnel : « Il est apparu que les procédures, apparemment assez disparates des articles 41, 54,61 et 37, alinéa 2, de la Constitution correspondent à une notion unique, celle de ***régulation de la formation des actes juridiques*** fondamentaux [...] il s'agit toujours, dans chaque cas, de ***vérifier la conformité des dispositions normatives précises*** à des règles déterminées contenues dans la

[399]« http://www.conseil-constitutionnel.fr/conseil-constitutionnel/francais/les-decisions/acces-par-date/decisions-depuis-1959/1962/62-20-dc/decision-n-62-20-dc-du-06-novembre-1962.6398.htm ».

Constitution. C'est une comparaison, *terme à terme*, entre deux règles écrites, dont l'une permet de mesurer la validité de l'autre. [...] **la fonction de régulation relève du *contrôle abstrait des normes*** »[400]. Cette approche se veut donc exclusivement normative ou, pour ne pas dire, normativiste.

Pour le professeur KNAUB cependant, « *le Conseil constitutionnel n'a pas défini sa fonction comme se limitant à la seule activité normative [des] pouvoirs publics. [...]. Dès l'origine, il a été investi de compétences plus larges touchant directement aux rapports entre les pouvoirs publics.* »[401].

Depuis toujours, la Cour constitutionnelle béninoise invoque invariablement, pour justifier son exercice des pouvoirs de régulation, de manière isolée ou en combinaison avec d'autres dispositions constitutionnelles, **l'article 114 de la Constitution béninoise du 11 décembre 1990** disposait à l'origine : « La Cour Constitutionnelle... est *l'organe régulateur du fonctionnement des institutions et de l'activité des pouvoirs publics.* »[402]. Dans le même sens, la **Constitution gabonaise de 2024 dispose en son article 113** que la Cour constitutionnelle est « [...] *l'organe régulateur du fonctionnement des institutions et de l'activité des pouvoirs publics* ». Dans une formule proche, **l'article 126, alinéa 2, de la Constitution ivoirienne** dispose que *« le Conseil constitutionnel est l'organe régulateur du fonctionnement des pouvoirs publics.* ». En **République centrafricaine**, le Conseil constitutionnel est « *l'organe régulateur du fonctionnement des institutions* » (Article 143, alinéa 2, de la Constitution).

Sans évoquer la régulation du fonctionnement des institutions dans le texte même de la Constitution de 2001, **au Sénégal**, le Conseil constitutionnel connaît des « *conflits de compétence entre le pouvoir exécutif et le pouvoir législatif...* » (Article 92 de la Constitution). **A Madagascar et en RDC**, deux États unitaires fortement décentralisés, les juridictions constitutionnelles sont compétentes au-delà des conflits entre Exécutif et Législatif centraux. Leur compétence porte donc non seulement sur la séparation horizontale des pouvoirs, mais aussi sur la séparation verticale des pouvoirs, c'est-à-dire la séparation entre les pouvoirs des autorités

---

400 Décision N° 62-20 DC du 6 novembre 1962, in, L. FAVOREU et L. PHILIP, *Les grandes décisions du Conseil constitutionnel*, p. 184, cité par M-M MBORANTSUO, *La contribution des cours constitutionnelles à l'État de droit en Afrique*, Paris, Economica, 2007, p. 240 ; voir aussi, L. FAVOREU, « Le Conseil constitutionnel, organe régulateur de l'activité normative des pouvoirs publics », *R.D.P.*, 1967, p. 7.

401 G. KNAUB, « Le Conseil constitutionnel et la régulation des rapports entre les organes de l'État », *R.D.P.*, 1983, p. 1149.

402 La révision de la Constitution intervenue en 2025 a supprimé la portion de phrase « *et de l'activité des pouvoirs publics* ».

centrales et ceux des autorités des collectivités décentralisées. Ainsi, la Haute Cour constitutionnelle (HCC) malgache « *règle les conflits de compétence entre deux ou plusieurs Institutions de l'État ou entre l'État et une ou plusieurs Collectivités Territoriales Décentralisées ou entre deux ou plusieurs Collectivités Territoriales Décentralisées* » (Article 116 de la Constitution). Quant à la Cour constitutionnelle de RDC, elle « *connaît des conflits de compétences entre le pouvoir exécutif et le pouvoir législatif ainsi qu'entre l'État et les provinces* » (Article 161 de la Constitution)[403].

---

[403]Dans la loi organique sur la Cour constitutionnelle, le chapitre 3 a pour objet :
« DU CONFLIT DE COMPÉTENCES OU D'ATTRIBUTION »,
et se présente comme suit :

Section 1re : Entre le pouvoir exécutif et le pouvoir législatif

Article 57 *: La Cour connaît des conflits de compétence entre le pouvoir exécutif et le pouvoir législatif.*

Article 58 *: Il y a conflit de compétence lorsque l'un des actes énumérés à l'article 43 de la présente Loi organique est pris par l'un des pouvoirs en violation du domaine de compétence matérielle de l'autre.*

Article 59 *: La Cour statue sur saisine des autorités ou du groupe d'autorités citées à l'article 54 de la présente Loi organique. Elle se prononce sur le caractère législatif ou règlementaire des matières en cause.*

Article 60 *: A la demande du Gouvernement, la Cour détermine le caractère règlementaire d'une matière réglée par une Loi mais relevant désormais du domaine règlementaire.*

Section 2 : Entre l'État et les Provinces

Article 61 *: La Cour connaît des conflits de compétence entre l'État et les Provinces*

Article 62 *: Il y a conflit de compétences lorsque l'un des actes énumérés à l'article 43 de la présente Loi organique est pris en violation des articles 202 à 205 de la Constitution.*

Article 63 *: La Cour statue sur saisine des autorités ou du groupe d'autorités citées à l'article 54 de la présente Loi organique. Elle se prononce sur l'échelon du pouvoir compétent.*

Article 64 *: Dans les matières relevant de la compétence concurrente entre l'État et les Provinces, énumérées à l'article 203 de la Constitution, tout édit incompatible avec les Lois et les règlements nationaux est nul de plein droit. Le recours introduit dans ce cadre est précédé de la notification de la nature de l'incompatibilité à la Province concernée.*

Section 3 : Entre les ordres de juridictions

Article 65 *: La Cour connaît des conflits d'attribution entre les ordres de juridiction.*

Article 66 *: Il y a conflit d'attribution, lorsque la Cour de Cassation et le Conseil d'État déclarent tous une juridiction de l'ordre judiciaire et une juridiction de l'ordre administratif compétente ou incompétente pour connaître d'une même demande mue entre les mêmes parties.*

Article 67 *: Le recours n'est recevable que si une exception d'incompétence a été soulevée par ou devant la Cour de Cassation ou le Conseil d'État au motif que la demande relève en tout ou en partie de l'autre ordre.*

Article 68 *: La demande n'est recevable que dans les deux mois de la signification de la décision d'où résulte le conflit.*

Article 69 *: Lorsque la Cour de Cassation et le Conseil d'État ont, l'une et l'autre, déclaré une juridiction de l'ordre judiciaire et une juridiction de l'ordre administratif compétentes, celle-ci sursoit à statuer quant au fond jusqu'à l'expiration du délai prévu à l'article précédent et, en cas de recours, jusqu'à la décision sur le conflit.* Article 70 *: Lorsque la Cour a vidé le conflit, la juridiction de l'ordre qui n'a pas été reconnu compétente est dessaisie de plein droit de l'action pendante devant elle. La juridiction de l'ordre reconnue compétente est seule habilitée à trancher le fond du litige sur une nouvelle demande de la*

Il y aurait donc une vision normativiste ou ultra-normative de la régulation qui consisterait en un contrôle de constitutionnalité des normes et une vision plus large de la régulation qui toucherait, *a minima*, aux rapports entre les pouvoirs publics, notamment les rapports entre pouvoir exécutif et pouvoir législatif. Cette classification est toutefois à nuancer, car elle tendrait à faire oublier que la question des rapports entre pouvoirs ou, de manière générale, la question de la recherche de l'équilibre des pouvoirs, des organes ou des collectivités constitutionnellement consacrés – lorsque ceux-ci ont la compétence d'adopter des normes dans des domaines donnés – se situe elle aussi sur un terrain normatif. Ne s'agit-il pas, en l'espèce, de chercher à garantir le respect par les pouvoirs, les organes ou les collectivités, de la répartition des compétences normatives entre les uns et les autres ? En d'autres termes, la question de l'analyse, par le Conseil constitutionnel français, des rapports entre pouvoir exécutif et pouvoir législatif ne revient-elle pas à examiner le respect par chacun de ces pouvoirs des compétences qui lui sont reconnus et qu'il ne peut exercer que par l'adoption de normes ? La réponse positive à cette question conduit à constater qu'il ne s'agit, en l'espèce, que de police des compétences normatives entre institutions de l'État. C'est en tous cas ce que le doyen FAVOREU et son équipe[404] appellent d'une part, *le contentieux de la division horizontale des pouvoirs* – c'est ce qui correspond le mieux à l'exemple de l'État unitaire français[405] –, d'autre part, *le contentieux de la division verticale des pouvoirs*. Dans les États fédéraux ou fortement décentralisés, les deux types de contentieux peuvent exister. Constance GREWE et Hélène RUIZ-FABRI parlent à leur égard d'« *arbitrage des conflits de compétence ou de l'équilibre fédératif* »[406]. Guillaume DRAGO évoque, en ce qui le concerne, « *la fonction d'arbitrage entre les pouvoirs publics* »[407]. Yves MENY, enfin, préfère parler de garantie des « équilibres *constitutionnels – équilibres territoriaux et équilibres fonctionnels –.* »[408] Mais, quelle que soit l'appellation retenue, les contentieux évoqués portent sur une seule et même chose : *la police des compétences* de chacun des organes ou de chacune

---

partie la plus diligente dans le respect des règles prévues par la Loi. La prescription est suspendue pendant la procédure de règlement du conflit.
Article 71 *: L'Arrêt de règlement de conflit s'impose aux deux ordres de juridiction*
404 L. FAVOREU et autres, *Droit constitutionnel*, Paris, Dalloz, 2002, p. 221.
405 Ibid.
406 C. GREWE et H. RUIZ - FABRI, *Droits constitutionnels européens*, Paris, PUF, 1995, p. 77.
407 G. DRAGO, *Contentieux constitutionnel français*, 2ème édition refondue, Paris, PUF, 2006, p. 82.
408 Y. MENY, *Politique comparée*, Paris, Montchrestien, 1993, p. 405 et 408.

des collectivités en matière d'adoption d'une norme donnée. Certes, il ne s'agit plus ici – forcément – du contenu de la norme, mais il s'agit quand même d'un contentieux touchant aux normes, c'est-à-dire au pouvoir reconnu à tel organe ou à telle collectivité de procéder par voie de tel type de norme. C'est la question de l'autorité compétente pour adopter la norme, la vérification et la sanction éventuelle, par la juridiction constitutionnelle, « *des perceptions constitutionnelles relatives aux répartitions horizontale et verticale des pouvoirs* »[409].

Selon Hans KELSEN, la Constitution au sens propre, originaire et strict du mot, c'est « *la norme qui règle l'élaboration des lois, des normes générales en exécution desquelles s'exerce l'activité des organes étatiques [...]. [la] règle de la création des normes juridiques essentielles de l'État, [celle de] la détermination des organes et de la procédure de la législation.* »[410]. Mais au sens large, la Constitution contient « non seulement des *règles sur les organes et la procédure de la législation*, mais encore un catalogue des droits ou libertés individuelles »[411]. Et il est normal qu'elle dispose au fond que « *les lois, non seulement devront être élaborées selon le mode qu'elle prescrit, mais encore ne pourront contenir aucune disposition qui porte atteinte à l'égalité, à la liberté, à la propriété, etc....* »[412].

En définitive, dans la doctrine des démocraties occidentales, les différents contrôles de constitutionnalité qui touchent les conflits de compétences portent forcément sur les normes. Que la régulation soit perçue, d'une part, comme l'ensemble des contrôles, *terme à terme*, par rapport à la norme constitutionnelle, de règles écrites émanant des pouvoirs publics – ce qui nous met sur le champ substantiel de la norme – ou, d'autre part, comme contrôle des rapports ou équilibres entre les pouvoirs publics – ce qui nous met sur le champ de la répartition des compétences et de la surveillance ou sanction du non-respect de cette répartition –, elle est toujours une « *régulation de l'activité normative des pouvoirs publics* ».

Plusieurs Constitutions d'États francophones d'Afrique de la vague des années 90, qui ont, à la suite de la première d'entre elles, la Constitution béninoise du 11 décembre 1990, donné au juge constitutionnel l'attribution de « *régulation du fonctionnement des institutions et de l'activité des*

---

409 L. FAVOREU et autres, op. cit, p. 219.
410 H. KELSEN, « La garantie juridictionnelle de la Constitution », *R.D.P.*, 1928, pp. 204-205.
411 Ibid., pp. 205-206.
412 Ibid.

pouvoirs publics», désigneraient donc – *a priori* – cette régulation normative[413] connue notamment en droit constitutionnel français.

Tel n'est pas l'avis du juge constitutionnel béninois qui a méthodiquement donné un contenu propre à la fonction et à la notion de régulation. Ce contenu est séparé à la fois des autres formes de contrôle du juge constitutionnel – notamment contrôle substantiel et contrôle de la procédure d'adoption des normes – ainsi que de certaines attributions spécifiques du juge constitutionnel dont le contenu est assimilable à de la régulation, mais qui ne relèvent pas de la « *régulation* » prévue par l'article 114 de la Constitution, telle que la sollicitation de la Cour imposée à certains organes constitutionnels par le constituant[414], voire, le pouvoir, pour la juridiction constitutionnelle, de se substituer à un organe défaillant sur ses attributions constitutionnelles[415] - que du règlement des conflits d'attributions entre organes constitutionnels, lesquels dépassent les simples conflits entre pouvoir exécutif et pouvoir législatif au sujet de l'adoption des normes[416].

Il faudra donc, établir ce que c'est que la régulation en tant que telle, en tentant une distinction avec les autres attributions du juge constitutionnel.

« *La régulation serait à mi-chemin du conseil et de la décision générale et abstraite* », enseigne le professeur Michel VERPEAUX. Mais il s'empresse d'ajouter

---

413 Article 83 de la Constitution gabonaise du 26 mars 1991, article 75 de la Constitution djiboutienne du 4 septembre 1992, article 166 de la Constitution tchadienne du 31 mars 1996, article 99 de la Constitution togolaise du 27 septembre 1992. Nous y reviendrons plus amplement plus loin.

414 - Lorsque le Président de la République estime devoir prendre des mesures exceptionnelles dans le cadre de l'exercice des pouvoirs exceptionnels à lui conférés par les articles 68 et 69 de la Constitution, la Cour constitutionnelle est consultée et donne son avis.

- Lorsque le Gouvernement est autorisé par l'Assemblée nationale à prendre des ordonnances pour des matières qui sont du domaine de la loi, la Cour constitutionnelle donne son avis : article 102 de la Constitution

415 Selon, l'article 57, alinéa 7, de la Constitution, lorsque le Président de la République refuse de promulguer une loi votée par l'Assemblée nationale dans les délais constitutionnels, « *la Cour constitutionnelle, saisie par le Président de l'Assemblée nationale, déclare la loi exécutoire si elle est conforme à la Constitution* ».

416 Et intègrent par exemple un conflit entre le Gouvernement et la Haute Autorité de l'Audiovisuel et de la Communication au sujet de l'attribution des fréquences de télécommunications au profit des chaînes de radiodiffusion et de télévision privées. Cf, décision DCC 08-021 du 28 février 2008 annulant, sur demande du Président de la République, l'attribution de fréquences par la HAAC et DCC 08-045 du 2 avril 2008 qui a validé la mise hors tension, par le ministère de la communication, d'une radio privée émettant en violation de la décision DCC 08-021.

qu'il faut convenir de ce que cela « *ne constitue pas une définition précise* »[417]. Il faut reconnaître qu'il n'est pas facile de définir la notion de régulation. Selon Le *Nouveau Petit Robert de la langue française*, la régulation est « *le fait de maintenir en équilibre, d'assurer le fonctionnement correct [d'un système complexe]* »[418]. Quant au régulateur, c'est « *ce qui discipline, ce qui modère, ce qui rend régulier, ordonné* »[419]. En contrôlant la constitutionnalité des normes, le juge constitutionnel, participe de « *la fonction d'unification de l'ordre juridique* »[420] en s'assurant de la conformité à la Constitution – en termes de procédure et d'organe compétent (ce qui englobe les conflits horizontaux et verticaux de compétences), mais aussi en termes de substance (ce qui comprend essentiellement la protection des droits fondamentaux) – des normes qui lui sont subordonnées. En cela, il est « *l'instrument destiné à assurer par en haut la cohérence interne du système étatique, l'accord de ses parties, en un mot, son unité totale* »[421]. Il met donc de l'ordre dans la hiérarchie des normes et s'assure du respect par tous les organes, non seulement des pouvoirs et compétences qui leur ont été reconnus constitutionnellement – de même que ceux qui ont été reconnus aux autres organes au sein de l'État –, mais aussi des droits fondamentaux constitutionnellement consacrés. On est obligé de constater que cela relève de la régulation, c'est-à-dire le fait de « *rendre régulier, ordonné* ». Lorsqu'il contrôle la régularité des élections législatives et présidentielles, dans les pays où ces contrôles existent, le contrôle opéré par le juge constitutionnel participe de la « *pacification des rapports politiques* »[422]. Par cette fonction, le juge constitutionnel met fin aux contestations et permet au système politique de continuer à fonctionner normalement. Là aussi, il fait de la régulation, c'est-à-dire, « *rend régulier, ordonné* », voire, maintient en équilibre. Comme l'observe Michel VERPEAUX, ***« les différents contrôles ne sont pas véritablement dissociables de la notion de régulation. Celle-ci englobe les contrôles et ne peut exister que si ceux-ci sont réels et efficaces. Les contrôles sont donc un élément déterminant de la régulation [...] on ne peut bien réguler qu'en contrôlant »*****. Cela étant, les différents contrôles – des normes**

---

417 M. VERPEAUX, « Régulation et contrôle », Faculté de Dijon, CNRS, Rapport au colloque des 18 et 19 mai 1990, cité par M-M. MBORANTSUO, *La contribution des cours constitutionnelles à l'État de droit en Afrique*, Paris, Economica, 2007, p. 239.
418 J. REY-DEBOVE et A. REY, *Le Nouveau Petit Robert*, Paris, Le Robert, 2007, p. 2170.
419 Ibid.
420 G. DRAGO, *Contentieux constitutionnel français*, Paris, PUF, 2006, p. 61.
421 Ch. EISENMANN, *La justice constitutionnelle et la Haute Cour constitutionnelle d'Autriche*, Paris, LGDJ, 1928, rééd., Economica, 1986, p. 22.
422 G. DRAGO, *Contentieux constitutionnel français*, Paris, PUF, 2006, p. 92.

ou des élections – du juge constitutionnel, pour régulateurs qu'ils soient, n'épuisent pas le champ de la régulation. « *Le contrôle de constitutionnalité ou la fonction de juge électoral ne sont pas à eux seuls suffisants pour exprimer pleinement la fonction de régulation car il ne s'agit là que de missions de contrôle. […]. **Le contrôle est indissociable de la régulation.** Mais cette dernière demande une implication plus grande de l'autorité régulatrice, qui, pour s'exprimer, nécessite que se développent à la fois son pouvoir consultatif et un pouvoir décisionnel propre.* »[423]. Si toutes les fonctions du juge constitutionnel participent, d'une manière ou d'une autre, de la régulation, **la fonction de régulation en elle-même en tant qu'attribution propre, autonome, séparée et suffisante du juge constitutionnel, mérite d'être élucidée.**

II. La régulation, une fonction autonome

A cet effet, pour prendre les termes utilisés par le Constituant béninois, on pourrait commencer, dans un premier temps, à la suite du professeur Nicaise MEDE[424], par chercher à mieux circonscrire le concept d'institutions dont la Cour béninoise doit réguler le fonctionnement (A). Cela permet de comprendre ce qu'est la régulation selon le juge constitutionnel béninois (B).

A. La notion d'institution

La notion d'institution est l'une des plus fécondes en sciences humaines[425]. La sociologie se veut être « *la science des institutions, de leur genèse et de leur fonctionnement* »[426]. Pour le *Nouveau Petit Robert*, une institution est « *l'ensemble des formes ou structures sociales telles qu'elles sont établies par la loi ou la coutume, et spécialement, celles qui relèvent du droit public* »[427]. Les juristes eux-mêmes définissent l'institution comme l'« *ensemble des mécanismes et structures juridiques encadrant les conduites au sein d'une collectivité* »[428]. On distingue donc, d'une part, les « *institutions corps* » – structures juridiques – et les « *institutions-*

---

423 M-M. MBORANTSUO, *La contribution des Cours constitutionnelles à l'État de droit*, Paris, Economica, 2007, p. 241.
424 N. MEDE, « La fonction de régulation des juridictions constitutionnelles en Afrique francophone », *A.I.J.C.*, 2007, pp. 48 et suivantes.
425 Ibid.
426 DURKHEIM, cité par J. CHEVALLIER, « Droit constitutionnel et institutions politiques : les mésaventures d'un couple fusionnel », in, *Mélanges Pierre Avril*, Paris, Montchrestien, 2001, p. 186.
427 J. REY-DEBOVE et A. REY, *Le Nouveau Petit Robert*, Paris, Le Robert, 2007, p. 1345.
428 G. CORNU (dir.), *Vocabulaire juridique*, Paris, PUF, 2003, p. 477.

mécanismes » – corps de règles[429] –. Les premières désignent « *toute forme d'organisation des collectivités humaines qui se caractérise par des liens de solidarité entre les membres de la collectivité, un statut, et la soumission de tous à une autorité commune* ». En droit public, il s'agit des « *organes par lesquelles s'exerce l'autorité de l'État* »[430] et qui peuvent être politiques, administratives ou juridictionnelles. Les secondes désignent un « *ensemble de règles de droit* » « *qui ont pour finalité d'encadrer les comportements au sein de la société* », tels que le suffrage universel[431].

Il convient, par ailleurs, de se demander à quel type d'institution renvoie l'expression « *institution* » dans l'attribution de « *régulation du fonctionnement des institutions* ». Deux arguments paraissent conduire vers les institutions « *structures ou organes* », au détriment des institutions « *mécanismes* ». Premièrement, il s'agit de « *fonctionnement* », c'est-à-dire de la « *marche* », « *la vie interne* » et les « *relations avec les tiers* »[432]. On n'imagine ce fonctionnement qu'à l'égard d'organes ou de structures. Le deuxième argument est jurisprudentiel. La Cour constitutionnelle béninoise, elle-même, n'évoque d'institutions que celles de la République : « En qualité d'organe régulateur du fonctionnement des institutions et de l'activité des pouvoirs publics », elle se dit « *fondée à prendre toute décision qui permette d'éviter la paralysie du fonctionnement des institutions de la République* »[433]. De toute la jurisprudence de la Cour constitutionnelle béninoise produite à ce jour sur le fondement de cette attribution et qui sera examinée plus loin, dans la deuxième partie, la haute juridiction n'a eu à réguler que des « *organes par lesquelles s'exercent l'autorité de l'État* »[434], donc des « *institutions de la République* ». Dans sa décision DCC 23-253 du 30 novembre 2023, la Cour constitutionnelle confirme cette lecture en affirmant « *que les institutions qu'elle est principalement chargée de réguler sont celles prévues par la Constitution et dont le statut est établi par elle, à savoir le Conseil économique et social, la Haute Autorité de l'Audiovisuel et de la Communication, auxquelles il faut ajouter les pouvoirs publics que sont notamment,*

---

429 M. PRELOT et J. BOULOUIS, *Institutions politiques et droit constitutionnel*, Paris, Dalloz, 11ème édition, 1990, p. 44.

430 M. de VILLIERS, *Dictionnaire de droit constitutionnel*, Paris, Armand Colin, 4ème édition, 2003, pp. 129 et 130.

431 Ibid.

432 N. MEDE, « La fonction de régulation des juridictions constitutionnelles en Afrique francophone », *A.I.J.C.*, 2007, p. 49.

433 Par exemple : DCC 04-065 du 29 juillet 2004, *Recueil 2004*, p.292 ; DCC 05-139 du 17 novembre 2005, *Recueil 2005*, p. 683.

434 M. de VILLIERS, *Dictionnaire de droit constitutionnel*, Paris, Armand Colin, 4ème édition, 2003, pp. 129 et 130.

les pouvoirs exécutif, législatif, judiciaire ainsi que les collectivités territoriales ; Qu'elle n'exerce subsidiairement son pouvoir de régulation à l'égard des autres institutions de la République à compétence nationale qualifiées comme telles par une loi qu'en cas de dysfonctionnement grave mettant en péril, non seulement l'institution qui en est l'objet, mais aussi les autres institutions publiques ».

Enfin, alors que l'ancien article 114 de la Constitution disposait que la Cour constitutionnelle est « *l'organe régulateur du fonctionnement des institutions et de l'activité des pouvoirs publics* », la révision de la Constitution intervenue en 2025 a donné l'occasion de la réécriture de ce même article au regard de l'attribution de régulation. Désormais, la Cour est « *l'organe régulateur du fonctionnement des institutions de la République* ». Peu importe que la régulation porte sur l'organe lui-même ou sur ses membres dans la mesure où ce sont les membres des organes qui les font fonctionner.

B. La régulation selon le juge constitutionnel béninois

En définitive, de la jurisprudence établie par le juge constitutionnel béninois, on peut retenir que la fonction de régulation du fonctionnement des institutions revient, pour la Cour constitutionnelle, lorsqu'elle est saisie à cet effet, et le juge nécessaire, soit, de faire en sorte que le fonctionnement des institutions soit remis en marche lorsque certaines circonstances ou comportements en viennent à les paralyser, menacer leur équilibre ou leur continuité - c'est à cet égard que la Cour constitutionnelle estime qu'« en qualité d'organe régulateur du fonctionnement des institutions… *elle est fondée à prendre toute décision qui permette d'éviter la paralysie du fonctionnement des institutions de la République* »[435]-, soit, de modérer les ardeurs et de discipliner les acteurs publics dans la manière dont ils exercent leurs attributions de façon à ce que le fonctionnement des institutions soit conforme à l'intérêt général et à l'ordre constitutionnel – c'est-à-dire aux exigences constitutionnelles –.

La jurisprudence de la Cour constitutionnelle béninoise qui a été rendue sur cette question et qui sera examinée plus loin, dans la deuxième partie, démontre la possibilité d'autonomie ou de détachabilité de la « *fonction de régulation du fonctionnement des institutions* » par rapport à toutes les autres attributions[436]. Trois hypothèses s'offrent à l'analyse. D'abord, la Cour constitutionnelle peut être saisie *ab initio* d'une demande de

---

435 Par exemple : DCC 04-065 du 29 juillet 2004, *Recueil 2004*, p.292 ; DCC 05-139 du 17 novembre 2005, *Recueil 2005*, p. 683

436 G. BADET, *Les attributions originales de la Cour constitutionnelle du Bénin*, Cotonou, Fondation Friedrich EBERT, 2013.

régulation, fonction autonome. Ensuite, elle peut être saisie à la fois de demandes d'exercice d'autres attributions en même temps que d'exercice de la fonction de régulation. La Cour constitutionnelle peut enfin ne recourir à la fonction de régulation qu'après avoir constaté que le seul exercice d'une autre attribution ne donne pas une solution satisfaisante au problème qui lui est posé[437].

Section 2 : Contrôle des élections politiques nationales et du référendum

La votation est l'opération par laquelle a lieu un vote. Il existe deux formes de votation à savoir, d'une part, **l'élection** qui a pour objet la désignation d'un élu et, d'autre part, le **référendum** qui a pour objet le choix d'une idée, d'un texte, d'un programme.

Même si les deux formes de votation ont des objets différents, c'est la juridiction constitutionnelle qui est compétente pour leur contentieux respectif.

Si les juridictions constitutionnelles sont reconnues compétentes par la Constitution en matière d'élections politiques nationales et de référendum (§.1), les attributions électorales accordées sont variées (§.2). La compétence en matière de référendum peut, elle aussi, faire l'objet d'une attention particulière, aussi bien en droit comparé africain (§.3) que, spécifiquement, en droit béninois (§.4).

I. Le principe de la compétence des juridictions constitutionnelles en matière d'élections politiques nationales et de référendums

Au Bénin, trois dispositions constitutionnelles rendent compte des attributions de la Cour constitutionnelle en matière électorale et de référendum.

La première, l'article 49 de la Constitution, porte sur l'élection du duo Président de la République, Vice-Président de la République. Il est ainsi libellé :

« *La Cour constitutionnelle veille à la régularité du scrutin et en constate les résultats.*

L'élection du duo Président de la République et vice-président de la République fait l'objet d'une proclamation provisoire.

---

437 C'est cette dernière approche qui est analysée par S.N. TALL, *Droit du contentieux constitutionnel dans les États d'Afrique subsaharienne francophone*, Dakar, L'harmattan-Sénégal, 2025, p. 365.

Si aucune contestation relative à la régularité des opérations électorales n'a été déposée au Greffe de la Cour constitutionnelle par l'un des candidats dans les cinq jours de la proclamation provisoire, la Cour constitutionnelle déclare le duo Président de la République et vice-président de la République définitivement élu.

En cas de contestation, la Cour est tenue de statuer dans les dix jours de la proclamation provisoire ; sa décision emporte proclamation définitive ou annulation de l'élection.

Si aucune contestation n'a été soulevée dans le délai de cinq jours et si la Cour constitutionnelle estime que l'élection n'était entachée d'aucune irrégularité de nature à en entraîner l'annulation, elle proclame l'élection du duo Président de la République et vice-président de la République.

En cas d'annulation, il est procédé à un nouveau tour de scrutin dans les quatorze jours de la décision. »

La deuxième disposition porte sur les élections législatives. Il s'agit de l'article 81, alinéa 2 de la Constitution :

« *La Cour constitutionnelle statue souverainement sur la validité de l'élection des députés.* ».

Enfin, la troisième disposition, l'article 117 de la Constitution, qui reprend les attributions de la Cour constitutionnelle en matière d'élection présidentielle et législative, contient également quelques précisions sur le contentieux des opérations référendaires. Il dispose :

« *La Cour constitutionnelle*

- *statue obligatoirement sur :*

  […]

  - *le contentieux de l'élection du duo Président de la République et vice-président de la République et des membres de l'Assemblée nationale ;*
- *veille à la régularité de l'élection du duo Président de la République et vice-président de la République ; examine les réclamations, statue sur les irrégularités qu'elle aurait pu, par elle-même, relever et proclame les résultats du scrutin ; statue sur la régularité du référendum et en proclame les résultats ;*
- *statue, en cas de contestation, sur la régularité des élections législatives ; […]* ».

La situation n'est pas tellement différente en droit comparé.

L'article 127 de la **Constitution ivoirienne** dispose ainsi : « *Le Conseil constitutionnel statue sur :*

- *l'éligibilité des candidats à l'élection présidentielle. Le Conseil constitutionnel arrête et publie la liste définitive des candidats à l'élection présidentielle quinze jours avant le premier tour du scrutin, après que la Commission indépendante chargée des élections a procédé à la vérification des dossiers des différents candidats et publié la liste provisoire des candidatures ;*
- *l'éligibilité des candidats aux élections parlementaires. La liste définitive des*

candidatures aux élections des députés et des sénateurs est établie et publiée par la Commission indépendante chargée des élections ;

- *les contestations relatives à l'élection du Président de la République, des députés et des sénateurs ;*
- *la déchéance des députés et des sénateurs. Le Conseil constitutionnel proclame les résultats définitifs de l'élection présidentielle.*

Il contrôle la régularité des opérations de référendum et en proclame les résultats. ».

L'article 145 de la **Constitution de la République centrafricaine** dispose : « *Le Conseil Constitutionnel veille à la régularité de l'élection présidentielle, des élections législatives, des élections locales, des consultations référendaires. Il en proclame les résultats.*

En cas de contestation sur la régularité de l'une des élections citées à l'alinéa 1 ci-dessus, le Conseil Constitutionnel peut être saisi par tout candidat, tout parti politique, ayant pris part à l'élection dans la circonscription concernée ou toute personne ayant qualité d'agent du Gouvernement pour cette élection.

En cas de contestation sur la régularité d'une consultation référendaire, le Conseil Constitutionnel peut être saisi par le président de la République, le président de l'Assemblée nationale, un tiers des députés. ».

L'article 161, alinéa 2, de la **Constitution de la RDC** dispose : « *Elle [la Cour constitutionnelle] est juge du contentieux des élections présidentielles et législatives ainsi que du référendum.* ».

L'article 114 de la **Constitution gabonaise** de 2024 dispose : « *La Cour Constitutionnelle statue obligatoirement sur : […] - la régularité des élections présidentielles, parlementaires et des opérations de référendum dont elle proclame les résultats ; […]* ». Quant à l'article 118 de la Constitution, sans mentionner expressément le référendum, il dispose que « *La Cour Constitutionnelle est saisie en cas de contestation sur la validité d'une élection, par tout électeur, tout candidat, tout parti politique ou délégué du Gouvernement dans les conditions prévues par les règles de procédures devant la Cour Constitutionnelle* ».

L'article 116 de la **Constitution de Madagascar** dispose : « *Outre les questions qui lui sont renvoyées par d'autres articles de la Constitution, la Haute Cour Constitutionnelle, dans les conditions fixées par une loi organique : […] 4° statue sur le contentieux des opérations de référendum, de l'élection du Président de la République et des élections des députés et sénateurs ; 5° proclame le résultat officiel des élections présidentielles, législatives et des consultations par référendum.* ».

L'article 92, alinéa 3, de la **Constitution sénégalaise** dispose : « *Le Conseil constitutionnel juge de la régularité des élections nationales et des consultations référendaires et en proclame les résultats.* ».

II. La variété des attributions électorales des juridictions constitutionnelles

Tous les textes constitutionnels placent les juridictions constitutionnelles africaines au premier plan en matière de contentieux des élections politiques nationales et du référendum. Cela ne devrait pas surprendre. Depuis plus d'une trentaine d'années, les États d'Afrique noire francophone se sont lancés dans la mise en place d'États de droit et de démocratie pluraliste. Il faut mettre en place un mécanisme de règlement des litiges électoraux, donc un véritable contentieux électoral (A). Quel que soit le système retenu, le contentieux électoral vise à assurer à la fois la régularité des élections (B) et la sincérité des résultats du scrutin (C).

A. Objet du contentieux électoral

Le contentieux électoral peut être défini comme l'ensemble des règles et procédures applicables aux contestations et à leur règlement en matière électorale. Il porte sur « *les litiges qui naissent à l'occasion de l'élection* »[438]. Dans ce sens, la Haute Cour constitutionnelle de Madagascar a pu affirmer : « *que le contentieux électoral est l'ensemble des litiges qui peuvent survenir à l'occasion des élections, qu'il s'agisse de l'organisation du scrutin, de la campagne électorale, du déroulement du vote ou de la proclamation des résultats provisoires électoraux* ; »[439].

Ces définitions larges permettent d'intégrer dans la matière les litiges de toute sorte, ceux portant sur les listes électorales, comme ceux liés aux candidatures, ceux relatifs au financement de la campagne électorale comme ceux qui touchent au contentieux de la campagne électorale, ceux liés au scrutin lui-même comme ceux qui remettent en cause les résultats.

A la suite de la France, dont ils se sont inspirés, plusieurs pays africains de l'espace francophone ont organisé des procédures et organes chargés de régler ces différents contentieux[440]. Il ne s'agit ici que des élections

---

[438] J-C. MASCLET, « Rapport introductif », in J-C. MASCLET, A. ZINZINDOHOUE et Ch. DESOUCHES, *Aspects du contentieux électoral en Afrique*, Actes du Séminaire de Cotonou, 11-12 novembre 1998, p. 34.

[439] Arrêt N° 31-HCC/AR du 27 juin 2024 portant proclamation des résultats officiels des élections législatives du 29 mai 2024. In, www.hcc.gov.mg/?p=9194, consulté le 13 août 2024.

[440] K. AHADZI-NONOU, *Droit et pratique des élections au Togo sous la IVème République*, Lomé, Les Éditions Graines de pensées, 2022 ; G. BADET, « Le contentieux des élections nationales en Afrique noire francophone », in F.J AÏVO (dir.), *La Constitution béninoise du 11 décembre 1990 : un modèle pour l'Afrique ? Mélanges en l'honneur de Maurice Ahanhanzo-Glélé*, Paris, L'harmattan, 2014, pp. 381-396 ; D. F. MELEDJE, « Le contentieux électoral en Afrique », *Pouvoirs* 2009/2, N° 129, pp. 139-155 ; J. du BOIS DE

nationales, c'est-à-dire qu'il n'est pas question des élections locales (régionales, municipales, cantonales, etc.), car ces élections ne sont pas nationales, puisqu'elles ne visent qu'à pourvoir d'élus des organes locaux. Pour ces raisons, le propos portera essentiellement les élections présidentielles et parlementaires.

Pour les premières, et en droit comparé, c'est-à-dire dans les États qui connaissent *l'élection du chef de l'État au suffrage universel*, soit, par exemple, la France, et plusieurs États d'Europe centrale, le juge constitutionnel intervient dans la vérification de la régularité de son élection[441]. C'est cette tendance que l'on retrouve en Afrique noire francophone.

Dans les différents pays, les pouvoirs du juge ne sont pas les mêmes, mais comprennent au minimum les contestations nées du scrutin lui-même[442].

En ce qui concerne les élections *parlementaires*, et dans la « *tradition constitutionnelle européenne [...] vieille de plusieurs siècles [...] l'Assemblée fraichement élue s'érige en juge de l'élection de ses membres.* »[443]. Cette tradition subsiste encore aujourd'hui dans l'Europe du Nord-Ouest, les États du Benelux, le Danemark, la Suède et l'Italie. Cette technique d'autocontrôle persiste ainsi même dans des États ayant opté pour l'avènement d'une Cour constitutionnelle comme la Belgique, l'Italie et le Luxembourg. Mais les défauts de cette option sont connus et nombreux. « *N'y a-t-il pas quelque hypocrisie ou quelque forme d'angélisme à considérer qu'une assemblée politique, habituée à se prononcer, chaque jour, en termes politiques sur des questions politiques, puisse se transformer, en un instant et sans autre précaution, en une cour de justice ? Est-elle vraiment la plus qualifiée pour remplir cette mission délicate ? Est-elle en mesure de l'assumer dans de bonnes conditions ? [...]* »[444]. C'est pourquoi plusieurs démocraties occidentales ou africaines se sont plutôt penchées vers le

---

GAUDUSSON, « Les élections à l'épreuve de l'Afrique », CCC, N° 13, janvier 2003, in http://www.conseil-constitutionnel.fr/conseil-constitutionnel/francais/cahiers-du-conseil/cahier-n-13/les-elections-a-l-epreuve-de-l-afrique.52040.html

441 Article 58 de la Constitution française : « *Le Conseil constitutionnel veille à la régularité de l'élection du Président de la République. Il examine les réclamations et proclame les résultats du scrutin.* » ; exemples en Europe centrale : Article 149 de la Constitution de Bulgarie : « *La Cour constitutionnelle [...] se prononce sur des litiges concernant la régularité de l'élection du Président et du vice-président* » ; Article 146, f. de la Constitution de Roumanie (2003) : « *La Cour constitutionnelle [...] veille au respect de la procédure d'élection du Président de la Roumanie et confirme les résultats du scrutin* ».

442 G. DRAGO, *Contentieux constitutionnel français*, 2ème édition refondue, Paris, PUF, 2006, p. 93.

443 F. DELPÉRÉE, « Le contentieux électoral en Europe », *C.C.C.*, N° 13, 2003.

444 Ibid.

contentieux constitutionnel de l'expression du suffrage en matière d'élection des parlementaires. Ce serait remettre en cause le choix des électeurs, donc le fondement même de la démocratie, que de laisser sans sanctions des fraudes ou irrégularités, dont les conséquences pourraient être de donner un mandat électif à une personnalité non choisie par le corps électoral. En effet, il ne faut pas qu'en démocratie, des irrégularités ou fraudes entachent, d'une part, la *liberté et l'égalité des candidats ou des électeurs*, d'autre part, *la sincérité des résultats.*

B. Le contrôle de la régularité des élections

La recherche de la régularité des élections est généralement l'œuvre de plusieurs juges ou autorités entre lesquelles les répartitions de pouvoirs ne sont pas toujours bien fixées.

La matière du contentieux électoral, surtout quand elle est envisagée dans une perspective comparative, est complexe, non seulement en ce qui concerne les différents types de contentieux, mais aussi, en ce qui touche au(x) juge(s) compétent(s) pour en connaître. Le mandat de contrôle des critères de participation aux élections est souvent partagé entre divers juges et autorités.

Au-delà du contentieux électoral – *stricto sensu* –, et *en dehors du contentieux répressif* qui porte sur la dénonciation et la sanction, par le juge pénal, des comportements irréguliers ou frauduleux d'individus, constitutifs d'infractions pénales aux termes de la loi, on peut se demander quel juge est compétent pour connaître du *contentieux des actes préliminaires* et quelle est la nature du contrôle qu'il opère de ce chef ? Cette question se complexifie davantage quand on réalise qu'en la matière, on pourrait évoquer le contentieux des listes électorales et cartes d'électeurs dans lequel il convient encore de distinguer entre le contentieux de l'établissement de la liste électorale et le contentieux de l'inscription (ou plus exactement du refus d'inscription) sur (ou de la radiation de) cette liste, le contentieux des candidatures dans lequel on pourrait encore distinguer entre le contentieux de l'éligibilité, d'une part, et celui des éléments attachés à la candidature, tels les logos de partis politiques, d'autre part, le contentieux de l'organisation du scrutin, le contentieux de la campagne électorale, etc.

Ces différents types de contentieux sont des *contentieux de la légalité* – et non de constitutionnalité, ce qui explique qu'en règle générale, ce n'est pas au juge constitutionnel que l'on confie ces contentieux –. Il s'agit pour le juge, qui n'est donc pas, en général, le juge constitutionnel, de constater, le cas échéant, la non-conformité à la loi des actes posés et d'annuler ces actes pour qu'ils soient repris conformément à la loi. En recevant, de requérants autorisés par la loi, des recours en annulation contre de tels actes dans des délais fixés dans un temps qui précède la tenue du scrutin, et en annulant, le cas échéant, les actes considérés comme irréguliers, le juge permet que l'élection se déroule de manière régulière et n'attend pas la période du *contentieux des résultats*, c'est-à-dire, après le scrutin, pour connaître – ou laisser un autre juge connaître – de ces irrégularités avec comme conséquence possible l'annulation et la reprise du scrutin.

Quelques exemples permettent d'illustrer ce propos :

Le premier exemple porte sur le ***contentieux de l'inscription sur les listes électorales,*** **qui n'est pas souvent de la compétence du juge constitutionnel,** car considéré comme une question d'état des personnes, donc une question judiciaire. C'est ainsi qu'au ***Sénégal,*** l'électeur qui a fait l'objet d'une radiation d'office, dont l'inscription est contestée par l'autorité administrative compétente ou qui est omis sur la liste électorale, peut intenter un recours devant le Président du tribunal départemental[445]. ***En Côte d'Ivoire***, en cette matière, la réclamation en omission, inscription, radiation, écrite et motivée est adressée à la Commission chargée des élections. La décision de la Commission chargée des élections est susceptible de recours devant le président du tribunal territorialement compétent sans frais, par déclaration au greffe dans le délai de trois jours à compter de son prononcé. La décision du président du tribunal est rendue dans le délai de cinq jours à compter de sa saisine. Elle ne fait l'objet d'aucun recours[446]. ***A Madagascar,*** en cette même matière, la réclamation se fait d'abord devant la Commission locale électorale de recensement des électeurs (CLRE), et, en cas de non-satisfaction, devant le tribunal de première instance du ressort[447]. ***En République démocratique du Congo***, les textes électoraux ont prévu des périodes successives d'enrôlement des électeurs, d'affichage concomitant des listes partielles[448], de réclamation ou de contestation administrative, suivies de

---

[445] Article L. 41 du Code électoral sénégalais.

[446] Article 12 du code électoral (ORDONNANCE N° 2020-356 DU 8 AVRIL 2020 PORTANT REVISION DU CODE ÉLECTORAL)

[447] Voir : La Constitution de la République de Madagascar du 11 décembre 2010 (art. 5), Loi N° 2015-020 du 19 octobre 2015 qui établit la compétence et les prérogatives de la Commission électorale nationale indépendante (CENI), la Loi organique N° 2018-008 relative au régime général des élections et des référendums (art. 2 à 32 et art. 43 à 44).

[448] Article 28 de la loi 04/028 du 24 décembre 2004 portant identification et enrôlement des électeurs en RDC telle que modifiée et complétée par la loi N° 16/007 du 29 juin 2016.

recours juridictionnel, le tout avant l'établissement des listes provisoires[449], puis, plusieurs mois après, des affichages, par centre de vote, de la liste provisoire et des réclamations administratives concomitantes à ces affichages[450], et, enfin, à l'approche du scrutin, des affichages par bureau de vote des listes définitives des électeurs[451]. De manière précise, dans la phase d'enrôlement, selon les dispositions de l'article 40 de la loi N° 04/028 du 24 décembre 2004 portant identification et enrôlement des électeurs en RDC telle que modifiée et complétée par la loi N° 16/007 du 29 juin 2016, toute personne qui s'estime lésée à l'occasion des opérations d'identification et d'enrôlement peut, endéans sept jours qui suivent l'affichage des listes des électeurs, adresser, par écrit ou par déclaration actée sur procès-verbal, son recours au président du centre d'inscription. L'article 41 du même texte dispose qu'après concertation avec les autres membres, le président du centre d'inscription, par une décision motivée, statue dans les sept jours qui suivent la réception du recours. Cette décision est publiée et affichée dans les mêmes formes que les listes électorales partielles. Aux termes de l'article 42 du même texte, lorsque le requérant n'est pas satisfait de la décision administrative et dans les trois jours francs de l'affichage de celle-ci, il peut introduire un recours devant le tribunal administratif. Celui-ci dispose de deux jours francs pour rendre sa décision. Ce jugement du tribunal administratif est susceptible d'appel devant la Cour administrative d'appel dans les trois jours francs du prononcé du jugement. La Cour administrative d'appel se prononce dans les deux jours francs de sa saisine. **Au Gabon**, les articles 64 à 68 de la loi organique N° 001/2025 du 19 janvier 2025 portant code électoral en République Gabonaise organisent les réclamations et contestations en cette matière. Il en ressort que celles-ci sont soumises aux commissions d'enrôlement et que les décisions de ces commissions d'enrôlement sont contestables devant le juge administratif.

---

449 Articles 39 à 44 de la loi 04/028 du 24 décembre 2004 portant identification et enrôlement des électeurs en RDC telle que modifiée et complétée par la loi N° 16/007 du 29 juin 2016.

450 Article 6 de la loi N° 06/006 du 9 mars 2006 portant organisation des élections présidentielle, législatives, provinciales, urbaines, municipales et locales telle que modifiée par la Loi N° 11/003 du 25 juin 2011, la Loi N° 15/001 du 12 février 2015, la Loi 17/013 du 24 décembre 2017 et la Loi N° 22/029 du 29 juin 2022.

451 Article 8 de la Loi N° 06/006 du 9 mars 2006 portant organisation des élections présidentielle, législatives, provinciales, urbaines, municipales et locales telle que modifiée par la Loi N° 11/003 du 25 juin 2011, la Loi N° 15/001 du 12 février 2015, la Loi 17/013 du 24 décembre 2017 et la Loi N° 22/029 du 29 juin 2022.

Le Bénin présente une originalité en matière de contentieux des listes électorales : Par décision DCC 22-205 du 16 juin 2022, la Cour constitutionnelle, suppléant au silence – récent – du législateur électoral ordinaire en la matière, a décidé qu'« *en ce qui concerne la préparation de l'élection du duo président de la République et vice-président de la République et des élections législatives* », elle est « *juge du contentieux de l'établissement de la liste électorale et, en particulier, de l'inscription des citoyens sur cette liste ; qu'en conséquence, il lui appartient [...] d'examiner les réclamations des citoyens visant l'établissement de la liste électorale en vue de l'organisation des élections visées* ».

En ce qui concerne ***le contentieux des candidatures à l'élection présidentielle***[452]**, la situation est assez variée selon les pays, mais avec une constante : l'implication de la juridiction constitutionnelle.**

En Côte d'Ivoire, les candidatures, transmises par les soins de la Commission électorale indépendante au Conseil constitutionnel, celui-ci les publie sans délai ; puis, il reçoit, « *dans les soixante-douze heures suivant la publication des candidatures* », les réclamations et observations des candidats ou des formations politiques « *les parrainant éventuellement* ». Les conditions de forme satisfaites, le Conseil constitutionnel statue au fond et déclare les candidats éligibles ou constate leur inéligibilité. Après quoi, **le Conseil constitutionnel arrête et publie la liste définitive des candidats**[453].

Au Sénégal, la déclaration de candidature est déposée directement au greffe du **Conseil constitutionnel qui s'assure de la validité des dites candidatures et examine les réclamations** y relatives, lesquelles ne peuvent provenir que d'autres candidats[454].

En République démocratique du Congo, la Commission électorale reçoit les candidatures. La déclaration de candidature est déposée par le candidat ou son mandataire contre récépissé à la Commission électorale nationale indépendante (CENI) dans les délais prévus par celle-ci. Au fur et à mesure de l'enregistrement des déclarations de candidatures, la CENI procède à l'examen de conformité de chaque candidature aux dispositions constitutionnelles et légales. La CENI arrête et publie la liste des candidats déclarés recevables et celle des candidats déclarés irrecevables dans les 3 jours qui suivent la date limite du dépôt des candidatures. La décision dûment motivée est notifiée sans délai au candidat ou à son mandataire. **Les réclamations et contestations relatives à la validité d'une**

---

452 Pour une étude détaillée de la question, notamment en droit et pratique béninois, se reporter au Tome 2 du présent ouvrage

453 Attributions | Conseil Constitutionnel (conseil-constitutionnel.ci), consulté le 25 septembre 2024.

454 Articles LO. 114, LO. 116 et LO. 118 du Code électoral sénégalais.

candidature sont portées devant la Cour constitutionnelle dans les 48 heures suivant la publication ou la notification de la décision de la CENI. La Cour statue sans frais dans les 7 jours qui suivent l'expiration du délai de 48 heures prévu pour sa saisine. Le dispositif de l'arrêt de la Cour est communiqué à la CENI, notifié au candidat ou à son mandataire et publié[455].

Au Gabon, l'article 179 de la loi organique N° 001/2025 du 19 janvier 2025 portant code électoral en République Gabonaise dispose que les déclarations de candidatures sont déposées en 3 exemplaires au siège du Ministère de l'intérieur. Celui-ci examine les dossiers de candidatures et rend publique la liste des candidats retenus 30 jours au moins avant le scrutin. Toute personne dont la candidature a été rejetée peut contester la décision devant la Cour constitutionnelle dans un délai de 72 heures, à compter de la publication de la liste des candidats retenus[456].

Au Bénin, comme ailleurs, les choses sont organisées de la même manière dans les différents pays en ce qui concerne *le contentieux des candidatures aux élections législatives*[457]. Partout, les tâches administratives de réception et de contrôle de régularité des candidatures sont confiées à *une autorité administrative* compétente et le juge statue en cas de contentieux.

***En Côte d'Ivoire*[458]**, en vertu de l'article 98 du code électoral, l'éligibilité de tout candidat aux élections législatives peut être contestée par tout électeur de la circonscription électorale considérée. La requête n'est recevable que « *dans le délai de huit jours à compter de la date de publication de la candidature* ». Et le **Conseil constitutionnel** est tenu de statuer dans le délai de quinze jours pour compter de la saisine ; ce délai est réduit à trois jours lorsque la saisine du Conseil constitutionnel est le fait du candidat contestant le rejet de sa candidature par la Commission électorale indépendante. Ce contentieux donne lieu à deux types de décisions au fond : ou bien, le Conseil constitutionnel constate l'éligibilité du candidat, ou bien il déclare que celui-ci est inéligible.

---

455 Articles 18 à 27*ter* de la loi N° 06/006 du 9 mars 2006 portant organisation des élections présidentielle, législatives, provinciales, urbaines, municipales et locales telle que modifiée par la Loi N° 11/003 du 25 juin 2011, la Loi N° 15/001 du 12 février 2015, la Loi 17/013 du 24 décembre 2017 et la Loi N° 22/029 du 29 juin 2022.

456 L'article 349 de la même loi parle de 5 jours suivant la publication de la liste des candidats.

457 Pour une étude détaillée de la question, notamment en droit et pratique béninois, se reporter au Tome 2 du présent ouvrage.

458 Attributions | Conseil Constitutionnel (conseil-constitutionnel.ci), consulté le 25 septembre 2024.

Au Sénégal, l'autorité administrative reçoit, examine la régularité et transmet les candidatures au **Conseil constitutionnel**, mais il n'y a pas de possibilité de dépôt à une autorité administrative déconcentrée. En cas de contestation d'un acte du ministère de l'intérieur, les mandataires des listes de candidats peuvent, dans les vingt-quatre (24) heures suivant la notification de la décision, se pourvoir devant le Conseil constitutionnel qui statue dans les trois (3) jours qui suivent l'enregistrement de la requête[459].

En République démocratique du Congo, on est sur la même dynamique : Les candidats ou les partis politiques ou regroupements politiques font acte de candidatures auprès de l'antenne de la CENI. Un bureau de la CENI situé dans chaque province reçoit, contre récépissé, les déclarations des candidatures des candidats, des partis politiques, des regroupements politiques ou des mandataires. Lors de la réception des dossiers de candidatures, les membres du bureau de réception et de traitement des candidatures vérifient la présence exhaustive des formulaires et pièces exigées. Ils contrôlent ensuite la conformité des dossiers aux prescriptions constitutionnelles, légales et réglementaires. Le bureau émet, à la suite de ce contrôle, un avis de conformité ou de non-conformité. En cas de non-conformité, le bureau de réception et de traitement retourne la liste ou la déclaration avec un avis motivé sur les raisons de non-conformité. Il invite le déposant à présenter une nouvelle liste ou déclaration de candidature rectifiée avant la date de clôture de dépôt des candidatures. A la clôture de l'inscription des candidatures, le bureau de réception et de traitement des candidatures transmet les dossiers traités au bureau de la CENI. L'Assemblée plénière de la CENI délibère sur chaque dossier et publie la liste provisoire des candidats recevables et/ou non recevables. Les personnes concernées ont 5 jours après cette publication pour élever une **contestation devant la Cour constitutionnelle** qui dispose de dix jours pour trancher. La décision de la Cour doit être prise en compte par la CENI[460].

A Madagascar, le dépôt des dossiers de candidature se fait auprès de l'organe chargé de la vérification et de l'enregistrement des candidatures de la circonscription électorale concernée (OVEC) siégeant au bureau du démembrement de la CENI au niveau du district ou en tout autre local sis au chef-lieu de la circonscription administrative territoriale dont la liste est

---

459 Articles LO. 168 et LO. 174 du code électoral sénégalais.

460 Articles 18 à 27*ter* de la loi N° 06/006 du 9 mars 2006 portant organisation des élections présidentielle, législatives, provinciales, urbaines, municipales et locales telle que modifiée par la Loi N° 11/003 du 25 juin 2011, la Loi N° 15/001 du 12 février 2015, la Loi 17/013 du 24 décembre 2017 et la Loi N° 22/029 du 29 juin 2022.

fixée par décision du président de la CENI. En cas de contestation, le candidat dont la candidature a été refusée peut faire un recours devant la CENI[461]. Si ce recours ne donne pas satisfaction, l'article 48 de la Loi organique N° 2018-010 du 11 mai 2018 relative à l'élection des députés à l'Assemblée nationale peut être mis en œuvre. Il dispose que « ***la Haute Cour Constitutionnelle*** *est compétente pour connaître de toute requête ou contestation se rapportant aux actes qui constituent les préliminaires des opérations électorales et à ceux qui ont trait au déroulement du scrutin. [...].* »

Au Gabon, l'article 202 de la loi organique N° 001/2025 du 19 janvier 2025 portant code électoral en République Gabonaise dispose que les déclarations de candidatures sont déposées en 3 exemplaires au siège de la Commission électorale locale. Le ministère de l'Intérieur, l'autorité de contrôle des élections et du référendum et la Cour constitutionnelle sont chacun destinataires d'un exemplaire de déclaration de candidature. Le ministère de l'Intérieur examine les dossiers de candidature et rend publique la liste des candidats retenus 30 jours au moins avant le scrutin. Toute personne dont la candidature est rejetée peut contester la décision devant la Cour constitutionnelle dans un délai de 72 heures à compter de la publication de la liste des candidats retenus[462].

L'essentiel à retenir en ce qui concerne la recherche de la régularité des élections est que plusieurs juges ou autorités s'en chargent. Qu'en est-il pour la recherche de la sincérité de l'élection ?

C. Le contrôle des résultats ou contrôle de la sincérité du scrutin

Pour le juge constitutionnel malgache « *le droit électoral découlant des textes [...] a pour objet de garantir la sincérité du scrutin qu'est la conformité du résultat de l'élection à la volonté réelle des électeurs ; que la sincérité du scrutin implique le respect de plusieurs conditions, telles que la liberté, l'égalité, la transparence et le secret du vote ; elle suppose que les électeurs ne soient pas soumis à des pressions, des fraudes ou des irrégularités susceptibles d'altérer leur choix ;* »[463].

Des règles telles que l'unité organique – donc la compétence de la seule juridiction constitutionnelle – et le principe de l'influence déterminante

---

461 Haute Cour constitutionnelle de Madagascar, *Le contentieux des élections législatives*, HCC, Tananarive, 2024, p. 4.

462 L'article 349 de la même loi parle de 5 jours suivant la publication de la liste des candidats.

463 Cour constitutionnelle de Madagascar, Arrêt N° 31-HCC/AR du 27 juin 2024 portant proclamation des résultats officiels des élections législatives du 29 mai 2024. In, www.hcc.gov.mg/?p=9194, consulté le 13 août 2024.

caractérisent, partout en Afrique noire francophone, ce type de contentieux.

1) L'unité organique

En droit comparé, le contentieux des résultats, que ce soit pour la présidentielle ou les législatives, relève du juge constitutionnel agissant comme juge électoral[464]. Le contentieux des résultats, c'est-à-dire celui de l'annulation – ou validation, ou réformation – des résultats[465] est un contentieux de la sincérité des résultats, de leur authenticité, de leur exactitude. Le juge a à vérifier que le vainqueur est bien celui qui devrait gagner. Ce contentieux ne vise pas à sanctionner – en elles-mêmes – des irrégularités, des fraudes, encore moins des immoralités. Il peut être tenu compte de ces « *anomalies* » quand elles ont une influence sur le résultat, ce qui peut dépendre de l'écart de voix entre le candidat ou la liste arrivée en tête et les candidats ou les listes qui suivent. Le juge électoral – dans le cadre du contentieux des résultats – est donc un juge de la sincérité des résultats et non juge de la légalité. Par ce contentieux, il s'agit pour le juge électoral d'aboutir « *à la confirmation ou à l'annulation de l'élection, plus rarement à sa réformation* »[466]. C'est le contentieux le plus connu et certains n'hésitent pas à considérer qu'il s'agit là du seul contentieux susceptible d'être considéré comme contentieux électoral. La décision du juge revêt ici un caractère spectaculaire. Le résultat de l'élection peut paraître suspendu à son verdict[467]. Il a à traiter parfois des centaines de requêtes dans des délais brefs. De plus, il est possible que, soit par manque d'organisation de contentieux des actes préliminaires, soit par non découverte des irrégularités à temps, soit encore, par épuisement des délais prévus pour saisir le juge compétent contre de tels actes dans le contentieux des actes

---

464 Articles LO. 136, L. 185 du code électoral sénégalais, Article 107 du code électoral nigérien, Articles 73 à 76 bis de la loi N° 06/006 du 9 mars 2006 portant organisation des élections présidentielle, législatives, provinciales, urbaines, municipales et locales telle que modifiée par la Loi N° 11/003 du 25 juin 2011, la Loi N° 15/001 du 12 février 2015, la Loi 17/013 du 24 décembre 2017 et la Loi N° 22/029 du 29 juin 2022.

465 Th. HOLO, « Le contentieux des résultats, Benin », in, J-C. MASCLET, A. ZINZINDOHOUE et Ch. DESOUCHES, *Aspects du contentieux électoral en Afrique*, Actes du Séminaire de Cotonou, 11-12 novembre 1998, pp. 161-171 ; D. F. MELEDJE, « Le contentieux électoral en Afrique », Pouvoirs 2009/2, N° 129, pp. 139-155.

466 J-C. MASCLET, « Rapport de synthèse », in, J-C. MASCLET, A. ZINZINDOHOUE et Ch. DESOUCHES, *Aspects du contentieux électoral en Afrique*, Actes du Séminaire de Cotonou, 11-12 novembre 1998, p. 222.

467 J-C. MASCLET, « Rapport introductif », in, J-C. MASCLET, A. ZINZINDOHOUE et Ch. DESOUCHES, *Aspects du contentieux électoral en Afrique*, Actes du Séminaire de Cotonou, 11-12 novembre 1998, p. 34.

préliminaires, des requérants soient amenés à évoquer des irrégularités portant sur des actes préliminaires dans leur recours en annulation du scrutin qui aurait déjà eu lieu. Une telle situation entraîne la fusion du contentieux des actes préliminaires dans le contentieux des résultats. Il appartiendra alors au juge électoral, d'une part, de vérifier l'existence des irrégularités dénoncées, d'autre part, d'apprécier, si, par leur ampleur, lesdites irrégularités sont de nature à fausser les résultats du scrutin. Si oui, la décision d'annulation de l'élection sera prononcée. Sinon, le juge relèvera les irrégularités, mais validera l'élection. C'est la mise en œuvre du principe de l'influence déterminante.

2) Le principe de l'influence déterminante

Pour opérer le contrôle des résultats, les juridictions constitutionnelles africaines se voient reconnaître par les textes et/ou se reconnaissent un très large pouvoir d'appréciation des faits allégués et des preuves ou commencements de preuves produits. Elles recourent, dans bien des espèces, à une technique spécifique au contentieux électoral, le principe de l'influence déterminante. Il signifie qu'une irrégularité n'entraînera l'annulation de l'élection qu'à la double condition d'avoir gravement altéré la sincérité du scrutin et de se combiner avec un faible écart de voix séparant les concurrents. L'annulation d'une élection en partie ou en totalité ne peut avoir lieu que lorsque « *la volonté réelle de l'électeur, [...] ne peut pas être connue de manière certaine, et qu'il est impossible de connaître avec certitude le choix majoritaire des électeurs* »[468]. C'est dans une pareille hypothèse que *« le juge électoral en tire les conséquences requises, telles que l'annulation du scrutin dans certaines circonscriptions ou bureau de vote »*[469]. **En République démocratique du Congo,** c'est la loi électorale[470] elle-même qui énonce en son article 75, alinéa 2, que la Cour constitutionnelle *« peut annuler le vote en tout ou en partie lorsque les irrégularités retenues ont pu avoir une influence déterminante sur le résultat du scrutin... »*. **Au Gabon**, l'article 362 de la loi organique N° 001/2025 du 19 janvier 2025 portant code électoral en République Gabonaise dispose que « *la fraude... [et d'autres actes] entachant d'irrégularité l'élection, peuvent*

[468] Cour constitutionnelle de Madagascar, Arrêt N° 31-HCC/AR du 27 juin 2024 portant proclamation des résultats officiels des élections législatives du 29 mai 2024. In, www.hcc.gov.mg/?p=9194, consulté le 13 août 2024.

[469] Ibid.

[470] Loi N° 06/006 du 9 mars 2006 portant organisation des élections présidentielle, législatives, provinciales, urbaines, municipales et locales telle que modifiée par la Loi N° 11/003 du 25 juin 2011, la Loi N° 15/001 du 12 février 2015, la Loi 17/013 du 24 décembre 2017 et la Loi N° 22/029 du 29 juin 2022.

entrainer son annulation s'il est reconnu par la Cour constitutionnelle... qu'ils ont faussé le résultat du scrutin d'une manière déterminante... ».

Comme l'observe Stéphane BOLLE, « *incontournable mais critiquée et par les requérants et par une partie de la doctrine, la technique, d'un maniement délicat, ne permet pas toujours au juge, souvent perçu comme un acteur politique, parfois attaqué au seuil du procès électoral, de rendre une décision respectable et respectée.* »[471]. Mais ce principe est universellement admis. Même s'il laisse l'impression de donner une marge de manœuvre trop grande au juge, même s'il frustre le requérant qui constate que des irrégularités sont établies par le juge lui-même, mais n'entraînent pas d'annulation ou de sanctions particulières, c'est un principe qui s'impose, partout, mais encore plus en Afrique. Comment en effet demander au juge électoral d'ordonner la reprise de tout scrutin chaque fois que la moindre irrégularité dénoncée devant lui s'avère établie ?

III. Le contentieux du référendum en droit comparé africain

Dans toute démocratie, c'est au peuple que la souveraineté a été reconnue. Celui-ci l'exerce en général par ses représentants élus. Mais il peut aussi lui arriver, quoique rarement, de l'exercer directement par voie de référendum. En tant que « *votation par laquelle le peuple est appelé à se prononcer par oui ou par non sur une question d'ordre politique* »[472], le référendum apparaît en démocratie, comme un rendez-vous tellement crucial qu'il ne doit pas être manqué. Il est en effet important que la voix du souverain soit entendue, que son choix soit respecté. Nulle atteinte déterminante à la manifestation de ce choix ne saurait être acceptée. Tout doit être mis en œuvre pour découvrir le choix du peuple et pour le respecter.

La plupart des pays étudiés ont prévu que ce soit la juridiction constitutionnelle elle-même qui soit compétente pour le contentieux de la régularité des opérations de vote ainsi que pour la proclamation des résultats du référendum. Il en est ainsi pour la Côte d'Ivoire, la République centrafricaine, la République démocratique du Congo, le Gabon et Madagascar.

L'article 81 de la loi organique sur la **Cour constitutionnelle de la RDC** est très bref sur la question. Il dispose :

« *La Cour est juge du contentieux [...] du référendum.*
Elle connaît des recours en contestation [...] du référendum.

---

[471] S. BOLLE, « Les juridictions constitutionnelles africaines et les crises électorales », Communication au 5ème congrès de l'Association des Cours constitutionnelles ayant en partage l'usage du français, Cotonou, 22-28 juin 2009, p. 13.

[472] Th. DEBARD, *Dictionnaire de droit constitutionnel*, Paris, Ellipses, 2007, p. 363.

Elle proclame les résultats définitifs des [du référendum entre autres] consultations. »[473].

L'article 114 de la **Constitution gabonaise** du 19 décembre 2024 dispose, lui aussi brièvement, que : « *La Cour Constitutionnelle statue obligatoirement sur : [...] - la régularité des élections présidentielles, parlementaires et des opérations de référendum dont elle proclame les résultats ; [...]* ».

L'article 145 de la Constitution **République centrafricaine** se veut un peu plus prolixe en citant les autorités pouvant saisir le Conseil constitutionnel. Il dispose :

« *Le Conseil Constitutionnel veille à la régularité [...] des consultations référendaires. Il en proclame les résultats.*

[...].

En cas de contestation sur la régularité d'une consultation référendaire, le Conseil Constitutionnel peut être saisi par le président de la République, le président de l'Assemblée nationale, un tiers des députés. ».

Les textes fondamentaux de la **Côte d'Ivoire** et de **Madagascar**[474] se veulent détaillés sur ce contentieux en prévoyant les étapes et conséquences des décisions du juge constitutionnel en cette matière.

L'article 49 de la loi organique N° 2022-222 du 25 mars 2022 sur le **Conseil constitutionnel de Côte d'Ivoire** dispose :

« *Le Conseil contrôle la régularité des opérations du référendum et en proclame les résultats définitifs.*

Il statue sur les réclamations et les contestations.

Lorsque, à la suite de réclamations ou de contestations relatives à la régularité des opérations de vote et aux résultats du scrutin dans un bureau de vote, le Conseil constitutionnel constate l'effectivité des faits invoqués, il procède à l'annulation des résultats du bureau en cause et ordonne la reprise du scrutin dans ce bureau. ».

A Madagascar, en l'absence de dispositions spécifiques sur le contentieux du référendum dans l'ordonnance N° 2001-003 Portant Loi Organique relative à la Haute Cour Constitutionnelle, on est tenté de

---

473 En fait, les articles 110 et 111 de la loi organique sur la Cour constitutionnelle renvoient à la loi sur le référendum. **Article 110** : « *La Cour est saisie conformément à la Loi électorale ou référendaire. Elle siège au nombre de trois membres. Elle procède à tous les devoirs d'instruction nécessités par l'enquête* ». **Article 111** : « *La Cour rend son Arrêt dans les délais fixés par la Loi électorale* ».

474 Lire, dans le même sens, les dispositions des articles 301 puis 351 à 367 de la loi organique N° 001/2025 du 19 janvier 2025 portant code électoral en République Gabonaise. Pour les référendums locaux, c'est plutôt l'article 320 du même texte qui confie le contentieux de ce genre de référendum « d'initiative locale » au juge administratif.

considérer l'article 35 de ladite ordonnance comme s'appliquant à cette autre votation que constitue le référendum. Cet article dispose :

« En matière de contentieux électoral, la Haute Cour, si elle s'estime insuffisamment informée, peut rendre des arrêts avant dire droit ordonnant une enquête ou un supplément d'information.

Elle a compétence pour connaître de toute question ou exception opposée à l'occasion de la requête, mais sa décision relative à une question d'état ne lie pas les autres juridictions.

La Haute Cour Constitutionnelle, si elle déclare la requête recevable en la forme, en examine le fond.

Elle procède selon le cas :

- *soit au rejet de la requête ;*
- *soit à la réformation des résultats ;*
- *soit à l'annulation des opérations des bureaux de vote concernés s'il a été prouvé que les faits ou les opérations contestées ont altéré la sincérité du scrutin et modifié le sens du vote émis par les électeurs ou s'il y a eu violation flagrante des dispositions législatives ou réglementaires ou des prescriptions d'ordre public* ; ».

Le Sénégal, quant à lui, présente une originalité en matière de contentieux du référendum : il est le seul pays de l'échantillon à séparer le contrôle de la régularité des opérations du référendum, réservé aux juridictions ordinaires – les cours et tribunaux –, et la proclamation des résultats du référendum reconnue comme compétence du Conseil constitutionnel. L'article 51, alinéa 3, de la Constitution du Sénégal dispose : « *Les Cours et Tribunaux veillent à la régularité des opérations de référendum. Le Conseil constitutionnel en proclame les résultats.* ».

Le Bénin se rapproche plus des autres systèmes que du système sénégalais.

IV. Le contentieux du référendum en droit béninois

Au Bénin, la recherche de la préservation de la volonté du peuple est l'œuvre de deux organes principaux, à savoir la Commission Électorale Nationale Autonome (CENA) et la Cour constitutionnelle, le premier, pour organiser la votation, le second, pour en contrôler la régularité et la sincérité[475].

---

[475] G. BADET, « Le contentieux du référendum devant la Cour constitutionnelle du Bénin », in G. M. PEKASSA NDAM (dir.), *Variations autour de la performance dans l'État, Mélanges en l'honneur du professeur Nicaise MEDE*, Dakar, L'harmattan, 2024, pp. 63-72.

En ce qui concerne le second, la Cour constitutionnelle, c'est d'abord l'article 4 de la Constitution du 11 décembre 1990 qui, en affirmant qu'elle « ... *veille à la régularité du référendum et en proclame les résultats* », constitue le fondement juridique principal de son intervention. Il faut ajouter au même niveau l'article 117 du même texte constitutionnel qui prévoit que la Cour constitutionnelle « ... *statue sur la régularité du référendum et en proclame les résultats...* ». La loi N° 91-009 du 31 mai 2001 portant loi organique sur la Cour constitutionnelle consacrait aussi quelques dispositions (Articles 68 à 74) à la question. Les articles 73 à 78 de la loi N° 2022-09 du 27 juin 2022 portant loi organique sur la Cour constitutionnelle reprennent les mêmes dispositions.

Mais, c'est surtout la loi N° 2011-27 du 18 janvier 2012 portant conditions de recours au référendum qui détaille le rôle que la haute juridiction pourrait être amenée à jouer en la matière.

L'économie de cette loi en matière d'intervention de la Cour constitutionnelle fait apparaître que cette dernière exerce à la fois le rôle de contrôle de la régularité des opérations (A) et celui d'authentification de la sincérité du résultat obtenu (B).

A. La régularité des opérations référendaires

Assurer la régularité des opérations référendaires revient à constater, le cas échéant, la non-conformité à la loi des actes posés et à annuler ces actes pour qu'ils soient repris conformément à la loi. En recevant, de requérants autorisés par la loi, des recours en annulation contre de tels actes dans des délais fixés dans un temps qui précède la tenue du scrutin, et en annulant, le cas échéant, les actes considérés comme irréguliers, le juge permet que la votation se déroule de manière régulière et n'attend pas la période du *contentieux du scrutin*, c'est-à-dire, après le scrutin, pour connaître de ces irrégularités avec comme conséquence possible l'annulation et la reprise du scrutin.

Les actes concernés par ce contrôle de régularité dans la loi organique sur le référendum sont, d'une part, l'initiative du référendum (1), d'autre part, les opérations référendaires (2).

1) Le contrôle de l'initiative du référendum

Dès lors que l'initiative du référendum est organisée avec détails dans la loi, toute violation aux règles de cette organisation entraînera l'annulation de l'acte d'initiative par la Cour constitutionnelle.

Le contrôle de la Cour peut porter sur la sanction de l'une quelconque des règles encadrant le projet ou la proposition de loi et se voir systématiser lors de la déclaration de conformité de l'initiative.

❖ Le projet ou la proposition

La Cour peut sanctionner ici le non-respect du domaine ou celui de la démarche.

- **Le domaine** :

Le premier point du contrôle de la Cour constitutionnelle sur l'initiative du référendum est celui du domaine de l'initiative.

Si l'initiative provient du président de la République, elle doit nécessairement porter sur[476] :

- la promotion et le renforcement des droits de l'homme
- l'intégration sous-régionale ou régionale
- l'organisation des pouvoirs publics
- tout projet ou proposition de révision de la Constitution, voté à la majorité des trois quarts des membres composant l'Assemblée nationale.

S'agissant des parlementaires, le domaine n'est pas restreint puisque, dès lors que les ¾ des parlementaires en décident ainsi, « *toute question* » peut être soumise au référendum[477].

On note, en ce qui concerne le président de la République une compétence liée puisqu'il n'est pas libre de choisir le domaine dans lequel il souhaite initier un référendum. En ce qui concerne les parlementaires, si aucun domaine ne lie leur compétence, une restriction apparaît en ce qui concerne le nombre minimal qu'ils doivent atteindre pour prendre l'initiative du référendum, à savoir ¾ des membres composant l'Assemblée nationale, soit 82 députés (pour un total de 109).

Si l'une quelconque des conditions liées au domaine ou au quorum était violée, la Cour constitutionnelle pourrait être saisie par n'importe quel citoyen pour annuler l'initiative irrégulière. Elle peut même, en vertu de son rôle de « *veille* » sur la « *régularité du référendum* », reconnu par l'article 24, alinéa 1 de la loi organique sur le référendum, s'autosaisir de la question et constater la nullité de l'initiative.

- **La démarche** :

Le second point du contrôle de la Cour sur l'initiative du référendum porte sur la démarche que doit respecter l'autorité qui prend l'initiative.

Lorsque c'est l'Assemblée nationale qui prend l'initiative du référendum, la loi exige une *obligation de transmission* de la proposition de loi

---

476 Articles 58 et 154 alinéa 2 et 155 de la Constitution

477 Article 108 de la Constitution.

et de la question à soumettre au référendum au Gouvernement. (Article 11 de la loi organique sur le référendum)

C'est au *Président de l'Assemblée nationale* qu'incombe cette tâche. Et celle-ci doit être accomplie entre avril et juin, soit *au cours de la première session ordinaire de l'Assemblée nationale.*

Si ces conditions de forme, de compétence et de délai, toutes prévues à l'article 11 de la loi organique sur le référendum, arrivaient à faire défaut, la Cour constitutionnelle pourrait être saisie pour constater la nullité de la transmission. Le droit de saisine n'a été réservé à personne sur ce point. Toute personne peut donc saisir la Cour de ce manquement. Mieux, dans son rôle de « *veille* » sur la « *régularité du référendum* » (article 24 de la loi organique sur le référendum), elle peut, elle-même, constater et sanctionner l'irrégularité relevée.

Lorsque le Gouvernement est régulièrement saisi de la proposition de loi de référendum et de la question à soumettre au référendum, le reste de la procédure est identique à celle qui a cours en matière d'initiative du président de la République :

- Le projet ou la proposition de loi référendaire doit mentionner dans son intitulé son caractère de loi référendaire (article 3 de la loi organique sur le référendum).
- Le président de l'Assemblée nationale et le président de la Cour constitutionnelle doivent être consultés **avant l'initiative** (article 4 de la loi organique sur le référendum). Cette consultation est de la compétence du président de la République. Elle se fait par une lettre circonstanciée adressée à chacun des présidents d'institution. Elle doit être accompagnée du projet ou de la proposition de loi référendaire, de l'exposé des motifs, du texte de la question à soumettre et du **projet** de décret de convocation du corps électoral.

Le non-respect de ces règles peut être sanctionné par la Cour, de sa propre initiative de « veille » ou sur saisine de toute personne.

❖ La déclaration de conformité à la Constitution de l'initiative

La Cour constitutionnelle, et non plus seulement le président, doit être consulté sur l'initiative pour savoir si elle est conforme à la Constitution pour pouvoir être suivie d'effets.

Autrement dit, nonobstant les avis demandés aux présidents d'institution (Président de l'Assemblée nationale et président de la Cour constitutionnelle), lesquels n'ont pas besoin d'être suivis par le Président de la République (rien n'indiquant que ces avis doivent être conformes quoiqu'obligatoires, d'où leur rapprochement des avis de l'article 68 de la

Constitution), arrive ensuite la phase, non plus d'avis simplement non contraignant, mais de « décision » de conformité à la Constitution. Cette phase prévue par l'article 12 de la loi organique sur le référendum permet à la Cour constitutionnelle de rendre une décision de conformité (ou non) sur tous les points relatifs au domaine et à la démarche de l'initiative. Donc, lorsqu'un point donné n'a pas fait l'objet de recours ou que la Cour ne s'en est pas saisie préalablement, une nouvelle occasion s'offre à elle pour opérer un contrôle complet de régularité de l'initiative du référendum. C'est pourquoi, c'est après le passage réussi du Président de la République devant la Cour constitutionnelle, passage sanctionné par une décision de conformité de l'initiative à la Constitution que l'on peut aller de l'avant, à savoir, que « ... *le gouvernement inscrit au budget général initial ou au collectif budgétaire qui suit la décision de la cour constitutionnelle, les ressources nécessaires à l'organisation du référendum* » (article 12 de la loi organique sur le référendum).

C'est donc seulement après cette décision de la Cour constitutionnelle sur la conformité de l'initiative de référendum à la Constitution que ce qui n'était qu'un *projet de décret de convocation* du corps électoral (Article 5 de la loi organique sur le référendum) peut devenir un *décret de convocation du corps électoral* (Article 7 de la loi organique sur le référendum).

Si ledit décret a été pris dans le respect des différentes étapes de la procédure, il devient presque inattaquable.

Mais il reste que :

- le visa du Conseil des ministres et la fixation de la date peuvent être contestés puisque, d'une part, ce décret doit être pris en Conseil des ministres, d'autre part, il doit l'être rigoureusement cent vingt jours avant la date du scrutin (Article 7 de la loi organique sur le référendum).
- Enfin, le défaut d'annexion du projet de loi ou de la proposition de loi ainsi que celui de la question à poser au corps électoral peut être une source de contestation (Article 8 de la loi organique sur le référendum) pouvant entrainer l'annulation de la procédure (ou du décret).

Si l'initiative franchit avec succès toutes les phases de contrôle de sa régularité, elle peut entrainer la mise en œuvre des opérations référendaires proprement dites.

2) Le contrôle des opérations référendaires

L'intervention de la Cour constitutionnelle ici est marquée par l'obligation de transmission de certains actes et le nécessaire respect de certains délais.

❖ L'obligation de transmission de certains actes

Deux types d'actes doivent être transmis par la CENA à la Cour constitutionnelle.

Il s'agit premièrement des demandes faites par les partis politiques pour participer à la campagne référendaire (article 14 de la loi organique sur le référendum).

« ... *La demande est faite en double exemplaires sur papier à entête avec le logo ou le signe distinctif du parti politique ou de l'alliance de partis politiques. Elle est revêtue de la signature légalisée du représentant légal du parti politique ou de l'alliance de partis politiques et déposée au Secrétariat de l'organe en charge des élections contre récépissé. Une copie de ladite demande est transmise à la Cour constitutionnelle.* »

Il s'agit secondement de la liste définitive des partis ou alliances de partis politiques retenus pour prendre part à la campagne référendaire (article 17 de la loi organique sur le référendum).

« *Quatre-vingt-dix (90) jours avant la date du scrutin, l'organe en charge des élections arrête la liste définitive des partis ou alliances de partis politiques autorisés à prendre part à la campagne en vue du référendum. Notification est faite à la Cour constitutionnelle et à la Haute Autorité de l'Audiovisuel et de la Communication (HAAC).* »

❖ Le nécessaire respect de certains délais

Certains délais sont impérativement prévus par la loi organique sur le référendum. Certains sont exprimés, d'autres sont induits.

- **Les délais clairement exprimés** : Dès convocation du corps électoral (120 jours avant le scrutin selon l'article 7 de la loi organique sur le référendum), tout parti politique ou toute alliance de partis politiques régulièrement constitué dispose de 10 jours pour adresser une demande de participation à l'organe en charge des élections. L'organe en charge des élections (CENA) peut, par décision motivée, déclarer irrecevable une demande de participation (article 15 de la loi organique sur le référendum). Ce rejet peut faire l'objet d'un recours devant la Cour constitutionnelle qui statue dans un délai de cinq jours, tout cela avant le délai de 90 jours précédant le scrutin, qui est le délai d'arrêt par la CENA de la liste définitive des partis politiques devant prendre part à la campagne référendaire.

Ces délais clairement définis en induisent d'autres, qu'il convient de supposer.

- **Les délais supposés** : La loi organique ne précise pas, par exemple, le délai dans lequel la CENA peut déclarer irrecevable une demande de participation à la campagne référendaire. Si l'on estime qu'il doit arrêter sa liste définitive de partis politiques devant prendre part à la campagne référendaire 90 jours avant la date du scrutin, mais que ceci doit intervenir après le contentieux du rejet de ces partis devant la Cour constitutionnelle qui dispose de cinq jours pour statuer, alors c'est que :
  - d'une part, la Cour constitutionnelle doit être saisie au plus tard six jours avant les 90 jours précédant le scrutin pour que sa décision rendue au plus tard cinq jours après sa saisine permette à la CENA de prendre en compte sa décision dans la finalisation de la liste définitive des partis politiques ou alliances de partis politiques devant prendre part à la campagne référendaire
  - d'autre part, la CENA ne peut plus déclarer irrecevable un parti politique ou une alliance de partis politiques désirant prendre part à la campagne référendaire au-delà des 6 jours (voire 7 jours) avant les 90 jours précédant le scrutin, car ce faisant, elle priverait le parti politique ou l'alliance de partis politiques, de leur droit de saisir la Cour constitutionnelle pour qu'elle statue sur l'irrecevabilité ou le rejet de leur demande de participation à la campagne référendaire.

Toutes ces précautions sont prises dans le but ultime d'assurer la sincérité du référendum.

B. La sincérité du référendum

En droit électoral classique, le contentieux des résultats, c'est-à-dire celui de l'annulation – ou validation, ou réformation – des résultats[478], est un contentieux de la sincérité des résultats, de leur authenticité, de leur exactitude. Le juge a à vérifier que le vainqueur est bien celui qui devrait gagner. Ce contentieux ne vise pas à sanctionner – en elles-mêmes – des

[478] Th. HOLO, « Le contentieux des résultats, Benin », in, J-C. MASCLET, A. ZINZINDOHOUE et Ch. DESOUCHES, *Aspects du contentieux électoral en Afrique*, Actes du Séminaire de Cotonou, 11-12 novembre 1998, pp. 161-171 ; D. F. MELEDJE, « Le contentieux électoral en Afrique », *Pouvoirs* 2009/2, N° 129, pp. 139-155.

irrégularités, des fraudes, encore moins des immoralités. Il peut être tenu compte de ces « *anomalies* » quand elles ont une influence sur le résultat sans que forcément cela n'entraîne de conséquence juridique. C'est cette approche qui a été retenue dans la loi organique portant conditions de recours au référendum en ce qui concerne le contentieux du scrutin (1). Ce contentieux est bien celui du scrutin, et non pas du résultat, car en matière de référendum, l'originalité, c'est l'incontestabilité des résultats du référendum, une fois proclamés (2).

1) Un contentieux marqué par le principe de l'influence déterminante

En droit électoral classique, le juge électoral – dans le cadre du contentieux des résultats – est un juge de la sincérité des résultats et non un juge de la légalité.

Le législateur organique béninois a suivi la tendance bien admise en droit comparé en consacrant à l'article 26 de la loi organique sur le référendum, le fait que :

« La *Cour constitutionnelle examine et tranche définitivement toutes les réclamations.*

Dans le cas où la Cour constitutionnelle constate l'existence d'irrégularités dans le déroulement des opérations, il lui appartient, selon la nature ou la gravité de ces irrégularités, de maintenir lesdites opérations ou de prononcer leur annulation totale ou partielle. ».

Les détenteurs du pouvoir de saisine du juge du référendum sont identifiés à l'article 25 de la loi organique, à savoir, les partis politiques ou alliances de partis politiques[479] régulièrement constitués ainsi que le président de la République.

Le délai de saisine est de cinq jours suivant le scrutin.

« *En cas de contestation sur la régularité d'une consultation, les partis politiques ou alliances de partis politiques régulièrement constitués ainsi que le Président de la République peuvent saisir la Cour constitutionnelle dans un délai de 05 jours suivant la date du scrutin* ».

Les questions pouvant fonder ce genre de recours portent sur tous les aspects du déroulement du scrutin. (Articles 18 à 23 de la loi organique sur le référendum), y compris des actes de la campagne électorale, que ces actes aient été préalablement sanctionnés ou non par le juge pénal. Ici, conformément à l'article 32 de la loi organique sur le référendum :

---

[479] Le droit positif béninois en 2024 ne reconnaît plus les alliances de partis politiques

« *Sont applicables au référendum, les dispositions de la loi portant règles générales pour les élections en République du Bénin*[480], *sous réserve des dispositions particulières contenues dans la loi organique et le règlement intérieur de la Cour constitutionnelle, et dans la présente loi.* ».

2) L'incontestabilité des résultats du référendum

L'article 26 de la loi organique sur le référendum prévoit clairement que la cour « *examine et tranche définitivement toutes les réclamations* » avant de proclamer les résultats du référendum, car, comme le prévoit l'article 30 de la loi organique : « *Les propositions ou projets de loi adoptés par référendum par le peuple béninois constituent l'expression directe de sa souveraineté et sont soustraits au contrôle de constitutionnalité.* ».

Cette position du législateur organique se comprend, car aucun pouvoir constitué ne peut remettre en cause la volonté exprimée régulièrement par le pouvoir constituant. On peut contrôler la procédure d'expression de la volonté, mais pas le contenu de cette volonté en l'absence de violations procédurales.

Au total, en cette matière, la Cour constitutionnelle du Bénin a reçu de larges pouvoirs du législateur organique pour s'assurer non seulement de la régularité des opérations référendaires, mais aussi de la sincérité du référendum[481].

Pour ce faire, elle désigne des délégués sur le terrain pour l'aider à relever toutes les irrégularités et les prendre en compte avant la proclamation des résultats, sur la base du principe de l'influence déterminante.

Section 3 : La compétence d'interprétation de la Constitution reconnue à certaines juridictions constitutionnelles

La RD Congo, le Gabon et Madagascar connaissent la procédure de recours en interprétation de la Constitution et, dans chacun de ces pays, les textes constitutionnels limitent le pouvoir de saisir la juridiction constitutionnelle à quelques autorités politiques.

C'est ainsi que l'article 161, alinéa 1, de la **Constitution de RDC dispose :** « *La Cour constitutionnelle connaît des recours en interprétation de la Constitution sur saisine du Président de la République, du Gouvernement, du Président*

[480] Il s'agit, de nos jours, des règles du code électoral qui comporte désormais les dispositions générales en question

[481] Voir aussi articles 73 à 78 de la loi N° 2022-09 du 27 juin 2022 portant loi organique sur la Cour constitutionnelle.

du Sénat, du Président de l'Assemblée nationale, d'un dixième des membres de chacune des Chambres parlementaires, des Gouverneurs de province et des Présidents des Assemblées provinciales. »[482].

L'article 116 de la **Constitution du Gabon** de 2024 dispose aussi : « *En dehors des autres compétences prévues par la présente Constitution, la Cour Constitutionnelle dispose du pouvoir d'interpréter la Constitution et les autres textes à valeur constitutionnelle, en cas de doute ou de lacune. Elle est saisie à la demande du Président de la République, du Président de l'Assemblée Nationale, du Président du Sénat, d'un dixième des Députés ou d'un dixième des Sénateurs* »

Enfin, l'article 119 de la **Constitution de Madagascar** dispose : « *La Haute Cour Constitutionnelle peut être consultée par tout Chef d'Institution et tout organe des Collectivités Territoriales Décentralisées pour donner son avis sur la constitutionnalité de tout projet d'acte ou sur l'interprétation d'une disposition de la présente Constitution.* »

En RDC, la loi organique sur la Cour constitutionnelle apporte des précisions complémentaires quant aux délais de traitement d'une demande en interprétation. Selon l'article 55 de ce texte en ses trois alinéas[483] : « *La Cour statue dans le délai de trente jours à compter du dépôt du recours. En cas d'urgence, à la demande du Gouvernement, ce délai est ramené à huit jours. Sauf cas de force majeure dûment motivé, le dépassement de ces délais entraîne les sanctions prévues par le statut des membres de la Cour.* ».

Si la RDC précise bien que « *l'interprétation de la Cour lie les pouvoirs publics, les autorités administratives et juridictionnelles, civiles et militaires ainsi que les particuliers.* »[484] pendant qu'au niveau de la **Haute Cour constitutionnelle de Madagascar**, il n'est question que d'un *avis*[485], il est évident que s'agissant d'une juridiction qui peut annuler les actes pris par les pouvoirs publics, les avis ne sauraient être ignorés, car, en pareille hypothèse, la sanction d'un tel comportement n'est que reportée.

---

482 L'article 54 de la loi organique sur la Cour constitutionnelle reprend le même texte avec une précision : « *La Cour connaît des recours en interprétation de la Constitution à la requête du Président de la République, du Gouvernement, du Président du Sénat, du Président de l'Assemblée Nationale, d'un dixième des membres de chacune des Chambres parlementaires, des Gouverneurs de Province et des Présidents des Assemblées Provinciales.*
La requête mentionne les dispositions dont l'interprétation est sollicitée. ».

483 Chaque phrase est un alinéa.

484 Article 56 de la loi organique.

485 Article 41, alinéa 7, de l'Ordonnance Madagascar : « La Haute Cour Constitutionnelle, consultée par tout Chef d'Institution ou tout organe d'une province autonome, donne **son avis** sur la constitutionnalité de tout projet d'acte ou sur l'interprétation d'une disposition de la Constitution. ».

Section 4 : Les attributions pénales de la Cour constitutionnelle de RDC

Entre les juridictions de l'échantillon, **la Cour constitutionnelle de RDC présente une originalité** : ce sont ses attributions pénales. Il est le juge pénal du président de la République et du Premier ministre. Dans les autres pays, ce sont les hautes cours de justice qui sont chargées de cette fonction[486].

L'article 164 de la Constitution congolaise dispose ainsi : « *La Cour constitutionnelle est le juge pénal du Président de la République et du Premier ministre pour des infractions politiques de haute trahison, d'outrage au Parlement, d'atteinte à l'honneur ou à la probité ainsi que pour les délits d'initié et pour les autres infractions de droit commun commises dans l'exercice ou à l'occasion de l'exercice de leurs fonctions. Elle est également compétente pour juger leurs co-auteurs et complices.* ».

Dans la mise en œuvre de ces attributions, l'article 109 de la loi organique sur la Cour constitutionnelle dispose que « *Sauf disposition contraire de la présente Loi organique, les règles ordinaires de la procédure pénale en matière d'instruction, de représentation des parties, du prononcé et de l'exécution de l'Arrêt sont applicables devant la Cour Constitutionnelle* ».

Vu que les dispositions constitutionnelles n'ont été prévues que pour les cas où les autorités concernées sont « *dans l'exercice ou à l'occasion de l'exercice de leurs fonctions* » (A), il est important d'exclure les hypothèses qui ne rentrent pas dans ces circonstances (B).

I. Procédure devant la Cour constitutionnelle en cas d'infractions commises dans ou à l'occasion de l'exercice des fonctions de Président de la République ou de Premier Ministre

Les articles 100 à 107 de la loi organique sur la Cour constitutionnelle prévoient six étapes importantes dans cette procédure.

A. L'ouverture de l'instance

Le Procureur Général assure l'exercice de l'action publique dans les actes d'instruction et de poursuites contre le Président de la République, le Premier Ministre ainsi que les coauteurs et les complices. A cette fin, il reçoit les plaintes et les dénonciations et rassemble les preuves. Il entend toute personne susceptible de contribuer à la manifestation de la vérité.

486 Voir, sur cette thématique, Revue RCC de la Cour constitutionnelle du Bénin, Numéro 6, 2021. Disponible sur le site : www.couconstitutionnelle.bj

B. L'autorisation parlementaire de poursuite

Si le Procureur Général estime devoir poursuivre le Président de la République ou le Premier Ministre, il adresse au Président de l'Assemblée Nationale et au Président du Sénat une requête aux fins d'autorisation des poursuites.

Selon l'article 166, alinéa 1er, de la Constitution, « *La décision de poursuites ainsi que la mise en accusation du Président de la République et du Premier ministre sont votées à la majorité des deux tiers des membres du Parlement composant le Congrès suivant la procédure prévue par le Règlement intérieur.* ».

C. L'instruction préparatoire

Si le Congrès autorise les poursuites, l'instruction préparatoire est menée par le Procureur Général. Les règles ordinaires de la procédure pénale sont applicables à l'instruction préparatoire. La Cour est seule compétente pour autoriser la mise en détention préventive du Président de la République ou du Premier Ministre, dont elle détermine les modalités dans chaque cas. La détention préventive est remplacée par l'assignation à résidence surveillée.

D. La mise en accusation

A la clôture de l'instruction pré-juridictionnelle, le Procureur Général adresse un rapport au Président de l'Assemblée Nationale et au Président du Sénat, éventuellement accompagné d'une requête aux fins de solliciter du Congrès la mise en accusation du Président de la République ou du Premier Ministre.

Rappelons que, conformément à l'article 166, alinéa 1er, de la Constitution, « *La décision de poursuites ainsi que la mise en accusation du Président de la République et du Premier ministre sont votées à la majorité des deux tiers des membres du Parlement composant le Congrès suivant la procédure prévue par le Règlement intérieur.* ».

E. Le jugement

Dans le cas où le Congrès adopte la résolution de mise en accusation, le Procureur Général transmet le dossier au Président de la Cour par une requête aux fins de fixation d'audience. Il fait citer le prévenu et, s'il y a lieu, les coauteurs et/ou les complices.

Tout officier de police judiciaire ou tout officier du Ministère Public qui reçoit une plainte ou une dénonciation ou qui constate l'existence des faits infractionnels à charge, soit du Président de la République, soit du Premier Ministre, les transmet, toutes affaires cessantes, au Procureur Général et s'abstient de poser tout autre acte.

F. La condamnation et les autres sanctions

En cas de condamnation du Président de la République ou du Premier Ministre, la Cour prononce sa déchéance. Cette sanction s'applique, *mutatis mutandis*, aux coauteurs ou complices revêtus de la puissance publique.

La constitution de partie civile n'est pas recevable devant la Cour. De même, la Cour ne peut statuer d'office sur les dommages-intérêts et réparations qui peuvent être dus aux victimes. L'action civile ne peut être poursuivie qu'après l'Arrêt définitif et devant les juridictions ordinaires.

La grâce ou la libération conditionnelle d'un ancien Président de la République ou d'un ancien Premier Ministre condamné à une peine privative de liberté est décidée conformément au droit commun.

II. L'incompétence de la Cour constitutionnelle en cas d'infractions commises en dehors des fonctions de Président de la République ou de Premier Ministre

L'article 108 de la loi organique sur la Cour constitutionnelle dispose que « *Pour les infractions commises en dehors de l'exercice de leurs fonctions, les poursuites contre le Président de la République et le Premier Ministre sont suspendues jusqu'à l'expiration de leur mandat. La prescription de l'action publique est suspendue. La juridiction compétente est celle de droit commun.* ».

Section 5 : Autres attributions des juridictions constitutionnelles : le cas du Bénin

Au-delà des quatre attributions majeures ou principales de la Cour constitutionnelle du Bénin, plusieurs autres attributions ont été reconnues, soit à la Cour elle-même, soit à son président. Ces attributions sont introduites par les articles 118 et 119 de la Constitution.

Le premier article (article 118 de la Constitution) porte sur les autres attributions de la Cour.

Le deuxième article (article 119 de la Constitution) sur les attributions du président de la Cour.

« Elle [la cour constitutionnelle] est également compétente pour statuer sur les cas prévus aux articles 50[487]*, 52*[488]*, 57*[489]*, 77*[490]*, 86*[491]*, 100*[492]*, 102*[493]*, 104*[494]*, et 147*[495]*. »*

---

487 « *En cas de vacance de la présidence de la République par décès, démission ou empêchement définitif, l'Assemblée nationale se réunit pour statuer sur le cas à la majorité absolue de ses membres. Le Président de l'Assemblée nationale saisit* **la Cour constitutionnelle qui constate et déclare la vacance de la Présidence de la République**. *Les fonctions de Président de la République sont exercées par le vice-président de la République pour le reste de la durée du mandat en cours. Il prête immédiatement le serment prévu à l'article 53 de la Constitution.*

Il désigne au plus tard quarante-huit heures après la prestation de serment, et après avis consultatif du Bureau de l'Assemblée nationale, un nouveau vice-président de la République conformément aux dispositions de l'article 44, excepté celle relative au parrainage.

Au cas où il décède, démissionne ou est définitivement empêché avant la désignation du nouveau vice-président de la République, le Président de l'Assemblée nationale saisit **la Cour constitutionnelle qui constate le décès, la démission ou l'empêchement définitif du vice-président élu, l'absence d'un vice-président de la République, et la vacance de la présidence de la République**. *Les fonctions de Président de la République sont exercées par le Président de l'Assemblée nationale et celle-ci élit un nouveau président.*

Il en est de même au cas où le Président de la République élu seul dans les conditions de l'alinéa 5 de l'article 45 décède, démissionne ou est définitivement empêché avant la désignation du vice-président de la République. »

488 « *Dans leurs fonctions, le Président de la République, et les membres du Gouvernement* **ne peuvent pas par eux-mêmes ni par intermédiaire, rien acheter ou prendre à bail qui appartienne au domaine de l'État, sans autorisation préalable de la Cour constitutionnelle**, *dans les conditions fixées par la loi.*

Ils sont tenus, lors de leur entrée en fonction et à la fin de celle-ci, de faire sur l'honneur, une déclaration écrite de tous leurs biens et patrimoine adressée au président de la Cour des comptes.

Ils ne peuvent prendre part aux marchés de fournitures et aux adjudications pour les administrations et institutions relevant de l'État ou soumises à leur contrôle. »

489 Voir les développements antérieurs sur la saisine de la Cour constitutionnelle par le président de l'Assemblée nationale pour mise en vigueur d'office de la loi votée et non promulguée par le président de la République dans les délais constitutionnels.

490 Article 76 de la Constitution : « *Il y a* **outrage à l'Assemblée nationale** *lorsque, sur des questions posées par l'Assemblée nationale sur l'activité gouvernementale, le Président de la République ne fournit aucune réponse dans un délai de trente jours.* ».

Article 77 de la Constitution : « *Passé ce délai, le Président* **de l'Assemblée nationale saisit la Cour constitutionnelle de ce manquement grave** *aux dispositions constitutionnelles.*

La Cour constitutionnelle statue dans les trois jours. *Le Président de la République est tenu de fournir des réponses à l'Assemblée nationale dans les plus brefs délais et dans tous les cas avant la fin de la session en cours.*

A l'expiration de ce délai, si aucune suite n'est donnée par le Président de la République à la décision de la Cour, le Président de la République est déféré devant la Haute Cour de Justice pour outrage à l'Assemblée nationale. ».

491 « *Les séances de l'Assemblée ne sont valables que si elles se déroulent au lieu ordinaire de ses sessions, sauf cas de* **force majeure dûment constaté par la Cour constitutionnelle**.

Le compte rendu intégral des débats de l'Assemblée nationale est publié au Journal Officiel. ».

« *Le* ***Président de la Cour constitutionnelle*** *est compétent pour :*

- *recevoir le serment du Président de la République ;*
- *donner son avis au Président de la République dans les cas prévus aux articles 58 et 68.* ».

---

[492] « *Les matières autres que celles qui sont du domaine de la loi ont un caractère réglementaire.*

Les textes de forme législative *intervenus en ces matières antérieurement à l'entrée en vigueur de la présente Constitution* ***peuvent être modifiés par décret pris après avis de la Cour constitutionnelle.*** ».

Voir aussi les **articles 48 à 50 de la loi organique sur la Cour constitutionnelle** :

Article 48 : « *Dans les cas prévus à l'article 100 alinéa 2 de la Constitution, la Cour constitutionnelle est saisie par le président de la République.* »

Article 49 : « *La Cour constitutionnelle se prononce dans le délai d'un (01) mois. Ce délai est réduit à huit (08) jours quand le gouvernement déclare l'urgence* »

Article 50 : « *La Cour constitutionnelle constate par une déclaration motivée, le caractère législatif ou réglementaire des dispositions qui lui sont soumises* ».

[493] « *Le Gouvernement peut, pour l'exécution de son programme, demander à l'Assemblée nationale de voter une loi l'autorisant à prendre par ordonnance, pendant un délai limité, des mesures qui sont normalement du domaine de la loi. Cette autorisation ne peut être accordée qu'à la majorité des deux tiers des membres de l'Assemblée nationale.*

Les ordonnances sont prises en Conseil des ministres, après avis de la Cour constitutionnelle. *Elles entrent en vigueur dès leur publication, mais deviennent caduques si le projet de loi de ratification n'est pas déposé devant l'Assemblée avant la date fixée par la loi d'habilitation.*

À l'expiration du délai mentionné au premier alinéa du présent article, les ordonnances ne peuvent plus être modifiées que par la loi dans leurs dispositions qui sont du domaine législatif. ».

[494] « *Les propositions, projets et amendements* ***qui ne sont pas du domaine de la loi sont irrecevables.***

L'irrecevabilité est prononcée par le Président de l'Assemblée nationale après délibération du Bureau.

S'il apparaît que la proposition ou l'amendement sont contraires à une délégation accordée en vertu de l'article 102 de la présente Constitution, le Gouvernement peut opposer l'irrecevabilité.

En cas de contestation sur les alinéas 1 et 3 du présent article, la Cour constitutionnelle, saisie par le Président de l'Assemblée nationale ou le Gouvernement, statue dans un délai de huit jours. » ; voir aussi, les articles 51 à 54 de la Loi N° 2022609 du 27 juin 2022 portant loi organique sur la Cour constitutionnelle :

Article 51 : « *Aux cas prévus par l'article 104 de la Constitution, la discussion de la proposition de loi ou de l'amendement auquel le président de l'Assemblée nationale ou le gouvernement a opposé l'irrecevabilité est immédiatement suspendue* »

Article 52 : « *L'autorité qui a saisi la Cour constitutionnelle en avise aussitôt l'autre autorité qui a également compétence à cet effet selon l'article 104 de la Constitution* »

Article 53 : « *Conformément à l'article 104 alinéa 4 de la Constitution, la Cour statue dans un délai de huit (08) jours.* »

Article 54 : « *La déclaration de la Cour est notifiée au président de l'Assemblée nationale et au président de la République* ».

[495] « *Les traités ou accords régulièrement ratifiés ont, dès leur publication, une autorité supérieure à celle des lois, sous réserve, pour chaque accord ou traité, de son application par l'autre partie.* ».

Titre 3 : Les fondements institutionnels et procéduraux des contentieux constitutionnel et électoral

Le contentieux constitutionnel béninois et africain est organisé autour de moyens humains et institutionnels (Chapitre1) qui permettent d'exercer les attributions selon une procédure donnée qui représente le procès constitutionnel (chapitre 2).

Chapitre 1 : Les juges et l'organe de justice constitutionnelle

En droit comparé comme en droit béninois, il faut séparer la question du juge lui-même de celle de la Cour constitutionnelle en tant qu'organe. Concernant le juge, il faut que les conditions de sa désignation obéissent à certains standards liés à la composition d'une juridiction constitutionnelle (Section 1). Mais au-delà de ces normes, des garanties doivent être accordées aux personnalités désignées pour leur permettre d'exercer leurs fonctions à l'abri de toute interférence. Sur ce deuxième point, c'est aussi bien le juge pris isolément que l'organe de justice constitutionnelle qui doivent être protégés. D'autres standards peuvent être utilisés pour vérifier la conformité des règles relatives au statut des juges et au fonctionnement de la Cour constitutionnelle à ce qui est attendu d'une juridiction devant défendre la démocratie et l'État de droit (Section 2)[496].

Section 1 : La désignation des juges et la composition de la Cour

TABLEAU 2 : DÉSIGNATION DES JUGES ET COMPOSITION DE QUELQUES JURIDICTIONS CONSTITUTIONNELLES AFRICAINES

Juridiction et pays	Nombre de juges	Mandat (et possibilité ou non de renouvellement)	Profil exigé	Autorités de désignation
Cour constitutionnelle du Bénin (Constitution du 11 décembre 1990)	7	5 ans, renouvelables une fois	3 **magistrats** ayant au moins 15 ans d'expériences professionnelles, 2 **juristes de haut niveau,** professeur ou praticien du droit, ayant au moins 15 ans d'expériences professionnelles et 2 **personnalités de grande réputation professionnelle.**	Président de la République (un magistrat, un juriste de haut niveau et une personnalité). Bureau de l'Assemblée nationale (deux magistrats, un juriste de haut niveau et une personnalité)
Conseil constitutionnel de la Centrafrique	11 (et plus). En sus des onze membres,	Mandat de neuf ans non renouvelables.	Les membres du Conseil Constitutionnel	Les membres du Conseil Constitutionnel,

496 A. SOMA, « Le statut du juge constitutionnel africain », In Frédéric Joël AÏVO (dir.), *La Constitution béninoise du 11 décembre 1990 : Un modèle pour l'Afrique ?* Paris, L'Harmattan, 2014, pp. 451-480.

(Constitution du 30 août 2023, VIIème République)[497]	les anciens présidents de la République sont, de droit, membres du Conseil Constitutionnel avec voix consultative.		sont choisis parmi les personnalités de réputation professionnelle établie. Ils doivent jouir d'une intégrité morale et d'une compétence reconnue et d'une expérience professionnelle de dix ans.	nommés par le président de la République, sont préalablement désignés de la manière suivante : - trois par le Président de la République ; - trois par le Président de l'Assemblée Nationale ; - deux enseignants-chercheurs de droit élus par leurs pairs ; - deux magistrats élus par leurs pairs ; - un avocat élu par ses pairs.
Cour constitutionnelle du Congo (RDC) (Constitution du 18 février 2006)	9	9 ans non renouvelables. La Cour constitutionnelle est renouvelée par tiers tous les 3 ans. Toutefois, lors de chaque renouvellement, il sera procédé au tirage au sort d'un membre par groupe	Les 2/3 des membres de la Cour constitutionnelle doivent être des juristes provenant de la magistrature, du barreau ou de l'enseignement universitaire	Président de la République (3) ; Parlement réuni en congrès (3), Conseil supérieur de la magistrature (3).
Conseil constitutionnel de Côte d'Ivoire (Constitution du 8 novembre 2016)	7 (et plus)	6 ans non renouvelables. Le Conseil constitutionnel est renouvelé par moitié tous les trois ans. Le premier Conseil constitutionnel comprendra : • trois conseillers, dont deux désignés par les Présidents de l'Assemblée nationale et du	Le président du Conseil et les conseillers sont nommés pour une durée de six ans non renouvelables par le Président de la République parmi les personnalités reconnues pour leur compétence et leur expertise avérées en matière juridique ou administrative.	Le Conseil constitutionnel se compose : - d'un Président ; - des anciens Présidents de la République, sauf renonciation expresse de leur part ; - de six conseillers, dont trois désignés par le Président de la République, deux par le Président de l'Assemblée nationale et un par

[497] Pour une étude et un bilan de cette juridiction sous les anciens textes, voir, D. DARLAN, *Protéger la Constitution quoi qu'il en coûte, Une vision pour la Cour constitutionnelle de la République centrafricaine*, Paris, L'harmattan, 2024.

		Sénat, nommés pour trois ans par le Président de la République ; trois conseillers, dont un désigné par le Président de l'Assemblée nationale, nommés pour six ans par le Président de la République		le Président du Sénat
Cour constitutionnelle du Gabon (Constitution de 2024)	9 (plus, éventuellement des membres de droit)	La durée du mandat des membres nommés est de huit (8) ans, renouvelable aux deux tiers (2/3). Toutefois, aucun Juge constitutionnel ne peut faire plus de deux (2) mandats.	Les Juges constitutionnels sont choisis, à titre principal, parmi les magistrats de grade hors hiérarchie, les avocats et les professeurs de droit âgés de cinquante (50) ans au moins et ayant au moins quinze (15) ans d'expérience, ainsi que les personnalités qualifiées qui ont honoré le service de la Nation ou qui sont reconnues pour leur compétence et leur expertise avérées en matière juridique ou administrative.	Les neuf (9) membres de la Cour Constitutionnelle sont désignés comme suit : - trois (3) par le Président de la République ; - deux (2) par le Président de l'Assemblée Nationale ; - deux (2) par le Président du Sénat. - deux (2) par le Conseil Supérieur de la Magistrature
Haute Cour constitutionnelle de Madagascar (ORDONNANCE N° 2001-003 portant Loi Organique relative à la Haute Cour Constitutionnelle)	9	7 ans non renouvelables	Ils sont choisis en raison de leur compétence juridique et doivent avoir une pratique suffisante de la magistrature de l'ordre administratif ou judiciaire, du barreau, de l'enseignement supérieur du droit ou de l'administration.	Trois des membres sont nommés par le Président de la République, deux sont désignés par l'Assemblée Nationale, deux par le Sénat et deux sont élus par le Conseil Supérieur de la Magistrature ; Les désignations et élections sont constatées par décret du

				Président de la République.
Conseil constitutionnel du Sénégal (Constitution et loi organique N° 2016-23 du 14 juillet 2016 relative au Conseil constitutionnel)	7	6 ans non renouvelables	Les membres du Conseil constitutionnel sont choisis parmi : (1) les magistrats ayant exercé les fonctions de premier président de la Cour suprême, de procureur général près la Cour suprême, de président de chambre à la Cour suprême, de premier avocat général près la Cour suprême, de premier président de Cour d'appel et de procureur général près une Cour d'appel ; (2) les professeurs titulaires de droit ; (3) les inspecteurs généraux d'État ; (4) les avocats. Les personnalités visées, en activité ou à la retraite, doivent avoir au moins vingt ans d'ancienneté dans la fonction publique ou vingt ans d'exercice de leur profession	Nommés par le Président de la République dont deux sur une liste de quatre personnalités proposées par le Président de l'Assemblée nationale.

La question de la désignation des membres des juridictions constitutionnelles fait référence d'abord et avant tout à la composition desdites juridictions. Or, en cette matière, « *on ne peut pas proposer une solution uniforme pour toutes les constitutions possibles* »[498]. Voilà que, comme le relèvent

498 H. KELSEN, « La garantie juridictionnelle de la Constitution », *R.D.P.*, 1928, p. 226.

Constance GREWE et Hélène RUIZ FABRI, « *dans la mesure où la Cour constitutionnelle doit être un tiers impartial tout en étant chargée d'une mission éminemment politique, les règles de recrutement revêtent une importance certaine* »[499]. Il s'agit en effet de faire en sorte que, dès leur mise en place, les juridictions constitutionnelles offrent le maximum de garanties d'indépendance en apparaissant crédibles aussi bien aux yeux des autorités politiques dont elles sont chargées de contrôler les actes qu'à ceux des particuliers dont elles sont censées protéger les droits.

Pour Hans KELSEN, « *ce n'est [...] pas sur le Parlement lui-même que l'on peut compter pour réaliser sa subordination à la Constitution. C'est un organe différent de lui, indépendant de lui et par conséquent aussi de toute autre autorité étatique qu'il faut charger de l'annulation des actes inconstitutionnels, c'est-à-dire une juridiction ou tribunal constitutionnel.* »[500]. Le juriste autrichien s'évertue ensuite à proposer un certain nombre de principes à la base de la composition et du statut de la juridiction et de ses membres[501].

COMPOSITION, PROFIL ET DESIGNATION DES JUGES : ANALYSE DE DROIT COMPARE AFRICAIN

Les 3 questions qui retiendront l'attention ici portent respectivement sur la composition et le mandat des juges, leur profil et les modalités de leur désignation

Composition et mandat : Les juridictions constitutionnelles en Afrique francophone comptent entre 7 (Bénin, Côte d'Ivoire, Sénégal) et 11 membres (Centrafrique). Plusieurs sont composes de 9 membres (RDC, Gabon, Madagascar, Togo). Comme on peut le voir, toutes ses juridictions ont un nombre impair de membres ce qui facilite la prise de décision.

La situation du Burkina Faso paraît donc spéciale dans la mesure où, selon l'article 153 de la Constitution « *Le Conseil constitutionnel comprend, outre son président : 3 magistrats... 3 personnalités nommées par le Président du Faso ; 3 personnalités nommées par le président de l'assemblée nationale* ».

499 C.GREWE et H. RUIZ - FABRI, *Droits constitutionnels européens*, Paris, P.U.F, 1995, p. 75.

500 H. KELSEN, « La garantie juridictionnelle de la Constitution », *R.D.P.*, 1928 p. 223.

501 C. GREWE, « La question du statut des juges constitutionnels », in, D. ROUSSEAU (dir.), *Le Conseil constitutionnel en questions*, Paris, L'harmattan, 2004, pp. 77-92.

Le nombre pair aurait pu être considéré comme une difficulté pour la prise de décision. Heureusement, la loi organique sur le Conseil constitutionnel prévoit qu'en cas de partage des voix, celle du président est prépondérante.

Enfin, certaines juridictions constitutionnelles prévoient des membres de droit (Centrafrique, Côte d'Ivoire, Gabon). Si en Centrafrique et en Côte d'Ivoire ce sont les anciens présidents de la République qui sont des membres de droit, au Gabon aucune précision n'est apportée sur la qualité des membres de droit dans la constitution.

S'agissant des mandats, 3 situations peuvent être notées :

1) Les cas de mandats uniques et longs (9 ans en Centrafrique, RDC et au Burkina Faso, 7 ans au Togo et à Madagascar, 6 ans en Côte d'Ivoire et au Sénégal). En général, dans ces cas, une partie de la composition change tous les 3 ans.

2) Le cas de renouvellement de mandat long comme (Gabon ou le mandat est de 8 ans renouvelable une fois.)

3) Les cas de possibilité de renouvellement intégral des membres comme c'est le cas au Bénin où le mandat est de 5 ans renouvelable – même dans l'hypothèse où tous les juges peuvent être renouvelés – une fois.

Profil : La plupart des textes examinés exigent la présence de professionnels de droit dans la composition de la cour.

Les extrêmes sont notables en Centrafrique où aucune allusion n'est faite aux compétences juridiques et Madagascar où tous les membres de la cour doivent avoir une compétence juridique.

Dans toutes les autres juridictions, il s'agit d'un dosage entre juristes et d'autres personnalités.

Certains textes sont assez précis sur la présence de chacune des catégories de juriste que sont les magistrats, les avocats et les professeurs de droit (Togo, RDC, Madagascar, Gabon).

Dans d'autres pays, la précision des types de juristes peut être plus ou moins précise (Bénin, où on parle de magistrat et «*juriste de haut niveau*». Sénégal, où on parle de magistrat et professeur titulaire de droit. Burkina Faso où on parle de magistrat et de juriste).

Tels que certains textes sont formulés, aucune des catégories de juriste n'est sûre d'être représentée au sein de la juridiction (Côte d'Ivoire,

Sénégal, Madagascar, Gabon). On peut donc avoir telle catégorie de juriste plutôt que telle autre catégorie car le choix est possible entre les différentes catégories de juristes.

Dans d'autres pays encore, les termes utilisés n'imposent pas forcément la présence de juriste, mais prévoient la possibilité de cette présence (Côte d'Ivoire où il est question, pour la totalité des membres d'avoir des « *compétences et expertise avérées en matière juridique* ***ou administrative*** ».)

Les juridictions constitutionnelles ne sont donc pas composées uniquement de juristes. Il y a aussi des personnalités.

Dans certains pays, il est question de faire participer les anciens présidents de la République (Centrafrique et Côte d'Ivoire) ou des membres de droit sans autre précision (Gabon). Mais en général, il s'agit juste d'exiger des compétences en matière administrative ou de n'exiger aucun profil particulier. Au Bénin, il est question de «*personnalité de grande réputation professionnelle*».

Dans tous ces cas, il n'est pas rare que les personnalités choisies par les autorités de désignation aient une expérience politique ou même soient des hommes ou femmes politiques bien connus.

Modalités de désignation : Dans tous les pays, l'Exécutif et le Législatif participent à la désignation des membres des juridictions constitutionnelles. Mais on peut distinguer entre les systèmes qui donnent pouvoir aux présidents des chambres parlementaires (Burkina Faso, Centrafrique, Côte d'Ivoire, Gabon, Sénégal) ceux qui désignent un organe de chambre parlementaire (le Bureau de l'Assemblée nationale au Bénin) ou toute la plénière (Madagascar, Togo), voire les deux chambres réunies (RDC).

Dans certains pays comme le Burkina Faso et le Togo, certains corps désignent eux-mêmes leur représentant (professeurs de droit, Avocats). Les conseils supérieurs de magistrature sont également associés en désignant directement un ou plusieurs membres (Togo, Madagascar, Gabon, RDC).

Aux termes des trois premiers alinéas de l'article 115 de la Constitution béninoise du 11 décembre 1990 :

« *La Cour constitutionnelle est composée de sept membres dont quatre sont nommés par le Bureau de l'Assemblée nationale et trois par le Président de la République pour un mandat de cinq ans renouvelable une seule fois. Aucun membre de la Cour constitutionnelle ne peut siéger plus de dix ans.*

Pour être membre de la Cour constitutionnelle, outre la condition de compétence professionnelle, il faut être de bonne moralité et d'une grande probité.

La Cour constitutionnelle comprend :

- *trois magistrats, ayant une expérience de quinze années au moins, dont deux sont nommés par le Bureau de l'Assemblée nationale et un par le Président de la République ;*
- *deux juristes de haut niveau, professeurs ou praticiens du droit, ayant une expérience de quinze années au moins, nommés l'un par le Bureau de l'Assemblée nationale et l'autre par le Président de la République ;*
- *deux personnalités de grande réputation professionnelle, nommées l'une par le Bureau de l'Assemblée nationale et l'autre par le Président de la République.* »

La question des critères de nomination des membres des juridictions constitutionnelles, et, en particulier, le modèle béninois, fait ressurgir le débat sur la nécessaire liaison qu'il conviendrait de faire entre la fonction juridictionnelle de la cour et les compétences (juridiques ou non) de ses membres.

S'agissant des cinq juristes béninois sur les sept membres de la Cour, trois doivent être magistrats et deux « *… juristes de haut niveau, professeurs ou praticiens de droit…* »[502].

En justice constitutionnelle comparée, il semble acquis qu'au moins une partie des juges constitutionnels doit avoir des connaissances juridiques. Pour Hans Kelsen en tous cas, « *il est de la plus grande importance d'accorder dans la composition de la juridiction constitutionnelle une place adéquate aux juristes de profession* »[503]. Dans la pratique, la totalité des juges constitutionnels autrichiens ou allemands doit avoir des compétences juridiques alors que la plupart des autres juridictions constitutionnelles imposent cette condition à au moins une partie de leurs membres[504]. La situation est semblable en Afrique francophone, car « *les dispositions constitutionnelles prévoient que la majorité des membres [des cours constitutionnelles] sont des juristes de haut niveau* »[505]. Il n'y a guère qu'une minorité de pays qui ne mettent pas cette exigence comme condition d'accès à leur haute juridiction constitutionnelle. Mais, même dans ces pays, on observe que

---

502 Article 115, alinéa 3 de la Constitution béninoise du 11 décembre 1990.

503 H. KELSEN, « La garantie juridictionnelle de la Constitution », *R. D P.*, 1928, p. 227.

504 C.GREWE et H. RUIZ FABRI, *Droits constitutionnels européens*, Paris, PUF, 1995, p. 76 ; L. FAVOREU, *Les cours constitutionnelles*, Paris, PUF, 1996, p. 21.

505 M-M. MBORANTSUO, *La contribution des cours constitutionnelles à l'État de droit en Afrique*, Paris, Economica, 2007, p. 51.

les autorités de nomination tiennent compte des compétences juridiques dans le choix des juges constitutionnels, comme c'est le cas en France et aux États-Unis[506].

Dans la pratique au Bénin, le respect de la qualité de juriste dans le choix des juges à la Cour constitutionnelle a fait l'objet de débats et de contentieux à propos des deux sous-catégories de juristes, à savoir, d'une part, les magistrats, et d'autre part, les juristes de haut niveau (avec ses deux variantes de professeur et de praticiens du droit).

Par ailleurs, sur les sept membres de la Cour constitutionnelle béninoise, deux doivent être des «*personnalités de grande réputation professionnelle*»[507].

En fait, comme le laisse supposer la recherche d'un équilibre entre la fonction juridictionnelle et le caractère «*politique*» d'une cour constitutionnelle, on pourrait aussi se demander la pertinence de l'exigence d'un critère de « *compétence ou d'expérience politique* », cette dernière pouvant s'acquérir, comme pour le critère juridique, aussi bien par un diplôme que par l'exercice de certaines fonctions. Cette question revêt encore un intérêt particulier pour un système comme celui du Bénin dans lequel est reconnue à la Cour constitutionnelle la fonction de régulation du fonctionnement des institutions et de l'activité des pouvoirs publics. Dans le même sens, il ne faut pas perdre de vue que, comme d'autres juridictions constitutionnelles, la Cour constitutionnelle béninoise, en dehors, d'une part, d'être ou de se prévaloir de la qualité de **juridiction**, d'autre part, de contrôler les actes des **autorités politiques**, tranchent des questions qui intéressent l'ensemble des particuliers composant la communauté ou la société, d'où l'intérêt que recouvre, la présence de non-juristes en son sein. Il n'empêche : La formule béninoise de «*personnalités de grande réputation professionnelle*» est assez vague et ouvre la porte, à peu près, à toute personne que l'autorité compétente voudrait nommer[508]. Cela n'a pas manqué de donner naissance à des contestations récurrentes qui ont été source de contentieux devant la Cour elle-même.

On pourrait enfin se demander s'il y a des étapes ou des conditions matérielles de désignation des différentes personnalités devant siéger à la Cour constitutionnelle.

Le législateur organique ne se penche que sur les pièces à fournir pour s'assurer de la satisfaction aux critères de nomination. Les articles 1er de la

---

506 L. FAVOREU et autres, *Droit constitutionnel*, Paris, Dalloz, 2002, p. 215.

507 Article 114 al 3 de la Constitution.

508 M. M. MBORANTSUO, *La contribution des cours constitutionnelles à l'État de droit en Afrique*, Paris, Economica, 2007, p. 53.

loi N° 91-009 du 4 mars 1991, puis de la loi N° 2022-09 du 27 juin 2022, toutes deux portant loi organique sur la Cour constitutionnelle, disposent ainsi successivement :

« [...] *Avant leur nomination, soit par le Bureau de l'Assemblée Nationale, soit par le Président de la République, les personnes pressenties pour être membres de la Cour Constitutionnelle doivent produire :*

- *un curriculum vitae qui permette de juger de leurs qualifications et expérience professionnelles ;*
- *un extrait de casier judiciaire. [...].* »

Il convient de faire le point des contributions prétoriennes à la clarification des termes utilisés par le constituant en l'article 115 de la Constitution et mises en œuvre par le législateur organique en son article 1er. Il convient de se demander la contribution de la jurisprudence de la Cour constitutionnelle béninoise elle-même à la clarification des critères et modalités de désignation de ses membres.

Pour ce faire, il sera examiné séparément la question des personnalités à désigner (I) et celle des modalités de leur désignation (II).

I. Les personnalités à désigner

La Cour constitutionnelle béninoise a eu à affirmer clairement la distinction que les autorités de nomination devraient opérer entre trois catégories précises de personnalités à désigner (A). En opérant cette distinction, les critères propres à chaque catégorie sont clairement apparus (B).

A. La nette distinction entre trois catégories

Il convient de rappeler de prime abord ici que l'alinéa 3 de l'article 115 de la Constitution dispose :

« La Cour constitutionnelle comprend :

- *trois magistrats, ayant une expérience de quinze années au moins, dont deux sont nommés par le Bureau de l'Assemblée nationale et un par le Président de la République ;*
- *deux juristes de haut niveau, professeurs ou praticiens du droit, ayant une expérience de quinze années au moins, nommés l'un par le Bureau de l'Assemblée nationale et l'autre par le Président de la République ;*
- *deux personnalités de grande réputation professionnelle, nommées l'une par le Bureau de l'Assemblée nationale et l'autre par le Président de la République.* ».

Cette catégorisation de la composition de la Cour n'est pas exempte de risque de confusion entre les différents professionnels du droit appelés à y siéger. Il est revenu à la première mandature de la Cour d'apporter les précisions recherchées. Ce fut à travers la décision **DCC 98-052 du 29 Mai 1998** ayant statué sur la demande de renouvellement du mandat de Mme Élisabeth POGNON. Cette décision a tenté de mettre fin à *la confusion entre la qualité de magistrat et celle de juriste de haut niveau.* En l'espèce, la Cour a été saisie, le 25 mai 1998, par un requérant contre la nomination (renouvellement) à la Cour constitutionnelle de Madame Élisabeth K. POGNON en qualité de *juriste de haut niveau.* Celui-ci développe que madame POGNON avait été nommée en février 1992 à la Cour constitutionnelle en qualité de *magistrat* et qu'elle siégeait en cette qualité à la Cour jusqu'à la fin de son mandat prévu pour le 7 juin 1998. Se fondant sur les termes de l'article 115 de la Constitution, il fait remarquer que la demande de renouvellement du mandat de madame POGNON faite par le bureau de l'Assemblée nationale le 22 mai 1998 en qualité de «*juriste de haut niveau, professeur ou praticien de droit*», en dehors de constituer une fraude à la loi, viole la Constitution elle-même. Pour lui, ayant été nommée à la Cour la première fois en qualité de magistrat, dame POGNON ne peut prétendre à un renouvellement de son mandat à la même cour qu'en cette même qualité.

Répondant à ce recours, la Cour a commencé à faire observer que « *la Constitution a créé trois catégories bien distinctes de membres de la Cour constitutionnelle* », celle de magistrat, celle de juriste de haut niveau (professeur ou praticiens du droit), et celle de personnalité de haute réputation professionnelle[509]. Pour conforter sa position et en dehors de la référence à l'article 115 de la Constitution, la Cour a rappelé que l'article 116 de la Constitution invite à élire le président de la Cour parmi « *les magistrats et juristes* », ce qui montre bien qu'il s'agit de deux catégories différentes qui ne sont pas interchangeables. Il n'existe en effet pas de catégories de « *magistrat-praticien de droit* »[510]. Pour la Cour, le constituant en distinguant nettement entre les deux catégories « *entend maintenir un équilibre juridique et socio-professionnel au sein de la plus haute juridiction de l'État en matière constitutionnelle* ». Cette précision signifie que le magistrat ne peut pas bénéficier de la qualité de magistrat au premier mandat et de celle de juriste de haut niveau (praticien du droit) lors du renouvellement du mandat. En l'espèce, après avoir constaté que « *la nomination de Madame POGNON, le 22 Mai 1998, constitue un renouvellement de mandat ; qu'en tant que telle, cette nomination ne peut intervenir qu'en la qualité de magistrat qu'elle avait à sa première*

---

509 DCC 98-052 du 29 Mai 1998, *Recueil des Décisions et Avis* 1998, p. 260.

510 Ibid., p. 261

nomination, le 10 Février 1992[511] », la Cour a conclu « *que dès lors, la nomination par le Bureau de l'Assemblée Nationale, le 22 Mai 1998, de Madame POGNON, en qualité de juriste, doit être déclarée contraire à la Constitution* »[512].

Dans la décision **DCC 13-060 du 24 juin 2013**, la Cour répond clairement à une autre question, celle de savoir **si un magistrat peut siéger à la Cour en qualité de juriste de haut niveau** dans sa variante de «*praticien de droit*». Pour la Cour, la réponse est positive, car la cour concède que « *les expériences acquises par un magistrat avant son intégration dans le corps de la magistrature ne sauraient être prises en considération que pour sa nomination au titre de "juriste de haut niveau, praticien du droit, ayant une expérience de quinze années au moins" et non au titre de magistrat* ».

B. Le contenu de chaque catégorie

C'est toujours entre les juristes de la Cour que les clarifications ont été apportées relativement à la qualité de magistrat, d'une part, celle de juriste de haut niveau, d'autre part.

1) La qualité de magistrat

La décision **15 DC du 16 mars 1993** peut être citée s'**agissant de la qualité de magistrat. La Cour y a** explicité ce qu'il fallait entendre par magistrat.

Pour elle, « *dans la juridiction de l'ordre judiciaire, les magistrats de carrière sont chargés de juger lorsqu'ils sont au siège et de requérir l'application de la loi quand ils sont au Parquet. Recrutés par concours, ils sont placés dans un statut distinct de celui de fonctionnaire* »[513].

Il s'est ensuite posé à la haute juridiction la question de savoir si une personne ayant la qualité de magistrat en fonction au moment de sa nomination pouvait toujours prêter serment et siéger à la Cour si avant la prestation de serment et son entrée en fonctions, la date de sa retraite intervenait. La Cour, se fondant sur la loi 83-005 du 17 mai 1983 applicable aux magistrats à l'époque, commence, d'abord, par poser le principe selon lequel « *le magistrat admis à la retraite est radié d'office du cadre de*

---

511 Même si, par Décret N° 92-291 du 26 octobre 1992, elle avait été mise à la retraite et avait ainsi perdu la qualité de magistrat après sa désignation par le Bureau de l'Assemblée nationale, mais avant le début réel de son mandat le 7 juin 1993, date officielle d'installation de la Cour constitutionnelle. Cette situation ne pouvait lui nuire et l'empêcher d'exercer son mandat, car elle est due, selon la Cour constitutionnelle, à des raisons extérieures aussi bien à sa volonté qu'à celle du bureau de l'Assemblée nationale.

512 *Recueil des Décisions et Avis 1998*, p. 261.

513 *Recueil des Décisions et Avis de la Cour constitutionnelle du Bénin*, 1991-1992,199 3, p.78

la magistrature et qu'en l'espèce ne peut être membre de la Cour constitutionnelle s'il n'a sollicité l'honorariat de sa fonction ».

Elle considère ensuite que, s'agissant de madame Élisabeth POGNON, la requise en l'espèce, si la décision de sa nomination par le bureau de l'Assemblée nationale est en date du 10 février 1992, alors que le décret portant sa mise à la retraite ne date que du 26 octobre 1992, soit huit mois plus tard, c'est le retard de l'installation de la Cour, événement extérieur à la volonté de la requise, qui a rendu possible cette situation de mise à la retraite avant l'entrée en fonctions. La haute juridiction a conclu enfin que « *ce retard indépendant de la volonté du magistrat ne saurait lui être imputable ; qu'il y a donc lieu de confirmer sa nomination en tant que membre de la Cour constitutionnelle* ».

Pour clore le débat sur ce point, il s'est posé à la Cour une question proche de la précédente : celle de savoir si une personnalité ayant la qualité de magistrat au moment de sa nomination et qui la perdait en cours de mandat pouvait voir son mandat renouvelé en se prévalant de cette même qualité. Dans la décision **DCC 03-081 du 26 mai 2003** qui a trait au renouvellement du mandat de Monsieur Lucien SEBO[514], la Cour répond : « *Monsieur Lucien SEBO a été nommé membre de la Cour constitutionnelle, par décret N° 98-221 du 22 Mai 1998 […], en qualité de magistrat ; […] Selon l'article 115, alinéa 1, de la Constitution, la durée du mandat est de cinq ans, renouvelable une seule fois. […] Admis à la retraite depuis le 1er Janvier 2003, il n'en a pas moins continué à siéger à la Cour constitutionnelle ; […] son mandat expire le 6 Juin 2003 à minuit ; […] sa nomination, par décret N° 2003-163 du 16 Mai 2003, […] en qualité de magistrat, constitue un renouvellement de mandat; qu'en tant que telle, ladite nomination ne peut intervenir qu'en la qualité de magistrat qu'il avait à sa première nomination* ». Autrement dit, au-delà de la qualité de magistrat, la qualité que le membre de la Cour avait à sa première nomination lui est maintenue en cas d'éventuel renouvellement sans qu'on ne puisse lui opposer sa mise à la retraite intervenue en cours du premier mandat. On en conclut que la qualité constatée à la nomination suit le membre de la Cour jusqu'à la fin de son ou de ses mandats sans qu'il ne puisse s'en départir (**DCC 98-052 du 29 mai 1998**) et sans qu'on ne puisse non plus la lui dénier (**DCC 03-081 du 26 mai 2003**).

Il faut souligner que la question aurait manqué de pertinence si la retraite de monsieur SEBO (1er janvier 2003) était intervenue après la mise en vigueur du statut de la magistrature datant de 2003. En effet, aux termes de l'article 78, alinéa 2, de la loi 2001-35 du 21 février 2003 portant statut

---

514 DCC 03-081 du 26 Mai 2003, *Recueil des Décisions et Avis*, 2003 p. 331 et sv.

de la magistrature, « *le magistrat admis à la retraite […] demeure rattaché au corps de la magistrature et conserve à ce titre sa qualité de magistrat* ». De toutes les façons, la Cour constitutionnelle avait tranché le contentieux dans l'esprit de ce nouveau statut.

2) La qualité de « juristes de haut niveau »

Si la décision **DCC 98-052 du 29 mai 1998** apparaît comme la première à affirmer la stricte distinction entre les différentes catégories de spécialistes de droit, c'est la décision **8 DC du 16 juin 1992** rendue par le Haut Conseil de la République siégeant en qualité de cour constitutionnelle provisoire[515] qui, la première, va expliciter un des profils, celui de « ***juristes de haut niveau, professeurs ou praticiens du droit*** » en profitant pour montrer que **ce profil a deux variantes**, elles aussi bien distinctes.

Alors qu'une association contestait, entre autres, la nomination de monsieur Bruno AHLONSOU, cadre supérieur des assurances, en qualité de « *juriste de haut niveau* » au motif qu'il « *n'est ni professeur, ni praticien du droit avec une quinzaine d'années d'expérience comme le prescrit l'alinéa 3 de l'article 115 de la Constitution* », le Haut Conseil de la République, pour rejeter cette requête, a fait observer que « *le sieur Bruno AHLONSOU est un juriste de haut niveau qui jouit d'une grande expérience tant dans le monde judiciaire que dans le secteur des assurances […] pour avoir été magistrat puis responsable du département technique des règlements et contentieux dans diverses sociétés d'assurances depuis dix-sept (17) ans* »[516]. Les deux leçons à tirer de cette décision sont que, premièrement, la catégorie de « *juristes de haut niveau, professeurs ou praticiens du droit* » est bien composée de deux variantes, celle de « *professeur* » et celle de « *praticien du droit* ». Deuxièmement, un « *praticien du droit* » est toute personne dont l'expérience professionnelle a été acquise dans un ou plusieurs secteurs où le droit est appliqué de manière plus ou moins intense dans le traitement des dossiers ou l'exercice de la profession.

Par ailleurs, alors que l'on pensait que la catégorie de « ***juriste de haut niveau*** » dans sa variante de « *professeur* » devait s'entendre nécessairement d'enseignant de rang magistral (Agrégé, maître de conférences ou titulaire) au regard des statuts des professeurs agrégés Maurice GLELE AHANHANZO et Conceptia DENIS OUINSOU, les seuls juristes

---

515 Selon l'article 159, alinéa 3 de la Constitution béninoise du 11 décembre 1990, « *Les attributions dévolues par la présente Constitution à la Cour constitutionnelle seront exercées par le Haut Conseil de la République jusqu'à l'installation des institutions nouvelles* ».
516 *Recueil des décisions et avis 1991, 1992, 1993*, p.48.

universitaires à avoir siégé à la Cour avant 2003, la validation, en 2003, de la nomination de monsieur Christophe KOUGNIAZONDE, docteur en sciences politiques et enseignant de matières juridiques, permet de retenir que la jurisprudence de la Cour est favorable à la désignation d'un docteur en droit ou sciences politiques (si ce dernier enseigne des matières juridiques) ayant accompli le nombre d'années d'expérience sollicité. Dans la décision **DCC 03-092 du 4 juin 2003**, décision de principe, alors que des requérants avaient saisi la Cour constitutionnelle au motif que monsieur KOUGNIAZONDE, « *professeur assistant, n'est ni professeur au sens où l'entendent la Constitution et la loi organique sur la Cour, ni praticien du droit,* », la haute juridiction s'est passé de toute démonstration, en se contentant de décider que l'analyse du *curriculum vitae* de l'intéressé « *révèle qu'il remplit les conditions requises pour être nommé en qualité de juriste de haut niveau.* ».

II. Les modalités de désignation

Il faut distinguer ici entre les critères de désignation (A) et la procédure de désignation (B).

A. Les critères de désignation

La Cour constitutionnelle a eu à se prononcer sur le critère de l'expérience (1) et celui de moralité et de probité (2) qui sont prévus par la Constitution. Mais elle a dû se prononcer aussi sur le critère d'indépendance et d'impartialité (3).

1) Le critère d'expérience

L'expérience nécessaire au magistrat devant siéger à la Cour a fait l'objet d'une décision. Il fallait savoir si, dans le décompte des années d'expérience, la période où la personne proposée à nomination était auditeur de justice pouvait être prise en compte. C'est une affaire qui a permis de clarifier la nuance entre le statut d'auditeur de justice et celui de magistrat. La nomination, en 2013, de monsieur Euloge AKPO, magistrat ayant été intégré dans le corps de la magistrature le 17 juin 2000, a été contestée au motif que celui-ci n'avait pas l'expérience de quinze années requises. L'intéressé a produit à la Cour son *curriculum vitae* qui fait état de ses expériences de juriste dès 1989 dans une entreprise privée, ensuite celle de juriste dans des cabinets d'avocats dès 1995. Il s'est enfin appesanti sur les expériences acquises en qualité d'auditeur de justice du 3 février 1998 au 17 juin 2000 pour estimer qu'au total, ces expériences de pratique juridique sont, en 2013, au-dessus du minimum de quinze années d'expérience exigées et que sa qualité de magistrat ne souffre pas de contestation. Par décision **DCC 13-060 du 24 juin 2013,** la Cour a tranché la question : « *le statut de l'auditeur de justice ne saurait être assimilé à celui du magistrat, la qualité de magistrat n'étant acquise qu'au moment de l'intégration dans le corps de la magistrature, suite au décret du président de la République ; que si le constituant a fait de la Cour constitutionnelle la plus haute juridiction en matière constitutionnelle et précisé que ne peuvent y siéger que des magistrats ayant une expérience de quinze années au moins, il est évident qu'il ne peut s'agir que d'un magistrat ayant une pratique professionnelle et une expérience accumulée de quinze années dans la fonction de magistrat* ».

En dehors de l'expérience des magistrats, celle des « *personnalité de grande réputation professionnelle* », a fait l'objet de décisions multiples.

La première, la décision **15 DC du 16 mars 1993**, a été extrêmement lacunaire. Elle a estimé que « *la notion de personnalité doit être jumelée avec la qualification et la compétence professionnelle* » et que, pour faire cette vérification, en cas de contestation, la Cour doit s'assurer, au regard du *curriculum vitae* exigé des candidats au poste de membre de la Cour par l'article 1er de la loi organique sur la Cour constitutionnelle, que les intéressés remplissent effectivement les conditions permettant d'être membres de la Cour. C'est ce contrôle qui fut fait pour les deux personnalités proposées comme membres de la première mandature à savoir, d'une part, l'ancien président de la République, Hubert MAGA et, d'autre part, le professeur de médecine, Alexis HOUNTONDJI. Sur cette base, la Cour a conclu que « *les deux personnalités nommées [...] remplissent les conditions permettant d'être membres de la Cour constitutionnelle* »[517].

Mandature après mandature, le profil de ***« personnalité de grande réputation professionnelle*** » n'a jamais manqué de faire l'objet de controverses. La Cour constitutionnelle, saisie de ce genre de recours, a simplement rappelé, chaque fois, sa jurisprudence contenue dans la Décision **15 DC du 16 mars 1993**. Cette jurisprudence est désormais constante[518].

La leçon à tirer est que ce profil est le moins exigeant au regard de la jurisprudence de la Cour. Les autorités de nomination disposent donc

---

517 *Recueil des Décisions et Avis de la Cour constitutionnelle du Bénin*, 1991-1992, 1993, p.81.

518 **DCC 03-082 du 26 mai 2003**, Nomination de Idrissou BOUKARI, **DCC 08-067 du 6 juin 2008**, Nomination de Robert TAGNON, **DCC 13-061 du 24 juin 2013**, Nomination de Lamatou Nassirou et **DCC 18-128 du 21 juin 2018**, Nomination de André KATARY

d'une grande marge de manœuvre, c'est-à-dire d'une grande liberté, pour retenir la personnalité de leur choix.

Mais on peut se demander si la Cour, en expliquant qu'il faut jumeler la notion de personnalité avec la qualification et la compétence professionnelle, se donne le droit de considérer que certaines personnalités pourraient être recalées par elle si elle estimait que celles-ci n'ont pas une qualification et une compétence avérées ?

La jurisprudence ultérieure permettra de répondre à cette question.

2) Le critère de moralité et de probité

En 2018, au lendemain des nominations à la 6ème mandature de la Cour constitutionnelle, un requérant expose que « *Monsieur Joseph DJOGBENOU n'est pas de bonne moralité* ». Il n'aurait « *ni la probité et l'intégrité requise ni la sagesse souhaitée pour assumer les fonctions de conseiller à la Cour constitutionnelle encore moins celles de président de cette institution, pour avoir [en sa qualité de ministre de la justice, juste avant sa nomination], d'une part, porté certaines réformes législatives controversées, d'autre part, usé de pouvoirs exorbitants dans la mise en œuvre de certaines poursuites judiciaires* ».

La Cour s'est contentée, par décision **DCC 18-129 du 21 juin 2018, de** constater que « *le requérant n'apporte aucune preuve au soutien de ses prétentions* »[519].

En 2023, la Cour a raté une occasion d'être plus précise dans sa jurisprudence relative à cette question. Saisie d'une première requête en date à Porto-Novo du 26 juin 2023, enregistrée à son secrétariat le 26 mai 2023, par laquelle monsieur Michel François Oloutoyé SODJINOU, député à l'Assemblée nationale, forme un recours en inconstitutionnalité de la désignation de madame Dandi GNAMOU comme membre de la Cour constitutionnelle par le Bureau de l'Assemblée nationale, puis d'une deuxième requête en date à Porto-Novo du 26 mai 2023, enregistrée à son secrétariat le 30 mai 2023, par laquelle monsieur Abdou Akim RADJI, également député à l'Assemblée nationale, forme un recours en inconstitutionnalité de la même désignation, puis, enfin, d'une troisième requête en date à Porto-Novo du 26 mai 2023, enregistrée à son secrétariat le 30 mai 2023, par laquelle monsieur Michel François Oloutoyé SODJINOU, réintroduit son recours antérieurement daté du 26 juin 2023, la Cour avait l'occasion de faire un pas de plus dans la compréhension du critère de bonne moralité.

519 DCC 18-129 du 21 juin 2018, Recueil 2018, Volume 2, p. 777.

Au soutien de leurs recours, les requérants ont exposé que madame Dandi GNAMOU, désignée comme membre de la Cour constitutionnelle par le Bureau de l'Assemblée nationale, ne remplirait pas les conditions définies à l'article 115 de la Constitution pour siéger au sein de l'institution, notamment le critère de bonne moralité et de grande probité aux motifs qu'elle a été sanctionnée par une décision du 30 mai 2019 du Conseil des ministres du Conseil Africain et Malgache de l'Enseignement Supérieur (CAMES) pour non-respect du code d'éthique et de déontologie de ladite institution.

En réponse, le président de l'Assemblée nationale, par l'organe de son secrétaire général, observe que le *curriculum vitae* produit par madame Dandi GNAMOU au Bureau de l'Assemblée nationale atteste qu'elle est un cadre valeureux aux compétences certaines et à la personnalité affirmée et qu'elle a dispensé des enseignements dans les universités béninoises et étrangères jusqu'à sa nomination comme membre de la Cour constitutionnelle. Il en déduit qu'elle est une enseignante de droit réputée qui fait la fierté du Bénin. Il ajoute que la moralité d'un citoyen s'apprécie au moyen de son casier judiciaire qui, en l'espèce, ne mentionne aucune condamnation. C'est ce qui explique, selon lui, que le Bureau de l'Assemblée nationale n'a eu aucun doute sur la moralité ou la probité de la professeure Dandi GNAMOU. Il rappelle enfin qu'elle a occupé successivement des fonctions prestigieuses, telles que celle de secrétaire générale et celle de présidente de chambre dans de hautes juridictions béninoises, précisément à la Cour suprême et à la Cour des comptes, sans que sa moralité et sa probité, exigées aussi pour ces postes, n'aient jamais été remises en cause. Il demande à la Cour de constater que madame Dandi GNAMOU remplit les conditions requises pour être membre de la Cour constitutionnelle en qualité de juriste de haut niveau, professeur ou praticien du droit.

La décision **DCC 23-209 du 29 juin 2023** rendue en cette affaire n'apparaît pas comme une avancée. En effet, même si la Cour y rappelle que la bonne moralité suppose la conformité aux «*principes, à l'idéal de conduite et de conscience*» et que la grande probité, quant à elle, renvoie à la « *droiture, l'intégrité, la loyauté et à l'honnêteté*», elle n'en reste pas moins collée à sa jurisprudence constante : « *Considérant que conformément à la jurisprudence constante de la Cour, la bonne moralité et la grande probité s'apprécient au regard du casier judiciaire ; Considérant qu'en l'espèce, il est constant et acquis au dossier que le casier judiciaire produit par l'intéressée au Bureau de l'Assemblée nationale ne comporte aucune mention de nature à porter atteinte à sa bonne moralité et à sa grande probité ;*

Que c'est sur la base dudit casier judiciaire que le Bureau de l'Assemblée nationale l'a jugée apte aux fonctions de membre de la Cour constitutionnelle ».

La Cour constitutionnelle a semblé ouvrir l'appréciation de la bonne moralité et de la grande probité à d'autres éléments que le casier judiciaire, mais cela s'est fait, dit-elle, *« au surplus »*. Ainsi, reprenant des arguments présentés par le président de l'Assemblée nationale, la Cour affirme : *« madame Dandi GNAMOU a été nommée successivement Conseiller à la Cour suprême et présidente de la chambre du contrôle des comptes des entreprises publiques à la Cour des comptes ; Que dans ces différentes hautes fonctions juridictionnelles, elle a contribué à rendre des décisions qui n'ont pas entaché la crédibilité de ces institutions ; Que ce n'est donc pas pour la première fois que madame Dandi GNAMOU accède à de hautes fonctions juridictionnelles ; Qu'il s'ensuit que sa présence dans la formation juridictionnelle de la Cour constitutionnelle n'est pas de nature à porter atteinte à la crédibilité de la haute juridiction ; »*. Au regard de tous ces éléments, la haute juridiction conclut *« que la désignation par le Bureau de l'Assemblée nationale de madame Dandi GNAMOU en qualité de membre de la Cour constitutionnelle, 7ème mandature, ne viole pas les dispositions des articles 115 alinéas 1 et 2 de la Constitution et 1er de la loi organique sur la Cour constitutionnelle* ; ».

3) L'indépendance et l'impartialité des juges désignés

L'indépendance n'est pas normalement une condition d'accès au poste, mais bien une condition d'exercice de la fonction de juge constitutionnel. Il n'empêche. Certains requérants convoquent ce motif pour demander l'annulation de la désignation de certains juges nommés.

En droit comparé, c'est une question récurrente que celle de se demander si un juge serait d'autant plus indépendant des groupes politiques qu'il n'aurait aucun lien apparent avec eux, ou si le fait pour un juge d'être membre d'un parti politique compromet nécessairement sa neutralité, son indépendance et son esprit critique. Le problème n'est pas mince, car, ainsi que l'observe Hans KELSEN « *il est aussi difficile qu'il serait désirable d'écarter toute influence politique de la jurisprudence de la juridiction constitutionnelle* »[520].

Cette question s'est posée au juge constitutionnel béninois en 2008. Un requérant qui semble mêler la question d'indépendance, celle d'impartialité avec celles de moralité et de probité lui dit en substance : « *La désignation des sept (07) personnalités qui vont siéger à la prochaine mandature de la Cour Constitutionnelle est une illustration éloquente du mode de gouvernement ainsi que la preuve… que le Président de la République foule aux pieds le serment qu'il a prêté*

520 H. KELSEN, article précité, R. *D. P.* 1928, p. 227.

[…], tous ceux qui ont été désignés par le Bureau de l'Assemblée Nationale sont ceux que le Président de la République avait déjà sélectionnés au cours du Conseil des ministres des 27 et 28 février 2008 […] Cette coïncidence ne s'explique que par une collusion entre le Président de la République et celui de l'Assemblée… Une supercherie dont la seule finalité est la mise en place pour les cinq années à venir au moins des membres de la Cour Constitutionnelle qui seront aux ordres ». Après avoir donné des raisons pour lesquelles, selon lui, il serait permis de douter de la compétence des personnalités choisies pour faire face à leur mission, il met aussi en doute leur **impartialité.**

Se penchant spécifiquement sur le cas de Me Robert DOSSOU, il avance : « *Dans un passé tout récent, tous les béninois ont vu Monsieur Robert DOSSOU [l'un des membres désignés qui sera élu plus tard Président de la Cour] soutenir la candidature de l'actuel Président de la République et appeler à voter pour lui. […] Monsieur Robert DOSSOU est également le premier responsable de son parti politique dont certains membres ou sympathisants participent aux activités du gouvernement. Il est, en d'autres termes, l'homme du Président de la République. Il ne peut donc en toute indépendance et impartialité juger les actes du gouvernement et de son président qui seront contraires à la Constitution. Il ne peut également être perçu par les Béninois comme un juge indépendant et impartial et toute décision à laquelle il participera n'aura pas l'autorité nécessaire au maintien de la paix et de l'unité nationale.* ».

Le droit constitutionnel béninois n'ignore pas le sujet en d'autres matières. Il est ainsi prévu à l'article 35 de la Constitution que « *Les citoyens chargés d'une fonction publique ou élus à une fonction politique ont le devoir de l'accomplir avec conscience, compétence, probité, dévouement et loyauté dans l'intérêt et le respect du bien commun.* ».

Pour la Cour, dans l'espèce Robert DOSSOU, l'article 11 de la loi organique sur la Cour Constitutionnelle dispose : « *Un décret pris en Conseil des Ministres, sur proposition de la Cour Constitutionnelle définit les obligations imposées aux membres de la Cour, afin de garantir l'indépendance et la dignité de leurs fonctions. Ces obligations doivent notamment comprendre l'interdiction pour les membres de la Cour Constitutionnelle, pendant la durée de leurs fonctions, de ne prendre aucune position publique sur les questions ayant fait, ou susceptible de faire l'objet de décisions de la part de la Cour ou de consulter sur les mêmes questions ; […] ; […] le Haut Conseil de la République siégeant en qualité de Cour Constitutionnelle, dans sa Décision 15 DC du 16 mars 1993 a dit et jugé que : "Les membres de la Cour Constitutionnelle doivent être indépendants par rapport aux institutions qui les ont nommés et à tous partis politiques pour mener à bien la mission qui leur a été confiée." ; […] en conséquence, les membres de la Cour Constitutionnelle une fois nommés et après leur prise de fonction, doivent être indépendants de toutes les institutions qui les ont nommés et de tous partis politiques ; […] dès lors, la demande de Monsieur David THOGNON tendant à apprécier l'indépendance de Maître Robert DOSSOU avant sa nomination et son entrée en fonction ne saurait prospérer*». Sur la base de tous ces éléments, la Cour, par décision **DCC 08-067 du 6 juin 2008**, rejette les prétentions du requérant[521].

On peut tirer de cette décision deux leçons :

Premièrement, la Cour constitutionnelle est compétente pour apprécier l'impartialité de ses membres.

Deuxièmement, l'impartialité d'un conseiller à la Cour constitutionnelle ne peut s'apprécier qu'à partir de sa prise de fonction et non sur la base de faits passés dont tous ne sont pas toujours démontrés.

En conclusion sur ce point, et comme le dirait Marc VERDUSSEN, « *dénier à tout juge une détermination à faire preuve de la plus grande indépendance traduit une profonde ingratitude. Mais croire que tout juge est capable de se départir, en toutes circonstances, de ses attaches politiques relève de l'angélisme. Comme souvent, la vérité est quelque part entre les deux* »[522] et « *il est presque préférable d'accepter, plutôt qu'une influence occulte, et par suite incontrôlable des partis politiques, leur participation légitime à la formation du tribunal* »[523]. Il est vrai, on n'en est pas encore là.

B. Les procédures de désignation

Il existe des procédures communes à tous les corps et relatives aux autorités de nomination. Mais le corps spécial de la magistrature a également des procédures spécifiques sur lesquelles le juge constitutionnel a été conduit à prendre position.

1) Les procédures communes

Deux autorités de nomination sont en œuvre dans la désignation des membres de la Cour constitutionnelle : le président de la République et le bureau de l'Assemblée nationale. Contrairement au président de la République qui exerce ses pouvoirs de nomination des membres de la Cour constitutionnelle seul et sans possibilité de délégation, conformément aux articles 70 et 115 de la Constitution, le bureau de l'Assemblée nationale étant un organe collégial d'une institution elle-même collégiale, certaines formalités sont consacrées dans son règlement intérieur et qu'il se doit de respecter au moment d'exercer son pouvoir de nomination.

---

521 DCC 08-067 du 6 juin 2008, inédit.

522 M.VERDUSSEN, *Les douze juges*, Bruxelles, Labor, 2004, p. 53

523 H. KELSEN, article précité, *R. D. P.* 1928, p. 227.

La mandature POGNON a eu l'occasion de préciser les conditions de respect de ces différentes formalités.

S'agissant du respect par le bureau de l'Assemblée nationale des procédures internes à la chambre parlementaire, c'est la nécessaire consultation de la Conférence des Présidents avant toute décision du bureau de l'Assemblée nationale relative à la désignation de quatre des sept juges de la Cour constitutionnelle qui a fait l'objet d'une décision. Elle est prévue à l'article 18. 1. a. du Règlement intérieur de l'Assemblée nationale qui dispose clairement que « ... *le bureau nomme quatre des sept membres de la Cour constitutionnelle* ***après avis consultatif de la Conférence des Présidents*** ».

Le non-respect de cette exigence a été sanctionné par la Cour constitutionnelle dans la décision **DCC 98-052 du 29 mai 1998**. Sur la base d'une requête en date du 25 mai 1998, la Cour a déclaré que « *les nominations des membres de la Cour constitutionnelle faites par le bureau de l'Assemblée Nationale le 22 mai 1998 par Décision N° 98-240/ANPT sont contraires à la Constitution* », car « *il ressort des éléments du dossier que la Conférence des Présidents n'a pas été consultée et n'a pas donné son avis avant la désignation des membres de la Cour constitutionnelle par le bureau de l'Assemblée Nationale* »[524].

La Cour insiste sur le point selon lequel les prescriptions du Règlement intérieur de l'Assemblée nationale évoquant explicitement les désignations de membres à la Cour constitutionnelle sont une « *formalité substantielle à laquelle il ne saurait être dérogé* »[525].

Concernant toujours l'Assemblée nationale, la Cour constitutionnelle a été amenée à se prononcer sur l'obligation ou non de prendre en compte des propositions émanant des différentes tendances politiques présentes au sein du bureau de l'Assemblée nationale[526]. A cette question, elle a répondu fermement que « *le Règlement intérieur de l'Assemblée nationale ne prescrit que deux conditions pour la désignation des membres à la Cour constitutionnelle, à savoir l'avis préalable de la Conférence des présidents et la désignation desdits membres par le bureau de l'Assemblée nationale au scrutin secret ; que l'article 115 de la Constitution a clairement défini les critères de nomination des membres de la Cour constitutionnelle ; que les dispositions susvisées ne prévoient pas, au niveau de la désignation des membres de la Cour, la représentation de toutes les tendances politiques existant au sein du bureau de l'Assemblée nationale* ». Il faudrait faire en sorte que la Cour soit « *une institution indépendante de tout pouvoir*

524 Décision DCC 98-052 du 29 mai 1998, *Recueil 98*, p. 257 à 264, spécifiquement p. 263.
525 Décision DCC 03-092 du 4 juin 2003, *Recueil 2003*, p 379 à 384, en particulier p. 382 et 383.
526 Décision DCC 98-061 du 5 juin 1998.

politique, de tout parti politique, association ou groupe de personnes de quelque nature que ce soit». Les nominations à la cour doivent donc se faire « *avec objectivité, impartialité et rigueur*», conclut la haute juridiction[527].

2) Les procédures propres au corps des magistrats

La magistrature étant un corps spécial, ses animateurs, notamment ceux qui sont au siège ou ceux qui sont nommés dans certaines institutions, comme la Cour suprême, ne peuvent pas être désignés pour siéger à la Cour constitutionnelle sans que certaines formalités aient été respectées ou, sans que ne se pose la question de la nécessité ou non de respecter lesdites formalités.

S'agissant de la désignation des magistrats en fonction, il s'est posé la question de savoir, si, pour des raisons d'inamovibilité des magistrats du siège, d'une part, ceux-ci, ainsi que le Conseil supérieur de la magistrature, devraient être consultés avant leur nomination à la Cour constitutionnelle, et, d'autre part, si un magistrat du siège, membre de la Cour suprême ne peut être nommé à la Cour constitutionnelle, et donc cesser de siéger à la Cour suprême, qu'après avis du bureau de ladite Cour.

Sur le premier point, dans la décision **DCC 98-061 du 5 juin 1998**, la Cour a pris position dans les termes suivants : « *Aux termes de l'article 126 de la Constitution, les magistrats du siège sont inamovibles. Considérant que cette inamovibilité, corolaire de l'indépendance du magistrat, doit lui être garantie dans toute sa carrière ; qu'en l'absence de tout texte d'application dans le droit positif béninois déterminant le contenu du principe d'inamovibilité et en conformité avec l'esprit de la Constitution du 11 décembre 1990, la nomination du magistrat nécessite une procédure minimale consistant en la consultation préalable dudit magistrat aussi bien sur les nouvelles fonctions qui lui sont proposées que sur les lieux où elles seront exercées*». Ayant vérifié dans l'espèce du recours[528], d'une part, que les nommés MEDEGAN Clothilde et MAYABA Jacques, tous deux magistrats, « *ont été consultés et ont donné leur avis préalablement à leur nomination*», d'autre part, que « *le Conseil supérieur de la magistrature a donné son avis*», la cour a validé la nomination des intéressés.

Toujours dans la même décision, et sur le second point, si l'on se base sur l'article 6, alinéa 3, de l'ordonnance N° 21/PR du 26 avril 1966, « *il ne peut être mis fin à titre temporaire ou définitif aux fonctions des membres de la Cour suprême et du ministère public que dans les formes prévues pour leur nomination et* ***sur avis du bureau de la Cour suprême pour les magistrats du siège***».

---

527 Même décision.

528 Décision DCC 98-061 du 5 juin 1998, *Recueil* 1998, p. 304.

Toutefois, sur ce point, la Cour constitutionnelle s'est déclarée incompétente pour apprécier le respect de cette formalité au motif que cette appréciation relève du contrôle de légalité[529].

S'agissant des **modalités de désignation des magistrats à la retraite** au sein de certaines institutions, il est intéressant de noter qu'il est arrivé qu'un magistrat à la retraite ait vu sa nomination dans une institution internationale remise en cause pour non-consultation du Conseil supérieur de la magistrature avant la nomination. La Cour constitutionnelle avait estimé, par décision **DCC 17-067 du 23 mars 2017,** que la nomination de l'intéressé, même à la retraite, **« *en raison de son statut professionnel de magistrat [...] est subordonnée à l'avis conforme du Conseil supérieur de la Magistrature* »**.

On pourrait donc se demander si cette jurisprudence ne devrait pas s'appliquer aux nominations à la Cour constitutionnelle de magistrats en fonction ou à la retraite.

La Cour a eu à clairement prendre position en cette matière.

Alors qu'avec la décision **DCC 98-061 du 5 juin 1998** rendue par la mandature POGNON, on pensait que la Cour constitutionnelle prenait la formalité de consultation du Conseil supérieur de la magistrature avant les nominations en son sein comme substantielle, la donne a changé en 2003 avec la décision **DCC 03-092 du 4 juin 2003**. En l'espèce, la question posée était celle de savoir si, comme le prévoit l'article 129 de la Constitution, la nomination d'un magistrat doit être précédée d'un avis du Conseil Supérieur de la Magistrature. Saisie de la question, la Cour constitutionnelle a opéré une clarification de ce qui semblait être sa position en 1998, en indiquant clairement que « *les nominations de magistrats à la Cour constitutionnelle sont régies par les dispositions de l'article 115 de la Constitution et par celles de l'article 1er de la loi N° 91-009 du 4 mars 1991 portant loi organique sur la Cour constitutionnelle (. . .) ; il en résulte que la nomination prévue à l'article 115 de la Constitution est spécifique et relève de deux autorités distinctes, le pouvoir législatif et le pouvoir exécutif ; [...] cette nomination est différente de celle de l'article 129 de la Constitution* »[530].

Le fait, pour un requérant d'invoquer la violation de l'article 11, alinéa 3, de la loi N° 94-027 du 15 juin 1999 portant loi organique sur le Conseil Supérieur de la Magistrature (CSM) relative à la formalité de consultation du CSM, a donc été déclaré « *inopérant* » et la demande

---

529 Décision DCC 98-061 du 5 juin 1998, *Recueil* 1998, p. 305.

530 Décision DCC 98-061 du 5 juin 1998, *Recueil* 1998, p 299 à 306, en particulier p 303 et 304.

d'annulation de la désignation pour défaut de consultation du CSM rejetée[531].

Au total, on aurait pu penser que la riche jurisprudence produite par la Cour constitutionnelle, dès 1993, pour clarifier les zones d'ombre concernant la désignation des membres de la Cour constitutionnelle, paraîtrait suffisante aux yeux des observateurs. C'est ignorer la volonté de certains d'entre eux de veiller à un strict contrôle de la qualité des personnalités désignées pour siéger dans la prestigieuse institution. De nombreux recours affluent toujours lors de nominations à la Cour constitutionnelle. Quasiment toutes les mandatures ont dû faire face au règlement, soit des mêmes questions posées dès 1998 à la mandature POGNON, soit au règlement de nouveaux problèmes identifiés.

En définitive, ce sont toujours des controverses qui entourent, jusqu'à nos jours, les nominations de membres à la Cour constitutionnelle.

De la sorte, aucun des compartiments de la désignation des juges à la Cour constitutionnelle béninoise n'a échappé aux préoccupations soumises par les requérants au juge constitutionnel. Les profils ont été clarifiés, qu'il s'agisse de la qualité de magistrat, de celle de juriste de haut niveau ou de celle de personnalité de grande réputation professionnelle. Les modalités pratiques de désignation ont, elles aussi, été examinées, notamment les formalités éventuelles imposées, ou non, par la Constitution ou les textes infra-constitutionnels. On retient que la consultation de la Conférence des présidents par le bureau de l'Assemblée nationale est une formalité substantielle alors que la consultation du Conseil supérieur de la magistrature pour la désignation des magistrats n'est pas indispensable pour leur désignation à la Cour constitutionnelle, même si la consultation et l'accord des intéressés sont un minimum.

Les différents recours ont été utiles pour asseoir un droit complet de la désignation des juges constitutionnels béninois, droit composé des textes et de la jurisprudence qui les complète. Quant aux controverses, il est peut-être trop tôt pour espérer les voir disparaître relativement aux désignations de personnalités ou à celles de spécialistes ayant pris des positions politiques par le passé.

La persévérance des requérants, au-delà d'être un signe de bonne santé de l'État de droit, pourrait, peut-être un jour, pousser le constituant à opérer des réformes de clarification sur la désignation des membres de la Cour constitutionnelle.

---

531 Décision DCC 03-092 du 4 juin 2003, *Recueil* 2003, p 379 à 384, en particulier p 383.

Section 2 : Le statut du juge constitutionnel

Le statut est « *un ensemble cohérent de règles applicables à une catégorie de personnes, d'agents ou à une institution et qui en détermine pour l'essentiel la condition et le régime juridique* »[532]. Parler du statut du juge constitutionnel, c'est donc évoquer un ensemble de règles applicables, soit au juge constitutionnel, individu, soit au juge constitutionnel, organe de justice constitutionnelle.

Dans la perspective kelsénienne de juridiction constitutionnelle spécialisée, les juges constitutionnels, une fois désignés, doivent être à l'abri de pressions ou de toutes autres considérations susceptibles de nuire à la qualité de leur travail. « *La juridiction ou tribunal constitutionnel » doit donc être « un organe [...] indépendant [...] de toute autre autorité étatique* »[533], c'est pourquoi : « *l'indépendance [de la juridiction constitutionnelle] vis-à-vis du Parlement comme vis-à-vis du gouvernement est un postulat évident* »[534].

Puisque le Parlement et l'Exécutif disposent de la possibilité de créer, de modifier ou de mettre fin à l'organisation, à l'activité ou au fonctionnement de tous les organes constitutionnels, y compris de la Cour constitutionnelle, l'un des enjeux majeurs de tout système politico institutionnel est de mettre la juridiction constitutionnelle et ses membres à l'abri de leurs humeurs passagères.

Au Bénin, **l'article 115, alinéas 4 et 5 de la Constitution** dispose :

« *Les membres de la Cour constitutionnelle sont inamovibles pendant la durée de leur mandat. Ils ne peuvent être poursuivis ou arrêtés sans l'autorisation de la Cour constitutionnelle et du Bureau de la Cour suprême siégeant en session conjointe, sauf les cas de flagrant délit. Dans ces cas, le Président de la Cour constitutionnelle et le président de la Cour suprême doivent être saisis immédiatement et au plus tard dans les quarante-huit heures.*

Les fonctions de membre de la Cour constitutionnelle sont incompatibles avec la qualité de membre du Gouvernement, l'exercice de tout mandat électif, de tout emploi public, civil ou militaire, de toute activité professionnelle ainsi que de toute fonction de représentation nationale, sauf dans le cas prévu à l'article 50 alinéa 3. ».

Des garanties d'indépendance sont donc bien prévues au Bénin au profit des juges constitutionnels. Mais, il ne suffit pas de consacrer des garanties d'indépendance. Il faut faire en sorte que les règles y relatives, et même l'ensemble des principes fondamentaux du statut des juges et de la Cour, ne soient pas, elles-mêmes, facilement modifiables. Aussi, convient-il de veiller à leur assise constitutionnelle ou quasi constitutionnelle.

---

532 Gérard CORNU, *Vocabulaire juridique*, Paris, PUF, 2014, p. 988

533H. KELSEN, « La garantie juridictionnelle de la Constitution », *R. D. P.* 1928, p. 223.

534Ibid., p. 225.

Le fondement constitutionnel des règles d'indépendance semble évident ici.

Même le renvoi évoqué par **l'alinéa 6 du même article 115 de la Constitution qui dispose qu'«** *une loi organique détermine l'organisation et le fonctionnement de la Cour constitutionnelle, la procédure suivie devant elle, notamment les délais pour sa saisine de même que les immunités et le régime disciplinaire de ses membres.* » ne dément pas cette assise constitutionnelle. On notera néanmoins que le texte quasi constitutionnel, qu'est la loi organique, renvoie lui-même à un texte réglementaire.

La Constitution, après avoir édicté certaines règles, a renvoyé au législateur organique, qui, lui aussi, a prévu quelques règles, avant de renvoyer, à son tour, à un décret, le décret N° 94-11 du 26 janvier 1994 portant obligation des membres de la Cour constitutionnelle, tel que modifié en son article 2, par le décret N° 97-275 du 9 juin 1997 pris à la suite de la décision DCC33-94 du 24 novembre 1994.

Que retenir de cet ensemble de règles consacrées au statut du juge constitutionnel béninois ?

En distinguant l'organe qu'est la Cour constitutionnelle des personnes physiques qui la composent, on peut tenter une classification des règles statutaires applicables selon ce dualisme. Ainsi, s'agissant de l'organe, les règles édictées portent essentiellement sur des garanties d'indépendance stricto sensu (I) alors que, relativement aux juges qui composent l'organe, leur indépendance s'analyse à l'aune de droits et devoirs (II).

I. L'indépendance de l'organe

Elle revêt deux dimensions :

- L'ancrage constitutionnel de l'organe
- L'autonomie de l'organe

A. L'ancrage constitutionnel de l'organe

Pour le doyen Louis FAVOREU, les cours constitutionnelles doivent tenir leur existence de la Constitution elle-même. Il fait observer ainsi que la condition de l'indépendance de la Cour à l'égard de toute autre autorité étatique est *« l'existence d'un statut constitutionnel de la cour définissant l'organisation, le fonctionnement et les attributions, et les mettant hors d'atteinte des pouvoirs publics que la cour est chargée de contrôler»*.[535] L'insertion des dispositions relatives à l'existence et au fonctionnement des cours constitutionnelles dans la Constitution apparaît ainsi comme une source

[535] L. FAVOREU, *Les cours constitutionnelles*, Paris, PUF, 1996, p. 16.

de sécurité. Cette assise constitutionnelle s'impose donc.[536] Mais, avertit Marc VERDUSSEN, le législateur ne saurait être entièrement écarté de la définition des règles statutaires ; toutefois, son intervention doit être limitée à « *compléter et à préciser les règles constitutionnelles. En aucun cas, il ne peut remettre en cause ces dernières* »[537]. De plus, il vaut mieux qu'il ne s'agisse pas du législateur ordinaire. En ce qui concerne la Cote d'Ivoire, évoquant les articles 129 à 132 de la Constitution de 2016 ainsi que la loi organique de 2001 en ses articles 5, 6 et 9, même si cette loi organique sera remplacée plus tard par celle du 25 mars 2022 dont l'article 6 évoque l'objet en question, le doyen WODIE affirmait ainsi : « *prenant leur source dans la Constitution et la loi organique qui fait partie du bloc de constitutionnalité, les garanties reconnues au juge constitutionnel échappent, en droit, aux atteintes du législateur, agissant à titre ordinaire, et de l'Exécutif ; ce qui procure certitude et sécurité, en donnant de la consistance et de l'autorité aux garanties ainsi proclamées* »[538].

Au Bénin, la Constitution a réservé un de ses onze titres à la Cour constitutionnelle. Ce titre, le titre V, qui est uniquement consacré à la Cour constitutionnelle, comporte onze articles.

L'article 114 définit les attributions de la Cour.

L'article 115 est consacré à la composition et au mandat des membres de la Cour. Il indique aussi les droits et devoirs des membres de la haute juridiction.

L'article 116 de la Constitution indique les conditions de désignation du Président de la Cour et les articles 117 et 118 reviennent, de manière détaillée, sur les attributions de la Cour.

L'article 119 s'intéresse aux attributions personnelles du Président de la Cour, pendant que l'article 120 évoque les délais dans lesquels la Cour doit statuer dans ses différents domaines de compétence.

Les articles 121,122, 123 et 124 de la Constitution présentent les éléments de procédure ainsi que l'autorité attachée aux décisions de la Cour.

En dehors de ce titre V, qui consacre constitutionnellement l'essentiel des règles de fonctionnement de la Cour, plusieurs autres dispositions du texte fondamental béninois touchent à la Cour constitutionnelle.

Ce sont d'abord les deux derniers alinéas de l'article 3 qui disposent :

---

536 M. VERDUSSEN, « La justice constitutionnelle en Europe centrale, Essai de synthèse », in M. VERDUSSEN (dir.), *La justice constitutionnelle en Europe centrale*, Bruxelles — Paris, Bruylant — LGDJ, 1997, p. 234.

537 M. VERDUSSEN, op. cit. p. 234

538 F. WODIE, *Le Conseil constitutionnel : 2010-2015, Regards croisés*, Abidjan, Les Éditions du CERAP, 2018, p. 37.

« *La souveraineté s'exerce conformément à la présente Constitution qui est la Loi suprême de l'État.*

Toute loi, tout texte réglementaire et tout acte administratif contraires à ces dispositions sont nuls et non avenus. En conséquence, tout citoyen a le droit de se pourvoir devant la Cour Constitutionnelle contre les lois, textes et actes présumés inconstitutionnels. »

Plus loin, plusieurs autres articles de la Constitution (50, 52, 57, 77, 86, 100, 102, 104, 147) renvoient à la compétence de la Cour.

Au total, pas moins de vingt et un des cent soixante articles de la Constitution sont consacrés à la Cour constitutionnelle.

Malgré cette précaution, les compléments statutaires seront définis dans un texte organique qui n'a fait que reprendre – en les détaillant quelque peu – les dispositions de la Constitution, qui, à quelques exceptions près, pouvaient se suffire à elles-mêmes.

La consécration constitutionnelle de la juridiction constitutionnelle est donc une réalité au Bénin

Si l'on peut se réjouir de ce que les majorités politiques de circonstances ne puissent plus ainsi facilement remettre en cause l'existence et les attributions de la haute juridiction, on peut craindre que les réajustements nécessaires à l'amélioration du rôle de la Cour dans le renforcement de l'État de droit au Bénin ne soient constamment reportés, faute d'accord nécessaire pour modifier la Constitution. Dans la pratique, certaines réformes ont été beaucoup attendues avant de pouvoir devenir réalité.

Il n'aurait donc pas été sans intérêt de limiter la consécration constitutionnelle à l'existence de la Cour, aux garanties d'indépendance de ses membres, à ses garanties d'autonomie et aux principes généraux de sa procédure, laissant le soin au législateur organique et au Règlement intérieur, voire à un règlement de procédure autonome de la Cour, de procéder aux indispensables réajustements appelés par l'évolution de la vie socio-politique et juridico-judiciaire.

B. L'autonomie de l'organe

Elle existe sous trois formes :

- L'autonomie réglementaire
- L'autonomie administrative
- L'autonomie financière

1) L'autonomie réglementaire

L'autonomie réglementaire peut être définie comme « *la compétence dont disposent les juridictions constitutionnelles de produire des règles générales directement applicables* »[539]. Comme le relève Mauro CAPPELLETTI, « *il peut bien se faire, par exemple, que les tribunaux, et notamment les cours supérieures aient le pouvoir d'établir des normes de procédure ; la chose est fréquente en particulier dans les pays de common law. Je ne vois pas pour quelle raison on devrait exclure a priori l'idée que les cours elles-mêmes soient, ou puissent être, les législateurs les plus qualifiés pour déterminer, et adapter en permanence les règles avec lesquelles elles ont à faire leur activité quotidienne. Il faut seulement reconnaître que, lorsqu'ils exercent un tel pouvoir d'établir des règles, les juges agissent en tant que législateurs, et non comme juges* »[540].

En fait, au-delà de la simple possibilité de reconnaître aux juridictions constitutionnelles la capacité d'adopter des règles relatives à leur fonctionnement dans le but de les rendre les plus opérationnelles possibles, l'enjeu est l'autonomie ou indépendance de ces juridictions. En effet, « *la juridiction constitutionnelle doit pouvoir elle-même définir un minimum de règles de fonctionnement et de procédure [...]. Une juridiction constitutionnelle dont le fonctionnement interne et la procédure suivie devant elle seraient trop "ligotés" par les textes constitutionnels et législatifs ne pourrait être considérée comme ayant une véritable autonomie réglementaire, et donc une véritable indépendance* »[541].

Dans une étude fouillée sur la question, Emmanuel TAWIL relève que « *presque tous les textes relatifs au statut des juridictions constitutionnelles prévoient l'autonomie réglementaire des juridictions constitutionnelles* »[542].

Au Bénin, l'article 85 de la loi organique sur la Cour constitutionnelle prévoit que :

« *La Cour constitutionnelle complète par son Règlement intérieur les règles de procédure édictées par la présente loi organique.*

Elle précise notamment les principes, les conditions et la procédure d'instruction et d'examen des recours, ainsi que la surveillance des opérations du référendum... ».

---

539 E. TAWIL, « L'organe de justice constitutionnelle, aspects statutaires », communication au VIème congrès de l'Association française des constitutionnalistes, Montpellier, Juin 2005, p.6.

540 M.CAPPELLETTI, « Des juges législateurs », in M. CAPPELLETTI, *Le pouvoir des juges*, Paris, Economica, collection « Droit public positif », 1990, p. 75.

541 L. FAVOREU et autres, *Droit constitutionnel*, Paris, Dalloz, 5eme édition, 2002, pp. 216 et 217.

542 E. TAWIL, « L'organe de justice constitutionnelle, aspects statutaires », communication au VIème congrès de l'Association française des constitutionnalistes, Montpellier, Juin 2005, p.6.

Ainsi, les différentes versions du Règlement intérieur de 1993 à 2022 donnent des précisions complémentaires sur la présidence de la Cour constitutionnelle, son secrétariat général, le fonctionnement de la Cour, y compris l'ensemble des procédures. Certaines règles de procédure apparaissent ainsi pour la première fois dans le Règlement intérieur de la Cour.

Même les règles qui n'ont pas été adoptées par la Cour constitutionnelle elle-même ont fait l'objet d'une participation intensive de la Cour à leur adoption puisque, soit la Cour élabore elle-même les règles relatives à son fonctionnement, soit elle en propose le contenu. Dans tous les cas, la haute juridiction contrôle, censure et corrige le contenu des textes l'organisant avant leur mise en vigueur.

Il en est ainsi, non seulement de la loi organique sur la Cour constitutionnelle, mais aussi du décret portant sur les obligations des membres de la Cour constitutionnelle du décret portant attributions, organisation et fonctionnement du secrétariat général de la Cour constitutionnelle, du décret portant attributions, organisation et fonctionnement du Greffe de la Cour constitutionnelle, tous ces textes ayant été adoptés « *sur proposition de la Cour* », laquelle a (eu) encore la possibilité de contrôler leur constitutionnalité.

2) L'autonomie administrative

« *La juridiction constitutionnelle doit pouvoir disposer d'une administration interne autonome par rapport à celle qui dépend de l'Exécutif ou du Législatif. Cela suppose donc l'existence d'un siège de l'institution distinct et séparé, d'un ensemble d'experts ou d'assistants et d'agents administratifs nommés et rémunérés directement par l'institution… Si la juridiction dépend des pouvoirs publics pour assurer son fonctionnement, les conditions de son indépendance ne sont pas réunies* »[543].

Au Bénin, la situation est proche de l'autonomie administrative, sans l'être totalement, du moins en ce qui concerne le recrutement du personnel. En fait, c'est surtout à l'égard du personnel occupant les différents postes de responsabilité au sein de l'administration de la haute juridiction que l'autonomie de la Cour, quant à leur recrutement, se manifeste totalement. Ainsi, le président de la Cour constitutionnelle, qui est élu par ses pairs, « *assure le fonctionnement général de la Cour* »[544]. A cette fin, il dispose d'un cabinet qu'il nomme librement et qui se compose d'un directeur de cabinet, d'un assistant du président, de chargés de mission,

543 L. FAVOREU et autres, *Droit constitutionnel*, Paris, Dalloz, 5ème édition, 2002, p. 217.

544 Article 10 du Règlement intérieur de la Cour

d'un attaché de presse, d'un Secrétaire ou d'une Secrétaire particulier(ère), ainsi que d'un chef de protocole[545]. De plus, « *il peut faire appel, en tant que de besoin, à des consultants extérieurs dont les frais et honoraires sont supportés par le budget de la Cour* »[546].

La cour constitutionnelle dispose, par ailleurs, d'un Secrétariat général qui est « *l'organe central de l'organisation administrative de la Cour* »[547]. A la tête de ce Secrétariat général se trouve un haut cadre de l'administration béninoise proposé par le président de la Cour constitutionnelle sous l'autorité duquel il exerce ses fonctions[548]. Le Secrétariat général est chargé de « *l'administration et de la coordination de toutes les directions et des services administratifs, de la gestion des ressources humaines, matérielles et financières de la Cour.* »[549] Il doit également prendre « *les mesures nécessaires à la préparation et à l'organisation des travaux techniques ou des activités à caractère scientifique de la Cour ainsi que des assemblées générales des conseillers…* »[550]. Pour assurer sa mission, le Secrétariat général est subdivisé en directions dont les attributions ainsi que les responsables sont fixées ou nommées par ordonnance du Président de la Cour[551]. Le personnel qui travaille au sein des différentes directions est, quant à lui, mis à la disposition de la Cour constitutionnelle, à sa demande, par le Gouvernement.

En ce qui concerne le travail de toutes les personnes recrutées au sein de la Cour, responsables ou non, l'autonomie administrative de la Cour est totale puisque les agents de la Cour relèvent administrativement du Secrétariat Général de la Cour, lequel, comme le cabinet, est placé sous l'autorité du président.

Sur le plan purement technique, il y a, dans ce personnel des juristes qui assistent la Cour et les juges dans leur travail. La direction de la recherche et de la documentation dispose d'un service de la recherche composé uniquement d'assistants juridiques dont le rôle est d'appuyer les conseillers et le secrétaire général dans les recherches devant conduire aux projets de décision. Comme les référendaires en Belgique, des juristes sont

---

545 Articles 12 et suivants du règlement intérieur.

546 Article 10, alinéa 6, du règlement intérieur.

547 Article 1er du Décret N° 2022-383 du 8 juillet 2022 portant attributions, organisation et fonctionnement du secrétariat général de la Cour constitutionnelle

548 Article 2 du Décret N° 2022-383 du 8 juillet 2022 portant attributions, organisation et fonctionnement du secrétariat général de la Cour constitutionnelle

549 Article 3 du Décret N° 2022-383 du 8 juillet 2022 portant attributions, organisation et fonctionnement du secrétariat général de la Cour constitutionnelle

550 Ibid.

551 Articles 8 et suivants du Décret N° 2022-383 du 8 juillet 2022 portant attributions, organisation et fonctionnement du secrétariat général de la Cour constitutionnelle

chargés au Bénin d'assister la Cour et ses membres, mais aucun statut particulier n'est fait à ces assistants. On ne peut que suggérer que cette situation soit revue afin que le travail de ces assistants soit mieux valorisé et sécurisé. Il en va de la qualité des décisions de la Cour à laquelle ils participent.

3) L'autonomie financière

En droit comparé, et « *généralement, la juridiction constitutionnelle établit elle-même son budget en évaluant librement ses dépenses et en demandant à l'État de lui fournir les ressources correspondantes. Le budget est voté par le Parlement, dans le cadre du budget général, mais sans que les parlementaires puissent en discuter le contenu. Ensuite, il doit être exécuté de manière autonome […] par un agent placé sous la direction du président de la juridiction* »[552].

Au Bénin, l'article 26 de la loi organique sur la Cour constitutionnelle prévoit que « *Sur proposition du Président de la Cour constitutionnelle, les crédits nécessaires au fonctionnement de ladite Cour sont inscrits au Budget national. Le Président de la Cour est ordonnateur du budget* ».

En fait, les procédures en œuvre concernant l'adoption du budget de la Cour constitutionnelle sont les mêmes que celles utilisées pour retenir les budgets des différents ministères et ceux de toutes les autres institutions de l'État. Ainsi, après l'élaboration de la note d'orientation du budget général de l'État qui définit le cadrage macroéconomique, le ministre chargé des finances adresse une lettre circulaire à tous les départements ministériels et aux institutions de l'État, au sein desquels est rangée la Cour constitutionnelle, pour leur demander de faire leurs propositions budgétaires. La lettre circulaire envoyée à cet effet et qui fixe les plafonds de dépenses et donne des indications sur la présentation des propositions budgétaires, appelée encore lettre de cadrage, encadre fortement les propositions budgétaires qui peuvent être faites par n'importe quel département ministériel et n'importe quelle institution de l'État[553]. La Cour constitutionnelle est ainsi alignée sur le même régime juridique que l'ensemble des départements ministériels et autres institutions de l'État en matière de procédure d'adoption de son budget. Au même titre que les ministères et les autres institutions de l'État, ses propositions budgétaires sont soumises à l'arbitrage budgétaire qui fait suite à la communication par les différentes régies de leurs prévisions de recettes pour l'année de

---

552 L. FAVOREU et autres, *Droit constitutionnel*, Paris, Dalloz, 5eme édition, 2002, p. 217.
553 R. BONOU, *L'essentiel sur le budget général de l'État*, Cellule d'analyse des politiques de développement de l'Assemblée nationale, Cotonou, 2005, pp. 59 à 73.

référence. Pendant toutes les autres étapes de l'adoption du budget général de l'État, la Cour constitutionnelle pourrait encore voir ses propositions budgétaires, connaître de sérieuses modifications, surtout à la baisse. Cette situation dans laquelle la Cour constitutionnelle devrait aller défendre ses propositions budgétaires, d'abord devant les cadres de l'administration des finances, puis le Ministre des finances, dans le cadre des conférences budgétaires, ensuite devant la Commission des finances de l'Assemblée nationale, sans aucune garantie de voir maintenues ses propositions budgétaires, crée une situation insatisfaisante quant à l'indépendance financière de la haute juridiction, dont les attributions sont, entre autres, de contrôler les organes législatif et exécutif.

De plus, contrairement à ce qui se passe en Belgique, où aucun contrôle extérieur à la Cour n'existe en matière d'exécution du budget de la haute juridiction, au Bénin, la Cour est contrôlée, notamment *a priori*, par une série de délégués provenant du ministère des finances, lesquelles n'hésitent pas à faire des contrôles d'opportunité de certaines dépenses.

Ce schéma ne respecte pas l'autonomie financière de la Cour.

Ailleurs, par exemple en Belgique, l'article 123 § 1 de la loi spéciale du 6 janvier 1989 sur la Cour constitutionnelle dispose que « *les crédits nécessaires au fonctionnement de la Cour constitutionnelle sont inscrits au budget des dotations* ». Par dotations en Belgique, on entend un crédit voté par les Chambres législatives, mais dont l'emploi est réglé par l'institution à laquelle il est accordé[554]. Comme la famille royale, les chambres parlementaires fédérales et la Cour des comptes, la Cour constitutionnelle reçoit ses moyens financiers dans le cadre des **budgets de dotation**. Chaque année, la cour dresse, de la manière la plus précise possible, en s'inspirant des dépenses des années précédentes et de celles de l'année en cours, le budget de ses dépenses pour l'année suivante. Une fois le budget approuvé par la Cour, il est communiqué au Président de la Chambre des représentants que la Cour a fixé le montant de sa dotation pour l'année suivante à *x* euros. La lettre de communication ventile les dépenses entre les frais de personnel, les frais de fonctionnement et les frais d'équipement et ne donne pas plus de détail. Si le Président de la Chambre le juge utile, il peut demander et recueillir plus d'information sur la dotation ainsi demandée par la Cour constitutionnelle. Dans la pratique, et malgré les observations formulées en direction de la Cour en 1985 par les membres de la Commission des finances de la Chambre, invitant la haute juridiction à utiliser les schémas classiques de présentation de son projet de budget

---

554 L. POTOMS, « Le budget de la Cour constitutionnelle : contrôle et gestion », http://www.venice ; coe ; int/docs/1998/CDL-JU (1998)003-f.asp.

en vue de permettre aux parlementaires de faire un meilleur contrôle sur les prévisions budgétaires, la Cour n'a pas changé le mode de présentation de sa demande de dotations et plus aucune observation ne lui a été faite, son budget étant approuvé chaque année dans les termes de sa demande[555].

Une fois le budget approuvé, ce sont les présidents qui autorisent les engagements de dépenses, sauf cas de suppléance à d'autres juges désignés à cet effet. Enfin, ce sont des juges de la juridiction qui servent de commissaire aux comptes et aucun contrôle externe à la Cour n'est prévu.

En définitive, l'autonomie financière de la Cour constitutionnelle belge est relativement bien assurée.

A cet égard, la Cour constitutionnelle béninoise est en net recul.

II. L'indépendance des juges

TABLEAU 3 :

STATUT DES JUGES DANS QUELQUES JURIDICTIONS CONSTITUTIONNELLES AFRICAINES

Juridictions	Droits	Devoirs	Régime disciplinaire
Cour constitutionnelle du Bénin	*Voir détails plus bas*	*Voir détails plus bas*	*Voir détails plus bas*
Conseil constitutionnel de Côte d'Ivoire[556] (Constitution du 8 novembre 2016 et Loi organique 2022-222 du 25 mars 2022 déterminant l'organisation et le fonctionnement du Conseil constitutionnel)	Article 6, loi organique : *« Pendant la durée de leurs fonctions, les membres du Conseil constitutionnel sont assimilés aux magistrats de l'ordre judiciaire. Ils jouissent des droits et avantages prévus par les lois et règlements pour la protection physique et morale des magistrats […] ».* Article 132 de la Constitution et article 9, loi organique *Aucun membre du Conseil constitutionnel ne peut, pendant la durée de son mandat, être poursuivi, arrêté, détenu ou jugé en matière criminelle ou correctionnelle qu'avec l'autorisation du Conseil, sauf les cas de flagrant délit.*	Article 6, loi organique : « *Pendant la durée de leurs fonctions, les membres du Conseil constitutionnel sont assimilés aux magistrats de l'ordre judiciaire. Ils […] sont soumis aux obligations imposées aux magistrats à l'occasion et dans l'exercice de leurs fonctions* » Articles 129 et 130 de la Constitution : Le Président du Conseil constitutionnel et les conseillers, avant leur entrée en fonction, prêtent serment sur la Constitution devant le Président de la République, en ces termes : « *Je m'engage à bien et fidèlement remplir ma fonction, à l'exercer en toute indépendance et en toute*	Article 131 de la Constitution et article 7 loi organique : *Les fonctions de membre du Conseil constitutionnel sont incompatibles avec l'exercice de toute fonction politique, de tout emploi public ou mandat électif et de toute activité professionnelle. Est démis d'office tout membre du Conseil constitutionnel se trouvant dans un des cas d'incompatibilité. […].* Article 10, loi organique : « *L'administration et la discipline du Conseil constitutionnel sont assurées par le président* »

555 Ibid., pp. 2 et 3.

556 F. WODIE, *Côte d'Ivoire, Le Conseil constitutionnel : 2020-2015, Regards croisés*, Abidjan, Les Éditions du CERAP, 2018 ; 0. OURAGA, *Histoire du Conseil constitutionnel ivoirien 1994-2014,* Abidjan, Frat Mat Éditions, 2019.

		impartialité dans le respect de la Constitution, à garder le secret des délibérations et des votes, même après la cessation de mes fonctions, à ne prendre aucune position publique dans les domaines juridiques, politique, économique ou social, à ne donner aucune consultation à titre privé sur les questions relevant de la compétence du Conseil constitutionnel. »	
Cour constitutionnelle du Gabon (Constitution de 2024)	**Article 124** : « … *Aucun membre de la Cour Constitutionnelle ne peut être inquiété, poursuivi, recherché, arrêté, détenu ou jugé à l'occasion des opinions ou votes émis par lui dans l'exercice de ses fonctions et même après la cessation de celles-ci. Toute mesure de poursuite, d'arrestation ou de détention d'un membre de la Cour Constitutionnelle ne peut intervenir qu'après avis conforme de la Cour statuant à la majorité des quatre cinquièmes (4/5) des autres membres, sauf en cas de crime ou délit flagrant ou de condamnation définitive. Les membres de la Cour Constitutionnelle sont protégés contre les menaces, outrages, violences dont ils peuvent être l'objet dans l'exercice ou à l'occasion de l'exercice de leurs fonctions.* … » **Article 126** : « *La Cour Constitutionnelle jouit de l'autonomie de gestion financière. Les crédits nécessaires à son fonctionnement sont inscrits dans la loi de finances* »	**Article 124 :** « *Les fonctions de membre de la Cour Constitutionnelle sont incompatibles avec toute autre fonction publique et avec toute activité professionnelle privée, sous réserve des exceptions prévues par la loi organique.* […]. *Les membres de la Cour Constitutionnelle prêtent serment au cours d'une cérémonie solennelle présidée par le Président de la République devant le Parlement, la Cour de Cassation, le Conseil d'État et la Cour des Comptes réunis. Ils prêtent le serment suivant, la main gauche posée sur la Constitution et la main droite nue levée devant le drapeau national. "Je jure de remplir consciencieusement les devoirs de ma charge dans le strict respect de ses obligations de neutralité, impartialité et de réserve, et de me conduire en digne Juge Constitutionnel".* ». **Article 125** : « *La Cour Constitutionnelle adresse chaque année un rapport d'activités au Président de la République et aux Présidents des Chambres du Parlement. Elle peut, à cette occasion, appeler l'attention des pouvoirs publics sur la portée de ses décisions en matière législative et faire toute suggestion qu'elle juge utile*	Prévu dans la loi organique à venir

		à la consolidation de l'État de droit ».	
Cour constitutionnelle de Madagascar (Constitution du 11 décembre 2010 et ORDONNANCE N° 2001-003 du 18 novembre 2001 portant Loi Organique relative à la Haute Cour Constitutionnelle)	***Article 7 ORD*** *- Un membre de la Haute Cour Constitutionnelle peut démissionner par lettre adressée à son Président qui en avise aussitôt le Président de la République.*	***Article 115. CONST*** *- Les fonctions de membre de la Haute Cour Constitutionnelle sont incompatibles avec celles de membres du Gouvernement, du Parlement, avec tout mandat public électif, toute autre activité professionnelle rémunérée, à l'exception des activités d'enseignement, ainsi que toute activité au sein d'un parti politique ou d'un syndicat.* ***Article 4 ORD - […]*** *Lorsqu'un Haut Conseiller se trouve dans l'un des cas d'incompatibilité prévus ci-dessus, son acceptation des nouvelles fonctions emporte renonciation à ses précédents mandats ou fonctions.* ***Article 5 ORD*** *- Pendant la durée de leur mandat, les membres de la Haute Cour Constitutionnelle ne peuvent prendre aucune position publique sur les matières relevant de la compétence de la Haute Cour ni être consultés sur les mêmes matières.*	***Article 8 ORD*** *- La Haute Cour Constitutionnelle constate, le cas échéant, la démission d'office de celui de ses membres qui aurait exercé une activité ou accepté une fonction ou un mandat électif incompatible avec sa qualité de membre de la Haute Cour ou qui aurait contrevenu aux dispositions de l'article 5 ci-dessus ou qui n'aurait plus la jouissance des droits civils et politiques. Avis de la décision est immédiatement donné au Président de la République qui prend un décret constatant la vacance du siège.* ***Article 9 ORD*** *- En cas d'empêchement temporaire pour quelque cause que ce soit d'un membre de la Haute Cour Constitutionnelle et dont la durée est inférieure à trois mois, il n'est pas pourvu à son remplacement. Si la durée de l'empêchement excède trois mois, la Haute Cour Constitutionnelle se prononce sur la constatation d'un empêchement définitif.* ***Article 133 CONST. -*** *Les Présidents des Assemblées parlementaires, le Premier Ministre, les autres membres du Gouvernement et le Président de la Haute Cour Constitutionnelle sont pénalement responsables, devant la Haute Cour de Justice*[557]*,*

[557] Article 136 de la Constitution de Madagascar du 11 décembre 2010.- « *La Haute Cour de Justice est composée de onze membres dont : 1° le Premier Président de la Cour Suprême, Président, suppléé de plein droit, en cas d'empêchement, par le Président de la Cour de Cassation ; 2° deux Présidents de Chambre de la Cour de la Cassation, et deux suppléants, désignés par l'Assemblée générale de ladite Cour ; 3° deux premiers Présidents de Cour d'Appel, et deux suppléants, désignés par le Premier Président de la Cour Suprême ; 4° deux députés titulaires et deux députés suppléants élus en début de législature par l'Assemblée nationale ; 5° deux sénateurs titulaires et deux sénateurs suppléants,*

			des actes accomplis liés à l'exercice de leurs fonctions des actes qualifiés de crimes ou délits au moment où ils ont été commis. Ils peuvent être mis en accusation par l'Assemblée Nationale statuant au scrutin public à la majorité absolue de ses membres. L'initiative de la poursuite émane du Procureur Général de la Cour Suprême. ***Article 134 CONST*** *- Les Présidents des Assemblées parlementaires, le Premier Ministre, les autres membres du Gouvernement et le Président de la Haute Cour Constitutionnelle sont justiciables des juridictions de droit commun pour les infractions commises hors de l'exercice de leurs fonctions. L'initiative des poursuites émane du Procureur Général près la Cour de Cassation. Dans ce cas, lorsqu'il y a délit, la juridiction correctionnelle compétente est présidée par le Président du tribunal ou par un vice-président s'il en est empêché. Les dispositions des trois alinéas précédents sont également applicables aux députés, aux sénateurs et aux membres de la Haute Cour Constitutionnelle.* **Article 14 -** *[...] le Président de la Haute Cour Constitutionnelle est pénalement responsable devant la Haute Cour de Justice des actes accomplis dans l'exercice de ses fonctions et qualifiés crimes ou délits au moment où ils ont été commis. Il est fait application des dispositions de l'article 114.1 de la Constitution à tout membre de la Haute Cour*

élus en début de législature par le Sénat. 6 ° deux membres titulaires et deux membres suppléants issus du Haut Conseil pour la Défense de la Démocratie et de l'État de droit. »

			Constitutionnelle susceptible d'être inculpé d'un crime ou d'un délit commis hors de l'exercice de ses fonctions.
Cour constitutionnelle du Congo (RDC) (**Loi organique** N° 13/026 du 15 octobre 2013 portant organisation et fonctionnement de la Cour constitutionnelle et **Ordonnance** N° 16-070 22 août 2016 portant dispositions relatives au statut particulier des membres de la Cour constitutionnelle)	***Article 27 L.O :*** *« Les membres de la Cour, ceux du Parquet Général et les Conseillers référendaires ont droit à un traitement et à des avantages qui assurent leur indépendance et leur dignité. Ils sont prévus par la Loi de Finances. Le traitement et les avantages alloués aux membres de la Cour sont fixés dans le statut visé à l'article 11 de la présente Loi organique »*[558]. ***Article 28 L.O :*** *« Tout membre de la Cour peut librement démissionner. A cette fin, il adresse une lettre à la Cour qui en apprécie l'opportunité. Le Président de la Cour en informe le Président de la République, l'Assemblée Nationale, le Sénat et le Conseil Supérieur de la Magistrature. Il est pourvu au remplacement du membre démissionnaire conformément aux dispositions des articles 2 à 8 de la présente Loi organique »*[559]	***Article 29 L.O*** : « *Les membres de la Cour, ceux du Parquet Général et les Conseillers référendaires sont soumis à l'obligation générale de réserve, de dignité et de loyauté envers l'État. Ils ne peuvent, durant leurs fonctions, ni prendre une position publique ni donner une consultation sur des questions ayant fait ou susceptibles de faire l'objet de décision de la Cour. Ils ne peuvent adopter des attitudes ou des comportements qui laisseraient penser à une appartenance politique ou syndicale.* ».	***Article 30 L.O*** : « *Tout manquement aux devoirs prescrits par la présente Loi organique constitue une faute disciplinaire sanctionnée conformément aux dispositions du statut des membres de la Cour.* » ***Art. 23. Ord :*** *« Tout manquement par un membre de la Cour constitutionnelle, un membre du Parquet général près la Cour ou un conseiller référendaire aux devoirs de son état, à l'honneur ou à la dignité de ses fonctions, constitue une faute disciplinaire. Sont notamment constitutifs de fautes disciplinaires :* *- la violation des termes de leur serment pour les juges à la Cour constitutionnelle et les membres du Parquet général ;* *- le non-respect des délais de présentation de rapports, d'avis ou de prononcé des arrêts ; - le fait de chercher directement ou indirectement à entrer en*

558 Article 11 : « *Les membres de la Cour sont régis par un statut particulier.* »

559 Article 2 : « *La Cour Constitutionnelle, ci-après la Cour, comprend neuf membres nommés par le Président de la République, dont trois sur sa propre initiative, trois désignés par le Parlement réuni en Congrès et trois autres par le Conseil Supérieur de la Magistrature. Il ne peut y avoir ni deux membres parents ou alliés jusqu'au troisième degré inclusivement ni plus d'un membre issu d'une même Province. Les procès-verbaux constatant la désignation des membres de la Cour autres que ceux désignés par le Président de la République sont transmis à ce dernier dans les quarante-huit heures aux fins de leur nomination.* »

Article 3 : « *Nul ne peut être nommé membre de la Cour : 1. s'il n'est Congolais ; 2. s'il ne justifie d'une expérience éprouvée de quinze ans dans le domaine juridique ou politique.* »

Article 4 : *« Est nulle de plein droit toute nomination intervenue en violation des articles 2 et 3 de la présente Loi organique. »*

Article 5 : *Six des neuf membres de la Cour doivent être des juristes issus de la magistrature, du barreau ou de l'enseignement universitaire. Dans le but d'assurer le respect des proportions fixées à l'alinéa précédent, deux membres désignés par le Président de la République et un membre désigné par le*

			contact avec les parties en cause dans le but de se procurer ou d'accepter des biens, un avantage ou une faveur quelconque en rapport avec les dossiers en traitement à la Cour ; *- la sollicitation ou l'acceptation d'un tel avantage ou d'une telle faveur ;* *- le fait de se prévaloir de sa qualité à la Cour constitutionnelle pour poser des actes contraires à la loi, à l'ordre public, aux bonnes mœurs ou à la dignité de sa fonction ;* *- le fait de procéder à des arrestations ou à des détentions arbitraires ;* *- le fait de pratiquer, d'encourager ou de tolérer la torture ou d'autres traitements cruels, inhumains ou dégradants ;* *- le fait de prendre une position publique ou de donner une consultation à titre privé sur des questions ayant fait ou susceptibles de faire l'objet d'une décision de la Cour constitutionnelle ;* *- le fait de poser des actes ou de tenir publiquement des propos de nature à jeter le discrédit sur la Cour.* ***Art. 24 Ord.*** *: « Suivant la gravité des faits, les peines disciplinaires applicables sont :* *1° le blâme ;* *2° la retenue d'un tiers des émoluments ou du traitement mensuel pour*

Parlement doivent être issus du barreau ou de l'enseignement universitaire. Les trois membres désignés par le Conseil Supérieur de la Magistrature sont exclusivement choisis parmi les magistrats en activité.
Article 6 : *Le mandat des membres de la Cour est de neuf ans. Il n'est pas renouvelable. La Cour est renouvelée par le tiers tous les trois ans. Lors des deux premiers renouvellements, il est procédé au tirage au sort du membre sortant par groupe pour les membres initialement nommés.*
Article 7 : *Il est pourvu au remplacement de tous membres de la Cour un mois au plus tôt ou une semaine au plus tard avant l'expiration du mandat dans les conditions prévues aux articles 2 à 6 de la présente Loi organique.*
Article 8 : *Le membre de la Cour nommé en remplacement de celui dont les fonctions ont pris fin avant terme achève le mandat de ce dernier. Il peut être nommé pour un autre mandat s'il a exercé les fonctions de remplacement pendant moins de trois ans.*

			une durée ne dépassant pas trois mois ; *3° la suspension de ses fonctions pour une durée ne dépassant pas trois mois ;* *4° la démission d'office pour les membres de la Cour constitutionnelle et du Parquet général près cette Cour ;* *5° la révocation. La révocation est prononcée par le président de la République sur proposition du conseil de discipline. »* ***Art. 25 Ord.** : « Il est institué au sein de la Cour constitutionnelle un conseil de discipline siégeant en premier et dernier ressort. Il est composé de cinq membres, et est présidé par le président ou son délégué, assisté de quatre autres juges membres choisis par le président. Les membres du conseil sont désignés, selon le cas, par le président de la Cour constitutionnelle parmi les membres de la Cour constitutionnelle, ou par le procureur général parmi les magistrats de son office. Le conseil de discipline siège avec l'assistance d'un rapporteur désigné, selon le cas, par le président de la Cour constitutionnelle ou le procureur général, parmi les membres de la Cour ou du Parquet général. »*
Conseil constitutionnel du Sénégal (Constitution et loi organique N° 2016-23 du 14 juillet 2016 relative au Conseil constitutionnel)	**Article 89, *in fine*, de la Constitution et Art. 5, alinéa 1, de la loi organique.** « *Il ne peut être mis fin, avant l'expiration de leur mandat, aux fonctions des membres du Conseil constitutionnel que sur leur demande, ou pour incapacité physique, et sur l'avis conforme du Conseil.* » **Article 93, alinéa 1 de la Constitution** : « *Sauf cas de flagrant délit, les membres du Conseil constitutionnel ne peuvent être poursuivis, arrêtés,*	***Art. 6. L.O** : - « Les fonctions de membre du Conseil constitutionnel sont incompatibles avec la qualité de membre du Gouvernement ou d'un cabinet ministériel, avec l'exercice d'un mandat électif, avec l'exercice des professions d'avocat, d'officier ministériel, d'auxiliaire de justice et toute activité professionnelle privée. L'exercice de toute autre activité publique doit être autorisé par le Conseil. »* ***Art. 7. L.O** : - « Avant d'entrer en fonction, tout*	***Art. 5. Alinéas 2 à 5 L.O** : - « Dans tous les cas [prévus à l'alinéa 1 de l'article 5], l'intéressé est entendu par le Conseil et reçoit communication de son dossier.* *L'empêchement temporaire d'un membre du Conseil est constaté par le Conseil. Si cet empêchement se prolonge au-delà d'une durée de soixante jours, il est mis fin aux fonctions de l'intéressé dans les conditions prévues au premier alinéa.* *Le membre du Conseil nommé pour remplacer un*

	détenus ou jugés en matière pénale qu'avec l'autorisation du Conseil et dans les mêmes conditions que les membres de la "Cour suprême" et de la Cour des Comptes. »	*membre du Conseil constitutionnel prête serment en audience solennelle publique. Il jure de bien et fidèlement remplir ses fonctions, de les exercer en toute impartialité dans le respect de la Constitution, de garder le secret des délibérations et des votes, de ne prendre aucune position publique et de ne donner aucune consultation à titre privé sur les questions relevant de la compétence du Conseil constitutionnel et de se conduire en tout comme un digne et loyal magistrat. Acte est donné de la prestation de serment.* »	*membre du Conseil dont le poste est devenu vacant achève le mandat de celui-ci. À l'expiration de ce mandat, il peut être nommé pour accomplir un mandat de six ans.* »

L'indépendance du juge constitutionnel béninois sera appréciée par rapport aux droits dont il bénéficie (A), mais aussi par rapport aux devoirs qui lui sont imposés (B).

A. Les droits du juge

Comme tout autre juge, le juge constitutionnel « … *doit bénéficier d'une totale indépendance à l'égard de tous […]. L'indépendance est inhérente à la fonction de juge* »[560].

Deux séries de garanties d'indépendance caractérisent de manière générale la situation réservée aux juges. Il s'agit de l'irrévocabilité, dont on peut faire un rapprochement avec l'inamovibilité[561] (1), et de l'immunité (2). Un aspect particulier des droits du juge porte sur les traitements, avantages et privilèges (3).

1) L'inamovibilité et l'irrévocabilité

« ***L'irrévocabilité*** *est la qualité de celui qui ne peut être révoqué de ses fonctions. Qualifier le mandat du juge constitutionnel d'irrévocable implique donc l'impossibilité pour l'autorité qui l'a nommé de mettre un terme à ses fonctions pendant la durée de son mandat* ».[562]

---

560 R. PERROT, *Institutions judiciaires*, Paris, Montchrestien, 2004, p. 296.

561 H. SIMONART, *La Cour d'arbitrage, une étape dans le contrôle de constitutionnalité de la loi*, Bruxelles, E. Story-Scientia, 1988, p. 144.

562 E. TAWIL, « L'organe de justice constitutionnelle - Aspects statutaires », VIème Congrès de l'Association française des constitutionnalistes, Montpellier, 2005,

L'inamovibilité se définit, quant à elle, comme « *une garantie de leur indépendance, reconnue à certains magistrats et fonctionnaires, et consistant, non pas dans l'impossibilité de mettre fin à leurs fonctions, mais dans l'obligation pour l'administration qui voudrait les exclure du service public, ou les déplacer, de mettre en œuvre des procédures protectrices exorbitantes du droit commun disciplinaire* »[563].

De telles garanties sont fondamentales pour le juge constitutionnel qui est appelé à contrôler et à sanctionner les activités des autres pouvoirs (législatif et exécutif notamment). Il ne serait pas logique que les détenteurs de ces pouvoirs, c'est-à-dire les autorités législatives ou exécutives qui, après avoir participé à la désignation des juges constitutionnels, sont appelées à se soumettre à leurs décisions, disposent du pouvoir de les destituer ou de les muter librement. C'est pour cette raison qu'en dehors de son terme officiel, « *le mandat des juges constitutionnels ne doit prendre fin que par démission, décès ou déchéance prononcée par la juridiction constitutionnelle elle-même selon les règles fixées par la Constitution* »[564].

Il est à peine besoin de souligner qu'il s'agit de garanties qui contribuent dans une large mesure à mettre les juges constitutionnels à l'abri de toute pression émanant du pouvoir[565].

En droit comparé, et s'agissant en particulier des irrévocabilités, on note des pays dans lesquels **ces garanties sont expressément prévues** dans les textes constitutionnels ou législatifs organisant le statut des cours et juges constitutionnels. L'exemple typique est celui de l'Autriche, pays dans lequel l'article 88 § 2 de la Constitution rendu applicable aux juges constitutionnels par l'article 147 § 6 de la Constitution dispose : « *Les juges ne peuvent, contre leur gré, être révoqués, mutés à un autre poste ou mis à la retraite qu'en vertu d'une décision judiciaire en bonne et due forme, et uniquement dans les cas et les formes prévus par la loi* ». De même, au Canada, l'article 99 § 2 de la loi constitutionnelle de 1867 et l'article 9 de la loi sur la Cour suprême excluent que les juges à la Cour suprême puissent être destitués autrement que selon une procédure spéciale faisant intervenir le Parlement[566].

Lorsque l'irrévocabilité n'est **pas expressément prévue, elle résulte néanmoins de l'économie générale du statut du juge**

---

p. 37 ; voir aussi dans le même sens, E. CEREXHE et M.-F. RIGAUX, *La Cour d'arbitrage*, Bruxelles, E. Story-Scientia, 1998, p. 14.

563 R. GUILLIEN et J. VINCENT, *Termes juridiques*, Paris, Dalloz, 10eme édition, p. 295.

564 FAVOREU et al, *Droit constitutionnel*, Paris, Dalloz, 5ème édition, 2002, p. 218.

565 H. SIMONART, *La Cour d'arbitrage, une étape dans le contrôle de constitutionnalité de la loi*, Bruxelles, E. Story-Scientia, 1988, p. 144.

566 E. TAWIL, « L'organe de justice constitutionnelle », Communication présentée au VIème congrès de l'Association Française des constitutionnalistes, Montpellier, Juin 2005, p. 37.

constitutionnel[567], comme c'est le cas pour le tribunal constitutionnel espagnol[568], la Cour suprême des États-Unis [569]ou le Conseil constitutionnel français[570].

La satisfaction aux exigences d'irrévocabilité et d'inamovibilité est prévue **au Bénin.**

S'agissant de l'irrévocabilité, elle n'est pas expressément affirmée, mais se déduit d'une part, des dispositions relatives à la durée des mandats, d'autre part, de la procédure particulière selon laquelle, seule la Cour elle-même peut procéder à la suspension ou à la destitution de ses membres.

La règle de **l'inamovibilité** des juges constitutionnels est prévue quant à elle de manière expresse par l'article 115, alinéa 4, de la Constitution qui dispose : « *Les membres de la Cour constitutionnelle sont inamovibles pendant la durée de leur mandat…* ».

Au total, s'agissant des irrévocabilités et des inamovibilités, la règle selon laquelle seule la Cour elle-même a compétence pour, soit constater la fin du mandat, soit y mettre fin provisoirement ou définitivement a été respectée.

Mais le juge conserve sa liberté de démissionner : l'article 15 de la loi organique sur la Cour constitutionnelle dispose en effet : « *Un membre de la Cour constitutionnelle peut démissionner par lettre adressée au président de ladite Cour. Celui-ci en avise immédiatement, selon le cas, le président de la République ou le bureau de l'Assemblée nationale, qui dispose d'un délai de deux mois à compter de la réception de l'avis pour procéder à son remplacement* ». L'article 6 du Décret N° 94-11 du 26 janvier 1994 portant obligations des membres de la Cour constitutionnelle porte sur la même question.

2) L'immunité

On peut la définir comme une « *cause d'impunité, qui, tenant à la situation particulière de l'auteur de l'infraction au moment où il commet celle-ci, s'oppose définitivement à toute poursuite, alors que la situation créant ce privilège a pris fin* »[571].

Article 115, alinéa 4 :

« *Les membres de la Cour constitutionnelle […] ne peuvent être poursuivis ou arrêtés sans l'autorisation de la Cour constitutionnelle et du Bureau de la Cour suprême*

567 Ibid.

568 Article 225 de la Constitution et article 22 de la loi organique relative au tribunal constitutionnel.

569 Article 3 section 1 de la Constitution : « les juges de la Cour suprême […] conserveront leurs charges tant qu'ils en seront dignes ».

570 Partie 2, titre 1, chapitre 2, section 1 de l'ordonnance organique du 7 novembre 1958.

571 Gérard CORNU, *Vocabulaire juridique*, Paris, PUF, 2014, p.520.

siégeant en session conjointe, sauf les cas de flagrant délit. Dans ces cas, le Président de la Cour constitutionnelle et le président de la Cour suprême doivent être saisis immédiatement et au plus tard dans les quarante-huit heures. ». Ce texte qui consacre l'immunité dans sa dimension « **inviolabilité** »[572] est repris par l'article 81 de la loi organique sur la Cour constitutionnelle. Les articles 82 et 83 de la loi organique sur la Cour constitutionnelle, quant à eux, apportent des précisions utiles à la compréhension et à la mise en œuvre des dispositions constitutionnelles ainsi énoncées.

Le premier énonce : « *Dans les cas prévus à l'article 81 ci-dessus de la présente loi, sur décision du gouvernement, le ministre chargé de la justice saisit immédiatement le président de la Cour constitutionnelle ainsi que le président de la Cour suprême et au plus tard dans les quarante-huit (48) heures.* ».

Le deuxième complète *:*

« *La session conjointe de la Cour constitutionnelle et du bureau de la Cour suprême prévu à l'article 115 alinéa 4 de la Constitution statue, sous la présidence du président de la Cour constitutionnelle, dans les trois (3) jours, à la majorité des deux tiers (2/3) de ses membres.*

La décision motivée est notifiée sans délai au Gouvernement et au bureau de l'Assemblée nationale ».

Il reste que **l'irresponsabilité**, deuxième dimension des immunités, n'est pas expressément consacrée par les textes. Faut-il en déduire que les juges de la Cour constitutionnelle ne bénéficient pas de l'irresponsabilité ?

Se prononçant sur une situation analogue en Côte d'Ivoire, le professeur et président Francis WODIE affirme avec justesse que, « *coulant de source, et devant découler des textes, l'irresponsabilité des membres du Conseil constitutionnel [ivoirien] n'est pas expressément prévue dans la Constitution du 1er août 2000 non plus que par celle du 8 novembre 2016. Les textes d'application non plus. Mais elle n'existe pas moins pour autant ; elle se présume ; car si les membres du Conseil constitutionnel sont protégés relativement aux actes accomplis par eux en dehors de leurs fonctions, donc dans leur vie privée (l'inviolabilité), c'est précisément parce qu'ils le sont déjà (supposés l'être) à propos des actes par eux accomplis dans l'exercice de leurs fonctions, couvrant les actes et faits (décisions, actes, propos, etc.) liés à l'exercice de la fonction ; l'irresponsabilité a dû être considérée comme allant de soi* »[573].

---

[572] L'autre dimension étant l'irresponsabilité.

[573] F. WODIE, *Le Conseil constitutionnel : 2010-2015, Regards croisés,* Abidjan, Les Éditions du CERAP, 2018, pp. 40-41.

3) Les traitements, avantages et privilèges

Selon l'article 13 de la loi organique sur la Cour constitutionnelle béninoise, « *Les membres de la Cour constitutionnelle reçoivent un traitement ainsi que des avantages et indemnités fixés par décret pris en Conseil des ministres et équivalent aux traitements, avantages et indemnités accordés aux membres de l'Assemblée nationale* ».

B. Les devoirs du juge

Le décret N° 94-11 du 26 janvier 1994 portant obligations des membres de la Cour constitutionnelle tel que modifié, en son article 2, par le décret N° 97-275 du 9 juin 1997 pris à la suite de la décision DCC33-94 du 24 novembre 1994, prévoit plusieurs types de devoirs auxquels le juge constitutionnel est tenu (1) sous peine de sanctions (2).

1) La diversité des devoirs

Deux sources permettent d'énoncer la liste des devoirs d'un membre de la Cour constitutionnelle. Il s'agit du serment prêté avant d'entrer en fonction et du décret portant obligations des membres de la Cour constitutionnelle.

❖ Le serment

Aux termes de l'article 7 de la loi organique sur la Cour, « Avant d'entrer en fonctions, les membres de la Cour constitutionnelle prêtent serment devant le bureau de l'Assemblée nationale et le président de la République en ces termes : "*Je jure de bien et fidèlement remplir mes fonctions, de les exercer en toute impartialité dans le respect de la Constitution, de garder le secret des délibérations et des votes, de ne prendre aucune position publique, de ne donner aucune consultation sur les questions relevant de la compétence de la Cour*" ».

Toutes ces obligations se retrouvent, d'une manière ou d'une autre, dans le décret sur les obligations des membres de la Cour.

❖ Le décret sur les obligations

« *Les membres de la Cour constitutionnelle ont pour obligations générales de s'abstenir de tout ce qui pourrait compromettre l'indépendance et la dignité de leurs fonctions.* » : énonce l'article 1er du décret N° 94-11 du 26 janvier 1994 portant obligations des membres de la Cour constitutionnelle.

Les obligations générales ainsi énoncées peuvent se résumer en deux mots : Convenances et intégrité. Ainsi, le juge ne doit rien faire qui nuise à l'honneur et à la dignité de sa fonction.

Aucun comportement pouvant semer le doute sur sa capacité à exercer avec indépendance, impartialité, intégrité, compétence, etc., ses fonctions ne doit être observé.

Le juge doit par ailleurs faire preuve de rectitude dans l'exercice des fonctions, c'est-à-dire, de probité (exigence générale d'honnêteté) et de loyauté (respect des textes et de la procédure sans abus).

L'article 2 du décret suscité énonce plusieurs règles :

- **Premièrement,** les Membres de la Cour constitutionnelle s'interdisent en particulier pendant la durée de leurs fonctions : de prendre aucune position publique ou de consulter sur des questions ayant fait ou étant susceptibles de faire l'objet de décisions de la part de la Cour ; Il s'agit là sans doute de la mise en œuvre des obligations de réserve, de secret professionnel et de discrétion. (*Obligation de réserve :* Abstention de la part du juge de toute manifestation d'opinion susceptible de créer le doute chez le justiciable sur son impartialité. *Secret professionnel :* Garder pour soi les informations confidentielles et les délibérations.)

Sur ce point, la loi organique sur la Cour constitutionnelle (articles 14 et 25) autorise le juge à procéder à des publications scientifiques « *à condition que les conclusions de telles publications soient dans l'esprit et le sens des décisions rendues par la Cour constitutionnelle* », notamment soient « *conformes au sens et à l'esprit actuels des décisions et avis rendus par la Cour* ».

- **Deuxièmement,** les Membres de la Cour constitutionnelle s'interdisent en particulier pendant la durée de leurs fonctions d'exercer tout mandat électif, tout emploi public, civil ou militaire ou toute autre activité professionnelle ainsi que toute fonction de représentation nationale (C'est là une reprise de l'article 115, alinéa 5 de la Constitution « *Les fonctions de membre de la Cour constitutionnelle sont incompatibles avec la qualité de membre du Gouvernement, l'exercice de tout mandat électif, de tout emploi public, civil ou militaire, de toute activité professionnelle ainsi que de toute fonction de représentation nationale [...]* »)[574]. **L'article 9 de la loi organique sur**

574 Voir la position de la Cour constitutionnelle elle-même sur les incompatibilités semblables mises à la charge des membres du Gouvernement : « *les incompatibilités visées par l'article 54 alinéa 5 de la Constitution ne sont ni générales ni absolues ; qu'elles concernent, au titre des emplois publics, tout poste de travail occupé par un fonctionnaire, à titre principal et permanent ; qu'elles ne concernent pas le service associé à un but supérieur et commun accompli*

la Cour constitutionnelle, en ses alinéas 3 et 4, apporte quelques précisions sur les modalités de respect de cette incompatibilité.

- **Troisièmement**, les Membres de la Cour constitutionnelle s'interdisent en particulier pendant la durée de leurs fonctions de laisser mentionner leur qualité de membre de la Cour constitutionnelle dans tout document susceptible d'être publié et relatif à toute activité publique ou privée. Il s'agit ici d'éviter tout conflit d'intérêts ou trafic d'influence.
- **Quatrièmement,** les Membres de la Cour constitutionnelle s'interdisent, en particulier pendant la durée de leurs fonctions d'occuper au sein d'un parti ou gouvernement politique, tout poste de responsabilité ou de direction [...][575]. Ici, c'est la mise en œuvre de l'impartialité subjective et de l'indépendance du juge. L'*impartialité* est l'absence apparente, mais surtout l'absence réelle de parti pris. Elle implique une neutralité et l'objectivité dans la fonction de juger. *L'indépendance* signifie que, dans son office, le juge ne doit être soumis à aucune influence, incitation, pression ou intervention, directe ou indirecte, de la part de qui que ce soit ou pour quelque raison que ce soit.

Lorsque l'une quelconque de ces règles n'est pas respectée, il y a des sanctions.

2) La variété des sanctions

Il convient de distinguer deux hypothèses :

- La haute juridiction peut constater, « ... *le cas échéant, à la majorité de 5 conseillers au moins,* ***la démission d'office*** *de celui de ses membres qui exerce une activité ou accepte une fonction ou un mandat électif incompatible avec la qualité de membre de la Cour ou qui a perdu pas la jouissance des droits civils et politiques.*

Il est pourvu à son remplacement pour le reste du mandat, par l'organe de désignation, dans un délai qui n'excède pas deux (2) mois dès la notification de la décision »[576]. On pourrait assimiler à la démission d'office le cas **d'empêchement définitif** : Les règles de la démission d'office « *sont*

---

accessoirement à un titre ou à un grade ; [il était question en l'espèce de l'enseignement supérieur et de la direction des masters à l'Université] ; » **DCC 18-155 du 24 juillet 2018.**

575 Rédaction initiale déclarée contraire à la Constitution par décision DCC33-94 du 24 novembre 1994 comme contraire à la liberté d'association : « d'adhérer à un Parti ou groupement politique ; le cas échéant, ils doivent justifier de leur démission du Parti ou du groupement politique avant leur installation ou la poursuite de l'exercice de leurs fonctions. ».

576 Article 10 de la loi organique.

applicables lorsqu'un membre de la Cour constitutionnelle est définitivement empêché suite à une incapacité physique permanente »[577].

- **La destitution** est prévue, puisque « *la Cour constitutionnelle peut* ***mettre fin aux fonctions d'un membre…*** »[578]. Il faut recourir aux dispositions des articles 4 et 5 du Décret N° 94-11 du 26 janvier 1994 portant obligations des membres de la Cour constitutionnelle pour en rendre compte. Selon la première disposition : « *La Cour constitutionnelle apprécie, le cas échéant, si l'un de ses membres a manqué aux obligations générales et particulières…* ». Quant à la deuxième disposition, elle énonce que : « … *la Cour constitutionnelle, au terme d'une procédure contradictoire, se prononce au scrutin secret et à la majorité des 2/3 de ses membres pour mettre fin aux fonctions d'un membre qui aurait méconnu ses obligations, enfreint le régime des incompatibilités ou perdu la jouissance de ses droits civils et politiques* ».

DROITS, DEVOIRS ET REGIME DISCIPLINAIRE : ANALYSE DE DROIT COMPARE

On examinera ici les droits reconnus aux juges, les devoirs auxquels ils sont soumis et le régime disciplinaire qui leur est applicable

Droits : Les droits reconnus aux juges constitutionnels sont généralement l'inamovibilité et l'irrévocabilité auxquels il convient d'ajouter l'immunité en sa double dimension d'inviolabilité et d'irresponsabilité. Enfin, la liberté de démissionner ainsi que des droits et avantages financiers, matériels et protocolaires au-dessus du commun s'ajoutent.

Le constat général est que, si à l'instar du Bénin, certains pays comme le Burkina ou le Sénégal ont détaillé ces différents droits, d'autres, comme la Cote d'Ivoire, n'en citent qu'une partie dans les textes. En RDC, c'est uniquement les droits liés aux traitements et avantages et le droit de démissionner qui ont été prévus par les textes.

Devoirs : La première observation à faire lorsqu'on analyse les devoirs des juges constitutionnels en Afrique francophone est que ceux-ci sont énoncés dans le serment imposé à tous les juges avant leur entrée en fonctions. Tous les juges prêtent serment d'agir en toute :

Impartialité (et/ou indépendance), de préserver le **secret des délibérations** et des votes et de **ne prendre aucune position publique**

577 Article 11 de la loi organique.

578 Article 5 du Décret N° 94-11 du 26 janvier 1994 portant obligations des membres de la Cour constitutionnelle.

ou **ne donner aucune consultation** sur des questions qui relèvent des compétences de la juridiction constitutionnelle.
La formule choisie au Gabon va dans le même sens, elle énonce le serment du juge constitutionnel « *de remplir consciencieusement les devoirs de ma charge dans le strict respect de ses obligations de neutralité, impartialité et de réserve, et de me conduire en digne juge constitutionnel* ».

Toutes ces obligations contenues dans le serment sont généralement reprises dans les textes organisant la juridiction.

Au-delà de ces obligations, **des incompatibilités pèsent aussi sur les juges constitutionnels** à l'égard de toutes autres fonctions publiques et de toutes autres activités privées. Parfois, il est ajouté que l'incompatibilité existe aussi à l'égard des mandats publics électifs (Cote d'Ivoire, Madagascar, Sénégal et Burkina) ou de toute fonction de représentation nationale (Benin). En RDC et à Madagascar, il est ajouté l'incompatibilité avec toutes activités au sein d'un parti politique ou d'un syndicat. Au Sénégal, les incompatibilités s'étendent « *à l'exercice des professions d'avocats, d'officiers ministériels, d'auxiliaires de justices* ». Il est ajouté que « *l'exercice de tout autre activités publiques doit être autorisé par le Conseil* ».

Des exceptions existent aux incompatibilités malgré les formules générales utilisées. L'article 124 alinéa 1 de la Constitution gabonaise par exemple prévoit que les incompatibilités existent « *sous réserve des exceptions prévues par la loi organique* ». A Madagascar, la Constitution a dit clairement que les activités d'enseignement supérieur n'étaient pas incompatibles avec la fonction de membres de la Haute Cour Constitutionnelle. Au Bénin, c'est par une décision de la Cour constitutionnelle que la possibilité d'enseigner dans le supérieur a été reconnue pour les membres de la Cour constitutionnelle. Par décision DCC 18-155 du 24 juillet 2018, la Cour constitutionnelle a en effet affirmé que les incompatibilités mises à la charge du juge constitutionnel « *ne concernent pas le service associé à un but supérieur et commun accompli accessoirement à un titre ou à un grade* ».

La sanction du non-respect des incompatibilités est partout la démission d'office ou la renonciation (Madagascar).

Régime disciplinaire : En cette matière où il est question de savoir comment on peut sanctionner un juge constitutionnel qui commet une faute, la RDC est le pays qui est allé dans le plus grand détail. Il est prévu dans la loi organique sur la Cour constitutionnelle que (Article **30***)* « *Tout manquement aux devoirs prescrits par la présente Loi organique constitue une faute*

disciplinaire sanctionnée conformément aux dispositions du statut des membres de la Cour. ». L'article 23 du même texte poursuit : *« Tout manquement par un membre de la Cour constitutionnelle, un membre du Parquet général près la Cour ou un conseiller référendaire aux devoirs de son état, à l'honneur ou à la dignité de ses fonctions, constitue une faute disciplinaire.*
Sont notamment constitutifs de fautes disciplinaires :

- la violation des termes de leur serment pour les juges à la Cour constitutionnelle et les membres du Parquet général ;

- le non-respect des délais de présentation de rapports, d'avis ou de prononcé des arrêts ;

- le fait de chercher directement ou indirectement à entrer en contact avec les parties en cause dans le but de se procurer ou d'accepter des biens, un avantage ou une faveur quelconque en rapport avec les dossiers en traitement à la Cour ;

- la sollicitation ou l'acceptation d'un tel avantage ou d'une telle faveur ;

- le fait de se prévaloir de sa qualité à la Cour constitutionnelle pour poser des actes contraires à la loi, à l'ordre public, aux bonnes mœurs ou à la dignité de sa fonction ;

- le fait de procéder à des arrestations ou à des détentions arbitraires ;

- le fait de pratiquer, d'encourager ou de tolérer la torture ou d'autres traitements cruels, inhumains ou dégradants ;

- le fait de prendre une position publique ou de donner une consultation à titre privé sur des questions ayant fait ou susceptibles de faire l'objet d'une décision de la Cour constitutionnelle ;

- le fait de poser des actes ou de tenir publiquement des propos de nature à jeter le discrédit sur la Cour. »

La liste des sanctions est aussi détaillée que ne le sont les fautes énumérées. Ainsi, l'article 24 de la loi organique dispose : *« Suivant la gravité des faits, les peines disciplinaires applicables sont : 1° le blâme ; 2° la retenue d'un tiers des émoluments ou du traitement mensuel pour une durée ne dépassant pas trois mois ; 3° la suspension de ses fonctions pour une durée ne dépassant pas trois mois ; 4° la démission d'office pour les membres de la Cour constitutionnelle et du Parquet général près cette Cour ; 5° la révocation. La révocation est prononcée par le président de la République sur proposition du conseil de discipline. »*.

Enfin, s'agissant de l'organe de poursuite, l'article 25 de la loi organique prévoit : « *Il est institué au sein de la Cour constitutionnelle un* ***conseil de***

discipline siégeant en premier et dernier ressort. *Il est composé de cinq membres, et est présidé par le président ou son délégué, assisté de quatre autres juges membres choisis par le président. Les membres du conseil sont désignés, selon le cas, par le président de la Cour constitutionnelle parmi les membres de la Cour constitutionnelle, ou par le procureur général parmi les magistrats de son office. Le conseil de discipline siège avec l'assistance d'un rapporteur désigné, selon le cas, par le président de la Cour constitutionnelle ou le procureur général, parmi les membres de la Cour ou du Parquet général. ».*

Dans les autres pays, les choses ne sont pas aussi détaillées.

Au total, au regard du droit comparé, le juge constitutionnel béninois semble jouir d'une bonne protection et n'est soumis qu'aux contraintes connues en droit comparé. Par exemple, c'est l'idée selon laquelle seule la Cour elle-même a compétence pour, soit constater la fin du mandat d'un juge, soit y mettre fin provisoirement ou définitivement qui est consacrée.

C'est au niveau de l'autonomie administrative et financière de la Cour que des défis importants restent à relever.

Chapitre 2 : Le procès constitutionnel

L'article 28 du Règlement intérieur de la Cour constitutionnelle du Bénin qui était en vigueur avant la réforme de 2018 énonçait nettement que « *la procédure devant la Cour constitutionnelle est […] secrète […]* ». Avec la modification du Règlement intérieur de la Cour constitutionnelle en 2018, et suite aux contestations soulevées par une partie des observateurs, la Cour constitutionnelle béninoise a déclaré : « *aux termes de l'article 28 du règlement intérieur de la Cour constitutionnelle,* ***la procédure devant elle est écrite, gratuite, contradictoire*** *et* ***publique*** *; qu'en l'espèce, l'institution des audiences publiques à travers la création de deux chambres de mises en état et à l'occasion des audiences plénières est la traduction concrète des caractères public et contradictoire de la procédure prescrite par les dispositions du règlement intérieur susvisées ; qu'en rendant publiques ses audiences, la Cour, d'une part, met en œuvre le* ***principe à valeur constitutionnelle de transparence*** *qui s'impose à elle-même, d'autre part, donne au* ***caractère contradictoire de la procédure*** *toute son expression, en permettant aux parties, dans le cours d'une même audience, de discuter des faits et moyens juridiques exposés par chacune d'elles pour soutenir leurs demandes ; qu'il en résulte que ces audiences publiques de la Cour ne revêtent un caractère public que pour autant qu'elles concernent les débats faits par les parties devant la Cour et non les délibérations de la Cour qui restent secrètes* »[579].

La procédure de droit commun devant les juridictions constitutionnelles qui n'évoque pas tous les éléments nécessaires à des recours spécifiques (exception d'inconstitutionnalité, affaires pénales, contestations électorales, conflits de compétences…) permet d'analyser, d'une part, la saisine (Section 1), d'autre part, l'instruction et les délais de jugement (Section 2). Ces éléments permettent de mettre en lumière les caractères de la procédure (Section 3).

Section 1 : La saisine

Elle sera examinée en droit comparé (I) puis en droit béninois (II)

I. La saisine en droit comparé

Les textes qui organisent la saisine des juridictions constitutionnelles africaines précisent :

- la nature de l'acte de saisine (requête),

---

579 DCC 18-262 du 6 décembre 2018.

- les éléments que cet acte doit contenir – notamment l'identité et l'adresse du demandeur – (parfois, il est précisé qu'il doit être daté et/ou signé)
- ainsi que les pièces, faits, preuves et moyens qui doivent l'accompagner.

Certains textes ajoutent l'autorité à laquelle la requête doit être adressée, le nombre de copies nécessaires – originales ou non –, le service dans lequel la requête doit être déposée – Greffe ou Secrétariat général –, les modalités d'enregistrement de la requête, etc.

C'est ainsi que **l'article 21 de la loi organique sur le Conseil constitutionnel ivoirien** dispose :

« *La saisine du Conseil constitutionnel est faite par requête écrite comportant l'identité et l'adresse du demandeur.*

La requête est datée et signée par le demandeur ou son représentant dûment mandaté. Elle est accompagnée de toutes les pièces justificatives, notamment le ou les textes de loi qui la fondent.

Elle doit contenir un exposé sommaire des faits, des motifs et des moyens invoqués.

La requête en dix exemplaires originaux ainsi que les pièces justificatives sont déposées ou transmises au Secrétariat général du Conseil constitutionnel. [...] ».

L'article 88 de la loi organique sur la Cour constitutionnelle de RDC dispose :

« *La Cour est saisie par requête des parties ou du Procureur Général déposée contre récépissé au greffe.*

Sauf lorsqu'elle émane du Procureur Général, la requête mentionne, sous peine d'irrecevabilité, les nom, qualité et adresse du requérant ainsi que l'objet et les moyens de la demande.

Le Greffier inscrit la requête dans un rôle.

Le Règlement Intérieur de la Cour fixe le nombre et la dénomination des rôles. ».

Les articles 30 et 31 de l'ordonnance de 2001 sur la Haute Cour constitutionnelle de Madagascar[580] disposent :

Article 30 : « *La Haute Cour Constitutionnelle est saisie par requête introductive d'instance, et le cas échéant, selon les règles de procédure fixées par les textes particuliers régissant la matière dont elle est saisie.* ».

Article 31 : « *La requête, établie en double exemplaire, dispensée de tous frais de timbre et d'enregistrement, doit, à peine de nullité, être signée et comporter :*

- *les noms et prénoms du requérant ;*
- *son domicile ;*

580 Ce texte, antérieur à la Constitution de 2010, est celui qui est disponible sur le site internet de la HCC en 2024 et est utilisé sous réserve de l'adoption d'un autre, postérieur à la Constitution de 2010.

- *les documents établissant sa qualité ;*
- *l'objet de la demande ;*
- *les moyens et arguments invoqués.*

Toutes les pièces proposées au soutien des moyens doivent être annexées à la requête.

Elles peuvent être soit des documents authentiques ou officiels soit des témoignages sous forme de déclaration écrite et signées par au moins trois témoins présents lors des faits ou de l'irrégularité invoquée.

La Haute Cour apprécie souverainement la force probante des pièces produites. ».

L'article 16 de la loi organique sur le Conseil constitutionnel du Sénégal dispose :

« *Le recours tendant à faire constater la non-conformité à la Constitution d'une loi ou d'un engagement international est présenté dans les conditions déterminées par les articles 74 et 97 de la Constitution, sous forme d'une requête adressée au président du Conseil constitutionnel.*

La requête doit, à peine d'irrecevabilité :

1) être signée par le Président de la République ou par chacun des députés ;

2) contenir l'exposé des moyens invoqués.

Elle est accompagnée de deux copies du texte de loi attaqué. ».

II. La saisine en droit béninois

Le système béninois de saisine de la juridiction constitutionnelle ne s'écarte pas de la pratique connue en droit comparé africain, sauf sur deux points : la possibilité, jusqu'en 2025, à la place de la signature de la requête, de l'apposition de l'empreinte digitale sur celle-ci pour les individus qui ne savent pas écrire ou n'ont pas de signature et la possibilité de requête à envoyer par voie électronique.

L'article 28 de la loi organique sur la Cour constitutionnelle béninoise en vigueur avant la révision de la Constitution en 2025 dispose en effet que « *la Cour constitutionnelle est saisie par requête dans les formes et suivant les modalités fixées au Règlement intérieur* ». Quant à l'article 28 du Règlement intérieur de la Cour constitutionnelle, il énonce de manière introductive que « *La Cour Constitutionnelle est saisie par une requête. Celle-ci est déposée au Greffe de la Cour qui l'enregistre suivant la date d'arrivée.*

La requête peut être aussi déposée par ***voie électronique.*** »

L'article 32 du Règlement intérieur en vigueur avant la révision de 2025, en son alinéa 2, précise que, pour être valable, la requête émanant :

- D'un citoyen doit comporter ses « *nom, prénoms, adresse précise et signature ou* ***empreinte digitale*** ». **Désormais,** l'article 121-2, alinéa 2, de la Constitution indique **que « *la requête est signée et motivée* »**. Il semble que cet énoncé de la version 2025 de la

Constitution écarte l'empreinte digitale. Cela se comprend avec la disparition des plaintes en violation de comportements attentatoires aux droits de l'homme. La nouvelle loi organique et le nouveau Règlement intérieur fondés sur la version 2025 de la Constitution ne manqueront pas d'en tenir compte.

- D'une organisation non gouvernementale ou d'une association doit comporter les « *noms, prénoms, indication du siège social et signature de son ou/ses dirigeants* ». On est en droit de se demander si « *le citoyen* » des articles 3 et 121-1 de la Constitution, lequel introduit la « *requête individuelle aux fins de contrôle de constitutionnalité* » évoquée à l'article 121-2, pourrait être une personne morale. Seule la loi organique, le Règlement intérieur ou la jurisprudence post révision de la Constitution en 2025 pourra édifier sur cette question.

Même si les délais de saisine ont été examinés au fur et à mesure de l'étude des différentes attributions du juge constitutionnel béninois, ils peuvent être récapitulés dans le tableau suivant :

TABLEAU 4 :

DÉLAIS DANS LESQUELS IL FAUT SAISIR LA COUR CONSTITUTIONNELLE BÉNINOISE

Matières	Délais de saisine
1- Contrôle de constitutionnalité *a priori* obligatoire des lois organiques et des règlements intérieurs de l'Assemblée nationale, du CES et de la HAAC	- **Aucun délai après vote de la loi organique** par l'Assemblée nationale, mais forcément avant leur promulgation : (Article 117 de la Constitution et article 32 de la loi organique sur la Cour constitutionnelle) - **Avant leur mise en application pour les Règlements intérieurs** de l'Assemblée nationale, du CES et de la HAAC (Article 117 de la Constitution et article 34 de la loi organique sur la Cour constitutionnelle)
2- Contrôle de constitutionnalité *a priori* des traités internationaux	**Avant l'autorisation de ratification** (Article 146 de la Constitution)
3- Contrôle de constitutionnalité direct et *a posteriori* des lois ou de tout autre texte ou plainte en violation des droits fondamentaux	**Délai de trente jours à compter, selon le cas, de la date de publication de la loi ou du texte réglementaire, de la date de publication ou de notification de l'acte administratif** (Article 121-2 de la Constitution)

4- Exception d'inconstitutionnalité invoquée devant une juridiction.	- **En une seule fois pour saisir la juridiction ordinaire pour le justiciable citoyen** (article 121-1 de la Constitution et article 37, alinéas 2 et 6, de la loi organique sur la Cour constitutionnelle) - **8 jours pour les juridictions ordinaires pour saisir la Cour constitutionnelle** (article 121-1 de la Constitution et article 37, alinéa 3 de la loi organique sur la Cour constitutionnelle)

Section 2 : L'instruction et les délais de jugement

Il sera examiné d'abord l'instruction (I), puis les délais de jugement (II)

I. L'instruction

Si la pratique générale est l'instruction par un rapporteur (A), le Bénin connaît, en plus, une formule d'instruction collégiale (B).

A. La généralisation de l'instruction par un rapporteur

Les articles 16 et 17 de la loi organique sur le Conseil constitutionnel ivoirien disposent respectivement :

« *Le Conseil constitutionnel peut procéder à toute mesure d'instruction, notamment entendre tout expert ou sachant et se faire communiquer tout document utile.*

Le rapporteur désigné *pour une affaire peut procéder à toute mesure d'instruction.*

Il peut, notamment, entendre les membres du Gouvernement, les fonctionnaires et agents de l'administration, des services publics et privés [qui] sont tenus de lui fournir les renseignements ayant un lien avec l'objet de la saisine, sans qu'il puisse lui être opposé le secret professionnel » :

« *Le Conseil constitutionnel peut recourir à des rapporteurs adjoints choisis parmi les magistrats, les avocats, les enseignants de droit ou tout juriste, en vue de porter assistance aux conseillers* ».

En RD Congo, de manière générale, il est prévu que : « *Le Greffier assure la signification de la requête à toutes les parties concernées pour les conclusions à déposer dans les huit jours de la réception. Passé ce délai, le dossier est communiqué au Procureur Général pour son avis à intervenir dans le même délai.* »[581]. Puisque le cas

---

581 Article 89 de la Loi organique sur la Cour constitutionnelle de RDC

spécifique de la procédure pénale a été abordé lors de la présentation de cette attribution dans le chapitre précédent, l'instruction particulière en matière de contrôle de constitutionnalité qui reste à analyser en droit congolais se présente ainsi qu'il suit[582] :

« *Saisie conformément à l'article 139, alinéa 1er de la Constitution, la Cour transmet, pour information, copie du recours au Président de la République, au Premier Ministre, au Président de l'Assemblée Nationale et au Président du Sénat.*

Les recours contre les actes des autorités d'une Province sont transmis, pour information, au Gouverneur de la Province et au Président de l'Assemblée Provinciale.

Les autorités visées à l'alinéa précédent peuvent transmettre par écrit leurs observations à la Cour. » ;

« *Après avis du Procureur Général, le dossier est confié à un* ***Rapporteur*** *désigné par le Président de la Cour. Le Rapporteur établit un rapport écrit à soumettre à la Cour dans les sept jours. Le Rapport ainsi que l'avis du Procureur Général sont lus à l'audience.* »

A Madagascar, les articles 32 et 33 de l'ordonnance sur la haute Cour constitutionnelle disposent :

« *La requête est notifiée par le greffe de la Haute Cour Constitutionnelle aux parties concernées.*

Les intéressés peuvent produire un mémoire en défense dans le mois de la notification.

Chacune des parties dispose ensuite, à tour de rôle, d'un délai de quinze jours pour répondre au mémoire en défense ou en réplique.

Les délais fixés ci-dessus peuvent être prorogés par le Président soit au vu d'une requête motivée notifiée à la partie adverse trois jours au moins avant l'expiration d'un délai soit d'office si des circonstances exceptionnelles l'exigent.

Si l'une des parties n'a pas présenté de mémoire dans le délai qui lui est imparti, l'affaire est réputée en état. »

« *Dès réception de la requête, le Président de la Haute Cour Constitutionnelle nomme par ordonnance le* ***Haut Conseiller rapporteur*** *qui suit la procédure. L'affaire une fois en état, le Président la fait inscrire au rôle et fixe la date de l'audience.* ».

Au Sénégal, l'instruction semble presque inexistante en contentieux de contrôle de constitutionnalité. Cela n'est pas étonnant pour une procédure secrète, écrite et non contradictoire. Mais, en matière électorale et référendaire, une phase d'instruction est bien instituée, avec la désignation d'un rapporteur.

En général, l'alinéa 2 de l'article 14 de la loi organique sur le Conseil constitutionnel prévoit : *« … le Conseil constitutionnel, saisi conformément à*

---

582 Articles 97 et 98 de la Loi organique sur la Cour constitutionnelle de RDC.

l'article 74 de la Constitution[583] *et en cas d'exception d'inconstitutionnalité, transmet pour information les recours au Président de la République, au Premier ministre, au Président de l'Assemblée nationale. Ces derniers peuvent produire, par un mémoire écrit, leurs observations devant le Conseil constitutionnel.* ». Par ailleurs, en cas de recours direct et « *lorsque le recours est exercé par le Président de la République, le greffier en chef du Conseil constitutionnel en donne avis sans délai au Président de l'Assemblée nationale…* »[584].

Les alinéas 4, 5 et 6 du même article 14 de la loi organique sur le Conseil constitutionnel, qui portent sur la matière électorale et référendaire, semblent donc plus utiles ici. Ils disposent : disposent

« *En matière électorale et en matière référendaire, le recours ayant pour objet de contester la régularité des opérations est, selon le cas, communiqué, par le greffier en chef, aux autres candidats ou à l'autre courant qui ont quarante-huit heures pour déposer leur mémoire en réponse.*

Le président désigne un rapporteur.

Le Conseil constitutionnel prescrit toutes les mesures d'instruction qui lui paraissent utiles et fixe les délais dans lesquels ces mesures devront être exécutées. ».

B. L'existence, au Bénin, d'une instruction collégiale

Au Bénin, l'article 29 de la loi organique sur la Cour constitutionnelle prévoit **deux possibilités de filtrage des recours.**

Le président peut constater de lui-même, et à première vue, que le recours est manifestement irrecevable ou que la cour est manifestement incompétente pour traiter la question qui lui est soumise. Dans ce cas, il ne désigne pas de rapporteur.

Si le président ne fait pas le constat de l'irrecevabilité manifeste ou de l'incompétence manifeste dans son appréciation *prima facie*, **il peut désigner un rapporteur pour vérifier**, plus en profondeur, les questions d'irrecevabilité et de compétence.

Lorsque le président ou le rapporteur désigné par lui parviennent, l'un ou l'autre, à l'incompétence de la Cour ou à l'irrecevabilité de la requête,

---

583 Contrôle *a priori* facultatif des lois ordinaires. Cf. Article 74 de la Constitution du Sénégal :

« *Le Conseil constitutionnel peut être saisi d'un recours visant à faire déclarer une loi inconstitutionnelle :*

- *par le Président de la République dans les six jours francs qui suivent la transmission à lui faite de la loi définitivement adoptée,*
- *par un nombre de députés au moins égal au dixième des membres de l'Assemblée nationale, dans les six jours francs qui suivent son adoption définitive.* ».

584 Article 17 de la loi organique sur le Conseil constitutionnel du Sénégal.

« *la décision sur le recours est rendue sans audiencement par la Cour et notifiée au requérant* ».

Si l'examen préalable par le rapporteur débouche sur le constat de la compétence de la Cour et de la recevabilité de la requête, le dossier peut maintenant être instruit par la chambre de mise en état choisie par le président. Celle-ci a pour rôle d'inviter les parties à formuler leurs observations écrites sur l'affaire. Les conclusions de cet examen préalable ne sont pas rendues publiques et ne lient pas la Cour. Il faut penser que l'étape de l'instruction par les chambres de mise en état se déroule donc sans audience, puisque, d'une part, l'alinéa 4 de l'article 29 de la loi organique n'envisage devant les chambres de mise en état que des observations écrites et des conclusions non rendues publiques, d'autre part, l'alinéa 4 de l'article 27 de la loi organique sur la Cour constitutionnelle dispose, sans nuances, que « *la Cour siège en audience plénière…* ».

Toujours est-il que l'instruction procédurale du dossier par le rapporteur et l'instruction substantielle de l'affaire par la chambre de mise en état sont toutes les deux facultatives, car « *si le président juge que le dossier est, à l'introduction d'une requête, en état d'être examinée au fond, il en ordonne l'enrôlement devant la Cour siégeant en audience plénière* »[585].

II. Les délais de jugement

Ces délais seront examinés en droit comparé (A) et en droit béninois (B).

A. Les délais de jugement en droit comparé

Les délais de traitement ou de jugement sont précisés dans les textes de procédure. Il est d'un mois ou de quinze jours. En cas d'urgence, il est généralement de huit jours.

L'article 26, alinéas 1 et 2, de la loi organique sur le Conseil constitutionnel de Côte d'Ivoire dispose :

« *Lorsque le Conseil constitutionnel est saisi d'un recours en inconstitutionnalité par voie d'action, il se prononce sur la conformité des textes dans un délai de quinze jours à compter de sa saisine*

En cas d'urgence, le délai est ramené à huit jours. »[586].

[585] Article 29, alinéa 5, de la loi organique sur la Cour constitutionnelle.

[586] Selon l'alinéa 3 du même article 26, « *lorsque le Conseil constitutionnel est saisi d'un recours en inconstitutionnalité par voie d'exception, il se prononce sur la conformité des textes à la Constitution dans un délai de trente jours à compter de sa saisine* ».

L'article 99 de la loi organique sur la Cour constitutionnelle de RDC dispose :

« *La Cour statue dans le délai de trente jours à compter du dépôt du recours. Toutefois, à la demande du Gouvernement de la République, ce délai est ramené à huit jours en cas d'urgence* »[587].

Selon l'article 119, alinéa 4, de la **Constitution du Gabon de 2024**, la Cour constitutionnelle « ... *statue, selon une procédure contradictoire dont les modalités sont fixées par la loi organique, dans le délai d'un (1) mois. Toutefois, à la demande du Président de la République et en cas d'urgence, ce délai est ramené à huit (8) jours* ».

L'article 33, alinéa 3, de l'ordonnance sur la Haute Cour constitutionnelle de Madagascar[588] dispose :

« *La décision de la Haute Cour Constitutionnelle doit intervenir dans le mois qui suit l'inscription au rôle.* »[589]

Selon l'article 33 de la loi organique sur la Cour constitutionnelle, en matière de délégalisation (article 103, alinéa 2 de la Constitution), « *le Conseil constitutionnel, saisi par le président de la République émet son avis dans un délai de 15 jours* ».

En cas d'« avis éventuel du Conseil constitutionnel » prévu pour la prise de l'ordonnance prévue à l'article 106 de la Constitution, « *l'avis du Conseil constitutionnel doit intervenir dans un délai maximum de quinze jours à compter de sa saisine* » (Article 34, alinéa 2 de la loi organique sur le Conseil constitutionnel).

Selon l'article 108 de la Constitution qui prévoit que « *Les propositions et amendements qui ne sont pas du domaine de la loi sont irrecevables. L'irrecevabilité est prononcée par le Président de chaque chambre.* », il est précisé dans le même texte qu'« *En cas de contestation, le Conseil constitutionnel, saisi par le Président de la République ou par un dixième au moins des parlementaires, statue dans un délai de huit jours à compter de sa saisine.* » (Voir aussi article 35 de la loi organique sur le Conseil constitutionnel.)

Plusieurs autres délais sont prévus aux articles 36 et suivants de la loi organique, matière par matière.

587 En matière électorale, l'article 111 de la loi organique sur la Cour constitutionnelle de RDC dispose que « *La Cour rend son arrêt dans les délais fixés par la Loi électorale.* ».

588 Ce texte, antérieur à la Constitution de 2010, est celui qui est disponible sur le site internet de la HCC en 2024 et est utilisé sous réserve de l'adoption d'un autre, postérieur à la Constitution de 2010.

589 Pour les conflits de compétence, l'article 38 de l'ordonnance sur la HCC dispose : « *La Haute Cour Constitutionnelle dispose d'un délai de trente jours à compter de sa saisine pour rendre sa décision* ».

En ce qui concerne l'exception d'inconstitutionnalité, les délais, nombreux, sont prévus à l'article 39 de l'ordonnance sur la HCC :

« *La partie qui a soulevé l'exception d'inconstitutionnalité devant une juridiction statuant sur un litige la concernant doit saisir la Haute Cour Constitutionnelle par requête, après la décision qui sursoit à statuer.*

La requête est déposée, en double exemplaire, au greffe de la haute Cour Constitutionnelle dans le délai d'un mois à compter de la décision. Elle n'a pas d'effet suspensif.

L'article 17, alinéas 4 et 5, de la loi organique sur le Conseil constitutionnel du Sénégal dispose :

« *Le Conseil constitutionnel se prononce dans le délai d'un mois à compter du dépôt du recours.*

Ce délai est ramené à huit jours francs quand le Gouvernement en déclare l'urgence. »[590]

B. Les délais de jugement en droit béninois

TABLEAU 5 :
DÉLAIS DONNÉS A LA COUR CONSTITUTIONNELLE BÉNINOISE POUR STATUER

Matières	Délais
1- Contrôle de constitutionnalité d'un texte de loi	- **Quinze (15) jours** (Article 120 de la Constitution) - **Huit (8) jours** en cas d'urgence signalée par le gouvernement (Article 120 de la Constitution)
2- Exception d'inconstitutionnalité invoquée devant une juridiction.	- **Trente (30) jours** (Article 121-1 de la Constitution et article 38 de la Loi organique sur la Cour constitutionnelle)
3- Avis de la Cour constitutionnelle à demander pour modifier par décret des textes en forme législatives pris antérieurement à la Constitution de 1990 (Article 100, alinéa 2, de la Constitution)	- **Un (1) mois** (Article 49 de la loi organique sur la Cour constitutionnelle) - **Huit (8) jours** en cas de déclaration d'urgence par le gouvernement (Article 49 de la loi organique sur la Cour constitutionnelle)
4- Saisine par le président de l'Assemblée nationale de la Cour	- **3 jours** (Article 77, alinéa 2, de la Constitution).

Cette requête est recevable en la forme si elle est appuyée de faits ou titres lui donnant un fondement suffisant.

Dans ce cas, elle est notifiée dans un délai de huit jours par le greffe de la Haute Cour Constitutionnelle au Premier Ministre ou à l'autorité dont émane l'acte déféré.

Cette autorité dispose d'un délai d'un mois pour faire valoir les moyens tendant à faire rejeter l'exception.

Dans le délai de huit jours à compter de leur dépôt au greffe de la Haute Cour Constitutionnelle, ces moyens sont notifiés à la partie requérante qui dispose d'un délai d'un mois à compter de la notification pour y répondre.

Ces délais peuvent être abrégés ou prolongés sur requête ou d'office par décision motivée du Président de la Haute Cour Constitutionnelle. Ce dernier peut, en la même forme, accorder de nouveaux délais. ».

590 L'article 22 de la loi organique sur le Conseil constitutionnel dispose :

« *Lorsque la solution d'un litige porté devant la Cour d'Appel ou la Cour suprême est subordonnée à l'appréciation de la conformité des dispositions d'une loi ou des stipulations d'un accord international à la Constitution, la juridiction saisit obligatoirement le Conseil constitutionnel de l'exception d'inconstitutionnalité ainsi soulevée et sursoit à statuer jusqu'à ce que le Conseil constitutionnel se soit prononcé.*

Le Conseil se prononce dans le délai d'un mois à compter de la date de sa saisine. »

constitutionnelle pour faire constater l'outrage à l'Assemblée nationale commis par le Président de la République (Articles 76 et 77, alinéa 1, de la Constitution)	
5- Irrecevabilité prononcée par le président de l'Assemblée nationale sur les propositions, projets et amendements qui ne sont pas du domaine de la loi (Article 104, alinéas 1 et 2, de la Constitution) 6- Proposition ou amendement contraire à une délégation donnée en vertu de l'article 102 de la Constitution (Articles 102 et 104, alinéa 3, de la Constitution)	- **8 jours** (article 104, alinéa 4, de la Constitution et article 53 de la loi organique sur la Cour constitutionnelle.)

Section 3 : Les caractères de la procédure

L'exposé des différents textes (I) permettra d'examiner les caractères évoqués (II).

I. Les dispositions textuelles

Certains textes de procédure fixent les caractères de la procédure suivie devant la juridiction constitutionnelle.

L'article 27 de la loi organique sur la **Cour constitutionnelle béninoise** dans sa version de 2025 dispose :

« *La procédure contentieuse devant la Cour constitutionnelle est écrite, gratuite et contradictoire.*

Toutefois, la Cour peut inviter les parties présentes à l'audience à formuler des éclaircissements aux moyens développés par écrit.

L'audience est publique… ».

L'article 15 de la loi organique sur le **Conseil constitutionnel ivoirien** dispose, en ses alinéas 2 à 5, que :

« *Le Conseil constitutionnel siège en toutes matières à huis clos* [donc principe d'audiences secrètes]

En matière électorale, les parties, leurs représentants, les experts et conseils participent aux débats [donc obligation de contradictoire en matière électorale].

Dans les autres matières, le Conseil peut inviter les requérants à participer aux débats [donc possibilité de contradictoire].

Les requérants peuvent, à leur demande, être autorisés à faire des observations orales [donc possibilité de dérogation au caractère écrit de la procédure] ».

Les articles 91, 92 et 96 de la loi organique sur la Cour constitutionnelle de la RD Congo disposent respectivement :

Article 91 : « *Les audiences de la Cour sont publiques, à moins que cette publicité ne soit dangereuse pour l'ordre public ou les bonnes mœurs. Dans ce cas, la Cour ordonne le huis-clos. Les parties peuvent être représentées ou assistées de leurs avocats.* » Article 92 : « *Les délibérés sont secrets* ».

Article 96 : « *La procédure en matière de contrôle de constitutionnalité est écrite. Elle est en outre contradictoire en cas du contentieux d'inconstitutionnalité.*

Elle est gratuite ».

L'article 119, alinéa 4, de la Constitution gabonaise de 2024 dispose : « *Elle statue, selon une procédure contradictoire.* ».

L'article 29 de l'ordonnance de 2001 sur la **Haute Cour constitutionnelle malgache** dispose : « *En matière contentieuse, la procédure devant la Haute Cour Constitutionnelle est essentiellement écrite. Toutefois, lorsqu'un avocat est constitué,* [celui]-*ci peut, s'il en informe à l'avance la Haute Cour, présenter à l'audience des observations orales. Dans ce cas, le Président, les Hauts Conseillers et le greffier en chef se mettent en robe et l'audience est publique.* ». L'article 31 du même texte complète : « *La requête [...], dispensée de tous frais de timbre et d'enregistrement* [elle est donc gratuite] ... ».

Au Sénégal, les alinéas 1 et 2 de l'article 14 de la loi organique sur le Conseil constitutionnel disposent :

« *La procédure devant le Conseil constitutionnel n'est pas contradictoire.*

Toutefois, le Conseil constitutionnel, saisi conformément à l'article 74 de la Constitution et en cas d'exception d'inconstitutionnalité, transmet pour information les recours au Président de la République, au Premier ministre, au Président de l'Assemblée nationale. Ces derniers peuvent produire, par un mémoire écrit, leurs observations devant le Conseil constitutionnel. ».

Quant à l'article 15 du même texte, il ajoute : *« Sous réserve des dispositions de l'article 37 de la Constitution*[591] *et 7 de la présente loi*[592]*, les séances du Conseil constitutionnel ne sont pas publiques. Les intéressés ne peuvent demander à être entendus.* ».
Si les caractères ont été ainsi exposés, il faut savoir que, dans la pratique, des modifications plus ou moins importantes peuvent affecter chacun de ces caractères[593], d'où l'importance de les examiner, un à un.

II. L'examen des différents caractères

Des différents textes organisant la procédure devant les juridictions constitutionnelles africaines, il est possible de discuter de plusieurs caractères qui ont été exposés à savoir :

- Caractère gratuit de la procédure
- Caractère essentiellement écrit de la procédure
- Caractère secret ou public de la procédure
- Caractère contradictoire ou non de la procédure.

A. Le caractère gratuit

La justice constitutionnelle est partout gratuite, que cela soit affirmé clairement ou pas.

Il n'empêche que certains frais sont parfois nécessaires pour en jouir, comme ceux liés à la production ou à la reproduction des requêtes ou des

---

591 Article 37 de la Constitution du Sénégal :

« Le Président de la République est installé dans ses fonctions après avoir prêté serment devant le Conseil constitutionnel en séance publique.

Le serment est prêté dans les termes suivants :

"Devant Dieu et devant la Nation sénégalaise, je jure de remplir fidèlement la charge de Président de la République du Sénégal, d'observer comme de faire observer scrupuleusement les dispositions de la Constitution et des lois, de consacrer toutes mes forces à défendre les institutions constitutionnelles, l'intégrité du territoire et l'indépendance nationale, de ne ménager enfin aucun effort pour la réalisation de l'unité africaine".

Le Président de la République nouvellement élu fait une déclaration écrite de patrimoine déposée au Conseil constitutionnel qui la rend publique. ».

592 Art. 7 de la loi organique sur le Conseil constitutionnel sénégalais : **«** *Avant d'entrer en fonction, tout membre du Conseil constitutionnel prête serment en audience solennelle publique. Il jure de bien et fidèlement remplir ses fonctions, de les exercer en toute impartialité dans le respect de la Constitution, de garder le secret des délibérations et des votes, de ne prendre aucune position publique et de ne donner aucune consultation à titre privé sur les questions relevant de la compétence du Conseil constitutionnel et de se conduire en tout comme un digne et loyal magistrat.* ».

593 I. SALAMI, « Réflexions sur les changements de cap procédural : Vers une Cour plus performante ? », *RCC*, 2019, N° 001, pp. 131-161.

preuves qui doivent l'accompagner, comme il sera examiné plus bas concernant la saisine.

B. Le caractère essentiellement écrit

En droit comparé africain, le caractère écrit de la procédure constitutionnelle est confirmé. La formule la plus adéquate, c'est à dire qui répond le mieux à la pratique, est celle utilisée à **Madagascar** : La procédure est « *essentiellement écrite* », ce qui veut dire qu'en général, l'oralité n'est pas exclue. Le caractère écrit de la procédure signifie donc que la requête et les arguments des parties doivent être réalisés par écrit, même si des débats et échanges oraux peuvent compléter, approfondir et accompagner les requêtes et mémoires écrits.

Le Bénin est dans cette lignée puisque l'alinéa 2 de l'article 27 de la loi organique dispose que « *la Cour peut inviter les parties présentes à l'audience à formuler des éclaircissements aux moyens développés par écrit.* »

Au Congo, où il est écrit que « *La procédure en matière de contrôle de constitutionnalité est écrite* » sans autre allusion à l'oralité, il n'en est ainsi que dans cette matière de « *contrôle de constitutionnalité* ». En matière pénale comme en matière électorale, les procédures applicables devant la Cour constitutionnelle sont celles prévues par les lois pénales[594] ou électorales[595], et, donc, des audiences publiques et l'oralité allant avec elles sont bien connues en contentieux constitutionnel congolais.

Le Sénégal fait preuve d'originalité en cette matière : Il est précisé que, même lorsque le Conseil constitutionnel déroge au caractère non contradictoire affirmé de la procédure, les réactions des contradicteurs devraient se faire exclusivement par des « *mémoires écrits* » dans une audience qui n'est « *pas publique* » et dans laquelle « *les parties ne peuvent pas demander à être entendues* ».

---

594 Exemple, Article 102, alinéa 2 de la loi organique sur la Cour constitutionnelle : « *Les règles ordinaires de la procédure pénale sont applicables à l'instruction préparatoire...* ».

595 Article 110 de la loi organique sur la Cour constitutionnelle : « *La Cour est saisie conformément à la Loi électorale ou référendaire. Elle siège au nombre de trois membres. Elle procède à tous les devoirs d'instruction nécessités par l'enquête* ». Article 111 de la loi organique sur la Cour constitutionnelle : « *La Cour rend son Arrêt dans les délais fixés par la Loi électorale* »

C. Le caractère contradictoire et la possibilité de représentation ou d'assistance

Ici, les juridictions constitutionnelles sous examen peuvent être divisées en deux groupes : celles qui ont prévu le contradictoire de différentes manières (1) et celles qui l'ont entièrement rejeté (2).

1) L'exigence diversifiée du contradictoire

Si au Bénin, au Gabon, en RDC et à Madagascar, la procédure constitutionnelle est contradictoire dans tous les cas, en Côte d'Ivoire, il n'est exigé qu'en matière électorale et reste facultatif dans les autres matières.

Si certains aspects du contradictoire seront examinés dans la partie sur l'instruction des recours, donc plus bas, il convient déjà ici de faire quelques observations préliminaires, système par système.

Le caractère contradictoire de la procédure constitutionnelle revêt une importance considérable **au Gabon**. C'est dans la Constitution elle-même que ce caractère a été affirmé. L'article 119, alinéa 4, de la Constitution de 2024 dispose en effet que la Cour constitutionnelle « *statue, selon une procédure contradictoire.* ».

En RDC, l'article 91 de la loi organique sur la Cour constitutionnelle, prévoit, dans le cadre de la mise en œuvre du principe du contradictoire, que : « ... *Les parties peuvent être représentées ou assistées de leurs avocats.* »

A Madagascar, l'article 29 de l'ordonnance de 2001 sur la Haute Cour constitutionnelle malgache dispose : « ... *lorsqu'un avocat est constitué,* [celui]-*ci peut, s'il en informe à l'avance la Haute Cour, présenter à l'audience des observations orales. ...* »

En Côte d'Ivoire, comme signalé plus haut, le contradictoire est obligatoire en matière électorale, mais facultatif dans les autres matières. En effet, l'article 15 de la loi organique sur le **Conseil constitutionnel ivoirien** dispose que : « ... *En matière électorale, les parties, leurs représentants, les experts et conseils participent aux débats* [donc obligation de contradictoire en matière électorale]. *Dans les autres matières, le Conseil peut inviter les requérants à participer aux débats* [donc possibilité de contradictoire]. ... » La Côte d'Ivoire semble avoir pris un soin spécial à organiser la représentation devant le Conseil constitutionnel dans le cadre des contrôles de constitutionnalité abstraits *a priori* qui font l'essentiel de ses attributions. L'article 18 de la loi organique sur le Conseil constitutionnel prévoit ainsi, par exemple, que :

- Le président de la République peut se faire représenter à l'audience par un membre du gouvernement
- Le président de l'Assemblée nationale peut se faire représenter par un député
- Le président du Sénat peut se faire représenter par un sénateur
- Le représentant des associations de défense des droits de l'homme légalement constitués, relativement aux lois sur les libertés publiques, par un membre du bureau
- Et ainsi de suite[596].
- Il est précisé dans le même texte que, dans le cadre de la facilitation de l'exercice du contradictoire, chaque représentant peut se faire assister d'experts ou de conseils.

Au Bénin, pour faciliter le contradictoire, l'article 31 du Règlement intérieur de la Cour précise que « *les parties peuvent* ***se faire assister de toute personne*** *physique ou morale de leur choix.* » et que « ***la constitution d'avocat*** *est reçue au Greffe ou à la barre par une lettre de constitution dans les formes de droit commun.* » Par ailleurs, l'article 49 du Règlement intérieur de la Cour précise que celle-ci « … *organise ses auditions ou transports selon les besoins ou nécessités du dossier* ***dans le respect du principe du contradictoire.*** » Au Bénin, où, en dehors du contentieux électoral connu pour inclure l'appréciation des faits, d'autres contentieux, comme celui spécifique de «*plaintes en violation des droits fondamentaux*» ou celui de régulation du fonctionnement des institutions ou de l'activité des pouvoirs publics, portent régulièrement sur l'appréciation, à la fois de faits et de règles de droit, le contradictoire, autrefois sous-estimé ou sous-utilisé, a été renforcé en 2018. Il a pu ainsi être analysé que « le rôle du juge est diminué et il devient un arbitre entre les parties dont l'une accuse l'autre qui se défend, chacune devant produire des preuves pour soutenir ses prétentions. L'arbitre qu'est devenu le juge se contentera d'encadrer les débats, mais cela n'empêche qu'il prenne des initiatives et fasse injonction aux parties de produire des preuves ou documents qu'il fera discuter contradictoirement. En outre, le contradictoire qui apparaissait comme une exception avec l'ancienne disposition de l'article 28 est désormais étendu à toutes matières. Le contradictoire est ainsi généralisé et est devenue règle dans la procédure suivie devant la Cour »[597].

---

596 Les présidents de groupes parlementaires ou de collectifs de députés ou de sénateurs par un député ou sénateur du groupe ou du collectif. Le représentant du collectif des députés ou des sénateurs doit être connu au moment de la saisine.

597 I. SALAMI, « Réflexions sur les changements de cap procédural : Vers une Cour plus

2) Le refus du contradictoire

Au Sénégal, l'article 14 de la loi organique sur le Conseil constitutionnel, en son 1er alinéa, affirme : « *La procédure devant le Conseil constitutionnel n'est pas contradictoire.* ». Mais sans céder à l'obligation du contradictoire, l'alinéa 2 du même texte prévoit : *« Toutefois, le Conseil constitutionnel, saisi conformément à l'article 74 de la Constitution*[598] *et en cas d'exception d'inconstitutionnalité, transmet pour information les recours au Président de la République, au Premier ministre, au Président de l'Assemblée nationale. Ces derniers peuvent produire, par un mémoire écrit, leurs observations devant le Conseil constitutionnel.* ». Il s'agit donc d'une concession contrôlée au contradictoire dans la mesure où, si le Conseil constitutionnel est tenu de transmettre les recours pour information, les destinataires de ces recours ne sont pas tenus de faire des observations.

D. Le caractère public

Les pays étudiés sont assez partagés sur le caractère public des audiences des juridictions constitutionnelles. On distingue 3 situations : l'interdiction stricte des audiences publiques, le principe des audiences secrètes sauf exceptions, et le principe des audiences publiques sauf exceptions.

1) L'interdiction stricte des audiences publiques

Au Sénégal, les audiences du Conseil constitutionnel ne sont pas publiques. Il n'y a aucune exception à ce principe.

2) Le principe des audiences secrètes sauf exceptions.

En Côte d'Ivoire et à Madagascar, les audiences sont secrètes en principe. Mais il existe des exceptions. En Côte d'Ivoire, « *les requérants*

---

performante ? », *RCC*, 2019, N° 001, p. 145.

598 Contrôle *a priori* facultatif des lois ordinaires. Cf. Article 74 de la Constitution du Sénégal :

« *Le Conseil constitutionnel peut être saisi d'un recours visant à faire déclarer une loi inconstitutionnelle :*

- *par le Président de la République dans les six jours francs qui suivent la transmission à lui faite de la loi définitivement adoptée,*
- *par un nombre de députés au moins égal au dixième des membres de l'Assemblée nationale, dans les six jours francs qui suivent son adoption définitive.* ».

peuvent, à leur demande, être autorisés à faire des observations orales »[599]. A Madagascar, « *lorsqu'un avocat est constitué* [celui]-*ci peut, s'il en informe à l'avance la Haute Cour, présenter à l'audience des observations orales. Dans ce cas, le Président, les Hauts Conseillers et le greffier en chef se mettent en robe et l'audience est publique.* »[600].

3) Le principe des audiences publiques sauf exceptions.

Au Bénin et en RDC, les audiences sont publiques. Mais, dans les deux pays, c'est sous réserve. En RDC, c'est à condition que « *cette publicité ne soit [pas] dangereuse pour l'ordre public ou les bonnes mœurs.* », parce que, *« dans ce cas, la Cour ordonne le huis-clos. »*[601]. On imagine que le Bénin pense aux mêmes motifs de huis clos qu'au Congo quand il prévoit que les audiences sont publiques, « *sauf décision contraire de la Cour* »[602].

Il faut préciser qu'**au Bénin**, **le caractère public de la procédure** a connu une évolution. Dans les anciens Règlements intérieurs de la Cour constitutionnelle avant 2018, la publicité n'était pas admise. C'est en 2018 que les différentes versions de Règlement intérieur de la Cour constitutionnelle ont commencé par affirmer que la procédure devant la Cour constitutionnelle « *est publique, sauf décision contraire de la Cour* »[603]. En 2025, la modification de la loi organique sur la Cour constitutionnelle permet de préciser davantage les hypothèses d'absence de publicité totale de l'audience. Ainsi, si l'alinéa 3 de la loi organique sur la Cour constitutionnelle dispose que « *l'audience est publique* », les alinéas suivants précisent les différentes exceptions à la publicité totale des débats. On retient que lorsque la Cour siège dans des affaires qui concernent les institutions, à savoir en cas de contrôle *a priori*, obligatoire (contrôle avant promulgation des lois organiques déclenché par le président de la République et contrôle avant mis en application des règlements intérieurs de l'Assemblée nationale, de la Haute Autorité de l'Audiovisuel et de la Communication et du Conseil économique et social déclenché par le président de l'institution concernée) ou facultatif (contrôle *a priori* des lois ordinaires ne pouvant être déclenchées que par les députés à l'Assemblée nationale ou le président de la République) ou en cas de régulation du fonctionnement des institutions ou de l'activité des pouvoirs publics,

---

599 Article 15 de la loi organique

600 Article 29 de l'ordonnance sur la Cour constitutionnelle.

601 Article 91 de la loi organique sur la Cour constitutionnelle.

602 Article 27 de la loi organique sur la Cour constitutionnelle de 2022 qui consacre une position prise dans le règlement intérieur dès 2018.

603 Ibid.

l'audience n'est ouverte qu'aux « *parties impliquées* ». Enfin, pour des raisons de sérénité des débats, de sécurité ou d'ordre public, le président de la Cour peut décider que l'audience se tiendra à huis clos.

Au total, les attributions des juridictions constitutionnelles et la procédure suivie devant elles, ont fait l'objet de dispositions relativement claires, dont la mise en œuvre conduit aux décisions.

Titre 4 : La décision du juge constitutionnel : Analyse en droit béninois

En vue de la décision à rendre, le juge constitutionnel procède à l'interprétation de la Constitution (Chapitre 1). C'est après qu'il rend des décisions qui produisent certains effets (Chapitre 2). Il arrive néanmoins qu'exceptionnellement ces décisions soient remises en cause (Chapitre 3).

Chapitre 1 : L'interprétation de la Constitution par le juge constitutionnel

« *Nous sommes soumis à une Constitution, mais la Constitution est ce que les juges disent qu'elle est* »[604]. Cette affirmation devrait-elle être prise pour excessive ? Ceux qui pensent vivre dans un État de droit, donc s'attendant à un minimum – un maximum ? – de sécurité et de prévisibilité juridiques, sont-ils à ce point soumis à l'« arbitraire » du juge ? L'interprète, en général, le juge en particulier, serait-il entièrement libre d'imposer son point de vue sous prétexte d'interprétation d'un énoncé normatif ? N'y a-t-il aucune règle qui s'impose aux interprètes dans l'exercice de leur pouvoir d'interprétation ? Ce sont là, quelques questions qui viennent à l'esprit au moment d'entamer ce chapitre sur l'interprétation des constitutions[605]. Même si les juges ne sont pas les seules autorités authentiques d'interprétation de la Constitution, il faut reconnaître que le résultat de leur opération d'interprétation d'un énoncé normatif contenu dans la Constitution, dans la mesure où elle se passe dans un système de justice constitutionnelle concentrée et en l'absence d'une hypothétique révision de la Constitution, a un caractère quasi définitif qui ne va pas sans susciter quelques passions[606].

La question sera examinée à travers les enjeux de l'interprétation (Section 1), les méthodes d'interprétation (Section 2) et les pouvoirs du juge-interprète (Section 3).

Section 1 : Les enjeux de l'interprétation

L'interprétation est une opération par laquelle une signification est attribuée à quelque chose[607]. En droit, deux théories de l'interprétation s'opposent[608]. Elle est considérée par certains comme un acte de connaissance (I) et par d'autres comme un acte de volonté (II). On peut se demander si c'est vraiment une activité scientifique (III).

---

604 Charles Evans HUGUES, cité par E. ZOLLER, « Présentation de la Cour suprême des États-Unis », *CCC*, novembre 1998, p. 24.

605 Ce chapitre reprend, pour l'essentiel, nos réflexions dans : G. BADET, « L'interprétation de la constitution par le juge constitutionnel : analyses à partir du cas du Bénin », *Revue RRC*, N° 055/mars 2025, p. 83-114.

606 ESSONO EVONO A., *Théorie de l'interprétation et pouvoir créateur du juge constitutionnel français*, Thèse de doctorat en droit, Université des sciences sociales de Toulouse, 2000.

607 M. TROPER, « Interprétation », in D. ALLAND et S. RIALS, *Dictionnaire de la culture juridique*, Paris, P.U.F, 2003, p. 843.

608 Ibid.

I. L'interprétation, acte de connaissance ?

Selon la première, l'interprétation est une fonction de la connaissance et consiste à découvrir le « véritable » – et unique – sens objectif des textes normatifs. Le travail d'interprétation doit être mené sur le texte lui-même[609]. Le juge ne serait dès lors que la « bouche » de la loi pendant que la fonction juridictionnelle ne relèverait que de ce qu'on qualifie de « pouvoir nul »[610]. C'est ce que pense l'école de « l'exégèse ». Pour les partisans de cette école, l'interprétation d'un texte consiste à en rechercher le sens – supposé unique et univoque –. Cette forme de « cognitivisme naïf des lumières » qui présuppose l'existence dans tout texte normatif d'un sens univoque susceptible de connaissance, et qui nie donc le caractère équivoque et vague des énoncés normatifs n'est plus, de nos jours, partagée par personne, même si c'est elle qui justifie l'existence de plusieurs institutions de l'État moderne, telles que la séparation des pouvoirs, le contrôle de légalité et le contrôle de constitutionnalité[611]. Il arrive en effet que l'interprète se voulant le plus fidèle à cette approche se retrouve face à un texte insuffisant ou obscur. C'est pourquoi « la théorie aujourd'hui la plus répandue » est une forme de cognitivisme « un peu sophistiquée » qui ne nie pas le caractère vague des textes normatifs, acceptant l'existence, d'une part, de cas clairs pour lesquels l'application d'une norme ne pose aucun problème, d'autre part, de cas difficiles ou douteux dans lesquels les juges exercent un pouvoir discrétionnaire, donc un acte de volonté. Mais cette deuxième hypothèse est circonscrite au niveau de l'interprétation *in concreto* – la qualification des faits dans un cas particulier – et ne concerne pas clairement l'interprétation *in abstracto* – le contenu de sens d'un énoncé sans référence à un cas particulier –. Autrement dit, le juge, dans un premier temps, recherche le sens – univoque – de chacun des énoncés, de façon abstraite, sans référence à un cas particulier, puis, dans un second temps, qualifie, avec une grande liberté, les faits d'un cas particulier pour rattacher ce cas à l'un des énoncés – et donc l'un des sens disponibles – en vue du règlement du problème qui lui est posé. S'il dispose d'un pouvoir discrétionnaire dans la seconde opération, la première serait suffisamment rationnelle, technique et

---

609 Ph. MALINVAUD et N. BELET, *Introduction à l'étude du droit*, 23ème édition, Paris, Lexis Nexis, 2023, p. 134.

610 R. GUASTINI, « L'interprétation de la Constitution », *in* M. TROPER et D. CHAGNOLLAUD (dir.), *Traité international de droit constitutionnel, Tome 1, Théorie de la Constitution*, Paris, Dalloz, 2012, p. 471.

611 Ibid.

prévisible pour que le travail d'interprétation ne débouche que sur le seul sens qui est présent dans chaque énoncé. Cela revient donc à considérer que le texte est porteur d'un sens univoque qu'il faut s'efforcer de rechercher, malgré les difficultés liées à son caractère vague, incomplet ou obscur. On revient à l'idée que la recherche du sens d'un énoncé normatif est une simple question de connaissance[612]. L'exégèse ne s'oppose pas en effet à la recherche par l'interprète de solution face à un texte insuffisant ou obscur, car, nous l'apprend Francis DELPEREE, « dans ce contexte, "chaque mot compte". Et le publiciste de s'efforcer d'éclairer le sens du texte non pour lui-même, mais par lui-même. Utilisant les règles de la grammaire, de l'étymologie, de la syntaxe, de la langue, il révèle progressivement le contenu de ses dispositions. »[613]. L'effort de l'interprète doit être assidu et déterminé en vue de produire un résultat, car « pour tout texte normatif, il existe une seule interprétation vraie, toutes les autres étant fausses »[614].

II. L'interprétation, acte de volonté ?

Selon la seconde théorie, l'interprétation est un acte de volonté. C'est l'école de « la libre recherche scientifique ». Elle part de l'idée que, face à certaines situations inadaptées ou non prévues par le texte ou, même face à un texte supposé clair, l'interprète – surtout le juge –, qui se doit de régler le problème qui lui est posé, est tenu de régler le problème que le texte a voulu, est censé ou aurait dû régler sans chercher à forcément s'accrocher à un énoncé – quand il y en a – dont l'interprétation littérale ne procure aucune solution satisfaisante à ses yeux. C'est un « scepticisme réaliste »[615]. Les partisans de l'école réaliste affirment ainsi que c'est l'interprète qui produit la norme qu'il est censé appliquer, ce qui lui donne, dans la pratique, un pouvoir considérable. Michel TROPER explique que le texte n'est qu'un énoncé. Il n'est pas une norme ; c'est l'interprète, notamment le juge, qui, en donnant à un énoncé la signification à retenir – parfois

612 Ibid, pp. 471-472.

613 F. DELPEREE, « La constitution et son interprétation », in M. VAN DE KERCHOVE (dir.), *L'interprétation en droit, Approche pluridisciplinaire*, Bruxelles, PUSL, 1978, pp. 187-210, précisément § 41.

614 P.-A. COTE, *Interprétation des lois*, 3ème édition, Montréal, 1999, cité par R. GUASTINI, « L'interprétation de la Constitution », *in* M. TROPER et D. CHAGNOLLAUD (dir.), *Traité international de droit constitutionnel, Tome 1, Théorie de la Constitution*, Paris, Dalloz, 2012, p. 471.

615 R. GUASTINI, « L'interprétation de la Constitution », *in* M. TROPER et D. CHAGNOLLAUD (dir.), *Traité international de droit constitutionnel, Tome 1, Théorie de la Constitution*, Paris, Dalloz, 2012, p. 472.

parmi plusieurs significations possibles qui auraient pu chacune être retenues – crée la norme. « On admet le plus souvent que l'interprétation porte sur des normes. En réalité, cette idée n'est pas acceptable et doit être rejetée. Elle repose sur une confusion entre, d'une part, un texte (ou plus précisément un fragment de texte, un énoncé) et une norme. La norme n'est que la signification prescriptive d'un énoncé »[616]. Les partisans de la théorie réaliste se font de plus en plus entendre parmi ceux qui conduisent les principaux travaux sur l'interprétation constitutionnelle[617].

III. L'interprétation, activité scientifique ?

Il n'existe pas, à proprement parler, de théorie de l'interprétation constitutionnelle qui se soit stabilisée et qui ait fait l'unanimité. Aucune analyse scientifique n'a révélé l'existence de méthodes exclusivement utilisées par les interprètes de la Constitution, notamment les juges constitutionnels[618]. Même si certains auteurs ont tenté des essais de systématisation de l'interprétation constitutionnelle[619], on peut continuer

---

616 M. TROPER, « Interprétation », in D. ALLAND et S. RIALS, *Dictionnaire de la culture juridique*, Paris, P.U.F, 2003, p. 845.

617 En dehors de monsieur TROPER cité ci-dessus, on peut également ranger monsieur Guillaume TUSSEAU dans cette catégorie, voir, G. TUSSEAU, *Contentieux constitutionnel comparé, une introduction critique au droit processuel constitutionnel*, Paris, LGDJ, 2021, p. 326 et s. Il faut signaler que, malgré les objections de Otto PFERSMANN, Michel TROPER ne démord pas de sa position à laquelle nous adhérons dans le cadre de la présente étude. Pour les détails sur cette controverse, voir O. PFERSMANN, « Contre le néo-réalisme juridique. Pour un débat sur l'interprétation », *RFDC*, 2002/2/N° 50, pp. 279-334 et M. TROPER, « Réplique à Otto PFERSMANN », *RFDC*, 2002/2/N° 50, pp. 335-353. Pour une autre réflexion de O. PFERSMANN sur la même thématique et dans la même période, voir « Théories de l'interprétation constitutionnelle ». In : *Annuaire international de justice constitutionnelle*, 17-2001, 2002. Immunités constitutionnelles et privilèges de juridiction - Interprétation de la Constitution par le juge constitutionnel. pp. 351-369.

618 R. GUASTINI, « L'interprétation de la Constitution », *in* M. TROPER et D. CHAGNOLLAUD (dir.), *Traité international de droit constitutionnel, Tome 1, Théorie de la Constitution*, Paris, Dalloz, 2012, p. 485.

619 F. DELPEREE, « La constitution et son interprétation », in M. VAN DE KERCHOVE (dir.), *L'interprétation en droit, Approche pluridisciplinaire*, Bruxelles, PUSL, 1978, pp. 187-210 ; F. MELIN-SOUCRAMANIEN (dir,), *L'interprétation constitutionnelle*, Paris, Dalloz, 2005, p. 20 ; R. GUASTINI, « L'interprétation de la Constitution », *in* M. TROPER et D. CHAGNOLLAUD (dir.), *Traité international de droit constitutionnel, Tome 1, Théorie de la Constitution*, Paris, Dalloz, 2012, pp. 485-503. ; F. d. P. TETANG, « A propos de l'interprétation des constitutions par le juge constitutionnel d'Afrique noire francophone : Essai d'une "théorie" de l'interprétation constitutionnelle », in

à affirmer que l'« on retrouve dans l'interprétation constitutionnelle, les mêmes techniques que dans n'importe quelle interprétation juridique »[620]. Toutefois, et bien souvent, certaines spécificités des textes constitutionnels – le degré de généralité ou « d'exotisme » des termes utilisés par les rédacteurs, le degré d'ancienneté de la Constitution, le degré de rigidité du texte, la hiérarchie interne entre dispositions constitutionnelles… – conduisent les juges constitutionnels à être portés davantage sur certaines méthodes que sur d'autres[621], ce qui démontre la nature casuistique de l'utilisation des méthodes d'interprétation.

C'est cette indétermination qui suscite une certaine curiosité en matière constitutionnelle[622] parce que la Constitution n'est pas n'importe quel texte[623].

Parmi tous les interprètes authentiques de la Constitution que sont les pouvoirs publics, la particularité d'une Cour constitutionnelle est que le résultat de son interprétation de la Constitution s'impose à tous tant qu'on reste dans l'ordre constitutionnel visé.

Il reste que l'actualité – au Bénin comme ailleurs – est marquée de temps en temps par des incompréhensions de l'opinion publique par rapport à certaines décisions rendues par la Cour constitutionnelle. Ces incompréhensions proviennent des divergences de sens que les acteurs publics attribuent à certains énoncés contenus dans la Constitution. Elles atteignent leur paroxysme quand la Cour constitutionnelle béninoise produit, dans des délais courts, différents sens, manifestement contraires, d'un même énoncé normatif. Un exemple peut être pris concernant

---

M. KAMTO et J. MATRINGE (dir.), *Le droit constitutionnel des États africains*, Paris, Éditions A. Pedone, 2024, pp. 927-947.

620 M. TROPER, « L'interprétation constitutionnelle », *in* F. MELIN-SOUCRAMANIEN (dir.), *L'interprétation constitutionnelle*, Paris, Dalloz, 2005, p. 20.

621 M. FROMONT, *Justice constitutionnelle comparée*, Paris, Dalloz, 2013, pp. 245 348.

622 P. MAMBO, « Les ambiguïtés constitutionnelles : le cas du système juridictionnel ivoirien au regard de la Constitution du 8 novembre 2016 », in O. NAREY (dir.), *La Constitution, Actes du séminaire scientifique tenu à Niamey du 24 au 26 octobre 2018*, Dakar, L'harmattan-Sénégal, 2018, pp. 279-285.

623 Th. HOLO, « Leçon inaugurale, La Constitution », in O. NAREY (dir.), *La Constitution, Actes du séminaire scientifique tenu à Niamey du 24 au 26 octobre 2018*, Dakar, L'harmattan-Sénégal, 2018, pp. 29-44 ; A. KPODAR, « Constituer en droit constitutionnel », in O. NAREY (dir.), *La Constitution, Actes du séminaire scientifique tenu à Niamey du 24 au 26 octobre 2018*, Dakar, L'harmattan-Sénégal, 2018, pp. 47-60 ; A. ONDOUA, « Notule sur l'écriture de la Constitution en Afrique : le cas des États d'Afrique subsaharienne francophone », in O. NAREY (dir.), *La Constitution, Actes du séminaire scientifique tenu à Niamey du 24 au 26 octobre 2018*, Dakar, L'harmattan-Sénégal, 2018, pp. 61-88 ; A. SOMA, *Traité de droit constitutionnel général*, Ouagadougou, Libes, 2022, pp. 227-277.

l'article 44, alinéa 1-4, de la Constitution, dans sa rédaction initiale. Cet article énonce : « *Nul ne peut être candidat aux fonctions de Président de la République s'il : [...] - n'est âgé de* ***40 ans au moins*** *et de 70 ans au plus à la date du dépôt de sa candidature...* ». En 2015, par décision DCC 15-156 du 16 juillet 2015, la Cour constitutionnelle avait considéré « *que l'âge atteint par une personne au cours d'une année civile donnée, c'est-à-dire, à une date quelconque de cette année correspond à l'âge atteint par cette personne au 31 décembre de l'année en question en application de l'adage de droit français "Année commencée, année acquise", du latin, "annus incoeptus habetur pro completo", qui signifie : "L'année entamée doit être tenue pour écoulée" ; que ce n'est que quand on s'exprime en termes d'années révolues que l'on compte rigoureusement le nombre d'années entières écoulées entre la date de naissance de la personne et la date de référence utilisée* ; ». Trois ans plus tard, alors que l'énoncé de l'article 44, alinéa 1-4, de la Constitution n'a pas changé, la même juridiction – il est vrai, composé d'autres juges –, a retenu, par décision DCC 18-125 du 21 juin 2018, que « *lorsque le constituant ou le législateur édicte en nombre d'années, ad minimum ou ad maximum, un critère ou une condition d'âge, dans le cadre de la dévolution d'une charge ou d'une fonction, soit par voie d'élection, soit par voie de nomination, ce critère ou cette condition est entendu en années révolues avant la date de la nomination ou de l'élection ; que la règle annus incoeptus habetur pro completo n'est applicable qu'aux rapports de créance en matière civile, commerciale ou fiscale ; Considérant ainsi, que l'âge atteint par une personne au cours d'une année civile, c'est-à-dire à une date quelconque de cette année, ne correspond pas à l'âge atteint par cette personne au 31 décembre de l'année en question ; qu'il s'ensuit que lorsque le législateur dispose [...] comme à l'article 44 alinéa 1-4 de la Constitution en ce qui concerne l'élection du Président de la République, il s'agit bien [...] de 40 ans ou de 70 ans révolus, c'est-à-dire réellement et définitivement accomplis avant l'époque de l'organisation desdites élections en l'absence de toute autre précision* ; ».

Il se pose dès lors la question de savoir quelles sont les méthodes utilisées par la Cour constitutionnelle béninoise pour découvrir ou produire le sens des énoncés normatifs contenus dans la Constitution du 11 décembre 1990 et quelle(s) justification(s) peu(ven)t être avancée(s) pour les expliquer ?

L'intérêt d'une telle analyse est de savoir si l'interprétation de la Constitution obéit à une logique scientifique ou est le fait du pouvoir discrétionnaire, voire de l'arbitraire de la Cour constitutionnelle. Elle permet de contribuer au renforcement (ou non) de la légitimité de l'interprète et partant celle de l'État et des gouvernants. Dans un État de droit où il est prévu à l'article 34 de la Constitution que « *Tout citoyen béninois, civil ou militaire, a le devoir sacré de respecter, en toutes circonstances, la Constitution et l'ordre constitutionnel établi, ainsi que les lois et règlements de la*

République. », il est extrêmement important pour les citoyens de croire à la formule du préambule de la Constitution selon laquelle les affaires publiques doivent se dérouler dans une ambiance où il y a effectivement une « *opposition fondamentale à tout régime politique fondé sur l'arbitraire…* ».

Pour des raisons de disponibilité et de pertinence, le présent chapitre ne prend comme base d'analyse que les décisions rendues par la cour constitutionnelle béninoise, qui, selon l'article 124 de la Constitution, « *… s'imposent aux pouvoirs publics et à toutes les autorités civiles, militaires et juridictionnelles* ».

Section 2 : Les méthodes d'interprétation

En se basant sur les efforts de systématisation consacrés à la question de l'interprétation des constitutions en Afrique et qui se fondent sur les pratiques interprétatives des cours constitutionnelles[624], tantôt par la distinction entre l'interprétation analogique[625] et l'interprétation réaliste[626], tantôt par le constat, d'une première part, de l'empirisme, d'une deuxième part, du conceptualisme et du pragmatisme, enfin, d'une troisième part, d'un recours à la technique des standards[627], il est possible, pour rendre compte de la pratique interprétative du juge constitutionnel béninois qui n'hésite pas à choisir des méthodes appartenant à différentes écoles, de distinguer entre les cas où ce juge pense que la lettre de la disposition à interpréter correspond bien à l'esprit ou à la fonctionnalité du texte et les cas où il estime que la lettre de la disposition à interpréter n'est pas

---

624 B. KANTE, « Les méthodes et techniques d'interprétation de la Constitution : l'exemple des pays d'Afrique occidentale francophone », in F. MELIN-SOUCRAMANIEN (dir.), *L'interprétation constitutionnelle*, Paris, Dalloz, 2005, pp. 154-165 ; F. d. P. TETANG, « A propos de l'interprétation des constitutions par le juge constitutionnel d'Afrique noire francophone : Essai d'une "théorie" de l'interprétation constitutionnelle », in M. KAMTO et J. MATRINGE, *Le droit constitutionnel des États africains*, Paris, Éditions A. Pedone, 2024, pp. 927-947 ; A. KPODAR, « Contribution doctrinale sur la fausse vraie idée du contrôle de constitutionnalité. Quand l'interprétation constitutionnelle menace la lisibilité du bloc référentiel », in O. NAREY (dir.), *Justice constitutionnelle*, Paris, L'harmattan, pp. 213-232, T. VAN REENEN, « Tendances actuelles dans l'interprétation de la Constitution de l'Afrique du Sud », *RFDC*, 2002/2/N° 50, pp. 355-375 ; J. A. ADELOUI, « Réflexions sur le pouvoir d'interprétation du juge constitutionnel africain en matière électorale », in *Revue Béninoise des Sciences Juridiques et Administratives*, N° 24, pp. 181-199 ; E.H.O. DIOP, *L'instrumentalisation de la Constitution dans les régimes politiques africains*, Dakar, 2017, en particulier le chapitre sur « l'interprétation constitutionnelle », pp. 153-187.

625 Une version améliorée de l'exégèse selon l'auteur.

626 F. d. P. TETANG, ibid.

627 B. KANTE, ibid.

conforme à l'esprit ou à la fonctionnalité du texte. Dans le premier cas, il y a fidélité à la lettre (I). Dans le second cas, il s'agit plutôt de la recherche de l'efficacité (II).

I. La fidélité à la lettre

Lorsque le juge constitutionnel béninois pense, à la lecture d'un énoncé normatif contenu dans la Constitution, que celui-ci correspond à l'esprit et à la fonctionnalité du texte, il recourt aux méthodes d'interprétation privilégiant la lettre. Ces méthodes cherchent à interpréter une disposition de la Constitution en se contentant de comprendre ce qui est écrit et en donnant à cet énoncé le sens habituel et classique généralement attaché à pareil mot, expression ou formule. Lorsque la disposition est prise en compte de façon isolée, il s'agit de la méthode littérale ou sémiotique (A). Lorsque l'interprétation est issue de la prise en compte conjointe de la disposition en cause et d'autres dispositions de la Constitution – ou du bloc de constitutionnalité –, il s'agit de la méthode systémique ou systématique (B).

A. La méthode littérale ou sémiotique

La méthode littérale consiste à se fonder sur le sens habituellement donné aux mots tels qu'ils sont employés dans la langue courante et, exceptionnellement, tels qu'ils sont employés dans une langue technique, notamment dans le vocabulaire juridique[628]. Cette méthode, sous quelques réserves, est encore appelée « méthode sémiotique » et, lorsqu'on y recourt, « les mots reçoivent le sens qu'ils ont habituellement dans la langue et les expressions celui qui résulte des règles de la grammaire »[629]. C'est donc l'interprétation du texte constitutionnel à la lettre, ce qui consiste à « attribuer à un énoncé normatif sa signification *prima facie*, c'est-à-dire la plus immédiate ou intuitive, celle qui correspond aux règles sémantiques et syntaxiques de la langue »[630].

On peut citer deux illustrations de l'utilisation de cette méthode dans la jurisprudence de la Cour constitutionnelle béninoise.

Premièrement, dans le cadre d'un contentieux élevé à l'occasion de la désignation des membres de la Cour constitutionnelle en 1993, la haute juridiction a été amenée à clarifier la notion de « *magistrat* » prévue à l'article 115 de la Constitution. Dans la décision 15 DC du 16 mars 1993,

---

628 M. FROMONT, *Justice constitutionnelle comparée*, Paris, Dalloz, 2013, pp. 266-267.

629 M. TROPER, « Interprétation », ibid., p. 844.

630 R. GUASTINI, « L'interprétation de la Constitution », ibid., p. 486.

elle a pu ainsi affirmer que, pour elle, « *dans la juridiction de l'ordre judiciaire, les magistrats de carrière sont chargés de juger lorsqu'ils sont au siège et de requérir l'application de la loi quand ils sont au Parquet. Recrutés par concours, ils sont placés dans un statut distinct de celui de fonctionnaire* »[631].

Deuxièmement et dans la même logique, en 1994, la Cour n'a pas hésité, dans un litige porté devant elle, pour clarifier la notion de « *journaliste* » utilisée pour désigner une des catégories de membre de la Haute autorité de l'audiovisuel et de la Communication (H.A.A.C), à recourir à une définition technique de cette notion telle qu'elle apparaît dans la loi française du 29 mars 1935, rendue applicable dans les territoires d'outre-mer – dont le Dahomey devenu Bénin – par le décret du 12 avril 1947 toujours en vigueur à l'époque dans la mesure où la loi béninoise N° 60-12 du 30 juin 1960 sur la presse et les textes subséquents n'ont pas abrogé les dispositions relatives à la définition de journaliste contenue dans le texte de l'époque coloniale[632].

B. La méthode systémique ou systématique

L'utilisation de la méthode systémique ou systématique consiste à interpréter une disposition juridique en tenant compte de l'ensemble du texte de la Constitution[633]. L'interprète ne retient le sens et la portée de la disposition litigieuse qu'après s'être assuré, à la lecture des autres dispositions de la Constitution, que le sens qu'il retiendra finalement de cette disposition ne remet pas en cause l'économie générale et la logique d'ensemble de la Constitution. Il s'agit donc d'« *éclairer un fragment du texte par un autre, voire par d'autres textes* »[634].

Dans une affaire où il a été décidé qu'il « *échet pour la Cour, conformément à l'article 114 de la Constitution, d'autoriser le report de la date de l'élection du président de la République du 06 mars 2011 au 13 mars 2011 et d'inviter le chef de l'État à convoquer le corps électoral aux urnes pour cette nouvelle date* »[635], il a été constaté que c'est par l'utilisation de la méthode d'interprétation systématique que la haute juridiction s'est sortie d'embarras et a trouvé la solution idoine au problème qui lui était posé : « *Il découle des dispositions [constitutionnelles] que le mandat du nouveau président de la République prend effet pour compter de la date d'expiration du mandat de son prédécesseur ; que le président élu devant prêter serment le 06 avril 2011, ce délai est impératif et conditionne les autres*

---

631 *Recueil des Décisions et Avis de la Cour constitutionnelle du Bénin*, 1991-1992,199 3, p.78

632 Décision DCC 15-94 du 27 Mai 1994, *Recueil 1994*, pp. 53 à 58.

633 M. FROMONT, *Justice constitutionnelle comparée*, Paris, Dalloz, 2013, p. 267.

634 M. TROPER, « Interprétation », ibid., p. 844.

635 Décision EL 11-024 du 4 mars 2011

délais ; que par ailleurs, le délai de convocation du corps électoral prévu à l'article 47, à savoir trente jours au moins… avant la date d'expiration des pouvoirs du président en exercice ainsi que les articles 114 et 117 de la Constitution qui habilitent la Cour Constitutionnelle à, d'une part, réguler le fonctionnement des institutions et l'activité des pouvoirs publics, d'autre part, veiller à la régularité de l'élection du président de la République, constituent deux normes constitutionnelles à valeur égale ; que bien qu'il n'existe pas de hiérarchie entre ces normes, la Cour est en droit, en sa qualité d'organe régulateur du fonctionnement des institutions, de privilégier, dans le cas d'espèce, les articles 114 et 117 de la Constitution pour garantir la régularité et l'organisation harmonieuse de l'élection présidentielle par la Commission Électorale Nationale Autonome ; »[636].

Dans une autre affaire, celle ayant conduit à la décision DCC 13-124 du 12 septembre 2013, il était demandé à la haute juridiction de « *déclarer contraire à la Constitution… notamment en son article 105 alinéa 2 la non-obtention par le Gouvernement du Président Boni YAYI de l'avis de la Cour Suprême sur le projet de loi portant révision de la Constitution de la République du Bénin transmis par le Gouvernement par Décret N° 2013-255 du 06 Juin 2013.* ». L'article 105, alinéa 2, de la Constitution dispose en effet que « *les projets de loi sont délibérés en Conseil des ministres après avis motivé de la Cour Suprême saisie conformément à l'article 132 de la présente Constitution et déposés sur le bureau de l'Assemblée Nationale.* ». Or, le président Boni YAYI n'avait pas, selon le requérant, sollicité cet avis avant de transmettre à l'Assemblée nationale le projet de loi de révision de la Constitution. Le requérant souhaitait donc que le processus soit annulé. Pour résoudre ce problème, on se serait attendu à ce que la Cour constitutionnelle interprète ce seul article 105 de la Constitution convoqué par le requérant. Or, la Cour a adopté une technique d'interprétation systématique consistant à ne pas se contenter de la seule disposition soulevée par le requérant, mais à plutôt lire l'ensemble de la Constitution pour aller relever d'autres dispositions contenues dans deux autres titres de la Constitution – celui sur la procédure de révision de la Constitution et celui sur le pouvoir judiciaire – et dont l'évocation permet de retenir la « bonne » interprétation qu'il convient d'accorder à la disposition supposée litigieuse, donc la réelle portée de l'article 105, alinéa 2, qui lui, se trouve dans le titre relatif au pouvoir législatif, donc à la procédure législative classique. Pour la Cour, « *la Constitution du 11 décembre 1990 consacre son Titre IV au pouvoir législatif tandis que le pouvoir constituant dérivé, c'est-à-dire la révision de la Constitution relève du Titre XI de la Constitution ; […] si [la] jurisprudence constante*

[636]Ibid.

[de la Cour constitutionnelle] subordonne l'initiative du Président de la République à l'avis préalable et obligatoire de la Cour Suprême pour la mise en œuvre du pouvoir législatif conformément à l'article 105 de la Constitution, il en va autrement de l'initiative du Président de la République en matière de révision de la Constitution qui relève exclusivement de l'article 154 de la Constitution ; que nulle part, ledit article ne renvoie ni à l'article 105, ni à l'article 132 de la Constitution [qui se trouve dans le titre sur le pouvoir judiciaire] ;».

Enfin, avant la nouvelle rédaction de l'article 117 de la Constitution en 2019, la Cour constitutionnelle, sous la cinquième mandature, en 2017, avait interprété cet article de façon littérale en proposant une solution au problème posé. Cette solution a été écartée par la sixième mandature, qui, elle, a utilisé la méthode systématique pour interpréter la même disposition – l'article 117 de la Constitution –. Le débat portait sur la nature obligatoire ou non du contrôle de constitutionnalité *a priori* des lois ordinaires. En 2017, un débat est soulevé devant la Cour constitutionnelle pour une loi – la loi N° 2016-24 portant cadre juridique du Partenariat public-privé (PPP) votée par l'Assemblée nationale le 11 octobre 2016 – promulguée par le Président de la République le 24 octobre 2016 alors qu'il y a « *absence de mise en conformité constitutionnelle.* ». Autrement dit, après son vote à l'Assemblée nationale, la loi a été promulguée sans que le président de la République ait sollicité le contrôle *a priori* de constitutionnalité alors que, selon le requérant, l'article 117 de la Constitution – en disposant que *« La Cour Constitutionnelle -* ***statue obligatoirement sur : * la constitutionnalité*** *des lois organiques et* ***des lois en général avant*** *leur promulgation… »* – impose un tel contrôle préalable. Par décision DCC 17-039 du 23 février 2017, la Cour a répondu à la question qui lui était posée. D'abord, elle rappelle que, étant donné sa rédaction, l'article 117 de la Constitution crée effectivement une obligation de demande de contrôle de constitutionnalité à la charge du président de la République. Ensuite, la Cour en déduit qu'*« il en résulte que* ***les lois en général*** *doivent être soumises au contrôle de leur conformité à la Constitution avant leur promulgation ; que cette formalité n'est donc pas facultative et doit être accomplie, soit par le Président de la République, soit par un membre de l'Assemblée nationale ; ».* Enfin, la Cour constate *« qu'en l'espèce, la loi N° 2016-24 portant cadre juridique du Partenariat public-privé (PPP) votée le 11 octobre 2016 par l'Assemblée nationale a été promulguée le 24 octobre 2016 sans que le Président de la République l'ait soumise préalablement à la Cour constitutionnelle pour contrôle de sa conformité à la Constitution ; qu'en s'abstenant de saisir la Cour pour ledit contrôle, le Président de la République a méconnu les articles 117 et 121 précités de la Constitution ; ».* Pour la haute juridiction, il s'agit d'« ***un vice de procédure substantiel »*** qui affecte la validité de la loi promulguée dans ces circonstances ; « *qu'en conséquence, il y a lieu pour la Cour de dire et juger que la loi N° 2016-24 portant cadre juridique du Partenariat public-privé (PPP) du 24 octobre 2016 ne peut être en l'état mise en application ; ...* ». Pour aboutir à une conclusion aussi radicale, la Cour a considéré que l'article 117 de la Constitution qui parle des textes sur lesquels la Cour « *statue obligatoirement* » ne fait pas de distinction entre les lois ordinaires et les lois organiques (La *« Cour Constitutionnelle -* ***statue obligatoirement sur : * la constitutionnalité*** *des lois organiques et* ***des lois en général avant*** *leur promulgation... »).* Cette interprétation qui se veut littérale a tenu jusqu'au 21 juin 2018. A cette date, une autre mandature de la Cour constitutionnelle a utilisé une autre technique d'interprétation et a abouti à un revirement de jurisprudence. Dans la décision DCC 18-131 du 21 juin 2018[637], l'utilisation de la méthode systématique d'interprétation a permis à la Cour d'aller au-delà du seul article 117 et de convoquer dans son analyse plusieurs autres dispositions de la Constitution ou du bloc de constitutionnalité avant de retenir le sens et la portée réels de l'article 117 de la Constitution. Pour la Cour, cette disposition « ... *doit être interprété[e] avec, d'une part, l'article 122 de la Constitution qui instaure un contrôle a posteriori des lois en général et confère aux citoyens le pouvoir de les déférer devant la haute Juridiction, soit par la voie de l'action directe, soit par la voie de l'exception d'inconstitutionnalité, et, d'autre part, l'article 20 de la loi N° 91-009 du 04 mars 1991 portant loi organique sur la Cour constitutionnelle modifiée par la loi du 31 mai 2001 qui ne confère au Président de la République et aux membres de l'Assemblée nationale qu'une faculté dans la saisine de la Cour, des lois en général conformément à l'article 121 de la Constitution ;* ». L'utilisation de la méthode systématique à la place de la méthode littérale pour interpréter l'article 117 de la Constitution conduit la Cour à déboucher sur deux conclusions : d'une part, *« l'article 117 précité n'institue pas une obligation de saisine générale, absolue et systématique de la Cour constitutionnelle de toutes les lois à la charge du Président de la République »*, d'autre part, *« la saisine n'est générale, absolue et systématique qu'en ce qui concerne les lois organiques avant leur promulgation, les règlements intérieurs de l'Assemblée nationale, de la Haute Autorité de l'Audiovisuel et de la Communication et, du Conseil économique et social avant leur mise en application* ; »[638].

---

637 Voir aussi pour un autre exemple DCC 18-166 du 7 Aout 2018

638 Le texte de la Constitution a été revu en 2019. L'article 117 de la Constitution a été reformulé dans la loi N° 2019-40 du 7 novembre 2019. Désormais, on y lit : « - *La Cour constitutionnelle - statue obligatoirement sur : la constitutionnalité des lois organiques avant leur promulgation* ; [...] ». La portion de phrase « *des lois en général* » disparaît de la phrase polémique de l'article 117 de la Constitution, lequel article avait été interprété différemment par deux compositions successives de la Cour constitutionnelle. Ne reste

II. La recherche de l'efficacité

Quand le juge constate que la lettre de la disposition qu'il a à interpréter ne correspond pas à l'esprit ou à la fonctionnalité du texte, il recherche l'efficacité en recourant à la méthode téléologique ou fonctionnelle (A) ou à la méthode historique ou génétique (B).

A. La méthode téléologique ou fonctionnelle

La méthode téléologique consiste à dégager le sens d'une disposition en prenant en considération le but en vue duquel la règle a été posée[639]. En tant qu'interprétation fonctionnelle, elle « vise à donner au texte la signification qui lui permettra de remplir la fonction qu'on lui attribue »[640]. On recourt à elle lorsque l'interprétation littérale conduirait à un résultat qui n'est pas celui recherché. La disposition n'étant pas interprétée à la lettre, le résultat de l'utilisation de la méthode téléologique est que la disposition sera interprétée de façon, soit extensive, soit restrictive, en comparaison à ce que la lettre permettait de comprendre de prime abord.

L'interprétation extensive inclut dans le domaine d'application de la disposition certains faits ou certaines situations qui, selon l'interprétation littérale, n'y rentreraient pas[641]. On justifie cette technique par l'analogie, c'est-à-dire la ressemblance[642]. Dans la décision DCC 20-457 du 14 mai 2020, la Cour constitutionnelle fait une application éclatante de cette approche extensive en matière d'interprétation téléologique ou fonctionnelle. Il s'est agi de donner un sens à l'article 52, alinéa 1 de la Constitution qui dispose que *« Durant leurs fonctions, le Président de la République et les membres du Gouvernement ne peuvent pas par eux-mêmes ni par intermédiaire, rien acheter ou prendre à bail qui appartienne au domaine de l'État, sans autorisation préalable de la Cour constitutionnelle…* ». La Cour rappelle l'objectif ou la fonctionnalité de cet énoncé : « *la soumission de l'acquisition ou le bail d'un domaine de l'État à l'autorisation préalable de la Cour constitutionnelle a pour but de prévenir la prédation et l'appropriation irrégulière du patrimoine immobilier de l'État et de le préserver de bradages au profit des gouvernants* ». Elle sous-entend

dans la Constitution comme fondement du contrôle *a priori* facultatif des lois ordinaires que le très explicite article 121 selon lequel « *la Cour constitutionnelle, à la demande du Président de la République ou de tout membre de l'Assemblée nationale, se prononce sur la constitutionnalité des lois avant leur promulgation.* »

639 M. FROMONT, *Justice constitutionnelle comparée*, Paris, Dalloz, 2013, p. 269.

640 M. TROPER, « Interprétation », ibid., p. 844.

641 R. GUASTINI, « L'interprétation de la Constitution », ibid., p. 488.

642 Ibid.

que le fait pour la disposition supposée traduire cet objectif, à savoir l'article 52 de la Constitution, de ne viser « littéralement » que « *le Président de la République et les membres du Gouvernement* » ne permet pas à cette disposition de régler le problème pour lequel elle a été prévue. La Cour choisit de considérer que « *l'expression "membres du Gouvernement" employée à l'article 52 ne doit donc pas s'entendre uniquement des ministres de la République mais aussi de toute personne qui participe étroitement à l'exercice de la fonction exécutive de l'État* ». Ainsi, « *lorsqu'en vertu des prérogatives qu'il tient de l'article 54 alinéa 3 de la Constitution, le président de la République nomme, parmi ses collaborateurs, ceux qui, sans avoir la qualité de membres du gouvernement, en ont le rang, ils sont soumis aux sujétions qui y sont attachées par l'article 52* ». Du coup, « *les fonctions de chargée de mission, responsable aux affaires financières et économiques du président de la République [occupées par la requise lui] confèrent… le rang de membre du gouvernement et la soumettent [aux] sujétions [de l'article 52 de la Constitution]* ».

Une autre illustration de l'approche extensive de l'interprétation est révélée dans la décision DCC 23-168 du 11 mai 2023. Il s'agissait de voir si la « *démission* » évoquée dans les textes de mise en œuvre de l'article 92 de la Constitution relatif à la suppléance du député pouvait s'analyser comme la « *suspension* » dont parle l'article 92 lui-même. Élu député à l'Assemblée nationale en 2023 et appelé au Gouvernement, Monsieur Yves HEHOMEY, après son départ du gouvernement, adresse une lettre au président de l'Assemblée nationale pour demander à siéger en lieu et place de celui qui avait pris sa place. Utilisant la méthode littérale d'interprétation « *pour s'opposer à la demande de monsieur Hervé Yves HEHOMEY qui vise à mettre fin à sa suppléance et à reprendre ses fonctions de député, le président de l'Assemblée nationale fait valoir que la lettre en date du 10 février 2023 qu'il lui a adressée pour solliciter la mise en application des dispositions de l'article 92 de la Constitution est un acte de démission alors que le bénéfice de l'article 92 par le député titulaire suppose, non pas une démission, mais une suspension de son mandat qui permet de le faire continuer par son suppléant, en précisant qu'à la différence de la suspension, qui "est une mesure essentiellement provisoire et temporaire, la démission est, pour sa part, définitive et irrévocable"* ». L'application de cette lecture littérale conduirait à donner raison au président de l'Assemblée nationale et à rejeter la demande de Monsieur HEHOMEY. Mais ce faisant, applique-t-on réellement la volonté du constituant de 2019 ? Assurément non. L'esprit de la disposition serait trahi. La Cour constitutionnelle s'en explique dans sa décision : « *Considérant que cet article 92 de la Constitution traite de vacance et est complété par les articles 149 et 166 de la loi N° 2019-43 du 15 novembre 2019 portant code électoral ; que la lecture combinée de ces dispositions permet de distinguer entre la suppléance pour empêchement définitif et la suppléance pour empêchement provisoire, qui est celle de l'article 92 ; Considérant que si d'une façon générale, la démission est une cessation de fonctions définitive et se différencie en cela de la suspension, qui elle, est une cessation provisoire de fonctions, la démission intervenue dans le cadre de l'article 92 de la Constitution a toutefois le caractère d'une suspension ;* ». Il en est ainsi, car, dans les actes de mise en œuvre de cet article 92 – code électoral comme Règlement intérieur de l'Assemblée nationale –, le terme de « *suspension* » n'apparaît nulle part et seule une « *lettre de démission* » a été prévue pour permettre à celui qui entend suspendre – même provisoirement – ses fonctions de député, de le faire. C'est ce que fait constater la Cour : « *que ce n'est en effet que par une lettre de démission, qui ne saurait faire obstacle à la mise en œuvre de cet article 92, que le député qui entend arrêter ses fonctions en raison d'une incompatibilité fait connaître son intention à la représentation nationale* ». Au demeurant, fait observer la Cour, « *ni l'article 92 de la Constitution ni aucune disposition du code électoral n'organise spécialement le régime de suspension de fonctions de député ; que l'article 149 du code électoral dont l'alinéa 2 reprend les termes de l'article 92 n'est guère plus précis* »[643] *; que même l'article 166 du code électoral ne renseigne pas sur la nature de l'acte par lequel le député « est tenu… d'établir qu'il s'est démis de ses fonctions incompatibles avec son mandat* ». Or, selon la haute juridiction, « *il est certain que lorsque l'incompatibilité existe, peu importe le moment où elle se révèle, tout député suspend d'office son mandat parlementaire, selon les termes même de l'article 92 ; que la suspension est donc automatique ; que l'effet suspensif a précédé même l'acte qui la formalise ;* ». Autrement dit, quels que soient les termes utilisés par le député élu et qui veut répondre à l'appel d'une autre fonction ou quels que soient les termes mentionnés dans les textes de mise en œuvre pratique de ce départ – provisoire ou définitif –, le départ de ce député a une nature juridique préfixée dans la Constitution. Il s'agit d'une suspension, « *une suspension d'office* ». Le terme « *démission* » employé, aussi bien dans la loi

---

643 Pas plus que le Règlement intérieur de l'Assemblée nationale en ses articles 12 et 13 qui n'évoque nulle part, une « suspension »

Article 12.- Démission

« *Tout député peut se démettre de ses fonctions à tout moment. Toutefois, en début de législature, cette démission ne peut être reçue que dans les conditions ci-après : • soit après l'expiration du délai de dix (10) jours, prévu pour le dépôt des requêtes en contestation si son élection n'a pas été contestée ; • soit après la notification de la décision de rejet rendue par la Cour Constitutionnelle, si son élection a été contestée. Les démissions sont adressées au Président. A la séance plénière suivante au plus tard, il en informe les députés et les notifie au Gouvernement.* »

Article 13.- Vacances de siège

13.1 - « *Le Président informe l'Assemblée dès qu'il en a connaissance, des vacances de siège survenues pour cause de décès, de démission, d'incompatibilités ou pour toute autre cause qu'une invalidation…* »

électorale que dans le Règlement intérieur de l'Assemblée nationale[644], ne se limite donc pas à l'hypothèse de départ définitif à laquelle inviterait une approche littérale d'interprétation, mais doit être aussi étendu à l'hypothèse de suspension ou départ provisoire. La Cour le précise dans les termes suivants : « si *d'une façon générale, la démission est une cessation de fonctions définitive et se différencie en cela de la suspension, qui elle, est une cessation provisoire de fonctions, la démission intervenue dans le cadre de l'article 92 de la Constitution a toutefois le caractère d'une suspension ;* ». C'est ce qui autorise la Cour, dans un effort de pédagogie, à tirer la conclusion suivante : *« en écartant une interprétation littérale de l'article 92 opposant démission et suspension mais en restant plutôt dans l'esprit dudit article, il y a lieu d'admettre que la lettre de reprise des fonctions de monsieur Hervé Yves HEHOMEY est bien de nature à entraîner l'application de cet article 92 de la Constitution* ; [autrement dit, est bien une lettre de suspension] ».

En ce qui concerne l'interprétation restrictive, elle est une variante de l'interprétation téléologique (elle-même variante de l'interprétation fonctionnelle) et consiste à exclure du domaine d'application d'une disposition certains faits ou certaines situations qui, selon l'approche littérale, y rentreraient[645]. Cette méthode a aussi été utilisée par la Cour constitutionnelle béninoise avec la mise en œuvre de la technique de « *dissociation* »[646].

C'est le cas dans une affaire soumise à la Cour en 2010 et relative à l'expression « *autonomie financière* » contenue dans l'article 141 du Règlement intérieur de l'Assemblée nationale, qui est la mise en œuvre de l'article 109 de la Constitution, ce dernier texte disposant que « *L'Assemblée Nationale vote le projet de loi de finances dans les conditions déterminées par la loi…* ». L'article 141 du Règlement intérieur de l'Assemblée nationale dispose à son tour que « *L'Assemblée Nationale jouit de l'autonomie financière et établit son budget* […] ».

Dans la décision DCC 10-144 du 14 décembre 2010, la Cour devait interpréter l'expression « autonomie financière » avant d'être en mesure de trancher le litige qui lui était soumis. Pour y arriver, elle a dissocié la situation des « *démembrements de l'État que sont les collectivités locales, et les organismes publics pouvant disposer de ressources propres en quantité suffisante pour exercer sans difficultés financières majeures les compétences qui leur sont dévolues* » et celle des institutions, dont les budgets *« ne comportant aucun élément de*

---

644 Voir les articles 12 et 13 évoqués ci-dessus.

645 R. GUASTINI, « L'interprétation de la Constitution », ibid., p. 488.

646 Ibid.

ressources ». Les premiers sont les « *seuls* » à disposer de « *l'autonomie financière* ». Les seconds ne peuvent « *techniquement* » revendiquer cette autonomie, définie comme « *situation d'une collectivité ou d'un organisme disposant d'un pouvoir propre de gestion de ses recettes et de ses dépenses, regroupées en un budget ou dans un document équivalent…* ». De cette dissociation opérée entre les structures pouvant être considérées comme bénéficiant de l'autonomie financière et celles qui ne peuvent revendiquer ce statut, la haute juridiction arrive à une interprétation restrictive de l'autonomie financière de l'Assemblée nationale. Sa conclusion est ainsi que « dès *lors, l'expression "autonomie financière" utilisée dans le Règlement Intérieur de l'Assemblée Nationale doit en réalité s'analyser comme une autonomie de gestion de ses dépenses à partir d'un budget propre, préparé par elle, voté par sa plénière, dans le strict respect de l'équilibre économique et financier de la Nation, et ce, conformément à l'article 54 de la Constitution, avant d'être intégré dans le budget général de l'État ;* ».

Deux autres décisions portant sur le même objet illustrent l'utilisation de la méthode téléologique (variante de la méthode fonctionnelle) avec comme résultat une interprétation restrictive de la disposition constitutionnelle. Dans le cadre du contrôle de constitutionnalité de la loi organique sur le Conseil supérieur de la magistrature votée par l'Assemblée nationale, il s'est posé la question de la signification à donner à la disposition qu'est l'article 129 de la Constitution, en particulier au mot « *avis* » qui s'y trouve. L'article 129 de la Constitution dispose en effet que « *Les magistrats sont nommés par le président de la République, sur proposition du Garde des sceaux, ministre de la justice, après avis du Conseil supérieur de la magistrature* ». L'article 15 de la loi organique telle que votée à l'Assemblée nationale reprend donc ce mot sans rien ajouter et sans rien retrancher. Mais dans le cadre de son contrôle préalable et obligatoire de constitutionnalité des lois organiques, la Cour constitutionnelle, dans la décision DCC 95-027 du 2 août 1995, a affirmé : « *Considérant que l'article 125 de la Constitution affirme l'indépendance du pouvoir judiciaire ; que, pour garantir cette indépendance, le Conseil supérieur de la magistrature doit jouer un rôle prééminent ; que les avis qu'il est appelé à émettre dans ce cadre lient le Chef de l'État ; que dès lors, l'avis mentionné à l'article 129 doit s'entendre "avis conforme" ; celui de l'article 15 de la loi sous examen doit être complété dans ce sens* ». C'est parce que le législateur n'a pas respecté cette décision de la Cour dans son travail de mise en conformité que celle-ci a été obligée de rappeler ladite position dans la décision DCC 96-048 du 6 août 1996. Dans cette deuxième décision, la Cour réaffirme que : « *L'avis mentionné à l'article 129 de la Constitution doit s'entendre "avis conforme"* » et, ajoute que « *l'article 15 de la loi sous examen doit être complété dans ce sens* ». La Cour va un peu plus loin cette seconde fois en affirmant « *Ainsi, l'article 15 sera libellé comme suit : Les magistrats sont nommés par le président de la République après avis conforme du Conseil supérieur de la magistrature. Les présidents de Chambre… et après avis conforme du Conseil… Constitution* ; ». Dans les deux décisions, la Cour constitutionnelle ajoute l'adjectif « *conforme* » au substantif « *avis* » pour dire que l'avis sollicité du Conseil supérieur de la magistrature ne doit pas être un avis non conforme, c'est-à-dire un avis que l'autorité demanderesse serait libre de suivre ou non, mais bien un avis conforme, donc un avis que l'autorité demanderesse serait tenue de suivre. L'énoncé « *avis* » aurait pu avoir la signification d'« *avis conforme* », comme celle d'« *avis non conforme* »[647] ou même encore celle d'« *avis quel qu'il soit* ». Face à cette incertitude et pour permettre à la norme créée par l'interprétation d'atteindre son objectif de défense de l'indépendance de la justice, il fallait préciser que les nominations à faire par le président de la République devraient se contenter de donner force exécutoire aux choix faits par le Conseil supérieur de la magistrature (C.S.M). Agir autrement, c'est-à-dire considérer l'avis du CSM comme non conforme serait une immixtion disproportionnée de l'Exécutif dans le judiciaire et serait ainsi contraire à la Constitution qui dit en ses articles 125 et 127, respectivement, que « *le pouvoir judiciaire est indépendant du pouvoir législatif et du pouvoir exécutif…* » ; « *Le Président de la République est garant de l'indépendance de la justice. Il est assisté par le Conseil supérieur de la Magistrature.* ». Du fait que les deux décisions aboutissent à considérer que l'avis prévu à l'article 129 n'est pas toute forme d'« *avis* », mais uniquement un « *avis conforme* », la méthode – fonctionnelle – d'interprétation utilisée par la Cour constitutionnelle aboutit à une interprétation restrictive.

B. La méthode historique ou génétique

La méthode historique consiste à prendre en compte dans l'interprétation le contexte historique d'émergence ou d'écriture des dispositions constitutionnelles. Ces informations peuvent être trouvées dans les intentions « authentiques » des rédacteurs du texte, les travaux préparatoires, les règles ou institutions existant au moment de l'élaboration de la Constitution, voire, les mauvaises expériences dont on veut se prémunir contre le renouvellement. On peut rapprocher cette méthode de celle qualifiée de « génétique » en ce qu'elle repose sur la « connaissance de la volonté réelle de l'auteur du texte »[648].

---

[647] M de VILLIERS, *Dictionnaire du droit constitutionnel*, Paris, Armand Colin, 2003, p. 18.
[648] M. TROPER, « Interprétation », ibid., p. 844.

Dans l'affaire qui a permis d'aboutir à la décision DCC 06-074 du 8 juillet 2006, la Cour se devait d'interpréter, d'une part, l'article 80 de la Constitution relatif à la durée du mandat des députés et qui disposait à l'époque que « *les députés sont élus au suffrage universel direct. La durée du mandat est de quatre ans. Ils sont rééligibles. Chaque député est le représentant de la nation tout entière* », d'autre part, les articles 154 et 155 de la Constitution relatifs à sa procédure de révision. Le premier – l'article 154 – dispose que « *l'initiative de la révision de la Constitution appartient concurremment au Président de la République après décision prise en Conseil des ministres et aux membres de l'Assemblée Nationale. Pour être pris en considération, le projet ou la proposition de révision doit être voté à la majorité des trois quarts des membres composant l'Assemblée Nationale.* » ; Quant au second – l'article 155 –, il énonce que « *la révision n'est acquise qu'après avoir été approuvée par référendum, sauf si le projet ou la proposition en cause a été approuvé à la majorité des quatre cinquièmes des membres composant l'Assemblée Nationale.* » Pour justifier l'interprétation qu'elle retiendra des trois articles de la Constitution utiles à la résolution du problème qui lui était posé, la Cour a fait recours à l'interprétation historique, notamment aux circonstances de l'adoption de la Constitution en 1990 : « *Considérant que [le] mandat de quatre (4) ans, qui est une situation constitutionnellement établie, est le résultat du consensus national dégagé par la Conférence des Forces Vives de la Nation de février 1990 et consacré par la Constitution en son Préambule qui réaffirme l'opposition fondamentale du peuple béninois à… la confiscation du pouvoir ; que même si la Constitution a prévu les modalités de sa propre révision, la détermination du peuple béninois à créer un État de droit et de démocratie pluraliste, la sauvegarde de la sécurité juridique et de la cohésion nationale commandent que toute révision tienne compte des idéaux qui ont présidé à l'adoption de la Constitution du 11 décembre 1990, notamment le consensus national, principe à valeur constitutionnelle ; qu'en conséquence, les articles 1 et 2 de la Loi constitutionnelle N° 2006-13 adoptée par l'Assemblée Nationale le 23 juin 2006, sans respecter le principe à valeur constitutionnelle ainsi rappelé, sont contraires à la Constitution ; …* ».

Le constat de l'utilisation par la Cour constitutionnelle de l'une ou l'autre des méthodes d'interprétation traduit une constance : le juge constitutionnel béninois est un interprète libre.

Section 3 : Les pouvoirs du juge-interprète

La liberté du juge-interprète de la Constitution au Bénin se note aussi bien dans son pouvoir discrétionnaire (I) que dans le choix d'une approche dynamique de l'interprétation (II).

I. Le pouvoir discrétionnaire de l'interprète

Le pouvoir discrétionnaire se définit comme un pouvoir dont l'exercice n'est pas déterminé dans tous ses éléments, de manière à laisser à son titulaire un certain pouvoir d'appréciation[649]. Pour Xavier MAGNON, en matière d'interprétation des énoncés, « le pouvoir discrétionnaire est d'autant plus important que l'énoncé présente un degré de précision faible, d'autant plus faible que le degré de précision est important »[650]. En effet, « si la norme est insuffisamment précise quant à la contrainte qui pèse sur une autorité investie d'un pouvoir, non seulement le pouvoir de cette autorité est fort, mais celui de l'organe de contrôle vérifiant la conformité de l'exercice du pouvoir avec la norme le sera également et dans la même proportion »[651]. Cette analyse permet d'anticiper l'existence d'un pouvoir discrétionnaire au profit du juge constitutionnel béninois en matière de principes (A). Mais, peut-on en dire de même en matière de règles (B) ?

A. En matière de principes

Dans la catégorie des énoncés, la doctrine distingue, depuis DWORKIN[652], entre les sous-catégories de « *règles* », d'une part, de « *principes* », d'autre part. Quoi qu'il veuille proposer sa propre sous catégorisation, la distinction que fait Xavier MAGNON entre les normes à degré de précision élevée et celles à degré de précision faible, relève de la même démonstration[653]. L'enjeu de la distinction pour la problématique de l'interprétation est que « de même que les obligés, ont grâce à la lisibilité de l'énoncé, une meilleure connaissance de la substance de leurs obligations, les organes de contrôle auront une meilleure information des obligations dont ils ont à vérifier le respect »[654]. En ce qui concerne en particulier les méthodes d'interprétation à utiliser, et surtout l'utilisation – jugée plus étonnante – de méthodes autres que celles qui consistent à rechercher le sens d'une disposition dans et à partir de l'énoncé lui-même, il paraît plus malaisé pour un juge – quoique cela ne

---

649 G. CORNU (dir.), *Vocabulaire juridique*, Paris, PUF, 15ème édition mise à jour, 2024, p. 356.
650 X. MAGNON, ibid., pp. 61.
651 Ibid., pp. 61-62.
652 R. DWORKIN, *Taking Rights seriously*, 2ème édition, London, 1978, traduit de l'anglais par M.-J ROSSIGNOM et F. LIMARE, révisée et présentée par F. MICHAUX, *Prendre les droits au sérieux*, Paris, PUF, 1995, pp. 79 et s. ; voir aussi, X. MAGNON, *Théorie(s) du droit*, Paris, Ellipses, 2008, pp. 60-64.
653 X. MAGNON, Ibid.
654 Ibid., p. 61.

soit pas impossible s'il motive correctement son raisonnement – de se détacher d'un texte à degré de précision élevée que de donner le sens souhaitable selon lui à un énoncé à degré de précision faible.

Il arrive même qu'en choisissant un (des) sens possible(s) qu'il tire d'un principe – donc d'un énoncé à degré de précision fable –, le juge génère une règle dans le cadre du processus de l'interprétation dont il se sert ensuite pour donner la solution au problème posé. Lorsque le préambule de la Constitution béninoise du 11 décembre 1990 énonce, par exemple, le principe de la démocratie et de l'État de droit, il n'en tire aucune conséquence pour la sauvegarde, dans un régime démocratique, des droits de la minorité parlementaire. Quand éclate le débat sur les règles de *« désignation des députés appelés à représenter l'Assemblée nationale en tant que Corps, à animer ses organes de gestion ou à siéger au sein d'autres institutions de l'État »* dans une affaire soumise à la Cour, celle-ci est amenée, dans la décision DCC 09-016 du 19 février 2009, à conduire, avant le règlement effectif et concret de la situation, un raisonnement préalable en quatre étapes, toutes consacrées à l'identification de la règle applicable au problème posé. *Première étape* : La Cour constitutionnelle rappelle la nuance entre règle et principe dans la Constitution : « [...] *La Constitution, norme fondatrice de l'État, ne se réduit pas à la détermination des règles relatives à la dévolution et à l'exercice du pouvoir dans l'État ; [...] elle met toujours en œuvre une certaine idée de droit, c'est-à-dire, l'image de l'ordre social qu'il conviendrait de réaliser en vue du bien commun du peuple ; [...] elle est donc porteuse d'un idéal de société qui doit inspirer toute l'activité politique de l'État* [autrement dit, elle comporte, au-delà des règles, des principes] ». *Deuxième étape :* La cour identifie le principe qui, selon elle, est approprié pour résoudre le problème posé. *: « [...] le préambule de la Constitution, expression éclatante de cette idée de droit, affirme solennellement la détermination du peuple béninois de créer un État de droit et de démocratie pluraliste ; [...] ». Troisième étape :* La Cour s'efforce à donner un sens à ce principe *: « la démocratie pluraliste ne saurait être de manière absolue et exclusive la loi de la majorité, mais la protection de la minorité ; qu'en effet, si la règle démocratique exige que la majorité décide et que la minorité s'incline, dans l'exercice de ce pouvoir de décision, la majorité doit cependant s'imposer à elle-même, le cas échéant, une limite qu'elle ne saurait transgresser sous peine de devenir tyrannique, à savoir le respect des droits de la minorité ; [...]. » Quatrième et dernière étape :* La Cour fixe une règle issue de ce principe pour le cas particulier qui lui est soumis *: « la garantie des droits de la minorité doit se traduire au Parlement par le respect de sa configuration politique impliquant la règle de la répartition proportionnelle dans la désignation des députés appelés à représenter l'Assemblée nationale en tant que Corps, à animer ses organes de gestion ou à siéger au sein d'autres institutions de l'État ».* Ce n'est que grâce à ces quatre étapes que la Cour va se donner les moyens de régler le problème qui lui a été posé. Toutes les quatre étapes répertoriées ci-dessus ne sont que le préalable à la résolution du problème posé. Toutes rentrent dans le cadre de l'interprétation *in abstracto* d'un principe énoncé dans la Constitution. Mais la solution au problème posé à la Cour constitutionnelle en l'espèce ne s'arrête pas à la concrétisation du principe – *État de droit et démocratie pluraliste* – en règle applicable – *respect de la configuration politique [de l'Assemblée nationale] impliquant la règle de la répartition proportionnelle dans la désignation des députés appelés à représenter l'Assemblée nationale…* – comme il est constaté à la quatrième étape ci-dessus mentionnée.

La solution finale au problème soumis à la Cour ne peut être connue qu'après que celle-ci se soit adonnée à une interprétation *in concreto* consistant à apprécier si, en l'espèce, les désignations faites à l'Assemblée nationale sont, ou non, conformes à la règle ainsi « révélée »[655]. Soit, elles sont conformes et la Cour les valide, soit elles ne sont pas conformes et la cour les invalide. Pour la haute juridiction, « *dans le cas d'espèce, les débats du 27 décembre 2008 à l'Assemblée Nationale relatifs à la désignation des députés appelés à siéger dans les Parlements régionaux ont révélé l'existence, d'une part, d'une majorité parlementaire composée des députés des groupes parlementaires G13, ADD Nation et Développement, ADD Paix et Progrès, PRD-PRS totalisant 44 députés sur 83, d'autre part, d'une minorité parlementaire constituée de 39 députés répartis dans les groupes parlementaires Bénin Emergent Solidarité et Progrès, Démocratie et Emergence, Unité Nationale et deux députés non-inscrits ; que ces deux forces parlementaires doivent être représentées au prorata du nombre de députés qui les composent dans les différents parlements régionaux* ; ». Constatant « *que l'Assemblée Nationale a désigné le 27 décembre 2008 ses représentants en méconnaissance des droits de la minorité ;* », la Cour conclut « *qu'il y a lieu de dire et juger que cette désignation viole le principe à valeur constitutionnelle de la représentation proportionnelle majorité/minorité et par conséquent, la Constitution…* ».

En fait, en matière d'interprétation des énoncés, on distingue entre, d'une part, l'interprétation *in abstracto* qui consiste à identifier le contenu de sens, c'est-à-dire le contenu normatif (la norme ou les normes) exprimé par et/ou logiquement implicite dans un texte sans référence à un cas particulier, et, d'autre part, l'interprétation *in concreto* qui consiste à subsumer un cas particulier dans le domaine d'application d'une norme

---

655 Il est à préciser ici qu'il ne s'agit pas d'un contentieux en contrôle de constitutionnalité d'un acte, mais d'un contentieux en régulation du fonctionnement des institutions et de l'activité des pouvoirs publics. La spécificité de cette fonction spécifique sera abordée un peu plus loin.

précédemment identifiée *in abstracto*[656]. Dans une opération d'interprétation complète, il faut donc, successivement, une attribution de signification à un texte juridique – interprétation *in abstracto* – et une qualification juridique d'un cas d'espèce – interprétation *in concreto* –[657].

Les étapes d'interprétation *in abstracto* d'un principe sont d'autant nécessaires que le propre d'un principe est d'être vague. Plus, un énoncé est vague, plus il offre la possibilité – la liberté – à l'interprète de proposer – d'imposer – le – les – sens qu'il devrait revêtir et les conséquences qu'il conviendrait de tirer de ce(s) sens. Le principe désigne en effet des normes à contenu général, qui donnent une « direction » ou tracent « une ligne de conduite »[658]. Selon R. GUASTINI, le principe est une norme fondamentale, c'est-à-dire qui caractérise le système juridique ou l'un de ses secteurs, qui donne un fondement axiologique (justification éthico politique) à une pluralité d'autres normes appartenant au même système juridique et qui n'exige, à son tour, aucun fondement, aucune justification éthico politique[659]. Il s'agit surtout d'une norme structurellement indéterminée, entre autres, par son caractère vague. « *Une norme structurellement vague – donc un principe – est une norme qui (a) d'un côté exige la création d'autres normes – des normes "d'exécution" ou de "concrétisation" – pour lui donner la capacité de résoudre des cas concrets ; mais (b) de l'autre côté, elle peut bien être exécutée ou concrétisée de plusieurs façons différentes et alternatives* »[660].

Le droit constitutionnel semble être un espace d'épanouissement des principes. Une partie essentielle de ce droit est caractérisé par un « niveau élevé d'abstraction et d'indétermination… [car] ce droit ne doit pas être trop attaché à des circonstances actuelles et donc éphémères »[661]. Dans cette lancée, la Constitution béninoise du 11 décembre 1990 consacre de nombreux principes. On pense par exemple à la laïcité de l'État[662], à l'indépendance du pouvoir judiciaire[663], ou encore à la libre administration

---

656 R. GUASTINI, ibid., p. 466.

657 Ibid.

658 X. MAGNON, ibid., p. 60.

659 R. GUASTINI, « L'interprétation de la Constitution », ibid., p.490.

660 Ibid. : p. 491.

661 K. P. SOMMERMANN, « Normativité », *in Annuaire international de justice constitutionnelle*, 17-2001, 2002. Immunités constitutionnelles et privilèges de juridiction - Interprétation de la Constitution par le juge constitutionnel., p. 371.

662 Article 2, alinéa 1er de la Constitution : « *La République du Bénin est une et indivisible, laïque et démocratique* »

663 Article 125, alinéa 1er, de la Constitution : « *Le pouvoir judiciaire est indépendant du pouvoir législatif et du pouvoir exécutif.* ».

des collectivités territoriales[664]. Le juge ne peut pas utiliser directement un principe dans un cas d'espèce sans devoir choisir parmi les nombreux sens qu'il peut comporter celui qui lui semble le plus approprié pour permettre de résoudre le problème qui lui est posé. En cela, son pouvoir discrétionnaire est manifeste.

Ce pouvoir est-il moindre s'agissant des règles ? Cette question s'impose au regard de ce que la Constitution ne comporte pas uniquement des principes, mais elle contient aussi des « règles ».

B. En matière de règles

Selon GUASTINI, « une norme est indéfectible – et donc une règle – lorsqu'elle établit d'une façon complète, exhaustive, à la fois les faits en présence desquels se produit la conséquence juridique dont il s'agit ainsi que les exceptions en présence desquelles la conséquence ne se produit pas » alors qu'« une norme est défectible – et donc elle est un principe – lorsqu'elle n'établit pas exhaustivement tous les faits "conditionnants", ou bien n'énumère pas toutes les exceptions »[665]. Une règle est portée par un énoncé qui a un contenu précis, qui pose un ordre, qui commande un comportement déterminé[666]. L'énoncé qui porte la règle est conditionnel, c'est-à-dire qu'il attache une conséquence (sanction, naissance d'unc obligation, naissance d'un droit subjectif, validité ou non d'un acte...) à une classe de faits (une circonstance ou un ensemble de circonstances). Si F, alors J[667]. Il s'agit donc de norme prescriptive.

Si de nombreuses règles sont comprises dans le corps de la Constitution elle-même, plusieurs autres ne sont constitutionnelles que par renvoi. S'agissant des règles contenues dans le corps même de la Constitution, on peut citer, parmi de nombreux exemples, les conditions de la garde à vue[668], l'éligibilité à la fonction présidentielle[669], les conditions d'exercice,

---

664 Article 151 (nouveau), alinéa 1er de la Constitution : « *Les collectivités s'administrent librement par des conseils élus pour un mandat de cinq ans (05) dans les conditions prévues par la loi* ».

665 R. GUASTINI, « L'interprétation de la Constitution », ibid., p.490.

666 X. MAGNON, *Théorie(s) du droit*, Paris, Ellipses, 2008, p. 60.

667 R. GUASTINI, « L'interprétation de la Constitution », ibid., pp. 489-490.

668 Article 18, alinéa 4, de la Constitution : « *Nul ne peut être détenu pendant une durée supérieure à quarante-huit heures que par la décision d'un magistrat auquel il doit être présenté. Ce délai ne peut être prolongé que dans des cas exceptionnellement prévus par la loi, et ne peut excéder une période supérieure à huit jours.* »

669 Article 44 (nouveau) de la Constitution : « *Nul ne peut être candidat aux fonctions de Président de la République ou de vice-président de la République s'il : - n'est de nationalité béninoise de naissance ou acquise depuis au moins dix ans ; - n'est de bonne moralité et d'une grande probité ; - ne jouit de tous ses droits civils et politiques ; - n'est âgé d'au moins 40 ans révolus et au plus 70 ans révolus à la date*

par le président de la République, des pouvoirs de crise[670], les conditions d'adoption respective des lois ordinaires et des lois organiques[671], les conditions à remplir pour être membre de la Cour constitutionnelle[672], la révision de la Constitution[673], etc. Sur les règles constitutionnelles par

---

d'entrée en fonction ; - a été élu deux (02) fois Président de la République et a exercé comme tel deux mandats ; - n'est présent en République du Bénin lors du dépôt de sa candidature ; - ne jouit d'un état complet de bien-être physique et mental dûment constaté par un collège de trois médecins assermentés désignés par la Cour constitutionnelle. - n'est dûment parrainé par des élus dans les conditions et suivant les modalités fixées par la loi. »

670 Article 68 de la Constitution :

« *Lorsque les institutions de la République, l'indépendance de la Nation, l'intégrité du territoire national ou l'exécution des engagements internationaux sont menacés de manière grave et immédiate et que le fonctionnement régulier des pouvoirs publics et constitutionnels est menacé ou interrompu, le Président de la République, après consultation du Président de l'Assemblée nationale et du Président de la Cour constitutionnelle, prend en Conseil des ministres les mesures exceptionnelles exigées par les circonstances sans que les droits des citoyens garantis par la Constitution soient suspendus.*

Il en informe la Nation par un message.

L'Assemblée nationale se réunit de plein droit en session extraordinaire. »

Article 69 de la Constitution : « *Les mesures prises doivent s'inspirer de la volonté d'assurer aux pouvoirs publics et constitutionnels dans les moindres délais, les moyens d'accomplir leur mission. L'Assemblée nationale fixe le délai au terme duquel le Président de la République ne peut plus prendre des mesures exceptionnelles.* »

671 Article 97 de la Constitution :

« *La loi est votée par l'Assemblée nationale à la majorité simple. Cependant, les lois auxquelles la présente Constitution confère le caractère de lois organiques sont votées et modifiées dans les conditions suivantes :*

- *la proposition ou le projet n'est soumis à la délibération et au vote de l'Assemblée qu'après l'expiration d'un délai de quinze jours après son dépôt sur le Bureau de l'Assemblée ;*
- *le texte ne peut être adopté qu'à la majorité absolue des membres composant l'Assemblée ;*
- *les lois organiques ne peuvent être promulguées qu'après déclaration par la Cour constitutionnelle de leur conformité à la Constitution.* »

672 Article 115, alinéas 1, 2 et 3 de la Constitution :

« *La Cour constitutionnelle est composée de sept membres dont quatre sont nommés par le Bureau de l'Assemblée nationale et trois par le Président de la République pour un mandat de cinq ans renouvelable une seule fois. Aucun membre de la Cour constitutionnelle ne peut siéger plus de dix ans.*

Pour être membre de la Cour constitutionnelle, outre la condition de compétence professionnelle, il faut être de bonne moralité et d'une grande probité.

La Cour constitutionnelle comprend :

- *trois magistrats, ayant une expérience de quinze années au moins, dont deux sont nommés par le Bureau de l'Assemblée nationale et un par le Président de la République ;*
- *deux juristes de haut niveau, professeurs ou praticiens du droit, ayant une expérience de quinze années au moins, nommés l'un par le Bureau de l'Assemblée nationale et l'autre par le Président de la République ;*
- *deux personnalités de grande réputation professionnelle, nommées l'une par le Bureau de l'Assemblée nationale et l'autre par le Président de la République.* »

673 Article 154 de la Constitution :

renvoi, il s'agit de celles qui sont contenues dans les lois organiques et les règlements intérieurs des hautes institutions non juridictionnelles de l'État. Les lois organiques sont des normes prises *« en vertu de la Constitution »*. C'est cette dernière qui demande ainsi explicitement à être complétée sur tel ou tel point. La Constitution prévoit en effet une liste limitative de lois qui ne peuvent être adoptées qu'en la forme de lois organiques. Il s'agit de lois portant sur les 11 questions suivantes : - Conditions de recours au Référendum[674] ; - Principes d'organisation, de fonctionnement et de contrôle de l'administration publique[675] ; - Liste des emplois de hauts fonctionnaires pourvus par le Président de la République[676] ; - Conditions de vote des lois de finances et de règlement des comptes de la Nation[677] ; - Organisation et fonctionnement de la Cour constitutionnelle, procédure suivie devant elle, notamment les délais pour sa saisine, de même que les immunités et le régime disciplinaire de ses membres[678] ; - Composition, attributions, organisation et fonctionnement du Conseil supérieur de la Magistrature[679] ; - Règles de fonctionnement et procédure suivie devant la Haute Cour de Justice[680] ; - Composition, organisation et fonctionnement du Conseil Économique et Social (CES)[681] ; - Composition, attributions, organisation et fonctionnement de la Haute Autorité de l'Audiovisuel et de la Communication (H. A. A. C)[682] ; - Composition, attributions,

---

« *L'initiative de la révision de la Constitution appartient concurremment au Président de la République, après décision prise en Conseil des ministres, et aux membres de l'Assemblée nationale. Pour être pris en considération, le projet, ou la proposition de révision, doit être voté à la majorité des trois quarts des membres composant l'Assemblée nationale.* »

Article 155 de la Constitution :

« *La révision n'est acquise qu'après avoir été approuvée par référendum, sauf si le projet ou la proposition en cause a été approuvé à la majorité des quatre cinquièmes des membres composant l'Assemblée nationale.* »

Article 156 de la Constitution :

« *Aucune procédure de révision ne peut être engagée ou poursuivie lorsqu'il est porté atteinte à l'intégrité du territoire.*

La forme républicaine et la laïcité de l'État ne peuvent faire l'objet d'une révision. »

674 Article 4 de la Constitution.

675 Article 54, alinéa 3 de la Constitution.

676 Article 56 de la Constitution.

677 Articles 109 et 112 de la Constitution.

678 Article 115 al 5 de la Constitution.

679 Article 128 al 2 de la Constitution.

680 Article 135 al 5 de la Constitution.

681 Article 140 al 2 de la Constitution.

682 Article 143 de la Constitution.

organisation et fonctionnement du Conseil supérieur des comptes[683] ; - Composition, attributions, organisation et fonctionnement de la Cour des comptes[684]. L'article 97 de la Constitution expose clairement la spécialité de la loi organique par rapport à la loi ordinaire[685]. Une fois adoptées, les lois organiques complètent donc la Constitution dans sa fonction de norme de référence. Les lois organiques constituent alors, avec le texte fondamental, un complexe normatif placé au sommet de la hiérarchie des normes et servant de normes de référence au contrôle de constitutionnalité des autres textes. Ainsi, plusieurs décisions de la Cour constitutionnelle utilisent ces normes pour constater la conformité ou la non-conformité d'une loi ou d'un acte réglementaire à la Constitution.

En matière d'interprétation des « *règles* », si l'on s'attend, compte tenu du degré de précision de l'énoncé normatif, à l'utilisation des méthodes littérales ou sémiotiques, l'utilisation des méthodes systématiques, voire de celles téléologiques, fonctionnelles ou historiques ne sont pas exclues. L'explication est simple : quand Stéphane BOLLE affirme que, « quel que soit le soin apporté à la rédaction, un texte constitutionnel ne suffit pas à déterminer avec certitude la signification normative… qu'il véhicule », il

---

683 Article 134-2, alinéa 2 de la Constitution.

684 Article 134-3, alinéa 5 de la Constitution

685 Elle dispose :

« *La loi est votée par l'Assemblée nationale à la majorité simple. Cependant, les lois auxquelles la présente Constitution confère le caractère de lois organiques sont votées et modifiées dans les conditions suivantes :*

- *la proposition ou le projet n'est soumis à la délibération et au vote de l'Assemblée qu'après l'expiration d'un délai de quinze jours après son dépôt sur le Bureau de l'Assemblée ;*
- *le texte ne peut être adopté qu'à la majorité absolue des membres composant l'Assemblée ;*
- *les lois organiques ne peuvent être promulguées qu'après déclaration par la Cour constitutionnelle de leur conformité à la Constitution.* »

Ce texte exige en réalité une double majorité.

C'est, d'une part, une **majorité de quorum** qui est exigée. En effet, la présence, lors du vote portant sur la loi organique de la majorité des membres composant l'Assemblée nationale, est obligatoire, puisqu'un vote n'atteignant pas leur nombre n'a aucune valeur. En comparaison avec la procédure d'adoption d'une loi ordinaire, lorsque le nombre de députés présent n'atteint pas la majorité des membres composant l'Assemblée nationale, le vote est reporté à une prochaine séance. Au cours de cette séance, la délibération peut avoir lieu, quel que soit le nombre de députés présents.

C'est, d'autre part, une **majorité de votes** qui est requise. En effet, la loi n'est considérée comme votée que si le nombre de votes favorables est supérieur à la moitié des membres composant l'Assemblée nationale.

L'article 32 de la loi organique sur la Cour constitutionnelle précise les modalités de la procédure de contrôle de constitutionnalité en disposant que « *les lois organiques adoptées par l'Assemblée nationale sont transmises à la Cour constitutionnelle par le Président de la République pour contrôle de constitutionnalité…* ».

parle aussi bien « *des principes...* » que des « *règles...* »[686] Le juge constitutionnel ne perd donc pas son pouvoir discrétionnaire du simple fait qu'il a à interpréter une règle. Ainsi, au Bénin, les règles relatives à la révision de la Constitution ont fait l'objet d'une interprétation *in concreto* marquée par un pouvoir discrétionnaire incontestable du juge. Les articles 154, 155 et 156 de la Constitution semblent suffisamment précis et détaillés sur la procédure à suivre, les étapes à franchir, l'objet de toute révision de la Constitution. Pourtant, lors de l'examen de la loi organique sur le référendum en 2011, la Cour constitutionnelle, dans son travail d'interprétation *in concreto* de ce texte n'a pas hésité à exiger des parlementaires de le revoir en y ajoutant des clauses d'éternité qui n'apparaissent ni explicitement, ni même implicitement dans les énoncés constitutionnels, en particulier dans celui de l'article 156, alinéa 2, de la Constitution qui affirme de manière limitative que « *La forme républicaine et la laïcité de l'État ne peuvent faire l'objet d'une révision.* ». Le pouvoir discrétionnaire de l'organe de contrôle, c'est-à-dire du juge-interprète, l'a conduit, à affirmer dans la décision DCC 11-067 du 20 octobre 2011 que : « *l'examen de la loi fait ressortir que l'article 6 est contraire à la Constitution en ce qu'il ne cite pas toutes les options fondamentales de la Conférence Nationale de février 1990 et qui sont reprises par les articles 42, 44 et 54 de la Constitution ; qu'il s'agit - du nombre de mandats présidentiels, de la limitation d'âge pour les candidats à l'élection présidentielle et de la nature présidentielle du régime politique dans notre pays ; que l'article 6 doit donc être reformulé comme suit : "Ne peuvent faire l'objet de questions à soumettre au référendum*[687]*, les options fondamentales de la Conférence Nationale de février 1990, à savoir : - la forme républicaine et la laïcité de l'État ; - l'atteinte à l'intégrité du territoire national ; - le mandat présidentiel de cinq ans, renouvelable une seule fois ; - la limite d'âge de 40 ans au moins et 70 ans au plus pour tout candidat à l'élection présidentielle ; - le type présidentiel du régime politique au Bénin.*". ».

En cette matière, la Cour constitutionnelle béninoise a discrétionnairement choisi d'ajouter aux deux clauses d'éternité prévues dans l'article 156, alinéa 2, de la Constitution et qui sont, explicitement, « *la forme républicaine et la laïcité de l'État* », trois autres clauses ordinaires qu'elle a, à l'occasion de son interprétation *in concreto*, transformées en clauses d'éternité, à savoir « - *le mandat présidentiel de cinq ans, renouvelable une seule fois ; - la limite d'âge de 40 ans au moins et 70 ans au plus pour tout candidat à*

---

686 S. BOLLE, « Sur l'interprétation de la Constitution en Afrique », in F. MELIN SOUCRAMANIEN (dir.), *Espaces de service public, Mélanges Jean du Bois de GAUDUSSON, Tome1*, Pessac, Presses Universitaires de Bordeaux, 2013, p. 60.

687 Sous-entendu, « notamment lorsque ce référendum porte sur une révision de la Constitution ».

l'élection présidentielle ; - le type présidentiel du régime politique au Bénin. ».

Si cet exemple a été tiré de l'exercice par la Cour de sa fonction de contrôle de constitutionnalité, il faut reconnaître qu'il en va de même, voire encore plus, quand il s'agit d'exercer la fonction de régulation du fonctionnement des institutions et de l'activité des pouvoirs publics. On peut le constater sur le contrôle de la mise en œuvre d'une règle telle que celle fixant strictement la date d'organisation du second tour de l'élection présidentielle[688]. Par requête du 16 mars 2006, le président de la Commission Électorale Nationale Autonome (CENA) saisit la haute juridiction en vue de la « modification » de la date du second tour du scrutin présidentiel. Il expose : « *Conformément au décret N° 2005-713 du 18 novembre 2005 portant convocation du corps électoral pour l'élection présidentielle, le premier tour de ladite élection a eu lieu le 05 mars dernier. Les résultats provisoires de ce premier tour que votre haute juridiction a proclamés hier 15 mars 2006 conduisent à organiser un second tour. Celui-ci devrait avoir lieu dans un délai de 15 jours après le premier tour, en application des dispositions de l'article 45 de la Constitution, soit le 19 mars prochain. Mais la CENA, qui est chargée de l'organisation de l'élection actuellement est dans l'impossibilité matérielle d'organiser le scrutin dans de bonnes conditions le 19 mars*[689]. *[…]* ». Il demande en conséquence à la haute juridiction, « *d'une part, de juger, qu'en raison de l'impossibilité matérielle pour la CENA d'organiser le second tour du scrutin le 19 mars, ce second tour aura lieu le 22 mars 2006, et d'autre part, de demander au Gouvernement de prendre en ce sens un décret* ». La Cour accède à cette demande et rappelle que « selon l'article 114 de la Constitution, [elle] est "*l'organe régulateur du fonctionnement des institutions et de l'activité des pouvoirs publics*" ; *qu'en cette qualité, elle est fondée à prendre toute décision pour éviter toute paralysie du fonctionnement des institutions de la République* ; ». Elle rappelle les faits et constate qu'entre le 15 mars 2006 et le 19 mars 2006, « *la CENA ne peut manifestement pas accomplir toutes les opérations qu'appelle la mise en œuvre des dispositions des articles 45, 46 et 47 […] de la Constitution* ». Elle décide alors, « *en vertu de l'article 114 de la Constitution, d'autoriser le report de la date du second tour du scrutin présidentiel du 19 mars 2006*

---

688 Article 45, alinéa 1, de la Constitution béninoise du 11 décembre 1990 (Rédaction initiale avant la modification de 2019) : « *Le Président de la République est élu à la majorité absolue des suffrages exprimés. Si celle-ci n'est pas obtenue au premier tour de scrutin, il est procédé, dans un délai de quinze jours, à un second tour.* »

689 Il invoque notamment le fait que : « *La commande du bulletin unique vient d'être en effet faite, suite à la proclamation des résultats. D'autres commandes de matériel électoral sont encore en cours. Par ailleurs, la procédure de mise en œuvre des commandes à faire pour le compte de la CENA par les partenaires au développement du Bénin nécessite encore quelques jours. En outre, la CENA a besoin de disposer d'un peu plus de temps pour mettre en place le matériel électoral pour que le scrutin se déroule dans de meilleures conditions* ».

au 22 mars 2006 et d'inviter le Chef de l'État à convoquer aux urnes à cette date le corps électoral»[690].

II. Le choix d'une approche dynamique de l'interprétation

La liberté du juge-interprète de la Constitution béninoise se note aussi dans le fait qu'il se sent libre, même après avoir interprété un énoncé d'une certaine manière, de revenir sur la première signification retenue et de lui substituer une autre. On peut en faire le constat (A), puis l'analyse (B).

A. Le constat

Il en a été ainsi, dans l'année 2018, de l'interprétation de l'article 31 de la Constitution selon lequel : « *L'État reconnaît et garantit le droit de grève. Tout travailleur peut défendre, dans les conditions prévues par la loi, ses droits et ses intérêts soit individuellement, soit collectivement ou par l'action syndicale. Le droit de grève s'exerce dans les conditions définies par la loi.* ». Le 28 décembre 2017 est votée à l'Assemblée nationale la loi N° 2017-43 modifiant et complétant la loi N° 2015-18 du 13 juillet 2017 portant statut général de la Fonction publique. L'article 1er de la loi votée et visant à modifier l'article 50 de la loi N° 2015-18 du 13 juillet 2017 portant statut général de la Fonction publique dispose : « ... *Article 50 nouveau : Le droit de grève est reconnu aux agents de la fonction publique pour la défense de leurs intérêts professionnels collectifs ; il s'exerce dans le cadre défini par la loi. [...] Toutefois, sont exclus du droit de grève, les militaires, les agents des forces de sécurité publique et assimilés (gendarmes, policiers, douaniers, agents des eaux-forêts et chasses, sapeurs-pompiers) ; le personnel de la santé ; le personnel de la justice ; les personnels des services de l'administration pénitentiaire ; les personnels de transmission opérant en matière de sécurité de l'État.* ». Saisie du contrôle de constitutionnalité du texte ainsi voté, la Cour constitutionnelle, dans sa décision DCC 18-001 du 18 janvier 2018, a adopté une méthode systémique d'interprétation fondée à la fois sur l'article 31 de la Constitution entendue *stricto sensu*, mais aussi sur les articles 11 de la Charte africaine des droits de l'homme et des peuples (dont elle a précisé qu'elle fait partie intégrante de la Constitution) et 8, alinéa 2, du Pacte international relatif aux droits civils et politiques (dont elle a précisé qu'elle fait partie du bloc de constitutionnalité). Pour elle, le droit de grève « *bien que fondamental et consacré par l'article 31 précité, n'est pas absolu ; [...] la reconnaissance du droit de grève par le constituant ne saurait avoir pour effet de faire obstacle au pouvoir du législateur d'apporter à l'exercice de ce droit les limitations*

690 EL-P 06-019 du 16 mars 2006.

nécessaires en vue d'assurer la continuité du service public, la satisfaction de l'intérêt général, la sécurité publique, la sûreté d'autrui, la santé, la morale ou les droits et libertés des personnes ; ». De l'analyse croisée des énoncés contenus respectivement dans la Constitution, la Charte africaine des droits de l'homme et des peuples et le Pacte international relatif aux droits économiques, sociaux et culturels, donc en utilisant une méthode systémique d'interprétation, la Cour constitutionnelle tire la signification de l'énoncé de l'article 31 de la Constitution comme suit : « *seul le constituant peut interdire l'action syndicale et le droit de grève, le législateur n'étant habilité qu'à encadrer leur exercice* ; ».

A la fin de cette interprétation *in abstracto*, donc de cette attribution de signification, elle décide, *in concreto*, « *que l'alinéa 5 de l'article 50 nouveau prévu par l'article 1er de la loi sous examen excluant de la jouissance du droit de grève les militaires, les agents des forces de sécurité publique et assimilés (gendarmes, policiers, douaniers, agents des Eaux-Forêts et Chasses, sapeurs-pompiers), le personnel de la santé, le personnel de la justice, les personnels de l'administration pénitentiaire, les personnels de transmission opérant en matière de sûreté et de sécurité de l'État est [...] contraire à l'article 31 précité de la Constitution* ; ».

Saisie, moins d'un semestre après cette première décision, soit le 20 mai 2018, d'un recours en son interprétation, la Cour constitutionnelle a, dans sa décision DCC 18-141 du 28 juin 2018, déclaré irrecevable ce recours, puis affirmé sa compétence de saisine d'office sur la question, se fondant sur le fait que « *lorsqu'une requête élève à la connaissance de la Cour une situation de violation d'un droit fondamental ou de remise en cause d'un impératif ou d'un principe à valeur constitutionnelle, la Cour peut se prononcer d'office* ». Or, selon elle « *en l'espèce, la requête vise à obtenir le rétablissement de la réalisation de l'impératif constitutionnel que constitue le fonctionnement continu des services stratégiques et essentiels à la vie, à la santé, à la santé, à la sécurité, à la justice, à la défense et à la mobilisation des ressources publiques indispensables à l'existence de l'État et à la construction de la Nation* ». Sur le fond, reprenant l'article 31 de la Constitution, elle affirme que « *si ce texte reconnaît et garantit le droit de grève, son exercice intervient dans le cadre de la loi qui peut le restreindre, voire l'interdire...* ». Elle justifie plus loin cette signification retenue de l'article 31 de la Constitution par la méthode fonctionnelle d'interprétation. En effet, affirme-t-elle : « *les fonctions de défense, de sécurité, de justice et de santé des personnes dévolues à l'État ne sauraient souffrir, dans leur exercice, d'aucune interruption ; qu'il est de l'essence et de l'existence de l'État que leur exercice soit continu ; que l'exclusion à laquelle il est procédé, vise aussi bien à sauvegarder l'intérêt général auquel l'exercice du droit de grève porte atteinte dans les secteurs vitaux énumérés de la vie sociale et de la protection de citoyens, qu'à maintenir l'existence de l'État ainsi que sa capacité à assurer les fonctions stratégiques et essentielles qu'au sein de la Nation, nul corps ni groupe de particuliers ne saurait exercer à titre principal ; qu'il en résulte que la loi qui édicte de telles exclusions ou interdictions n'est pas contraire à la Constitution ;* ».

Il y a là manifestement substitution d'une première signification de l'article 31 de la Constitution, par une autre. Pour la Cour constitutionnelle, en janvier 2018, « *seul le constituant peut interdire l'action syndicale et le droit de grève, le législateur n'étant habilité qu'à encadrer leur exercice ;* ». Pour la même cour[691], en juin 2018, « *si ce texte reconnaît et garantit le droit de grève, son exercice intervient dans le cadre de la loi qui peut le restreindre, voire l'interdire...* ».

Une telle évolution dans l'interprétation d'un énoncé de la Constitution, quoique spectaculaire, car intervenant en six mois d'intervalle, est loin d'être isolée dans la jurisprudence de la Cour constitutionnelle. Plusieurs décisions peuvent être citées dans le même sens s'agissant de la compétence de la Cour à statuer sur les décisions de justice, notamment les décisions des hautes juridictions[692], sur la méthode de calcul de l'âge des candidats à l'élection présidentielle[693], sur le caractère obligatoire ou facultatif du contrôle de constitutionnalité *a priori* des lois ordinaires[694], sur l'égalité entre homme et femme en ce qui concerne la transmission de leur nom à leur conjoint ou enfant après le mariage[695], sur la nécessité ou non du consensus national avant la révision de la Constitution[696].

Que peut-on en dire ?

B. L'analyse

Pour les partisans de la doctrine statique de l'interprétation, celle qui « met l'accent sur les valeurs de la stabilité de la réglementation juridique, de la sécurité juridique, de la prévisibilité juridique des décisions

---

691 Il est vrai sous une nouvelle mandature composée entièrement de nouveaux juges.

692 DCC 03-079 du 14 mai 2003, puis DCC 09-087 du 13 août 2009 donnant deux significations différentes aux énoncés contenus dans les articles 3, 114, 117, 13 et 124 de la Constitution.

693 DCC 15-156 du 16 juillet 2015, puis DCC 18-125 du 21 juin 2018 donnant deux significations différentes à l'énoncé de l'article *Article 44 alinéa 1-4 de la Constitution (Rédaction initiale, avant la révision de 2019).*

694 DCC 17-039 du 23 février 2017, puis DCC 18-131 du 21 juin 2018 donnant deux significations différentes à l'énoncé de l'article 117 de la Constitution.

695 DCC 04-083 du 20 Aout 2004, puis DCC 21-269 du 21 octobre 2021 donnant deux significations différentes à l'énoncé de l'article 26 de la Constitution.

696 DCC 06-74 du 8 juillet 2006, puis DCC 18-126 du 21 juin 2018 donnant deux significations différentes à l'énoncé des articles 154 à 156 de la Constitution.

juridictionnelles »[697], un tel constat de substitution d'une signification par une nouvelle relativement au même énoncé normatif contenu dans la Constitution pose problème, car, pour eux, les interprètes de la Constitution doivent « pratiquer une interprétation stable, fixe, diachroniquement constante, sans revirements »[698]. Mais ce serait vite oublier que, parmi les « méthodes nouvelles complétant les méthodes classiques d'interprétation »[699], les spécialistes rangent la méthode tendant à « tenir compte des nécessités actuelles et donc avoir une conception évolutive de la Constitution [...] »[700]. La recommandation est donc que « le juge doit prendre en considération le contexte actuel, c'est-à-dire, à la fois la situation actuelle du pays et l'état actuel des conceptions les plus répandues dans la société »[701].

En clair, il existe, à côté de l'approche statique de l'interprétation, une approche dynamique qui « met l'accent sur la valeur de l'adaptation continuelle du droit aux exigences de la vie sociale (politique, économique, etc.). Elle encourage donc les interprètes de la Constitution à ne pas pratiquer une interprétation fixe, mais au contraire à changer la signification du texte à la lumière des circonstances (et bien entendu de leurs sentiments de justice). »[702]. La Cour constitutionnelle du Bénin a fait le choix de cette approche dynamique de l'interprétation qui reconnaît les revirements de jurisprudence comme des outils normaux d'interprétation de la Constitution. Il lui appartient dès lors de respecter les conditions idéales des revirements de jurisprudence pour ne pas courir le risque de suspicion permanente d'arbitraire du juge et d'approche attitudinale de l'interprétation[703]. Pour cela, avertit Mathieu DISANT, un revirement de jurisprudence d'une Cour constitutionnelle devrait, d'abord, faire l'objet de longs et fructueux débats à l'interne de la Cour elle-même à travers une procédure adaptée, notamment, son adoption dans sa composition la plus complète, ensuite, être l'objet d'une transparence totale de la part de la Cour à travers l'identification du revirement et une motivation suffisante de celui-ci ; les deux dans le contenu de la décision. Une telle décision

---

697 R. GUASTINI, ibid., p. 482.

698 Ibid.

699 M. FROMONT, *Justice constitutionnelle comparée*, Paris, Dalloz, 2013, p. 270.

700 Ibid.

701 Ibid.

702 R. GUASTINI, ibid., p. 483.

703 F. d. P. TETANG, « A propos de l'interprétation des constitutions par le juge constitutionnel d'Afrique noire francophone : Essai d'une "théorie" de l'interprétation constitutionnelle », in M. KAMTO et J. MATRINGE, *Le droit constitutionnel des États africains*, Paris, Éditions A. Pedone, 2024, pp. 927-947

devrait enfin s'accompagner d'un « service après-vente » à travers « des dispositifs d'accompagnement des décisions, sous la forme de différents supports de communication (commentaires, communiqués, traductions, entretien presse…) que chaque Cour juge bon ou non de mettre en place »[704]. Dans le même sens, Michel TROPER affirme que par liberté de l'interprète, « il ne faut évidemment pas en conclure que l'interprète fait ou même pourrait faire n'importe quoi. Il existe des contraintes très réelles, qui tiennent tantôt à l'éducation des juges, à l'esprit de modération, aux conditions de travail et notamment au caractère collégial des juridictions, à la possibilité d'actions de la part des autorités politiques. »[705].

Qu'on le veuille ou non, un sentiment d'insécurité apparaît à la fin de ce chapitre. On peut en effet se demander ce qui reste du caractère « scientifique » ou prévisible du texte constitutionnel si l'interprète dispose à ce point d'une liberté, d'une part, dans l'identification – voire la création – de la règle applicable, d'autre part, dans la manière de l'appliquer au cas d'espèce ? Mais, il faut se dire que, normalement, « les cours ne peuvent pas tordre le cou aux textes pour leur faire dire ce qu'elles veulent. Cela aurait pour effet de remettre en cause la légitimité de la juridiction ou tout au moins sa crédibilité. »[706]. Si l'on reste dans cette logique de recherche d'un minimum de crédibilité par les juges constitutionnels – ce qui va manquer dans des régimes autoritaires assumés –, trois idées permettent de ne pas perdre tout espoir d'objectivité dans l'interprétation de la Constitution. D'abord, il faut accepter l'idée que tout énoncé normatif, encore plus quand il est contenu dans la Constitution, est équivoque et a besoin d'interprétation. Ensuite, au-delà des obligations de motivation et de transparence qui pèsent sur le juge-interprète, un soin particulier doit être mis sur les critères de désignation, y compris l'expérience et la diversité des origines et/ou des parcours des membres des juridictions constitutionnelles, l'organisation statutaire d'un processus délibératif[707] respectant les points de vue contraires et se donnant le temps

704 M. DISANT, « Justice constitutionnelle et évolution jurisprudentielle », *Revue Constitution et Consolidation (RCC)*, N° 01, 2019, p. 47.

705 M. TROPER, « La liberté de l'interprète », Journée d'études sur L'office du juge, Paris, Palais du Luxembourg les 29 et 30 septembre 2006, in https://www.senat.fr/colloques/office_du_juge/office_du_juge3.html, consulté le 1er février 2025.

706 X. PHILIPPE, « Structurer l'interprétation », *Revue française de Droit constitutionnel*, 133, 2023, p. 50.

707 F. HOURQUEBIE, « Interpréter les droits et libertés, qu'en dire ? Interpréter les droits et libertés fondamentaux c'est encore et avant tout interpréter ! », *Revue française de Droit constitutionnel*, 133, 2023, p. 97.

d'essayer les rapprochements et arbitrages entre ces différents points de vue ainsi que, évidemment, les garanties formelles d'indépendance, d'immunité et d'inamovibilité. Enfin, il faut espérer que chaque membre de juridiction constitutionnelle se fasse chaque fois le devoir, d'une part, d'interroger sa raison et sa conscience pour mettre en lumière les bases de la justice (prépondérance de l'intérêt collectif, principes d'égalité juridique, de liberté, de dignité, de stabilité et de continuité de l'État, de cohésion nationale, de paix...), d'autre part, d'observer la société pour saisir les lois et principes qu'elle requiert[708]. Une chose est sûre : on ne peut nier la part de subjectivité contenue dans toutes ces exigences. C'est pourquoi il vaut mieux accepter de vivre avec.

---

[708] X. MAGNON, *Théorie(s) du droit*, Paris, Ellipses, 2008, p. 55 ; F. HOURQUEBIE, « L'argument conséquentialiste dans les décisions de justice », *Les cahiers de la justice*, 2014/2, pp. 199-217.

Chapitre 2 : La décision du juge constitutionnel

Les termes utilisés pour nommer la décision rendue varient selon les pays. A Madagascar, par exemple, selon l'article 120 de la Constitution, « *En matière de contentieux électoral et de consultation populaire directe, la Haute Cour Constitutionnelle rend des arrêts.*

Dans les autres matières relevant de sa compétence, hors le cas prévu à l'article 119, elle rend des décisions. ».

Au Bénin, il s'agit bien de « décision » en matière contentieuse et d'avis en matière consultative.

Ce chapitre portera essentiellement sur les « *décisions* » du juge constitutionnel béninois. Il faut rendre compte de la reddition de la décision (Section 1) et de ses effets (Section 2).

Section 1 : La reddition de la décision

Une décision est prise selon certaines modalités (I). Elle comporte certains éléments (II) et doit être notifiée et publiée (III).

I. Les modalités de prise de décision

C'est l'article 22 du Règlement intérieur de la Cour constitutionnelle qui, reprenant l'article 17 de la loi organique sur la Cour, répond à cette préoccupation :

« *Pour délibérer valablement, la Cour constitutionnelle doit comprendre* ***au moins cinq (05) membres.***

Lorsque ce quorum n'est pas atteint en raison d'empêchement ou de cas de force majeure, mention en est faite au procès-verbal de ladite séance.

Le Secrétaire général assiste, sans voix délibérative, aux délibérations de la Cour.

Le Greffier en chef ou un greffier délégué assiste aux séances de la Cour et assure les diligences attachées à sa fonction, conformément aux lois et règlements.

Les décisions sont prises à la majorité simple des membres présents de la Cour.

L'abstention n'est pas admise lors d'un vote. ».

Dans la pratique, selon les propres témoignages de différents présidents et membres de la Cour lors de séminaires et colloques divers, la Cour constitutionnelle béninoise utilise presque toujours le consensus pour délibérer et rendre ses décisions. Si le consensus n'est pas facile à obtenir sur une solution à retenir dans une décision, la conclusion de l'affaire peut être reportée de façon à continuer à chercher les éléments devant conduire au consensus. Le vote est donc évité pour garder la solidarité entre juges.

Il ne peut en être autrement. La loi organique sur la Cour constitutionnelle et le Règlement intérieur de la Cour, ne prévoient-ils pas, respectivement en leur article 14, alinéas 2 et 27, que les communications ou travaux scientifiques réalisés par les membres de la Cour sur les questions constitutionnelles ou de justice constitutionnelles ne devraient pas contredire l'esprit et le sens des décisions rendues par la Cour ? La solidarité dans la prise de décision et dans la défense publique des décisions est donc le choix fait par le constituant, le législateur organique et le pouvoir auto normateur de la Cour constitutionnelle du Bénin. Il n'y a pas de possibilité d'opinion dissidente.

II. Les éléments de la décision[709]

Conformément à l'article 19 de la loi organique sur la Cour constitutionnelle, l'article 23 du Règlement intérieur de la Cour prévoit :

« *Les décisions de la Cour contiennent* ***les visas*** *des textes applicables, les* ***motifs sur lesquels elles se fondent*** *et un dispositif.*

En outre, elles contiennent ***la mention des membres qui ont siégé à la séance*** *au cours de laquelle elles ont été prises.*

Les décisions et avis de la Cour Constitutionnelle sont ***signés par le Président et le Rapporteur.*** ».

Dans la pratique, et dans l'ordre, une décision de la Cour constitutionnelle comprend

Quatre éléments doivent donc être retrouvés dans les décisions :

- Les visas des textes applicables et les autres éléments introductifs (A)
- Les motifs (et le dispositif) des décisions (B)
- La mention des membres qui ont siégé à la séance (C)
- La signature des décisions (D)

[709] Pour l'ancien modèle de structure des décisions de la Cour, voir, G. BADET, « L'écriture des décisions des cours constitutionnelles, le cas des décisions de la Cour constitutionnelle du Bénin », in, Bulletin n° 13 – Association des Cours Constitutionnelles Francophones (accf-francophonie.org), novembre 2017 (N° ISBN 978-2-914106-19-1).

A. Les visas des textes applicables et les autres éléments introductifs

Un visa est « *l'indication dans un jugement, de la loi ou de l'acte de procédure auquel il se réfère* »[710]. Les décisions de la Cour constitutionnelle comportent en général deux types de visas : les visas généraux et les visas spécifiques.

Avant le visa général, dans la décision, interviennent certains éléments. On peut mentionner :

- Le numéro et la date de la décision

Exemple de numéro et de date d'une décision ordinaire :

DÉCISION **DCC** 22-140 DU 21 AVRIL 2022

Exemple de numéro et de date d'une décision rendue en matière d'élection présidentielle :

DÉCISION **EP** 11-024 DU 4 MARS 2011

Exemple de numéro et de date d'une décision rendue en matière d'élections législatives :

DÉCISION **EL** 19-021 DU 23 MAI 2019

- La mention introductive générale qui précise la juridiction qui statue

Modèle de mention introductive précisant la juridiction qui statue :

La Cour constitutionnelle,

- Un paragraphe introductif comportant certains éléments (le numéro de la décision, le nom du requérant, la date et le numéro de la requête ainsi que l'objet de la requête)

Exemple de paragraphe introductif :

Saisie d'une requête à Cotonou en date du 11 janvier 2022, enregistrée à son secrétariat à la même date sous le numéro 0035/008/REC-22, par laquelle monsieur Cyr BODEA, détenu à la maison d'arrêt de Cotonou, forme un recours en inconstitutionnalité de sa détention provisoire et sollicite sa mise en liberté d'office ;

[710] G. CORNU, *Vocabulaire juridique*, 15ème édition, Paris, 2024, p. 1087.

Le visa général lui-même porte sur les normes de référence classiques communes à toutes les décisions de la Cour, telles que la Constitution, la loi organique sur la Cour constitutionnelle, le Règlement intérieur de la Cour, et parfois, en matière électorale, le code électoral, la Charte des partis politiques, voire, les procès-verbaux des résultats ou la proclamation des résultats.

Les visas généraux sont présentés de façon globale ; le texte est précisé (Constitution, Loi N°...), mais pas la disposition précise (Article...).

Exemple 1 : Visa général dans une décision ordinaire :

VU	la Constitution ;
VU	la loi N° 2022-09 du 27 juin 2022 portant loi Organique sur la Cour constitutionnelle ;
VU	le règlement intérieur de la Cour constitutionnelle

Exemple 2 : Visa général dans une décision électorale (EL 19-021 du 23 mai 2019) :

VU	la loi N° 90-032 du 11 décembre 1990 portant Constitution de la République du Bénin ;
VU	la loi N° 91-009 du 4 mars 1991 portant loi organique sur la Cour constitutionnelle modifiée par la loi du 31 mai 2001 ;
VU	la loi N° 2018-23 du 17 septembre 2018 portant Charte des partis politiques en République du Bénin ;
VU	la loi N° 2018-31 du 9 octobre 2018 portant Code électoral en République du Bénin ;
VU	le règlement intérieur de la Cour constitutionnelle ;
VU	le décret N° 2019-012 du 9 janvier 2019 portant convocation du corps électoral pour l'élection des députés à l'Assemblée nationale, huitième législature ;
VU	les procès-verbaux de déroulement du scrutin du 28 avril 2019 et les documents y annexés qui lui ont été transmis sous plis fermé par la Commission électorale nationale autonome ;
VU	la proclamation le 2 mai 2019 des résultats des élections législatives du 28 avril 2019 ;

Après le visa général, il y a :

- La mention « *Ensemble les pièces du dossier* »
- La mention du rapporteur « *Oui… en son rapport* »
- La mention « *Après en avoir délibéré…* »
- Les paragraphes (en général entre un et trois introduits par la mention « *Considérant* ») sur le résumé des faits et les prétentions des parties

Exemple de paragraphes résumant les faits et les prétentions des parties :

> ***Considérant*** que le requérant affirme qu'il totalise neuf (9) ans de détention provisoire pour avoir été placé sous mandat de dépôt depuis le 20 mars 2013, pour des faits d'association de malfaiteurs et d'escroquerie ; qu'il ajoute que ses coaccusés ont bénéficié d'une liberté d'office ordonnée le 20 décembre 2021 par la Cour d'appel de Cotonou suite à une décision rendue par la Cour constitutionnelle sur leur requête ; qu'il relève que n'étant pas signataire de cette requête pour raison de santé, les effets de la décision de la Cour constitutionnelle qui a déclaré leur détention provisoire anormalement longue n'ont pas été étendus à son cas ;
> ***Considérant*** que le juge du deuxième cabinet d'instruction du tribunal de première Instance de première classe de Cotonou n'a pas produit d'observations ;

C'est après ces paragraphes d'exposé des faits et des prétentions des parties qu'intervient le visa spécifique à cette étape qu'intervient le visa spécifique.

Le visa spécifique vise les textes applicables dans le dossier sous examen. Il apparaît comme un complément du visa général (qui est pratiquement commun à tous les dossiers).
Exemple de visa spécifique :

> ***Vu*** les articles 6, 7 de la Charte africaine des droits de l'Homme et des peuples et 147 du code de procédure pénale ;

Immédiatement après le visa spécifique, le(s) paragraphe(s) qui suit(ven)t énonce(nt) et explicite(nt) le contenu des dispositions visées dans le visa spécifique.

Exemple de paragraphe sur l'énoncé et l'explicitation des dispositions du visa spécifique :

> ***Considérant*** que l'article 6 de la Charte africaine des droits de l'Homme et des peuples énonce : « *Tout individu a droit à la liberté et à la sécurité de sa personne. Nul ne peut être privé de sa liberté sauf pour des motifs et dans des conditions*

préalablement déterminés par la loi ; ***en particulier nul ne peut être arrêté ou détenu arbitrairement*** » ; qu'une détention cesse d'être régulière et devient arbitraire lorsqu'elle n'est plus conforme aux lois qui l'encadrent ; qu'il résulte, par ailleurs, de l'article 147 du code de procédure pénale d'une part, que la durée maximale de la détention provisoire ne saurait excéder trente (30) mois en matière criminelle sauf les exceptions prévues par le même texte, d'autre part, que dans la même matière, l'inculpé doit être présenté à une juridiction de jugement dans un délai maximum de cinq (5) ans ;

B. Les motifs et le dispositif des décisions

Dans une décision de justice, les motifs sont les raisons de fait ou de droit qui commandent la décision et que la décision doit exposer avant le dispositif dans leur ensemble, autrement dit, les raisons que le juge indique comme l'ayant déterminé à se prononcer comme il l'a fait[711].

Exemple de motifs :

Considérant qu'en l'espèce où le requérant est placé en détention provisoire depuis le 20 mars 2013, soit depuis plus de neuf (9) ans à la date de saisine de la Cour le 11 janvier 2022, sa détention excède largement à la fois la durée maximum de détention provisoire de trente (30) mois et le délai maximum de cinq (5) ans fixé en matière criminelle pour la présentation de l'inculpé à une juridiction de jugement, et, par conséquent, est abusive et viole le droit d'être jugé dans un délai raisonnable de l'article 7.1.d°) de la Charte africaine des droits de l'Homme et des peuples qui fait partie intégrante de la Constitution ;
Considérant en revanche que la demande de mise en liberté d'office n'entre pas dans les attributions de la Cour telles que fixées par les articles 114 et 117 de la Constitution ; qu'il y a donc lieu qu'elle se déclare incompétente de ce chef ;

Après les motifs, le juge doit décider. Il le fait dans le dispositif.

Exemple de dispositif :

EN CONSÉQUENCE,

Article 1er. - Dit que la détention provisoire du requérant est abusive et contraire à la Constitution.

711 G. CORNU, *Vocabulaire juridique*, 15ème édition, Paris, 2024, p. 677

Article 2. - Dit qu'il y a violation du droit d'être jugé dans un délai raisonnable.
Article 3. - Dit que la Cour n'est pas compétente pour ordonner une mise en liberté d'office.

C. La mention des membres ayant siégé

Ont siégé à Cotonou, le vingt-et-un avril deux mille vingt-deux,

Messieurs	Joseph	DJOGBENOU	Président
	Razaki	AMOUDA ISSIFOU	Vice-Président
Madame	Cécile Marie José	de DRAVO ZINZINDOHOUE	Membre
Messieurs	André	KATARY	Membre
	Sylvain M.	NOUWATIN	Membre
	Rigobert A.	AZON	Membre

D. La signature des décisions

Selon l'article 23, alinéa 3, du Règlement intérieur de la Cour :
« *Les décisions et avis de la Cour Constitutionnelle sont* ***signés par le Président et le Rapporteur***. »

Le Rapporteur, Le Président,

Sylvain Messan NOUWATIN. ***Joseph DJOGBENOU.***

EXEMPLE DE DÉCISION AU COMPLET :

DÉCISION DCC 22-140 du 21 avril 2022

La Cour constitutionnelle,

Saisie d'une requête à Cotonou en date du 11 janvier 2022, enregistrée à son secrétariat à la même date sous le numéro 0035/008/REC-22, par laquelle monsieur Cyr BODEA, détenu à la maison d'arrêt de Cotonou, forme un recours en inconstitutionnalité de sa détention provisoire et sollicite sa mise en liberté d'office ;

VU la Constitution ;
VU la loi N° 91-009 du 4 mars 1991 portant loi organique sur la Cour constitutionnelle modifiée le 31 mai 2001 ;

VU le règlement intérieur de la Cour constitutionnelle ;
Ensemble les pièces du dossier ;
Ouï monsieur Sylvain Messan NOUWATIN en son rapport ;
Après en avoir délibéré,

Considérant que le requérant affirme qu'il totalise neuf (9) ans de détention provisoire pour avoir été placé sous mandat de dépôt depuis le 20 mars 2013, pour des faits d'association de malfaiteurs et d'escroquerie ; qu'il ajoute que ses coaccusés ont bénéficié d'une liberté d'office ordonnée le 20 décembre 2021 par la Cour d'appel de Cotonou suite à une décision rendue par la Cour constitutionnelle sur leur requête ; qu'il relève que n'étant pas signataire de cette requête pour raison de santé, les effets de la décision de la Cour constitutionnelle qui a déclaré leur détention provisoire anormalement longue n'ont pas été étendus à son cas ;

Considérant que le juge du deuxième cabinet d'instruction du tribunal de première Instance de première classe de Cotonou n'a pas produit d'observations ;

Vu les articles 6, 7 de la Charte africaine des droits de l'Homme et des peuples et 147 du code de procédure pénale ;

Considérant que l'article 6 de la Charte africaine des droits de l'Homme et des peuples énonce : « *Tout individu a droit à la liberté et à la sécurité de sa personne. Nul ne peut être privé de sa liberté sauf pour des motifs et dans des conditions préalablement déterminés par la loi ;* ***en particulier nul ne peut être arrêté ou détenu arbitrairement*** » ; qu'une détention cesse d'être régulière et devient arbitraire lorsqu'elle n'est plus conforme aux lois qui l'encadrent ; qu'il résulte, par ailleurs, de l'article 147 du code de procédure pénale d'une part, que la durée maximale de la détention provisoire ne saurait excéder trente (30) mois en matière criminelle sauf les exceptions prévues par le même texte, d'autre part, que dans la même matière, l'inculpé doit être présenté à une juridiction de jugement dans un délai maximum de cinq (5) ans ;

Considérant qu'en l'espèce où le requérant est placé en détention provisoire depuis le 20 mars 2013, soit depuis plus de neuf (9) ans à la date de saisine de la Cour le 11 janvier 2022, sa détention excède largement à la fois la durée maximum de détention provisoire de trente (30) mois et le délai maximum de cinq (5) ans fixé en matière criminelle pour la présentation de l'inculpé à une juridiction de jugement, et, par conséquent, est abusive et viole le droit d'être jugé dans un délai raisonnable de

l'article 7.1.d°) de la Charte africaine des droits de l'Homme et des peuples qui fait partie intégrante de la Constitution ;
Considérant en revanche que la demande de mise en liberté d'office n'entre pas dans les attributions de la Cour telles que fixées par les articles 114 et 117 de la Constitution ; qu'il y a donc lieu qu'elle se déclare incompétente de ce chef ;

EN CONSÉQUENCE,

Article 1er. - Dit que la détention provisoire du requérant est abusive et contraire à la Constitution.
Article 2. - Dit qu'il y a violation du droit d'être jugé dans un délai raisonnable.
Article 3. - Dit que la Cour n'est pas compétente pour ordonner une mise en liberté d'office.
La présente décision sera notifiée à monsieur Cyr BODEA, à monsieur le Garde des sceaux, ministre de la Justice et de la Législation et publiée au Journal officiel.

Ont siégé à Cotonou, le vingt-et-un avril deux mille vingt-deux,

Messieurs	Joseph	DJOGBENOU	Président
	Razaki	AMOUDA ISSIFOU	Vice-Président
Madame	Cécile Marie José	de DRAVO ZINZINDOHOUE	Membre
Messieurs	André	KATARY	Membre
	Sylvain M.	NOUWATIN	Membre
	Rigobert A.	AZON	Membre

Le Rapporteur, Le Président,

Sylvain Messan NOUWATIN. ***Joseph DJOGBENOU.***

III. La notification et la publication des décisions

L'article 24 du Règlement intérieur de la Cour prévoit, en ses trois premiers alinéas, que :

« *Les décisions de la Cour constitutionnelle sont publiées au* ***Journal Officiel*** *sur support papier ou numérique.*

Elles prennent effet ***à compter de leur prononcé.***

Elles sont notifiées aux parties concernées. ... »

Pour le contentieux électoral, l'article 50 du Règlement intérieur de la Cour dispose que « *La décision de la Cour constatant l'inéligibilité ou annulant l'élection d'un député est notifiée sans délai à ce dernier, à l'Assemblée nationale, à l'organe en charge des élections ainsi qu'au requérant.* ».

Enfin, s'agissant des avis, l'article 53 du Règlement intérieur précise : « *Les avis émis par la Cour constitutionnelle sont notifiés à l'autorité qui l'a saisie.* ».

Le décret N° 2022-384 du 8 juillet 2022 portant attributions, organisation et fonctionnement du Greffe de la Cour constitutionnelle en son article 3, alinéa 6, donne au **greffier en chef** le pouvoir de notifier les décisions aux parties : « *Il notifie les décisions et avis aux parties concernées, puis en délivre copie à toute personne intéressée* ».

Dans la pratique, quand il s'agit de notifier les décisions **aux présidents des institutions** constitutionnelles ou de certaines autres hautes autorités de l'État, **le président de la Cour, en personne, procède à la notification.**

Dans tous les cas, les décisions, une fois notifiées, doivent produire des effets

Section 2 : Les effets des décisions

L'article 124 de la Constitution dispose :

« *Une disposition déclarée inconstitutionnelle ne peut être promulguée ni mise en application.*

Les décisions de la Cour constitutionnelle ne sont susceptibles d'aucun recours.

Elles s'imposent aux pouvoirs publics et à toutes les autorités civiles, militaires et juridictionnelles. ».

Ces dispositions sont reprises par l'article 20 de la loi N° 2022-09 du 27 juin 2022 portant loi organique sur la Cour constitutionnelle qui précise, en son dernier alinéa, que les décisions de la Cour « *doivent en conséquence être exécutées avec la diligence nécessaire.* »

L'article 24 du Règlement intérieur de la Cour reprend à son tour l'article 124 de la Constitution en y ajoutant, d'une part, que les décisions de la Cour « *prennent effet à compter de leur prononcé* », d'autre part, que « *les avis de la Cour ont une valeur consultative.* »

Par décision DCC 24-111 du 20 juin 2024, la Cour a rappelé qu'*« il résulte de ces dispositions que les lois, textes réglementaires, actes administratifs ou les décisions de justice déclarés contraires à la Constitution, ne peuvent être mis en exécution ou appliqués par les autorités civiles, militaires ou juridictionnelles ; Que les décisions de la Cour constitutionnelle, qui les concernent, doivent être exécutées avec diligence ;*

Que ces décisions imposent, à toutes les autorités, dès qu'elles en reçoivent notification, une double obligation, à savoir, d'une part, l'obligation de prendre toutes les mesures pour exécuter la décision juridictionnelle et, d'autre part, l'obligation de ne rien faire qui soit en contradiction avec ladite décision ; ».

Derrière l'unité de ses dispositions se cachent des nuances liées aux différents domaines dans lesquels une décision de la Cour est rendue. Sous réserve de traiter des effets des autres types de décisions de la Cour dans la partie spécifique à la mise en œuvre de chacune des attributions, on peut déjà distinguer ici les décisions relatives aux lois et Règlements (I), celles relatives aux Règlements intérieurs de certaines institutions (II) et celles relatives aux traités internationaux (III). On y ajoutera la question de la modulation des effets (IV).

I. Décisions relatives au contrôle de constitutionnalité des lois et règlements

Il faut examiner séparément les situations de constat de conformité (A) et les situations de constat de non-conformité, totale ou partielle (B).

A. Les décisions de constat de conformité

Une décision de conformité n'entraîne pas de conséquences particulières. Mais il faut se rappeler qu'il existe un contrôle *a priori* facultatif intervenant dans l'adoption des lois et qu'en la matière, « *la saisine de la Cour constitutionnelle avant la promulgation d'une loi en suspend le délai de promulgation.* » Du coup, la conséquence immédiate d'une décision de conformité est que, en application de l'article 36 du Règlement intérieur de la Cour, « *Lorsque la Cour constate la conformité à la Constitution, la publication de sa décision met fin à la suspension du délai de promulgation.* ».

Par ailleurs, il faut préciser que « *la modification d'une disposition déjà déclarée conforme à la Constitution ne peut se faire à l'occasion d'une mise en conformité sans violer l'autorité de la chose jugée attachée à la décision ayant ordonné la mise en conformité* »[712]. C'est ainsi qu'il a été jugé que « *s'agissant de la procédure de la mise en conformité de la loi N° 2017-03 portant régime des collaborateurs externes de l'État à la décision DCC 17-087 du 20 avril 2017, l'article 50 de la loi N° 2015-18 du 1er septembre 2017 portant statut général de la Fonction publique déjà déclaré conforme à la Constitution par la décision DCC 17-142 du 13 juillet 2017 ne devrait plus subir de modifications ; […] que dès lors, il y a lieu pour la Cour de dire et juger*

[712] DCC 18-001 du 18 janvier 2018

que l'alinéa 5 de l'article 50 nouveau prévu par l'article 1er de la loi sous examen est contraire à l'article 124 précité de la Constitution ;»[713].

B. Les décisions de constat de non-conformité totale ou partielle

Les cas doivent être séparés ; il sera donc examiné celui des lois (1), celui des ordonnances (2) et celui des actes réglementaires (3).

1) Le cas des lois

Lorsque la Cour constate **la non-conformité totale à la Constitution, la loi** ne peut être promulguée. Sa décision est notifiée au Président de la République et au Président de l'Assemblée nationale. L'Assemblée nationale procède à une nouvelle délibération en se conformant à ladite décision[714].

Lorsque la Cour constate **la non-conformité partielle, ainsi que le caractère séparable** de la disposition ou des dispositions censurées, le Président de la République peut :

- soit promulguer la loi amputée de la disposition incriminée,
- soit demander à l'Assemblée nationale de procéder à une nouvelle délibération de la loi afin qu'elle soit conforme à la décision de la Cour Constitutionnelle[715].

Lorsque la Cour ne prononce pas une séparabilité, la situation doit être traitée comme dans le cas d'une non-conformité totale.

2) Le cas des ordonnances

Lorsque la Cour constate **la non-conformité totale** à la Constitution d'une ordonnance, ce texte ne peut être appliqué.

Lorsque la Cour constitutionnelle constate **la non-conformité partielle** à la Constitution d'une ordonnance et qu'elle se prononce sur le **caractère séparable** de la ou des disposition(s) incriminée(s), celles-ci ne peuvent être appliquées.

Lorsque la Cour ne prononce pas une séparabilité, la situation doit être traitée comme dans le cas d'une non-conformité totale.

713 Ibid.

714 Article 37 du Règlement intérieur de la Cour constitutionnelle.

715 Article 38 du Règlement intérieur de la Cour constitutionnelle.

La décision est notifiée au Président de la République afin qu'il remédie à la situation juridique résultant de la décision. La décision est également notifiée au Président de l'Assemblée nationale[716].

3) Le cas des actes réglementaires

Lorsque la Cour constate **la non-conformité totale** à la Constitution d'un acte réglementaire, cet acte ne peut être appliqué.

Lorsque la Cour constate la **non-conformité partielle** à la Constitution d'un acte réglementaire et qu'elle se prononce **sur le caractère séparable** de la ou des dispositions incriminées, celles-ci ne peuvent être appliquées.

La Cour peut indiquer, si elle l'estime nécessaire, ceux des effets du règlement incriminé qui doivent être considérés comme définitifs.

Lorsque la Cour ne prononce pas une séparabilité, la situation doit être traitée comme dans le cas d'une non-conformité totale.

La décision est notifiée au Président de la République afin qu'il remédie à la situation juridique résultant de la décision[717].

II. Décisions relatives aux Règlements intérieurs des institutions constitutionnelles et non juridictionnelles

Conformément aux dispositions de l'article 117 de la Constitution, les règlements intérieurs de l'Assemblée nationale, du Sénat, de la Haute Autorité de l'Audiovisuel et de la Communication, du Conseil Économique et Social sont soumis à la Cour constitutionnelle, avant leur mise en application.

Lorsque la Cour, saisie par le Président de l'institution concernée, constate **la non-conformité totale ou partielle** à la Constitution des dispositions d'un Règlement Intérieur, ce texte ne peut pas être appliqué.

La décision est notifiée au Président de l'institution intéressée qui procède sans délai à la mise en conformité de ce règlement avec la décision de la Cour.

La décision définitive de conformité est notifiée au Président de l'institution concernée.

Le règlement n'entre en vigueur qu'après avoir été reconnu dans sa totalité conforme à la Constitution[718].

---

716 Article 39 du Règlement intérieur de la Cour constitutionnelle.

717 Article 40 du Règlement intérieur de la Cour constitutionnelle.

718 Article 44 du Règlement intérieur de la Cour constitutionnelle.

III. Décisions relatives au contrôle *a priori* des engagements internationaux

Le contrôle de la Cour constitutionnelle, par suite d'une demande du président de la République ou du président de l'Assemblée nationale, sur le fondement de l'article 146 de la Constitution, peut avoir deux issues :

- soit le traité international ne comporte pas de clause contraire à la Constitution,
- soit il comporte une ou plusieurs clauses contraires à la Constitution.

Si c'est la première issue – absence de clause contraire à la Constitution – qui résulte du contrôle de la Cour, le Parlement, s'il est saisi, peut, si la majorité en décide ainsi, voter une loi autorisant le Président de la République à ratifier le traité signé. Si une telle formalité était accomplie, le traité entrerait en vigueur et aurait une valeur supra législative, si, par ailleurs, il est aussi entré en vigueur sur le plan international[719], qu'il est publié et appliqué par l'autre partie[720].

Si, en revanche, c'est à la seconde issue – existence d'une ou plusieurs clauses contraires à la Constitution – que débouche le contrôle de la haute juridiction, l'article 45 du Règlement intérieur de la Cour constitutionnelle dispose que « *Lorsque la Cour constitutionnelle, saisie par le Président de la République ou par le Président de l'Assemblée nationale constate la non-conformité à la Constitution d'une ou plusieurs clauses de traités ou d'accords internationaux, ces engagements ne peuvent être ratifiés. La décision est notifiée au Président de la République qui remédie à la situation juridique résultant de la décision de la Cour constitutionnelle. La décision est également notifiée au Président de l'Assemblée nationale.* »

En fait, deux suites s'offrent au président de la République :

La première suite est que l'autorisation de ratification ne sera pas demandée, ou si elle est demandée – en violation des textes –, elle sera rejetée par l'Assemblée nationale ou par le juge constitutionnel. Cette première suite n'a pas d'incidence sur les relations internationales du Bénin, puisqu'en signant le traité, le Bénin n'avait pas une obligation de ratification. Il devrait juste s'abstenir de tout ce qui pourrait constituer un obstacle délibéré à la mise en vigueur du traité[721]. Mais il faut relever ici qu'une autre attitude est possible. Le Bénin peut choisir **la voie des réserves lors de la ratification,** à condition que celles-ci ne soient pas

---

719 Article 147 de la Constitution.

720 La règle de réciprocité ne joue pas en matière de protection des droits fondamentaux.

721 Article 18 de la Convention de Vienne du 23 mai 1969 sur le droit des traités.

interdites ou illégales, c'est-à-dire considérées comme contraires à l'objet ou au but du traité[722]. Si l'utilisation des réserves provoque la disparition à l'égard du Bénin des clauses conventionnelles contraires à la Constitution – **ce qui suppose que les réserves ont été acceptées par au moins une ou plusieurs parties** –, plus rien n'empêchera alors d'obtenir l'autorisation de ratification et de procéder à la ratification du traité international.

La deuxième suite possible à une décision de la Cour constitutionnelle constatant qu'un traité dont on sollicite la ratification comporte une ou plusieurs clauses contraires à la Constitution est de provoquer la révision de la Constitution avant l'adoption de la loi d'autorisation de ratification et celle du décret présidentiel de ratification. Cette solution est la plus controversée parce qu'elle est comprise tantôt comme manifestant une supériorité du droit interne sur le droit international, tantôt comme reflétant l'inverse. A l'actif de la première thèse, on peut relever que, non seulement, c'est suivant les dispositions du droit interne que le traité international en vient à exister juridiquement sur le plan interne, mais aussi que la procédure de contrôle préventif de constitutionnalité indiquerait la soumission du traité à la Constitution. A l'actif de la deuxième thèse, on peut souligner le fait que le droit interne (en particulier la Constitution) ne fait qu'organiser les modalités de sa propre soumission au droit international. En tout état de cause, si la voie de la révision est choisie, elle ne pourra prospérer que suivant des conditions strictes de fond et de forme. La soumission de tout l'ordonnancement juridique interne à une convention internationale ne peut se faire par les voies ordinaires[723].

IV. La modulation des effets des décisions

Face au constat que la Cour constitutionnelle du Bénin n'a pas encore utilisé la technique, pourtant très utile, de la modulation des effets de ses décisions dans le temps[724], la question de la modulation des décisions se

---

722 Article 19 de la Convention de Vienne du 23 mai 1969 sur le droit des traités.

723 Au point de vue de la forme, l'article 154 de la Constitution dispose :

« *L'initiative de la révision de la Constitution appartient concurremment au Président de la République, après une décision prise en conseil des ministres et aux membres de l'Assemblée nationale.*

Pour être pris en considération, le projet ou la proposition de révision doit être voté à la majorité des trois quarts des membres composant l'Assemblée nationale ».

L'article 155 du même texte poursuit « *la révision n'est acquise qu'après avoir été approuvée par référendum, sauf si le projet ou la proposition en cause a été approuvée par la majorité des quatre cinquièmes des membres composant l'Assemblée Nationale* ».

724 D. ROUSSEAU, « Le Conseil constitutionnel, maître des horloges », in *Nouveaux Cahiers du Conseil constitutionnel* N° 54 (dossier : La Constitution et le temps) - janvier 2017

résume, pour l'instant, à deux hypothèses : les décisions de la Cour constitutionnelle peuvent être modulées dans leur sens. Il s'agit des réserves d'interprétation (A). Elles peuvent aussi être modulées dans l'insistance des obligations qui pèsent sur les destinataires. Il s'agit des injonctions (B).

A. Les réserves d'interprétation

La réserve d'interprétation constitue une technique visant à sauver une disposition d'un texte soumis à la juridiction constitutionnelle de la censure (invalidation, annulation) en la déclarant conforme à la Constitution à condition qu'elle soit interprétée par le Parlement, les administrations, la justice, et de façon générale, par tous les sujets de droit, dans le sens précisé par la juridiction constitutionnelle. Plusieurs travaux ont été menés sur cette thématique en contentieux constitutionnel africain[725].

La Cour constitutionnelle du Bénin a eu recours à ce genre de technique à au moins deux reprises.

Dans la décision DCC 19-304 du 6 novembre 2019, la Cour constitutionnelle à laquelle était soumise pour contrôle de constitutionnalité « *la loi constitutionnelle N° 2019-40 portant révision de 47 articles de la loi N° 90-32 du 11 décembre 1990 portant Constitution de la République du Bénin, adoptée par l'Assemblée nationale en sa séance du 31 octobre 2019* » a considéré « *que l'expression "**loi constitutionnelle**" ne ressortit d'aucune disposition de la Constitution et a fortiori, de celles relatives à la révision de la Constitution* ». Voulant éviter toute erreur d'interprétation entre, d'une part, ce qui n'est qu'une loi de révision de la Constitution de 1990 qui demeure en vigueur, d'autre part, la loi constitutionnelle de 2019 qui, en l'état de la dénomination avec laquelle elle a été votée, pourrait être qualifiée de « nouvelle constitution », la Cour rappelle qu'une telle confusion pourrait

---

https://www.conseil-constitutionnel.fr/nouveaux-cahiers-du-conseil-constitutionnel/le-conseil-constitutionnel-maitre-des-horloges, consulté le 7 mars 2025.

725 DIAGNE M., « Le juge constitutionnel africain et les techniques des réserves d'interprétation », *Revue Juridique et Politique*, N° 3, 2008, pp. 386-390 ; A.A.D. KEBE, « Les réserves d'interprétation dans la jurisprudence constitutionnelle des États de l'Afrique francophone », *Annales Africaines, Nouvelle série*, Vol. 1, avril 2015, p. 255-294 ; Même auteur, « Les techniques d'interprétation du juge constitutionnel sénégalais », in N. DIOUF (dir.), *Le Conseil constitutionnel sénégalais dans un contexte d'intégration régionale : Passé, présent, devenir, Actes du colloque de Dakar, 7 et 8 décembre 2020*, Dakar, L'harmattan-Sénégal, 2021, pp. 133-167 ; J.-L. ESAMBO KANGASHE, « Les réserves du juge constitutionnel congolais », I-M FALL (dir.), *Théorie et contentieux constitutionnel en Afrique, Mélanges en l'honneur du professeur El Hadj MBODJ*, Dakar, L'harmattan-Sénégal, 2022, pp. 1011-1028.

provenir de ce qu'« *une loi constitutionnelle est tantôt synonyme de la Constitution elle-même, tantôt désigne une loi de révision de la Constitution* ». Pour anticiper sur ce risque de confusion qui pourrait être source de débats – voire de déconvenues – à l'avenir, et ayant à l'esprit que « *la loi de révision ne saurait porter une dénomination différente de celle qu'elle révise* », la Cour conclut que « *sans qu'il soit besoin de… soumettre, pour cette raison, à la délibération de l'Assemblée nationale [le texte sous examen]* ***il faut… dire que*** *la loi soumise à examen est intitulée :* ***"Loi N° 2019-40 portant révision de la loi N° 90-32 du 11 décembre 1990 portant Constitution de la République du Bénin"***. ». C'est sous cette appellation que la loi contrôlée et validée par la Cour constitutionnelle sous réserve d'interprétation sera publiée au Journal officiel N° 21 bis du 8 novembre 2019.

Dans la décision **DCC 21-269 du 21 octobre 2021,** la Cour à laquelle était soumise le contrôle de constitutionnalité d'une disposition du Code des personnes et de la famille a affirmé « *qu'en déterminant dans les termes qui précèdent, les conditions d'attribution de nom à l'enfant dans les différentes hypothèses de la filiation, l'article 6* ***n'est conforme*** *aux articles 26 alinéas 1 et 2 de la Constitution, 3 et 18 alinéa 1 de la CADHP* ***que lorsque les règles qu'il pose sont interprétées comme*** *conférant un égal pouvoir à la femme placée dans les mêmes conditions que l'homme et préservant le droit fondamental de l'enfant à l'égale reconnaissance de la filiation de ses parents ;* ». En l'espèce, comme il s'agissait d'un texte en vigueur depuis longtemps et dont l'application avait généré des habitudes, le législateur, qui n'était pas tenu – sur ce point – de le faire, a cru bon, pour s'assurer que cette réserve d'interprétation produirait ses effets, d'adopter une loi de modification du texte en vigueur depuis deux décennies. Il a ainsi adopté la loi 2021-13 du 20 décembre 2021 modifiant et complétant la loi N° 2002-07 du 24 août 2004 portant *code des personnes et de la famille.*

B. Les injonctions

L'injonction est un « ordre ou commandement »[726]. Dans le contentieux constitutionnel, précise Sidy Alpha NDIAYE, elle est significative d'un pouvoir de décision revêtu d'un titre exécutoire que le débiteur – législateur ou pouvoir exécutif –, dans le délai imposé, s'astreint à réaliser en se conformant au sens que le juge aura unilatéralement déterminé[727]. S'inspirant de Alix Perrin, Gérard AIVO considère que l'injonction est

[726] M. de. VILLIERS, *Dictionnaire de droit constitutionnel*, Paris, Armand Colin, 2003, p. 129.
[727] S.A. NDIAYE, « Le pouvoir d'injonction du juge constitutionnel en Afrique noire francophone », *Annales africaines*, Nouvelle Série, Vol. 1, avril 2019, N° 10, p. 38.

même plus que ça. Ce n'est pas « un simple commandement de faire ou de ne pas faire une action quelconque, mais… un commandement dont la finalité est de transcrire le droit en fait, c'est-à-dire exécuter une prescription normative dans le but de corriger un comportement illégal. »[728]. Quand l'injonction, connue dans d'autres branches du droit, est utilisée par le juge constitutionnel, une partie de la doctrine s'émeut d'un comportement qui serait une violation du principe de la séparation des pouvoirs, car il n'appartiendrait pas au juge constitutionnel, au-delà de son rôle de législateur négatif devant se contenter de constater une inconstitutionnalité, de devenir un législateur positif[729] ou un colégislateur dictant avec précision au législateur ce qu'il conviendrait de faire[730]. Mais, une telle défense d'émettre des injonctions au nom du principe de la séparation des pouvoirs, si elle peut être comprise pour les pouvoirs exécutifs et législatifs à l'encontre l'un de l'autre ou à l'encontre du pouvoir judiciaire, est « une conception trop prudente (et très française) de séparation des pouvoirs »[731] quand elle s'étend au juge administratif ou au juge constitutionnel, car, en pareil cas, elle va « contre l'État de droit »[732]. C'est pourquoi, pour notre part, nous considérons qu'au regard des missions assignées au juge constitutionnel, celui-ci ne saurait se priver d'un moyen aussi efficace de précision des effets de ses décisions. Il lui appartient toutefois de prendre le soin d'effectuer en cette matière « un savant dosage de prudence et de "sagesse"… pour garantir un fonctionnement harmonieux des institutions de l'État sans basculer… dans le gouvernement des juges »[733].

En ce qui concerne précisément le juge constitutionnel béninois, il utilise les injonctions aussi bien dans le domaine du contrôle de

---

728G. AIVO., « Le pouvoir d'injonction du juge constitutionnel », in https://afrilex.u-bordeaux.fr/wp-content/uploads/2021/04/G.-Aivo-pouvoir-dinjonction-2021.pdf, consulté le 27 mars 2024, p. 4.

729 BEHRENDT Ch., Le juge constitutionnel, un législateur-cadre positif. Une analyse comparative en droit français, belge et allemand, Bruxelles, Bruylant, Paris, LGDJ, 2006.

730 BLACHER P., « Le Conseil constitutionnel en fait-il trop ? *Pouvoirs*, 2003, N° 105, pp. 17-28 ; GNAMOU D., « La Cour constitutionnelle béninoise en fait-elle trop ? », in, F.J. AIVO (dir.) *La Constitution béninoise du 11 décembre 1990 : Un modèle pour l'Afrique ? Mélanges en l'honneur de Maurice AHANHANZO-GLELE*, Paris, L'harmattan, 2014, pp. 687-715.

731 M. de. VILLIERS, *Dictionnaire de droit constitutionnel*, Paris, Armand Colin, 2003, ibid.

732 Ibid.

733G. AIVO., « Le pouvoir d'injonction du juge constitutionnel », in https://afrilex.u-bordeaux.fr/wp-content/uploads/2021/04/G.-Aivo-pouvoir-dinjonction-2021.pdf, consulté le 27 mars 2024, p. 6.

constitutionnalité des lois, dans celui de la régulation du fonctionnement des institutions et, parfois, dans un contexte de compétence mixte.

1) En matière de contrôle de constitutionnalité des lois.

Un exemple remontant à l'année 2000 peut être évoqué ici. Le 17 novembre 2000, les députés à l'Assemblée nationale votent la loi N° 2000-18 portant règles générales pour les élections en République du Bénin et la loi N° 2000-19 définissant les règles particulières pour l'élection du président de la République. Trois jours après le vote de ces deux lois, c'est-à-dire le 20 novembre 2000, le député Léon Bani Bio BIGOU adresse un recours à la haute juridiction pour lui demander de se prononcer sur un certain nombre d'irrégularités qui auraient entaché la procédure d'adoption de ladite loi. Le 21 novembre, un autre député, Jérôme SACCA-KINA, forme un recours tendant aux mêmes fins. Le président de la République aussi, le même jour, « sur le fondement des articles 117 et 121 de la Constitution, défère à la Haute Juridiction pour contrôle de conformité à la Constitution » les mêmes lois électorales.

La Cour, après avoir relevé que les trois recours portent sur les mêmes lois et tendent aux mêmes fins, et qu'ainsi, il y a lieu de les joindre pour y être statué par une seule et même décision, a fait le tour des questions procédurales pour retenir que certaines dispositions constitutionnelles avaient été violées. Elle s'est ensuite penchée sur le fond, « le contenu des lois querellées ». Elle a relevé, comme elle le fait pour la plupart des lois votées, que certaines des dispositions des lois querellées étaient conformes à la Constitution sous réserve d'observations, d'autres étaient contraires à la Constitution, et d'autres, enfin, étaient conformes à la Constitution. Les deux dernières catégories de dispositions ne posent pas de problèmes.

S'agissant par contre des dispositions de la loi N° 2000-18 portant règles générales pour les élections en République du Bénin conformes à la Constitution sous réserve d'observations, la cour constate ce qui suit :

« *Considérant qu'il résulte de l'examen de la loi déférée qu'il y a lieu de :*

Art. 36

alinéa 1. - ***Prévoir****, en vue de l'applicabilité de la loi, une disposition transitoire ramenant à moins de trois mois le délai dans lequel les dons et libéralités sont interdits, ce délai ne devant courir qu'à partir de la promulgation de la loi.*

alinéa 3 - ***Étendre*** *les mêmes interdictions aux chefs des représentations diplomatiques et consulaires, et aux membres des démembrements de la Commission Electorale Nationale Autonome (CENA), ces autorités étant dans les mêmes positions que celles citées à cet alinéa.*

Art. 41 alinéa 1 - deuxième tiret. - ***Compléter :*** *"dix-neuf (19) élus par l'Assemblée Nationale" avec le membre de phrase : "en tenant compte de sa configuration politique" pour assurer la participation de toutes les forces politiques représentées à l'Assemblée Nationale et pour garantir la transparence (principe à valeur constitutionnelle) dans la gestion des élections (Cf. Décision DCC 34-94 du 23 décembre 1994).*

Art. 43 alinéa 1. - deuxième (2è) tiret. - ***Compléter :*** *"huit (08) élus par l'Assemblée Nationale" avec le membre de phrase "en tenant compte de sa configuration politique" pour les mêmes raisons ci-dessus évoquées.*

Art. 49

alinéa 1. - ***Indiquer*** *les modalités de désignation des membres du Secrétariat Administratif Permanent (SAP).*

alinéa 4. - ***Préciser*** *que : "Les membres du Secrétariat administratif permanent sont nommés par décret du Président de la République pris en Conseil des Ministres" dans l'esprit de l'article 56 de la Constitution, s'agissant de la nomination de hauts fonctionnaires.*

alinéa 5. - ***Indiquer*** *qu'"Ils peuvent être relevés de leur fonction par décret du président de la République pris en Conseil des ministres sur proposition de l'Assemblée nationale". En effet, pour respecter le parallélisme des formes, la cessation des fonctions doit être prononcée par décret pris en Conseil des ministres.*

Par ailleurs, la Commission Electorale Nationale Autonome (CENA) étant un "organe administratif" chargé de gérer une seule élection, donc temporaire, il n'est pas judicieux de l'impliquer dans la mise en œuvre du statut des membres du Secrétariat Administratif Permanent (SAP).

Art. 55 alinéa 1. - ***Compléter*** *la deuxième (2è) phrase : "Elle les porte à la connaissance des candidats et des partis politiques concernés" par le membre de phrase "et des citoyens par voie d'affiches et autres moyens appropriés" pour permettre aux citoyens de s'orienter plus facilement et d'accomplir plus rapidement leur devoir civique le jour du scrutin.*

Art. 60 alinéa 3. - deuxième (2ème) tiret. - ***Compléter*** *le membre de phrase : "... Sur toute l'étendue du territoire national" par le membre de phrase : "y compris les représentations diplomatiques et consulaires" afin d'éviter toute querelle d'interprétation.*

Art. 92. - Pour tenir compte des distances, ***reprendre la formulation*** *de l'article 92 de la Loi N° 98-034 du 15 janvier 1999 qui a prévu d'autres canaux de transmission des requêtes à la Cour Suprême.* »[734].

Il s'agit très clairement d'injonctions données au Parlement de corriger le texte voté et soumis dans le sens indiqué. Mais il ne s'agit pas à proprement parler de réserve d'interprétation. La différence entre la

734 DCC 00-078 du 7 décembre 2000, *Recueil 2000*, p.287 et suivantes.

réserve d'observation et la réserve d'interprétation est que, dans le deuxième cas, la loi retourne à l'Assemblée nationale pour être corrigée dans le sens voulu par le juge. Il s'agit donc d'une véritable injonction. L'article 20 de la loi N° 2022-09 du 27 juin 2022 portant loi organique sur la Cour constitutionnelle ne précise-t-il pas que les décisions de la Cour « *doivent… être exécutées avec la diligence nécessaire.* »

Un autre exemple datant de 2017 peut aussi être retenu ici. Dans la décision DCC 17-090 du 25 avril 2027, la Cour, se fondant sur le fait que « *l'examen de la loi déférée révèle que certaines de ses dispositions, en l'occurrence les articles 5 alinéa 2, 25, 31 alinéa 5, 1er tiret, 44, 54 alinéa 1er, 57 alinéa 4 et 64 alinéa 1er, font référence à la loi N° 2009-02 du 07 août 2009 portant code des marchés publics et des délégations de service public en République du Bénin ; que la garantie de l'État de droit et la sécurité juridique imposent l'intelligibilité des textes normatifs et la précision dans la formulation de leurs dispositions afin de prémunir les sujets de droit contre toute interprétation arbitraire et fantaisiste desdits textes ; que la coexistence de deux lois régissant de manière substantielle la même matière, quand bien même la seconde est censée modifier et compléter la première, avec, de surcroît, un mécanisme de renvoi peu lisible, n'est pas de nature à rendre facile et prévisible leur mise en œuvre ;* » a émis, en direction de l'Assemblée nationale, l'injonction selon laquelle « *il y a lieu, pour une harmonieuse applicabilité du code des marchés publics et des délégations de service public en République du Bénin, de réunir en un seul et même texte de loi, les dispositions pertinentes de la loi N° 2009-02 du 07 août 2009 et celles de la loi N° 2017-04 du 20 mars 2017* ».

2) *En matière de régulation du fonctionnement des institutions et de l'activité des pouvoirs publics.*

En cette matière, les injonctions sont fréquentes et nombreuses. Même si la série de décisions – toutes relatives à une même affaire – qui vont être évoquées ici est examinée ailleurs, sous un autre angle dans le présent ouvrage, il sied pour montrer la différence entre un simple constat d'inconstitutionnalité et les injonctions, de la présenter ici.

Les résultats des élections législatives de 2003 se présentent comme suit : Sur 83 députés, l'Union pour le Bénin du Futur (U.B.F), l'alliance de partis soutenant le président de la République, obtient 31 sièges. Plusieurs autres partis ayant déclaré leur soutien au même président de la République obtiennent des résultats variés[735]. Il n'y a guère que la Renaissance du Bénin (R.B) et « l'Alliance Étoile » qui sont rattachables à l'opposition.

---

735 Le PRD, 11, le MADEP, 9, Force Clé, 5, l'IPD, LNA et l'alliance MDC-PS-CPP, chacun, 2, enfin, l'AFP, le RDP, le MDS ALO de ALOME, 1 siège.

Leur score est respectivement de quinze et de trois députés, ce qui fait en tout, dix-huit (18) députés pour l'opposition sur 83 sièges. Le 22 avril 2003, les députés à l'Assemblée nationale, nouvellement élus, prennent officiellement fonction lors d'une cérémonie de rentrée parlementaire. Comme le demandent la Constitution et le Règlement intérieur de l'Assemblée nationale, la doyenne d'âge, qui appartient à la « Renaissance du Bénin », parti politique se réclamant ouvertement de l'opposition, convoque alors ses collègues pour le vendredi 25 avril 2003 « en vue de l'élection du bureau de l'Assemblée nationale ». A cette date, la doyenne d'âge ouvre la séance, reçoit les candidatures aux différents postes, procède à l'élection du poste de président de l'Assemblée nationale. Au moment d'engager le vote, poste pour poste, des autres membres du bureau de l'Assemblée nationale, la doyenne d'âge, exige que la composition du bureau tienne compte de la configuration politique de la chambre législative et que les postes soient distribués entre « majorité » et « opposition ». Face au refus de la majorité des députés d'aller dans ce sens, la doyenne d'âge suspend les travaux ayant trait à l'élection des autres membres du bureau et reporte la suite desdits travaux au 29 avril 2003. A cette nouvelle date, les positions des uns et des autres n'ayant pas changé, elle reporte, une nouvelle fois, la suite des élections des membres du bureau de l'Assemblée nationale au 6 mai 2003. Le blocage de la Chambre législative est réel.

Trois députés saisissent alors la haute juridiction. Le premier, Ahamed AKOBI, demande à la Cour, de se baser sur l'article 15 du Règlement intérieur de l'Assemblée nationale[736] pour déduire que la doyenne d'âge a

---

[736] Règlement intérieur de l'Assemblée nationale,
Article **15 :** « Élections : 15.1- Élection du Président 15.1-a- Le Président de l'Assemblée nationale est élu au scrutin uninominal, secret et à la tribune. Aux deux premiers tours de scrutin, la majorité absolue des suffrages est requise. Au troisième tour organisé entre les deux candidats arrivés en tête au tour précédent, la majorité relative suffit et, en cas d'égalité des suffrages, le plus âgé est élu. 15.1-b- Des scrutateurs, tirés au sort, dépouillent le scrutin dont le doyen d'âge proclame le résultat qui est consigné dans un procès-verbal signé par les scrutateurs et les secrétaires de séance. 15.2- Élection des autres membres du Bureau 15.2-a- Les autres membres du Bureau sont élus poste par poste, dans les mêmes conditions au cours de la même séance.
15.2-b- ***L'élection des deux Vice-présidents, des deux Questeurs et des deux Secrétaires parlementaires a lieu, en d'efforçant autant que possible de reproduire au sein du Bureau la configuration politique de l'Assemblée.***
15.3- Candidatures. Les candidatures aux différents postes sont reçues par le Président de séance au plus tard une (1) heure avant l'ouverture du scrutin. Il les communique immédiatement à l'Assemblée.

violé la Constitution. Le deuxième, Razaki AMOUDA ISSIFOU, retient les mêmes griefs sur la base des mêmes fondements, mais ajoute que, sur la base de l'article 114[737] de la Constitution, la haute juridiction doit « enjoindre à la doyenne d'âge de poursuivre sans discontinuer le processus électoral » pour l'élection des autres membres du bureau de l'Assemblée nationale. Le troisième, Orou Gabé OROU SEGO, introduit, presque mot pour mot, le même recours. Un particulier, Serge Roberto PRINCE AGBODJAN, saisit également la haute juridiction sur la base des mêmes faits et lui demande de se fonder sur les articles 3[738], 4[739] et 35[740] de la Constitution pour déclarer le comportement de la doyenne d'âge contraire à la Constitution.

La Cour constitutionnelle se basera aussi bien sur la violation de l'article 15 du règlement intérieur de l'Assemblée nationale, et donc, celle de l'article 82, alinéa 1, de la Constitution invoquée par les

---

Les retraits, transferts et permutations de candidatures déposées sont autorisés jusqu'à l'ouverture de chaque scrutin.15.4- Proclamation et communication des résultats 15.4-a- A la fin du scrutin, le président de séance proclame les résultats et invite le Président et le Bureau élus à prendre place à la tribune. 15.4-b- Le Président de l'Assemblée nationale notifie la composition du Bureau de l'Assemblée nationale au Président de la République et au Président de la Cour Constitutionnelle. »

737 Article 114 de la Constitution :

« *La cour constitutionnelle est la plus haute juridiction de L'État en matière constitutionnelle. Elle juge de la constitutionnalité de la loi et elle garantit les droits fondamentaux de la personne humaine et des libertés publiques. Elle est l'organe régulateur du fonctionnement des institutions et l'activité des pouvoirs publics.* ».

738 **Article 3 de la Constitution** :

« *La souveraineté nationale appartient au peuple. Aucune fraction du peuple, aucune communauté, aucune corporation, aucun parti ou association politique, aucune organisation syndicale ni aucun individu ne peut s'en attribuer l'exercice.*

La souveraineté s'exerce conformément à la présente constitution qui est la Loi Suprême de l'État. Toute loi, tout texte réglementaire et tout acte administratif contraires à ces dispositions sont nuls et non avenus. En conséquence, tout citoyen a le droit de se pourvoir devant la cour constitutionnelle contre les lois, textes et actes présumés inconstitutionnels. »

739 Article 4 de la Constitution :

« *Le peuple exerce sa souveraineté par ses représentants élus et par voie de référendum. Les conditions de recours au référendum sont déterminées par la présente constitution et par une loi organique. La Cour constitutionnelle veille à la, régularité du référendum en proclame les résultats.* »

740 Article 35

« *Les citoyens chargés d'une fonction publique ou élus à une fonction politique ont le devoir de l'accomplir avec conscience, compétence, probité dévouement et loyauté dans l'intérêt et le respect du bien commun.* »

parlementaires[741], que sur celle de l'article 35 de la Constitution soulevée par le particulier pour prendre sa décision : La Cour « ***Considérant*** *qu'il ressort des éléments du dossier, notamment le compte rendu de la séance du 29 avril 2003, que la doyenne d'âge de l'Assemblée nationale, Madame Rose-Marie VIEYRA-SOGLO, a invité les partis et alliances de partis à se concerter avec elle sur les candidatures aux différents postes restant à pourvoir ; qu'à cet effet, elle a suspendu la séance à 11 h 55 min ; [...] à la reprise à 15 h 29 min, elle a suspendu une nouvelle fois la séance après avoir déclaré : "j'aimerais... que vous me disiez, vous de la majorité ce que vous voulez comme poste et ce que vous me laissez à moi..." ; qu'en procédant à des suspensions répétées aux fins de recueillir de nouvelles candidatures, la doyenne d'âge de l'Assemblée nationale [...] a violé l'article 15 du Règlement intérieur de l'Assemblée nationale et partant, l'article 82 alinéa 1, de la Constitution ;* ***Considérant*** *que l'article 35 de la Constitution énonce : "Les citoyens chargés d'une fonction publique ou élus à une fonction politique ont le devoir de l'accomplir avec conscience, compétence, probité, dévouement et loyauté dans l'intérêt et le respect du bien commun" ; qu'en se comportant comme elle l'a fait, la doyenne d'âge de l'Assemblée nationale a méconnu les dispositions précitées de la Constitution ;* ». Sur ces motifs, et « *sans qu'il soit besoin de statuer sur les autres moyens* », autrement dit sans recourir aux injonctions sollicitées par l'un des requérants, la haute juridiction décide, classiquement, que « ***la doyenne d'âge de l'Assemblée nationale a violé la Constitution*** »[742].

La Cour constitutionnelle a ainsi procédé à un contrôle de constitutionnalité du comportement de la doyenne d'âge de l'Assemblée nationale et a sanctionné ce comportement parce qu'elle l'a considéré comme contraire à la Constitution. En dehors de l'originalité de la fonction de régulation à la béninoise, qui est examinée ailleurs dans le présent ouvrage, il convient d'insister sur le fait que cette décision se termine par un simple constat d'inconstitutionnalité. L'affaire aurait pu s'arrêter là si les destinataires de la décision se contentaient de ce constat d'inconstitutionnalité pour ajuster leur comportement de façon à le rendre conforme à la Constitution.

La suite de l'histoire montre clairement que, dans certaines circonstances, un simple constat d'inconstitutionnalité ne suffit pas pour

---

741 La Cour constitutionnelle précise que l'article 15 du règlement intérieur de l'Assemblée nationale fait partie du bloc de constitutionnalité parce qu'étant la mise en œuvre de l'article 82, alinéa 1 de la Constitution aux termes duquel « *L'Assemblée nationale est dirigée par un Président assisté d'un Bureau. Ils sont élus pour la durée de la législature dans les conditions fixées par le Règlement Intérieur de ladite Assemblée.* ». En Belgique, on dirait qu'il s'agit d'un texte *pris en vertu de la Constitution.*

742 DCC 03-077 du 7 mai 2003.

résoudre le problème posé à la Cour. En effet, le 9 mai 2003, la haute juridiction recevra un recours d'un particulier, Cyrille GOUGBEDJI, qui relate [743] qu'« *à l'ouverture de la séance du vendredi 09 mai 2003 de l'Assemblée nationale, la cinquième devant connaître de l'élection des membres du Bureau, la doyenne d'âge a fait procéder à une lecture de la décision DCC 03-077 de la haute juridiction [...]. Dans son commentaire qui a suivi la lecture de ladite décision elle a affirmé que la seule chose qui lui est reprochée par la Cour constitutionnelle est d'avoir accepté la candidature de dernière minute du député Aboudou ASSOUMA au poste de deuxième questeur* ». Dame Rosine VIEYRA-SOGLO, qui a fait procéder au retrait de cette candidature, a déclaré attendre qu'on lui dise ce qu'elle a à faire, et a décidé de suspendre à nouveau la séance jusqu'au 20 mai 2003. Le requérant expose que, malgré des courriers émanant de plusieurs groupes de députés dépassant largement la majorité et lui demandant de bien vouloir reprendre le processus d'élection dès le 12 mai 2003, « *la doyenne d'âge oppose une résistance à la décision de la Cour et abuse de ses prérogatives de Président du bureau d'âge... bloquant ainsi le processus électoral devant conduire à l'élection et à l'installation des membres du bureau de l'Assemblée nationale* ». Le député Ahamed AKOBI, relatant les mêmes faits, soutient que « *cette rébellion de la doyenne d'âge constitue une fois de plus une violation de la Constitution [...] et menace sérieusement le fonctionnement des institutions* ». Le premier requérant demande que « *face au blocage du fonctionnement de l'Assemblée nationale* », la Cour constitutionnelle enjoigne à la doyenne d'âge de convoquer et de poursuivre sans délai, sans discontinuité, le processus électoral devant conduire à l'élection des membres du bureau de l'Assemblée nationale autre que le président. Il demande à la haute juridiction « *d'ordonner qu'en cas d'absence ou d'empêchement de la doyenne d'âge ou en cas de non-exécution de l'injonction, qu'il soit procédé d'office au remplacement de la doyenne d'âge par le doyen d'âge suivant et ainsi de suite, et ce jusqu'à l'aboutissement du processus électoral engagé* ». Le deuxième requérant défend les mêmes positions. Il excipe du « *risque imminent de blocage des institutions de la République* », pour demander à la haute juridiction, entre autres, de « *constater la persistance de la doyenne d'âge à violer la Constitution notamment les articles 34*[744]*, 82 et 124*[745]*, de dire que le bureau de l'Assemblée nationale devra être installé au plus*

[743] DCC 03-078 du 12 mai 2003.

[744] Invoqué pour la première fois dans ce dossier, cet article dispose : « Tout citoyen béninois, civil ou militaire, a le devoir sacré de respecter, en toutes circonstances, la Constitution et l'ordre constitutionnel établi ainsi que les lois et règlements de la République. »

[745] « Une disposition déclarée inconstitutionnelle ne peut être promulguée ni mise en application. Les décisions de la Cour Constitutionnelle ne sont susceptibles d'aucun

tard le 15 mai 2003, d'inviter l'Assemblée nationale à reprendre ses travaux le jeudi 15 mai 2003. »

La Cour constitutionnelle accède à toutes ses demandes et rend une décision comportant, cette fois-ci des injonctions. Elle décide ainsi que « *la doyenne d'âge doit convoquer l'Assemblée nationale dès la date de la présente décision et poursuivre* ***sans discontinuité***[746]*, c'est-à-dire* ***au cours de la même séance***[747]*, l'élection des autres membres du Bureau, [...] en cas de résistance, il sera procédé immédiatement à son remplacement par le doyen d'âge suivant, et ainsi de suite jusqu'à l'aboutissement du processus électoral, le tout devant s'accomplir impérativement dans les 48 heures de la date de la présente décision*[748] *; [...] en tout état de cause, le bureau de l'Assemblée nationale devra être installé au plus tard le mercredi 14 mai 2003 à minuit.* »[749].

3) *En matière mixte*

Il arrive que la Cour constitutionnelle béninoise soit confrontée au départ à une question de contrôle de constitutionnalité, mais que, analysant le dossier et les moyens d'apporter des solutions au problème qui lui est posé, elle ne se contente pas de son attribution en cette matière et décide de se saisir d'office de son attribution d'organe régulateur du fonctionnement des institutions. Cela lui permet d'aller au-delà du simple constat d'inconstitutionnalité et d'ajouter ce qui lui paraît nécessaire pour l'efficacité de la solution décidée, c'est-à-dire, imposée. Ce fut le cas en 2013, dans la décision DCC 13-171 du 30 décembre 2013.

Sur le strict point du contrôle de constitutionnalité, la Cour a conclu dans ce dossier que « *la procédure de vote de ladite loi [la loi de finances portant budget général de l'État, exercice 2014], pour n'avoir pas suivi [les] dispositions qui constituent la mise en œuvre de la Constitution, n'est pas conforme au Règlement Intérieur et par conséquent, viole la Constitution ; que, dès lors, le vote intervenu le jeudi 19 décembre 2013 doit être déclaré nul et de nul effet ;* ». En conclusion : « *la procédure suivie pour le vote de la loi de finances portant budget général de l'État, exercice 2014, le jeudi 19 décembre 2013, est contraire à la Constitution.* ».

Mais la Cour ne s'est pas arrêtée là. Alors que la requête qui l'a saisie avait pour objet « *recours en annulation du vote de la loi de finances portant budget général de l'État, exercice 2014* », les sieurs Gilbert BANGANA, Émile

---

recours. Elles s'imposent aux pouvoirs publics et à toutes les autorités civiles, militaires et juridictionnelles. »

[746] C'est la Cour elle-même qui met l'expression en gras.

[747] Idem.

[748] 12 mai 2003.

[749] DCC 03-078 du 12 mai 2003.

TOSSOU et Moussou MONHOUSSOU, tous députés à l'Assemblée Nationale et requérants, formulent, dans cette même requête, une « *demande de reprise du vote de la loi de finances* ». A cet autre aspect de leur requête, la Cour, sur le fondement de quelques textes du bloc de constitutionnalité[750], a conduit le raisonnement ci-après : « *Considérant que le vote de la loi de finances exercice 2014* ***doit*** *intervenir le 31 décembre 2013 au plus tard ; qu'il y a lieu pour la Cour, en vertu de l'article 114 de la Constitution précité qui consacre son rôle d'organe régulateur du fonctionnement des institutions et de l'activité des pouvoirs publics, de dire et juger, sans qu'il soit besoin de statuer sur les autres moyens invoqués par les requérants, que l'Assemblée Nationale* ***doit prendre toutes les dispositions pour voter impérativement*** *ladite loi dans le délai, et ce, conformément aux dispositions de l'article 56 du Règlement Intérieur de l'Institution ;* ».

[750] Aux termes des articles 96 et 99, alinéa 1 de la Constitution : *« L'Assemblée Nationale vote la loi et consent l'impôt. » ; « Les lois de finances déterminent les recettes et les dépenses de l'État. ».* Selon l'article 114 de la même Constitution *: « La Cour Constitutionnelle est la plus haute juridiction de l'État en matière constitutionnelle. Elle est juge de la constitutionnalité de la loi et elle garantit les droits fondamentaux de la personne humaine et les libertés publiques. Elle est l'organe régulateur du fonctionnement des institutions et de l'activité des pouvoirs publics. » ;*

Chapitre 3 : Les remises en cause exceptionnelles des décisions

Les deux situations exceptionnelles qui peuvent conduire la Cour constitutionnelle à revenir sur une décision déjà rendue par elle, malgré l'autorité de la chose jugée, sont les rectifications d'erreurs matérielles (Section 1) et les revirements de jurisprudence (Section 2).

Section 1 : Les rectifications d'erreurs matérielles

Selon l'article 25 du Règlement intérieur de la Cour constitutionnelle, une erreur matérielle est « *une erreur de plume ou de dactylographie dans l'orthographe d'un nom, d'une erreur de terminologie ou d'une omission dans la décision.* ». Comme les erreurs matérielles peuvent arriver, il a été prévu deux manières de les faire constater et de les faire corriger.

La première manière de le faire est de partir de l'initiative des parties intéressées. A cet égard, selon les articles 21 de la loi organique et 25 du Règlement intérieur de la Cour constitutionnelle, toute partie intéressée peut saisir la Cour constitutionnelle d'une demande en rectification d'erreur matérielle d'une décision. La demande doit être introduite sous les mêmes formes que la requête introductive d'instance, et dans un *délai d'un (01) mois* à compter de la notification de la décision dont la rectification est demandée.

La seconde manière de corriger les erreurs matérielles est de partir du constat de la Cour constitutionnelle elle-même. Les articles 22 de la loi organique et 26 du Règlement intérieur de la Cour constitutionnelle prévoient que, si la Cour constitutionnelle constate qu'une de ses décisions est entachée d'une erreur matérielle, elle peut la rectifier d'office et procéder à tous amendements jugés nécessaires.

Section 2 : Les revirements de jurisprudence

L'exposé de la notion et des modalités de revirement de jurisprudence (I) précédera l'exposé d'un tableau sur les principaux revirements de jurisprudence intervenus devant la Cour constitutionnelle du Bénin (II).

I. Notion et modalités du revirement de jurisprudence

Après avoir esquissé une brève théorie du revirement de jurisprudence, il sera exposé les grandes tendances de cette matière devant la Cour constitutionnelle du Bénin.

A. Théorie générale du revirement de jurisprudence

Un revirement de jurisprudence (ou évolution jurisprudentielle) est la remise en cause par une juridiction donnée d'une position qu'elle a eu à prendre dans une décision antérieure face à un même problème juridique. Les revirements de jurisprudence peuvent arriver et sont connus en droit comparé, et même précisément en contentieux constitutionnel[751]. Pour Mathieu DISANT, « *l'évolution jurisprudentielle est toujours stimulée. Soit par l'influence de la jurisprudence des juridictions internationales ou de celle des autres cours constitutionnelles, soit pour tenir compte des critiques de la doctrine ou de l'évolution du contexte général de la société et de la vie publique* »[752]. Techniquement, elle se justifie, soit par un changement constitutionnel, soit par un changement législatif, soit enfin, par le changement de circonstances qui peut « *résulter non pas, au sens strict, de l'édiction d'une norme nouvelle mais de son interprétation nouvelle, voire de l'explicitation d'une norme préexistante.* »[753].

Pour qu'il passe facilement, c'est-à-dire pour qu'il soit compris et accepté, un revirement de jurisprudence d'une Cour constitutionnelle devrait :

- **d'abord**, faire l'objet de longs et fructueux débats à l'interne de la Cour elle-même à travers une procédure adaptée, notamment, son adoption dans sa composition la plus complète,
- **ensuite,** être l'objet d'une transparence totale de la part de la Cour à travers l'identification du revirement et une motivation suffisante de celui-ci dans le contenu de la décision,
- **enfin**, s'accompagner d'un « service après-vente » à travers « *des dispositifs d'accompagnement des décisions, sous la forme de différents supports de communication (commentaires, communiqués, traductions, entretien presse...) que chaque Cour juge bon ou non de mettre en place* »[754].

---

751 Voir notamment les contributions disponibles dans *Cahiers du Conseil constitutionnel*, N° 20, Dossier : Les revirements de jurisprudence du juge constitutionnel, Juin 2006, en particulier, Th. MANNO, « Les revirements de jurisprudence du Conseil constitutionnel français », in *Cahiers du Conseil constitutionnel*, N° 20, Dossier : Les revirements de jurisprudence du juge constitutionnel, Juin 2006 ; M. DISANT, « Justice constitutionnelle et évolution jurisprudentielle », *RCC*, N° 01, 2019, pp. 31-50.

752 M. DISANT, « Justice constitutionnelle et évolution jurisprudentielle », *RCC*, N° 01, 2019, p. 34.

753 Ibid., p. 43.

754 Ibid., p. 47.

B. Essai de systématisation des revirements de jurisprudence en droit béninois

Les revirements de jurisprudence de la Cour constitutionnelle du Bénin obéissent à certaines conditions de fond (1) ainsi qu'à certaines modalités ou conditions de forme (2).

1) Les règles de fond ou les conditions du revirement

Même si elle n'est pas la première à porter sur la question de la possibilité de revirement de jurisprudence de la part de la Cour constitutionnelle, la décision **DCC 21-269 du 21 octobre 2021** est la plus aboutie en termes de motivation par la Cour constitutionnelle elle-même de cette possibilité. Il s'agissait en l'espèce d'un « *recours en inconstitutionnalité des articles 6 et 12 de la loi N° 2002-07 du 24 août 2004 portant code des personnes et de la famille en République du Bénin ;* ».

La Cour y rappelle, d'abord l'article 124, alinéas 2 et 3, de la Constitution aux termes duquel : « *Les décisions de la Cour constitutionnelle ne sont susceptibles d'aucun recours. Elles s'imposent aux pouvoirs publics et à toutes les autorités civiles, militaires et juridictionnelles* ».

Elle rappelle ensuite que la loi dont les dispositions contestées sont issues avait déjà été déclarée conforme à la Constitution en toutes ses dispositions par elle-même, par décision DCC 04-083 du 20 août 2004.

Elle présente enfin la version la plus aboutie de sa position sur la question du revirement de jurisprudence : *« … l'application des dispositions de l'article 124 alinéas 2 et 3 de la Constitution ne s'oppose pas à l'examen d'une loi ou de certaines de ses dispositions dont l'application révèle une contrariété à un droit fondamental ou à une liberté publique ; que la Cour constitutionnelle peut revenir sur ses propres décisions en ce qui concerne notamment le contrôle de constitutionnalité des lois si un contrôle antérieur y a laissé subsister une atteinte sérieuse à un droit fondamental garanti par la Constitution ou à une norme de référence du contrôle de constitutionnalité, à condition que le recours soit exercé, a posteriori, par voie d'action ou d'exception, dans les termes de l'article 122*[755] *de la Constitution… »*[756].

---

[755] Actuel article 121-1 de la Constitution.

[756] La Cour ajoute de manière surabondante une deuxième condition ? Cette supposée deuxième condition se trouve déjà dans la première condition qui parle de recours *a posteriori* et qui aurait dû être la seule. La Cour donne en effet comme deuxième condition « *… et que la loi en question ait été préalablement adoptée par l'Assemblée nationale, promulguée et publiée conformément à la Constitution afin que son application en révèle les contrariétés dénoncées ;* »

2) *Les règles de forme ou les modalités du revirement*

Au regard des expériences réussies de recours ayant abouti à des revirements de jurisprudence, on peut distinguer trois hypothèses : une hypothèse de demande idéale, une hypothèse de demande acceptable et une hypothèse de demande à éviter.

- ❖ Hypothèse de demande idéale : recours en inconstitutionnalité de dispositions pourtant déjà déclarées conformes à la Constitution

La leçon à tirer de la décision DCC 21-269 du 21 octobre 2021 est que la meilleure manière de saisir la Cour constitutionnelle pour aboutir à un revirement de jurisprudence recherché est de la saisir d'une demande de contrôle de constitutionnalité de dispositions législatives déjà déclarées conformes à la Constitution. En effet, en l'espèce, il s'agissait d'un « *recours en inconstitutionnalité des articles 6 et 12 de la loi N° 2002-07 du 24 août 2004 portant code des personnes et de la famille en République du Bénin ;* ». C'est par suite de ce type de saisine que le revirement évoqué ci-dessus a eu lieu quand la Cour a considéré que les conditions de fond (examinées plus haut) du revirement étaient réunies.

- ❖ Hypothèse de demande acceptable jusqu'en 2025 : Recours en interprétation avec comme conséquence l'irrecevabilité et la saisine d'office[757]

Dans l'affaire qui a entrainé la décision DCC 18-141 du 28 juin 2018, le requérant avait saisi la Cour d'un « *recours en interprétation des décisions DCC 18-001 du 18 janvier 2018, DCC 18-003 du 22 janvier 2018 et DCC 18-004 du 23 janvier 2018* ». La Cour avait estimé que « *Si toute juridiction demeure compétente pour interpréter sa propre décision, c'est à condition que le dispositif de celle-ci soit obscur* ». Considérant que le dispositif de la décision dont l'interprétation est demandée est suffisamment clair, la Cour a déclaré la requête irrecevable. Mais elle a ajouté : « *Considérant cependant que lorsqu'une requête élève à la connaissance de la Cour une situation de violation d'un droit fondamental ou de remise en cause d'un impératif ou d'un principe à valeur constitutionnelle, la Cour peut se prononcer d'office* ».

C'est fort de cela que la Cour a changé sa position sur la possibilité d'interdire le droit de grève à certaines catégories de fonctionnaires.

---

[757] La saisine d'office a été supprimée de la Constitution en 2025.

❖ Hypothèse de demande à éviter : Demande à titre principal de contrôle de constitutionnalité de la décision de la Cour constitutionnelle, car elle entraîne une irrecevabilité et une absence de saisine d'office.

Dans l'affaire qui a abouti à la décision EL19-004 du 22 février 2019, la Cour constitutionnelle a montré son hostilité à toute possibilité d'utiliser la demande de contrôle de constitutionnalité d'une de ses décisions pour aboutir à un revirement de jurisprudence. : « *Même si la Cour constitutionnelle peut évoluer dans sa propre jurisprudence, elle ne saurait être saisie, à titre principal, du contrôle de légalité, dans les cas prévus par la législation en vigueur, et de constitutionnalité de ses propres décisions ; qu'en l'espèce où le requérant sollicite de la Cour d'assurer, à titre principal, le contrôle de légalité et de constitutionnalité de sa propre décision, sa requête doit être déclarée irrecevable ;* ». En l'espèce, la Cour n'a pas examiné l'affaire au fond et il n'y a eu aucun revirement de jurisprudence.

II. Les cas emblématiques de revirements de jurisprudence de la Cour constitutionnelle béninoise (Tableau)

TABLEAU 6 :

QUELQUES CAS DE REVIREMENTS DE JURISPRUDENCE DE LA COUR CONSTITUTIONNELLE BÉNINOISE

Thématique (et nature du revirement)	Disposition(s) interprétée(s)	Interprétation initiale	Interprétation par suite du revirement
1- Compétence de la Cour constitutionnelle à l'égard des décisions de justice **(Revirement progressif)**	***Article 3, alinéa 2 et 3, de la Constitution*** « *La souveraineté s'exerce conformément à la présente Constitution qui est la Loi Suprême de l'État.* *Toute loi, tout texte réglementaire et tout acte administratif contraires à ces dispositions sont nuls et non avenus. En conséquence, tout citoyen a le droit de se pourvoir devant la Cour constitutionnelle contre les lois, textes et actes présumés inconstitutionnels.* » ***Article 114 de la Constitution :*** « *La Cour constitutionnelle est la plus haute juridiction*	**13 DC du 28 octobre 1992 :** « *Considérant en l'espèce que la Cour d'Assises de Cotonou a déjà rendu un arrêt [...] contre Monsieur Hospice Antonio [...] ; Considérant que ledit arrêt ne constitue pas un acte règlementaire au sens de l'article 117 de la Constitution permettant une saisine au fond de la Cour constitutionnelle* ; *Considérant que l'arrêt sus visé est et demeure une décision de justice contre laquelle il existe d'autres voies de recours judiciaire ; Considérant que la Cour constitutionnelle n'est pas*	**DCC 03-166 du 11 novembre 2003** : « *La cour a fixé sa jurisprudence en ce qui concerne les décisions de justice. [...] à travers plusieurs décisions, elle a jugé que les décisions de justice n'étaient pas des actes au sens de l'article 3, alinéa 3, de la Constitution, pour autant qu'elle ne viole pas les droits de l'homme ;* » **DCC 09-087 du 13 août 2009** : « *les décisions de justice ne sont pas des actes susceptibles de recours devant la Cour Constitutionnelle pour autant qu'elles ne violent pas les droits*

	de l'État en matière constitutionnelle. Elle est juge de la constitutionnalité de la loi et elle garantit les droits fondamentaux de la personne humaine et les libertés publiques. Elle est l'organe régulateur du fonctionnement des institutions et de l'activité des pouvoirs publics. » ***Article 117 de la Constitution :*** *« La Cour constitutionnelle - statue obligatoirement sur : [...]* *•la constitutionnalité des lois et des actes réglementaires censés porter atteinte aux droits fondamentaux de la personne humaine et aux libertés publiques en général, sur la violation des droits de la personne humaine ; »* ***Article 131 de la Constitution :*** *« La Cour suprême est la plus haute juridiction de l'État en matière administrative et judiciaire. Les décisions de la Cour suprême ne sont susceptibles d'aucun recours. Elles s'imposent au pouvoir exécutif, au pouvoir législatif, ainsi qu'à toutes les juridictions. »*	*compétente pour réformer les décisions de justice.* » **DCC 95-001 du 6 janvier 1995** : *« Considérant cependant que si la Cour constitutionnelle était compétente pour statuer sur la constitutionnalité de l'arrêt N° 93-06/CJ-P du 22 avril 1993, elle aurait jugé que : [...] les droits de la défense ont été violés. »* **DCC 98-021 du 11 mars 1998 :** « *ces dispositions constitutionnelles [article 131] ne prévoient aucune réserve, même en ce qui concerne l'application de l'article 122 de la Constitution ; [...] Il est formellement interdit, non seulement aux parties, mais encore à quiconque, de remettre en question devant quelque juridiction que ce soit, ce qui a été jugé par cette haute juridiction [la Cour suprême] dans son domaine de compétence ; que corrélativement la même interdiction est faite à toute juridiction de connaître desdites décisions.* » **DCC 03-079 du 14 mai 2003 :** « *Considérant que les griefs articulés par maitre Florentin FELIHO portent sur les arrêts de la Cour suprême, [...] ; qu'aux termes de l'article 3 de la Constitution "... tout citoyen a le droit de se pourvoir devant la Cour constitutionnelle contre les lois, textes et actes présumés inconstitutionnels." ; qu'il découle de cette disposition que les décisions de justice ne figurent pas dans cette énumération ; que dès lors la Cour est incompétente pour en connaître »*	*fondamentaux des citoyens et les libertés publiques ; [...] en matière des droits de l'homme, les décisions de la Cour Constitutionnelle priment celles de toutes les autres juridictions ; [...] l'arrêt N° 13/CJ-CT du 24 novembre 2006 de la Chambre Judiciaire de la Cour Suprême [...] est contraire à la Constitution.* »
2- Méthode de calcul de l'âge des candidats à l'élection présidentiel le	***Article 44, alinéa 1-4 de la Constitution*** *(Rédaction initiale, avant la révision de 2019)* *« Article 44 - Nul ne peut être candidat aux fonctions de Président de la République s'il : [...] -*	**DCC 15-156 du 16 juillet 2015** « *que l'âge atteint par une personne au cours d'une année civile donnée, c'est-à-dire, à une date quelconque de cette année correspond à l'âge atteint par cette personne au*	**DCC 18-125 du 21 juin 2018** « *lorsque le constituant ou le législateur édicte en nombre d'années, ad minimum ou ad maximum, un critère ou une condition d'âge, dans le cadre de la dévolution d'une charge*

(Revirement brutal)	*n'est âgé de 40 ans au moins et de 70 ans au plus à la date du dépôt de sa candidature… »*	*31 décembre de l'année en question en application de l'adage de droit français "Année commencée, année acquise", du latin, "annus incoeptus habetur pro completo", qui signifie : "L'année entamée doit être tenue pour écoulée" ; que ce n'est que quand on s'exprime en termes d'années révolues que l'on compte rigoureusement le nombre d'années entières écoulées entre la date de naissance de la personne et la date de référence utilisée* ; »	*ou d'une fonction, soit par voie d'élection, soit par voie de nomination, ce critère ou cette condition est entendu en années révolues avant la date de la nomination ou de l'élection ; que la règle annus incoeptus habetur pro completo n'est applicable qu'aux rapports de créance en matière civile, commerciale ou fiscale ; Considérant ainsi, que l'âge atteint par une personne au cours d'une année civile, c'est-à-dire à une date quelconque de cette année, ne correspond pas à l'âge atteint par cette personne au 31 décembre de l'année en question ; qu'il s'ensuit que lorsque le législateur dispose, comme à l'article 359 du code électoral en ce qui concerne les règles particulières pour l'élection des membres de l'Assemblée nationale, ou comme à l'article 44 alinéa 1-4 de la Constitution en ce qui concerne l'élection du Président de la République, il s'agit bien de 25 ans, de 40 ans ou de 70 ans révolus, c'est-à-dire réellement et définitivement accomplis avant l'époque de l'organisation desdites élections en l'absence de toute autre précision* ; »
3- Caractère obligatoire ou facultatif du contrôle *a priori* s'agissant des lois ordinaires **(Revirement brutal)**	**Article 117 de la Constitution** (Rédaction initiale, avant la révision de la Constitution en 2019) **:** « *La Cour constitutionnelle - statue obligatoirement sur : •la constitutionnalité des lois organiques et des lois en général avant leur promulgation ; …* »	**DCC 17-039 du 23 février 2017** *« … les lois en général doivent être soumises au contrôle de leur conformité à la Constitution avant leur promulgation ; que cette formalité n'est donc pas facultative et doit être accomplie, soit par le Président de la République, soit par un membre de l'Assemblée nationale ; »*	**DCC 18-131 du 21 juin 2018** « *… l'article 117 précité n'institue pas une obligation de saisine générale, absolue et systématique de la Cour constitutionnelle de toutes les lois à la charge du Président de la République ; qu'il doit être interprété avec, d'une part, l'article 122 de la Constitution qui instaure un contrôle a posteriori des lois en général et confère aux citoyens le pouvoir de les déférer devant la haute Juridiction, soit par la voie de l'action directe, soit par la voie de l'exception d'inconstitutionnalité, et, d'autre part, l'article 20 de la loi N° 91-009 du 04 mars 1991 portant loi organique sur la Cour constitutionnelle*

			modifiée par la loi du 31 mai 2001 qui ne confère au Président de la République et aux membres de l'Assemblée nationale qu'une faculté dans la saisine de la Cour, des lois en général conformément à l'article 121 de la Constitution ; que la saisine n'est générale, absolue et systématique qu'en ce qui concerne les lois organiques avant leur promulgation, les règlements intérieurs de l'Assemblée nationale, de la Haute Autorité de l'Audiovisuel et de la Communication et, du Conseil économique et social avant leur mise en application ; ».
4- Possibilité d'interdire le droit de grève (**Revirement dans les deux sens à plusieurs reprises. Revirement brutal en 2018**)[758]	**Article 31 de la Constitution :** **«** *L'État reconnaît et garantit le droit de grève. Tout travailleur peut défendre, dans les conditions prévues par la loi, ses droits et ses intérêts soit individuellement, soit collectivement ou par l'action syndicale. Le droit de grève s'exerce dans les conditions définies par la loi.* **»**	**DCC 18-001 du 18 janvier 2018 :** *« Seul le constituant peut interdire l'action syndicale et le droit de grève, le législateur n'étant habilité qu'à encadrer leur exercice ; »*	**DCC 18-141 du 28 juin 2018 :** *« les fonctions de défense, de sécurité, de justice et de santé des personnes dévolues à l'État ne sauraient souffrir, dans leur exercice, d'aucune interruption ; qu'il est de l'essence et de l'existence de l'État que leur exercice soit continu ; que l'exclusion à laquelle il est procédé, vise aussi bien à sauvegarder l'intérêt général auquel l'exercice du droit de grève porte atteinte dans les secteurs vitaux énumérés de la vie sociale et de la protection de citoyens, qu'à maintenir l'existence de l'État ainsi que sa capacité à assurer les fonctions stratégiques et essentielles qu'au sein de la Nation, nul corps ni groupe de particuliers ne saurait exercer à titre principal ; qu'il en résulte que la loi qui édicte de telles exclusions ou interdictions n'est pas contraire à la Constitution ; »*
5- Nom des enfants et nom de la	**Article 26 de la Constitution :** *« L'État assure à tous*	**DCC 04-083 du 20 août 2004**	**DCC 21-269 du 21 octobre 2021**

[758] Marie-Epiphane SOHOUENOU, « Évolution de la jurisprudence de la Cour constitutionnelle du Bénin en matière de grève à la lumière du droit comparé », *RCC*, N° 001, 2019, pp. 51-73, in www.courconstitutionnelle.bj/fr/journals, consulté le 22 septembre 2019.

femme mariée. **(Revirement brutal)**	*l'égalité devant la loi sans distinction d'origine, de race,* ***de sexe****, de religion, d'opinion politique ou de position sociale.* *L'homme et la femme sont égaux en droit… »*	« *Est conforme à la Constitution, en toutes ses dispositions, la Loi N° 2002-07 portant Code des personnes et de la famille, votée le 07 juin 2002 par l'Assemblée Nationale et mise en conformité à la Constitution le 14 juin 2004, suite à la Décision DCC 02-144 du 23 décembre 2002 de la Cour Constitutionnelle.* »	« *… qu'en déterminant… les conditions d'attribution de nom à l'enfant dans les différentes hypothèses de la filiation, l'article 6 n'est conforme aux articles 26 alinéas 1 et 2 de la Constitution, 3 et 18 alinéa 1 de la Charte africaine des droits de l'homme et des peuples que lorsque les règles qu'il pose sont interprétées comme conférant un égal pouvoir à la femme placée dans les mêmes conditions que l'homme et préservant le droit fondamental de l'enfant à l'égale reconnaissance de la filiation de ses parents ; qu'aucun principe constitutionnel, aucun objectif à valeur constitutionnelle encore moins un impératif constitutionnel ne justifie l'admission d'une rupture de l'égalité dans ces situations* ». « *à la demande de la mère, l'enfant porte également son nom ; qu'il en est de même en cas de reconnaissance simultanée des deux parents ou en cas d'adoption par les deux époux ; que si, dans l'hypothèse de l'alinéa 4 de l'article 6 du code des personnes et de la famille, l'un des parents reconnaît l'enfant en dernière position, son nom sera adjoint à celui du parent dont l'enfant porte déjà le nom* ». « Considérant que l'article 12 de la loi N° 2002-07 du 24 août 2004 portant code des personnes et de la famille en République du Bénin dispose : "*La femme mariée garde son nom de jeune fille auquel elle ajoute le nom de son mari. Il en va de même pour la veuve jusqu'à son mariage. La femme divorcée peut continuer à porter le nom de son mari avec le*

			consentement de ce dernier ou sur autorisation du juge" ; *Considérant qu'en disposant ainsi, alors que l'article 26 al. 1 de Constitution prescrit l'égalité de l'homme et de la femme dans et devant la loi, et qu'aucune circonstance, aucun principe ni objectif à valeur constitutionnelle, encore moins aucun impératif constitutionnel ne justifie la rupture de l'égalité consacrée, l'article 12 de la loi N° 2002-07 du 24 Aout 2004 portant code des personnes et de la famille en République du Bénin est contraire à la Constitution et la Charte africaine des droits de l'homme et des peuples ;»*
6- Possibilité de quotas en faveur des femmes (**Revirement normal par suite d'un changement de texte de référence**)	**Article 26 de la Constitution (version avant la révision de 2019)** *« L'État assure à tous l'égalité devant la loi sans distinction d'origine, de race, de sexe, de religion, d'opinion politique ou de position sociale. L'homme et la femme sont égaux en droit… »* **Article 26 de la Constitution (version après la révision de 2019)** *« L'État assure à tous l'égalité devant la loi sans distinction d'origine, de race, de sexe, de religion, d'opinion politique ou de position sociale. L'homme et la femme sont égaux en droit. Toutefois, la loi peut fixer des dispositions spéciales d'amélioration de la représentation du peuple par les femmes… »*.	**DCC 10-117 du 8 septembre 2010** *« … le rôle du législateur, dans son domaine de compétence, est de garantir l'égal accès des hommes et des femmes aux mandats électifs et électoraux ; […] en réservant aux femmes un quota de vingt pour cent (20 %) au moins sur les listes de candidature, le législateur établit une disparité fondée sur le sexe entre les candidats masculins et féminins éligibles à une même fonction ; […] une telle répartition ne répond ni à la lettre ni à l'esprit des dispositions constitutionnelles précitées ; […] il en résulte que l'alinéa 4 de l'article 3 de la loi sous examen est contraire aux dispositions suscitées ; ».*	**DCC 19-255 du 14 novembre 2019** « *Dit que toutes les dispositions de la loi N° 2019-43 portant code électoral en République du Bénin adopté par l'Assemblée nationale le 13 novembre 2019 sont conformes à la Constitution* » (**Article 146 de la loi votée**) : « *Sans préjudice de l'élection des femmes à la première attribution, une seconde attribution est faite à raison d'un siège exclusivement réservé aux femmes par circonscription électorale* »
7- Nécessité ou non du Consensus national pour réviser la Constitution (**Revirement progressif**)	**Préambule de la Constitution (Extraits) :** *« NOUS, PEUPLE BENINOIS, - Réaffirmons notre opposition fondamentale à tout régime politique fondé sur l'arbitraire, la dictature, l'injustice, la corruption, la concussion, le régionalisme, le népotisme, la confiscation*	**DCC 06-74 du 8 juillet 2006** : « *Même si la Constitution a prévu les modalités de sa propre révision, la détermination du peuple béninois à créer un État de droit et de démocratie pluraliste, la sauvegarde de la sécurité juridique et de la*	**DCC 10-049 du 5 avril 2010 (intervenue, non pas en matière de révision de la Constitution, mais en matière électorale. Portant néanmoins sur la notion de « consensus ») :** « *le consensus, loin de signifier l'unanimisme, est d'abord un processus de choix ou de*

	du pouvoir et le pouvoir personnel ; - Affirmons solennellement notre détermination par la présente Constitution de créer un État de droit et de démocratie pluraliste… ». ***Article 154 de la Constitution :*** *« L'initiative de la révision de la Constitution appartient concurremment au Président de la République, après décision prise en Conseil des ministres, et aux membres de l'Assemblée nationale. Pour être pris en considération, le projet, ou la proposition de révision, doit être voté à la majorité des trois quarts des membres composant l'Assemblée nationale. »* ***Article 155 de la Constitution :*** *« La révision n'est acquise qu'après avoir été approuvée par référendum, sauf si le projet ou la proposition en cause a été approuvé à la majorité des quatre cinquièmes des membres composant l'Assemblée nationale. »* ***Article 156 de la Constitution :*** *« Aucune procédure de révision ne peut être engagée ou poursuivie lorsqu'il est porté atteinte à l'intégrité du territoire. La forme républicaine et la laïcité de l'État ne peuvent faire l'objet d'une révision. »*	*cohésion nationale commandent que toute révision tienne compte des idéaux qui ont présidé à l'adoption de la Constitution du 11 décembre 1990, notamment le consensus national, principe à valeur constitutionnelle* ».	*décision sans passer par le vote ; […] il permet, sur une question donnée, de dégager par une voie appropriée, la solution satisfaisant le plus grand nombre de personnes ; […] le consensus doit autant que possible être constamment recherché sans pour autant constituer une source de ralentissement excessif, de blocage ou de perversion d'un processus…* ». **DCC 18-126 du 21 juin 2018** : « *la nature représentative et le caractère majoritaire constituent un impératif constitutionnel de la démocratie béninoise dont le consensus, qui en demeure l'un des idéaux politiques, ne saurait en constituer un obstacle dirimant* ». **DCC 19-504 du 6 novembre 2019 :** « *… pour examiner la conformité à la Constitution de la loi de révision, la haute Juridiction procède, alors, d'une part, au contrôle du respect par l'Assemblée nationale de la procédure de révision conformément aux articles 154 et 155 de la Constitution et, d'autre part, au contrôle du respect par la représentation nationale des dispositions énoncées à l'article 156 de la Constitution ; … »*

POSTFACE[759]

C'est une œuvre d'utilité constitutionnelle. Elle capte et captive, surtout pour ceux pour qui l'utilité est un critère et un indicateur de la qualité de la production constitutionnelle. L'ouvrage produit par le docteur Gilles BADET mérite une attention intellectuelle, pour cerner son discours et pour discerner son cours.

Cerner le discours de l'ouvrage c'est en comprendre et faire comprendre le contenu, le sens, la portée et la valeur. En ce sens, un mérite de l'ouvrage de Gilles BADET est d'exister sur sa thématique spéciale. L'ouvrage, comme son titre l'indique, porte sur le « contentieux constitutionnel et électoral », une matière qui se situe au cœur du droit constitutionnel et des problématiques institutionnelles, partout dans le monde, particulièrement dans les États d'Afrique. L'étude est menée fondamentalement en référence à l'ordre constitutionnel du Bénin, dont les données irriguent et ravitaillent l'ensemble du discours scientifique dans l'ouvrage. Le dire, c'est dire que l'auteur s'est positionné scientifiquement sur la plateforme constitutionnelle sur laquelle sa science et son expérience sont indiscutables. Par les charges universitaires et les fonctions extra-universitaires qui marquent son curriculum professionnel, notamment en tant qu'ancien secrétaire général de la Cour constitutionnelle du Bénin et ancien secrétaire général de l'Association Béninoise de Droit Constitutionnel (ABDC), l'auteur jouit d'une haute réputation dans la connaissance technique du droit et du contentieux constitutionnels, ainsi que du droit et contentieux électoraux du Bénin. Ces acquis de maîtrise théorique et pratique de la matière donnent à l'auteur et à son ouvrage un avantage comparatif indéniable dans les préférences de recherche et de lecture sur les thématiques centrales abordées. L'assise scientifique de l'auteur se reflète dans la providence cognitive de l'ouvrage, notamment en ce qui concerne la profondeur dans les questions abordées, ainsi que la valeur des illustrations jurisprudentielles données. Par la méthodologie utilisée, l'ouvrage a réussi une systématisation de la présentation de la production jurisprudentielle sur les divers sujets du contentieux constitutionnel et du contentieux électoral au Bénin. L'assise universitaire de l'auteur a favorisé une présentation scientifique didactique et pédagogique des différentes données, qui contribuent à une intégrité et une intelligibilité du discours constitutionnel diffusé dans le lit de l'ouvrage. Ainsi, du contentieux

759 Rédigée pour les deux tomes.

constitutionnel et du contentieux électoral au Bénin, on en connaît l'historicité et l'actualité, les normes et les institutions, la dynamique et la systématique, la jurisprudence et la cadence, le substantiel et le processuel. Le juriste, le publiciste, le constitutionnaliste, le politiste, ou même d'autres, peuvent en être intellectuellement rassasiés. Un autre mérite de l'ouvrage de Gilles BADET est son approche comparatiste. Le thème n'est point présenté uniquement avec les données du droit constitutionnel béninois. Le calibre de l'auteur en droit constitutionnel lui permet d'ouvrir l'étude sur d'autres ordres constitutionnels d'États occidentaux et africains. En procédant ainsi, l'auteur et son ouvrage permettent de voir, d'avoir et de savoir la diversité des expériences étatiques sur différentes questions du contentieux constitutionnel et du contentieux électoral. Le comparatisme, surtout en matière constitutionnelle, nourrit à la fois l'universalisme et le relativisme ; l'internationalisme et le nationalisme constitutionnels. Ce choix opéré par l'auteur n'a pu que densifier davantage les leçons à apprendre à la lecture de son ouvrage. En tout état de cause, même si on peut ne pas partager certaines données techniques et orientations théoriques de l'auteur, on ne peut que converger pour convenir de l'utilité de l'ouvrage. Même si on peut se réserver sur certaines données stylistiques et options méthodologiques de l'auteur, on ne peut que s'entendre pour admettre la qualité fondamentale de son ouvrage.

Discerner le cours de l'ouvrage, c'est le prendre et le positionner dans le courant historique et technique de sa parution. A cet égard, on peut dire que Gilles BADET fait, avec son œuvre, œuvre de pionnier. Il est pionnier, non pas dans l'étude du droit constitutionnel béninois, ni dans l'étude du contentieux constitutionnel en Afrique. Bien des études existent à ces égards, avec des mérites tout à fait incontestables sur leurs qualités scientifiques. Toutefois, le présent ouvrage innove, en ce qu'il présente le contentieux constitutionnel et le contentieux électoral béninois d'une manière plus systématique, notamment avec la valorisation des dimensions processuelles, à côté des dimensions substantielles couramment traitées. Par l'initiation sur des aspects de la procédure du procès constitutionnel, il apporte à la connaissance scientifique et à la praxis didactique un nouvel élément non négligeable pour une meilleure compréhension du contentieux constitutionnel et du contentieux électoral au Bénin, et ailleurs. Personnellement, j'aurais aimé qu'au fond l'auteur crée une ligne sur le « rôle des juridictions constitutionnelles dans l'édification de l'État de droit en Afrique », tant cette question est devenue une des préoccupations majeures du constitutionnalisme actuel en Afrique. On y réfléchit. Il faut des solutions. L'auteur engage son introduction par ce problème, mais choisit de l'oblitérer dans le discours. Certes, d'autres auteurs ont contribué à la thématique, mais la dimension de droit constitutionnel béninois et la dimension de droit constitutionnel comparé données par Gilles BADET à son ouvrage auraient été d'un grand apport par une systématisation des données jurisprudentielles pertinentes à ce sujet. Bref, la plus belle fille du monde a déjà donné ce qu'elle a et cela suffit. Pour autre chose, un nouveau chantier.

Abdoulaye SOMA

Agrégé des Facultés de droit, Professeur de droit public à l'Université Thomas Sankara. Président du Conseil scientifique de la Société Burkinabé de Droit Constitutionnel (SBDC). Officier de l'Ordre International des Palmes Académiques (OIPA-CAMES). Jurisconsulte-Conseil. Avocat.

INDEX THÉMATIQUE ET ALPHABÉTIQUE

Les chiffres qui suivent représentent les pages

TABLE DES MATIÈRES

Structures éditoriales du groupe L'Harmattan

L'Harmattan Italie
Via degli Artisti, 15
10124 Torino
harmattan.italia@gmail.com

L'Harmattan Hongrie
Kossuth l. u. 14-16.
1053 Budapest
harmattan@harmattan.hu

L'Harmattan Sénégal
10 VDN SICAP AMITIE 3
BP 45034 Dakar-Fann
direction@senharmattan.com

L'Harmattan Cameroun
Tsinga/Derrière polyclinique FECAFOOT
BP 11486 Yaoundé
Jacques.koukam@harmattan.fr

L'Harmattan Burkina Faso
Villa 281, secteur 23 623, rue 14.32
Ouagadougou
zagbie@outlook.fr

L'Harmattan Guinée
Almamya, rue KA 028 OKB Agency
BP 3470 Conakry
harmattanguinee@yahoo.fr

L'Harmattan RDC
185, avenue Nyangwe
Commune de Lingwala – Kinshasa
matangilamusadila@yahoo.fr

L'Harmattan Congo
219, avenue Nelson Mandela
BP 2874 Brazzaville
deunovmikhael@gmail.com

L'Harmattan Mali
Immeuble Mgr Jean Marie Cissé
Aci Hamadallaye
BP 145 Bamako
syllaka@yahoo.fr

L'Harmattan Togo
Djidjole – Maison Amela
face EPP BATOME
02 BP 20680 Lomé
didieramela11@gmail.com

L'Harmattan Côte d'Ivoire
Résidence Karl – Cité des Arts
Abidjan-Cocody
03 BP 1588 Abidjan
harmattan.ivoire@gmail.com

L'Harmattan Bénin
Rue 604, (Immeuble à l'entrée
de la rue UCAO- Cite de Saint-Jean)
Cotonou
stepcorpus@gmail.com

Nos librairies en France

Librairie internationale
16, rue des Écoles
75005 Paris
librairie.internationale@harmattan.fr
01 40 46 79 11
www.librairieharmattan.com

Librairie des savoirs
21, rue des Écoles
75005 Paris
librairie.sh@harmattan.fr
01 46 34 13 71
www.librairieharmattansh.com

www.ingramcontent.com/pod-product-compliance
Lightning Source LLC
LaVergne TN
LVHW011141061026
849535LV00003B/562
9782336599106